全国卫生职业教育康复治疗类应用技能型
人才培养"十三五"规划教材

供康复治疗技术、临床医学、运动学及相关专业使用

人体运动学

主　编　李古强　马少锋
副主编　李文惠　叶仲秋　叶春明　刘　尊　赵守彰
编　委　（以姓氏笔画为序）

马少锋　宝鸡职业技术学院
王　丹　滨州医学院附属医院
叶仲秋　聊城职业技术学院
叶春明　烟台市国民体质监测中心
伍继刚　湖南环境生物职业技术学院
刘　尊　沧州医学高等专科学校
许　萍　上海健康医学院
李文惠　邢台医学高等专科学校
李古强　滨州医学院
李泽良　顺德职业技术学院
李圆圆　江苏医药职业学院
沈顺姬　威海市立医院
张华锴　郑州工业应用技术学院
尚　江　临沂天元医院
孟永春　滨州医学院
赵守彰　辽宁医药职业学院
姜　影　滨州医学院
贺小桦　美国佛罗里达帕尔默脊椎指压疗法学院
热娜古力·阿里甫　阿克苏职业技术学院

华中科技大学出版社
http://www.hustp.com
中国·武汉

内容简介

本书是全国卫生职业教育康复治疗类应用技能型人才培养"十三五"规划教材。

全书共分为八章,主要内容包括总论、运动系统组织结构生物力学特性、上肢运动学、下肢运动学、脊柱运动学、运动控制、运动生理及运动生物化学概论。本书的编写紧密结合临床实际,深入浅出,将运动分析的思路潜移默化地传授给学生,让学生能够应用有关解剖学和生物力学知识进行正确的人体动作分析。

本书可供康复治疗技术、临床医学、运动学及相关专业使用。

图书在版编目(CIP)数据

人体运动学/李古强,马少锋主编. —武汉:华中科技大学出版社,2020.8(2025.7重印)
ISBN 978-7-5680-4311-3

Ⅰ. ①人… Ⅱ. ①李… ②马… Ⅲ. ①人体运动-人体学-高等职业教育-教材 Ⅳ. ①G804

中国版本图书馆 CIP 数据核字(2020)第 137248 号

人体运动学　　　　　　　　　　　　　　　　　　李古强　马少锋　主编
Renti Yundongxue

策划编辑:罗　伟
责任编辑:罗　伟
封面设计:原色设计
责任校对:曾　婷
责任监印:周治超

出版发行:华中科技大学出版社(中国·武汉)　　　　电话:(027)81321913
　　　　　武汉市东湖新技术开发区华工科技园　　　　邮编:430223
录　　排:华中科技大学惠友文印中心
印　　刷:武汉科源印刷设计有限公司
开　　本:880mm×1230mm　1/16
印　　张:15.75
字　　数:450 千字
版　　次:2025 年 7 月第 1 版第 8 次印刷
定　　价:56.00 元

本书若有印装质量问题,请向出版社营销中心调换
全国免费服务热线:400-6679-118　竭诚为您服务
版权所有　侵权必究

全国卫生职业教育康复治疗类应用技能型人才培养"十三五"规划教材

编委会

丛书顾问 文历阳　胡　野

主任委员 王左生

委员（按姓氏笔画排序）

马　金	辽宁医药职业学院	汪　洋	湖北中医药高等专科学校
马国红	天门职业学院	张　俊	重庆城市管理职业学院
王小兵	金华职业技术学院	张光宇	重庆三峡医药高等专科学校
左天香	安徽中医药高等专科学校	张志明	顺德职业技术学院
卢健敏	泉州医学高等专科学校	张绍岚	江苏医药职业学院
叶泾翔	皖西卫生职业学院	张维杰	宝鸡职业技术学院
任国锋	仙桃职业学院	陈春华	南阳医学高等专科学校
刘　洋	长春医学高等专科学校	范秀英	聊城职业技术学院
刘　敏	周口职业技术学院	尚　江	山东医学高等专科学校
刘　尊	沧州医学高等专科学校	罗　萍	湖北职业技术学院
刘　静	武汉民政职业学院	罗文伟	阿克苏职业技术学院
刘金义	随州职业技术学院	孟令杰	郑州铁路职业技术学院
刘勇华	黄河科技学院	赵其辉	湖南环境生物职业技术学院
刘铁英	长春医学高等专科学校	宫健伟	滨州医学院
许　萍	上海健康医学院	黄　薇	昆明卫生职业学院
许　智	湖北职业技术学院	黄先平	鄂州职业大学
杜　平	齐齐哈尔医学院	黄拥军	清远职业技术学院
李　渤	聊城职业技术学院	黄岩松	长沙民政职业技术学院
杨延平	陕西能源职业技术学院	崔剑平	邢台医学高等专科学校
肖文冲	铜仁职业技术学院	彭　力	太和医院
何　侃	南京特殊教育师范学院	税晓平	四川中医药高等专科学校
辛增辉	广东岭南职业技术学院	曾　西	郑州大学第一附属医院
汪　欢	随州职业技术学院	薛秀琍	郑州澍青医学高等专科学校

编写秘书 史燕丽　罗　伟

网络增值服务使用说明

欢迎使用华中科技大学出版社医学资源服务网yixue.hustp.com

1. 教师使用流程

   （1）登录网址：http://yixue.hustp.com （注册时请选择教师用户）

   注册 → 登录 → 完善个人信息 → 等待审核

   （2）审核通过后，您可以在网站使用以下功能：

2. 学员使用流程

   建议学员在PC端完成注册、登录、完善个人信息的操作。

   （1）PC端学员操作步骤

   ① 登录网址：http://yixue.hustp.com （注册时请选择普通用户）

   注册 → 登录 → 完善个人信息

   ② 查看课程资源

   如有学习码，请在个人中心-学习码验证中先验证，再进行操作。

   （2）手机端扫码操作步骤

   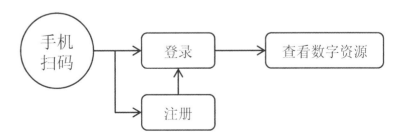

总 序

随着我国经济的持续发展和教育体系、结构的重大调整,职业教育办学思想、培养目标随之发生了重大变化,人们对职业教育的认识也发生了本质性的转变。我国已将发展职业教育作为重要的国家战略之一,高等职业教育成为高等教育的重要组成部分。作为高等职业教育重要组成部分的高等卫生职业教育也取得了长足的发展,为国家输送了大批高素质技能型、应用型医疗卫生人才。

康复医学现已与保健医学、预防医学、临床医学并列成为现代医学的四大分支之一。现代康复医学在我国发展有30多年历史,是一个年轻但涉及众多专业的医学学科,在我国虽然起步较晚,但发展很快,势头良好,在维护人民群众身体健康、提高生存质量等方面起到了不可替代的作用。

2017年国务院办公厅发布的《关于深化医教协同进一步推进医学教育改革与发展的意见》中明确指出,高等医学教育必须"坚持质量为上,紧紧围绕人才培养质量要素,深化教育教学改革,注重临床实践能力培养","以基层为重点,以岗位胜任能力为核心,围绕各类人才职业发展需求,分层分类制订继续医学教育指南,遴选开发优质教材"。高等卫生职业教育发展的新形势使得目前使用的教材与新形势下的教学要求不相适应的矛盾日益突出,加强高职高专医学教材建设成为各院校的迫切要求,新一轮教材建设迫在眉睫。

为了更好地顺应我国高等卫生职业教育教学与医疗卫生事业的新形势和新要求,贯彻落实《国家中长期教育改革和发展规划纲要(2010—2020年)》中"以服务为宗旨,以就业为导向"的思想精神,以及国家《职业教育与继续教育2017年工作要点》的要求,充分发挥教材建设在提高人才培养质量中的基础性作用,同时,也为了配合教育部"十三五"规划教材建设,进一步提高教材质量,在认真、细致调研的基础上,在全国卫生职业教育教学指导委员会专家和部分高职高专示范院校领导的指导下,我们组织了全国近40所高职高专医药院校的近200位老师编写了这套以医教协同为特点的全国卫生职业教育康复治疗类应用技能型人才培养"十三五"规划教材,并得到了参编院校的大力支持。

本套教材充分体现新一轮教学计划的特色,强调以就业为导向、以能力为本位、以岗位需求为标准的原则,按照技能型、服务型高素质劳动者的培养目标,坚持"五性"(思想性、科学性、先进性、启发性、适用性)和"三基"(基本理论、基本知识、基本技能)要求,着重突出以下编写特点:

(1) 紧扣最新专业目录、教学计划和教学大纲,科学、规范,具有鲜明的高等卫生职业教育特色。

(2) 密切结合最新高等职业教育康复治疗技术专业教育基本标准,紧密围绕执业资格标准和工作岗位需要,与康复治疗师资格考试相衔接。

(3) 突出体现"医教协同"的人才培养模式,以及课程建设与教学改革的最新成果。

(4) 基础课教材以"必需、够用"为原则,专业课程重点强调"针对性"和"适用性"。

(5) 内容体系整体优化,注重相关教材内容的联系和衔接,避免遗漏和不必要的重复。

(6) 探索案例式教学方法,倡导主动学习,科学设置章节(学习情境),努力提高教材的趣味性、可读性和简约性。

(7) 采用"互联网+"思维的教材编写理念,增加大量数字资源,构建信息量丰富、学习手段灵活、学习方式多元的立体化教材,实现纸媒教材与富媒体资源的融合。

这套新一轮规划教材得到了各院校的大力支持和高度关注,它将为新时期高等卫生职业教育的发展作出贡献。我们衷心希望这套教材能在相关课程的教学中发挥积极作用,并得到读者的青睐。我们也相信这套教材在使用过程中,通过教学实践的检验和实际问题的解决,能不断得到改进、完善和提高。

全国卫生职业教育康复治疗类应用技能型人才培养
"十三五"规划教材编写委员会

前言

自从本书第一版出版以来，人体运动学研究的内容和重点已经发生了许多变化，为了反映这些变化，新版许多章节内容进行了适当更新并增加了这方面的资料，以期协助学生了解相关研究内容。

人体运动学课程目前在很多情况下被拆分为人体解剖学和生物力学两门课程，这就导致学生不知道为什么要学习本门课程，也不知道学习的最终目的是什么。其实，人体运动学是康复治疗技术专业极为重要的基础课程之一，也是本专业课程体系中唯一的一门着力培养学生分析问题能力的课程。这门课程掌握的程度如何，将直接影响学生针对患者的功能障碍进行分析的能力、康复方案的制订和执行能力，以及对运动施力的理解和施行能力，并直接影响后续课程的学习和掌握程度，所以本教材的编写紧密结合临床实际，深入浅出，将运动分析的思路潜移默化地传授给学生，让学生能够应用有关人体解剖学和生物力学知识进行正确的人体动作分析。

本教材的主要读者群是高职高专康复治疗技术专业的学生，由于前期解剖学、生理学、病理学、生物化学、生物力学等课程学时较少或缺失，导致这部分读者无法深刻把握人体运动学的内容，为此，本版适当扩充了生物力学原理基本概念及运动控制的内容，这为准确分析患者各种功能障碍的原因、准确把握运动的本质打下了基础。这部分内容对于高职高专的学生来说，有点艰涩难懂，因此，建议大家在学习这部分内容时，可以查阅相关文献，也可以阅读本书所列的参考文献，以期尽可能地理解并运用这些知识。

本教材的所有编委日常工作都非常繁忙，既有临床工作，还有教学和科研任务，所以只能利用业余时间加班加点地撰写，其辛苦自不必说！同时，编写工作还得到了所有编委所在单位的大力支持，编写过程中参阅了有关专家学者的著作和文献，在此一并表示衷心感谢！

最后还要感谢我的家人和所有编辑，在本书付梓前所付出的种种努力、协助、理解与支持！

李古强

目 录

第一章 总论

第一节 人体运动学概念 /1

第二节 人体运动学的目的和意义 /2

第三节 人体运动学的内容 /3

第四节 人体运动学与相关学科的关系 /4

第五节 生物力学原理 /5

第二章 运动系统组织结构生物力学特性

第一节 骨组织的生物力学性质 /16

第二节 关节软骨的生物力学性质 /22

第三节 胶原组织的生物力学性质 /26

第四节 关节的生物力学性质 /35

第五节 骨骼肌的生物力学性质 /40

第三章 上肢运动学

第一节 肩关节运动学 /52

第二节 肘关节运动学 /59

第三节 腕关节运动学 /63

第四节 手指关节运动学 /74

第四章 下肢运动学

第一节 骨盆运动学 /92

第二节 髋关节运动学 /94

第三节 膝关节运动学 /103

第四节 踝关节运动学 /114

第五节 足和足弓运动学 /119

第五章 脊柱运动学

- 第一节 概述 /125
- 第二节 颈部运动学 /137
- 第三节 胸椎部运动学 /146
- 第四节 腰部运动学 /149

第六章 运动控制

- 第一节 总论 /161
- 第二节 脊髓对运动的调控 /163
- 第三节 脑干对运动的调控 /180
- 第四节 小脑对运动的调节 /187
- 第五节 基底神经节对运动的调节 /195
- 第六节 自主神经对括约肌的控制 /202
- 第七节 步态分析 /205

第七章 运动生理

- 第一节 运动与心血管功能 /214
- 第二节 运动与呼吸功能 /218
- 第三节 运动与内分泌功能 /221
- 第四节 运动对消化系统的影响 /223
- 第五节 运动对泌尿系统的影响 /224

第八章 运动生物化学概论

- 第一节 物质能量代谢 /226
- 第二节 供能系统与运动 /231
- 第三节 运动能量消耗的规律和特点 /234

参考文献 /240

第一章 总　　论

第一节　人体运动学概念

运动学，又称人体运动机能学，是一门专注于身体活动的学科或知识体系，也对人体机能活动进行科学研究。运动学的英语名字"kinesiology"来自希腊词"κίνησις kinēsis"和"-λογία"，意为"movement"和"study"，也就是"活动"和"学科"的意思。运动学所针对的是人体的生理学、力学和心理学。运动学在人类健康中的应用范围包括生物力学、矫形、力量锻炼、运动心理、康复手段，如物理疗法和作业疗法，以及体育和训练。运动学学位获得者可以在与运动相关的专业和领域进行工作，包括从事与运动有关的科研、教学、健身、临床和其他工作；体育教师、康复专业治疗师（如体能师和职业治疗师），以及运动和锻炼师等都可以从中受益。目前，对运动学的研究已不仅是单纯对身体运动本身的研究，而已经上升到运动追踪系统，肌肉和大脑活动的电生理学，各种监测生理功能的方法，以及其他行为和认知研究技术等医疗诊断水平。

运动学学科来源于三个既不同又有关的方面：

(1) 体验（或"行"）身体活动（经验知识）。

(2) 学习身体活动的基本理论和概念（理论知识）。

(3) 参与以身体活动为中心的专业实践（专业实践知识）。

通常，我们都是从体验身体活动来取得第一手的经验，不过也可以从观察其他人的身体活动来取得和掌握我们所需的知识。学生一般通过学校所提供的身体活动课程来取得这样的经验，也就是"经验知识"（如足球课、体重训练课、游泳训练课等）。这些经验知识应该包括在运动学课程大纲中。虽然不同形式的活动代表着不同专业形式的经验，但目前这些体验知识在运动学领域还没有正式的亚分类。

学习运动学有不同的途径。传统的方法是通过阅读、写作、讨论和记忆方式来学习，但是，身体活动的体验、身体活动的理论和专业实践都是运动学重要的知识来源。与不同课程有不同学习方法一样，运动学也有自己独特的学习方法。其他课程，比如解剖学，人们大多从阅读来学习解剖名词、认识身体结构以及器官的功能。同样，学习历史、文学和哲学等则可通过阅读、讨论和记忆来学习，学习化学和其他与生物有关的课程则更注重于阅读和记忆。

学习运动学可以从三个相关的方面进行。

第一是观察和体验，正如音乐专业的学生学习鉴赏音乐和演奏音乐一样。学习运动学时，也许观察和参与身体活动看上去并非如课堂学习那样重要，但是千万不要低估观察和参与所建立起的对身体活动理解的价值。这种身体活动亲身和直接的体验是有关身体活动知识重要的来源，并且对理解运动学有不可替代的作用。

第二是通过系统的课堂学习。这种学习方法包括阅读探讨和与同行讨论同身体活动有关的理论和实践，这也包括实验室的经验。要想真正掌握运动学的教学大纲，这些形式的学习都是必需的。

第三是通过专业实践。这种专业实践不是注重于如何进行身体活动,而是学习在你的专业如何用身体活动帮助其他人。专业人士(如体育老师、私人教练、康复治疗师)系统地辅导学生的身体活动的体验,以更好地帮助他们取得个人目标。通过身体活动的体验和学术学习,最终学生所学到的知识能运用到他们今后的专业实践中去。

表1-1描述了运动学三个主体。它们将帮助你发现从你已学习过的知识中认识新的内容。每个主体与身体活动不同知识来源相对应。

表1-1 运动学的三个主体

运动学		
A1	B1	C1
A2	B2	C2
身体活动经验	身体活动学术研究	以身体活动为中心的专业实践

A1:从系统融入运动学教学的身体活动经验所得来的知识(如有学分的大学跑步课程等)。

A2:从非系统融入运动学教学的身体活动经验所得来的知识(如网球俱乐部培训、健身训练中心训练等)。

B1:从系统融入运动学教学的身体活动学术研究所得来的知识(如有学分的体育历史、训练生理学、运动发育等课程)。

B2:从非系统融入运动学教学的身体活动学术研究所得来的知识(如演奏器乐的研究,阅读畅销的健美书籍等)。

C1:从系统融入运动学教学的以身体活动为中心的专业训练所得来的知识(如大学运动学课程中有证体育训练师和小学体育老师等)。

C2:从非系统融入运动学教学的以身体活动为中心的专业训练所得来的知识(如非大学运动学课程中有证体育训练师和小学体育老师等)。

在所有不同角度的知识结合中,专业实践知识是最有价值的,这些知识的组合,可以为有关专业实践的构思和应用提供重要框架。

让我们对运动学做一个简单的总结。这是一门专注有关身体活动的学科。运动学知识需要通过体验(看或行身体活动),身体活动的理论和概念的学术研究,以及以身体活动为中心的专业实践来获取。因为运动学是一门专业的学科,通常是由经过大学严格教育的专业老师来教授。高校有关运动学的教学大纲应该是有系统和顺序渐进严密设计的课程,以最大程度结合所有三种知识于一体,这样才能保证学生能受到正规的教育。

第二节 人体运动学的目的和意义

当今,人类对身体活动越来越重视,很多高校都纷纷开始设立运动学课程,也有越来越多与运动学有关的就业机会不断出现。目前,运动学也服务于越来越多不同的领域,包括物理教育、物理治疗、疾病康复、体育管理、运动员训练和健身训练及管理等。

随着对每天生活中身体活动重要性的认识,运动学也越来越受到关注。对运动学的系统研究已经与生物学、心理学和社会学一样受到重视。运动学已经成为一门独立的学科,运动学有自己的一套知识、主题和重点体系。如果说生物学的重点是生命的形态,心理学的重点是心灵、精神和情感过程,人类学的重点是文化,那么运动学的重点就是身体活动。

为什么运动学是一门重要的学科？因为运动学与不同年龄和人群的健康均有密切关系。我们已经知道运动学是学习人的身体活动的科学，身体活动能够促进人的健康，所以学习如何有技巧地活动身体能提高生活质量。

当学生学习运动学时，他们将学到的不仅是身体锻炼或身体活动，他们也将学到运动学的概念和运动学的演变。这需要结合很多相关学科的知识，包括生物力学、运动心理学、运动学发展史、运动发育学、训练生理学、社会学、运动医学和运动管理学等。所以学过运动学的人可以有多种不同的职业选择，如体育老师、教练、运动医学治疗师、康复治疗师、作业治疗师、运动管理师等。

第三节　人体运动学的内容

运动学主要是专注于身体活动的两个类别，分别为锻炼和有技巧的活动。

一、锻炼

锻炼（exercise）是身体活动的一种主要形式。锻炼能提高体育、军事和其他体能表现，增进健康，在损伤和疾病后重新获得减少的体能发挥。锻炼包含不同形式的身体活动，我们可以将其分为三个主要类别。

1. 训练（training）　是有目的的锻炼，以增进体育、军事和与工作相关或娱乐相关的表现。

2. 健康相关锻炼（health-related exercise）　采用特别为促进或维持身体良好状态所设计的训练。很多从事健身和私人教练者几乎都只关注与健康有关的身体活动。

3. 治疗性锻炼（therapeutic exercise）　是用于恢复由于损伤和疾病或行为原因失去的能力。例如，心脏病患者往往需要身体锻炼来帮助他们重新获得心血管健康。从事心脏康复工作的毕业生或物理治疗师常专注于用以身体治疗性的锻炼。

二、有技巧的活动

有技巧的活动（skilled movement）是运动学关注的第二个类别。在活动发挥中，准确的方向、力量、节奏和时机对完成预定的目标都很重要。通常，人们是通过系统的身体活动练习来达到这个目的，而不只是锻炼。虽然力量、心血管耐受性和柔韧性等组成部分是发展技巧活动的重要基础，但这些组成部分本身不是有技巧的活动。运动学对两类有技巧的活动比较关注：

1. 体育　体育是指在比赛的范畴内保持技巧的活动。这里有三个概念：第一，体育中的身体活动是"有技巧"的，也就是说不但有效而且是高效。不是所有的身体活动都需要很多的技巧，但是体育比赛中往往是有技巧身体活动的人占有比赛的优势。比如足球运动员快速准确地传球，高尔夫球员精确地击球，体操运动员完美地完成一连串动作都是他们有技巧发挥的表现。第二，规则在体育比赛中是最根本的。运动员必须根据这些规则来组织、训练和发挥身体活动。如果没有这些规则，运动员可以随意发挥，那么比赛会陷入混乱。遵守这些规则需要有技巧的活动。第三，体育中的身体活动通常被定义为"比赛"，对抗其他队伍，对抗其他个人，对抗以前的记录。需要通过高超的有技巧的活动才能达到这样的目的。

2. 发展性技能　发展性技能是指那些不是在体育运动中使用的技巧活动。举例说明，小学体育老师教授学生一些基础活动模式，如跳跃和投掷等。早期获取这些发展性机能可以引导学生将来在体育活动中有更高的发挥水平，但是当老师教授时不是与特定体育项目相联系。同样，从运动学专业毕业的学生可能会在作业治疗或物理治疗职业寻求就职，指导老年人发展如何吃饭、梳理和行走机能。发展机能的范围是非常广泛的。改善行走和跑步，改善接近物体和抓物，改善工作中的活动效率等，这些都是在运动学范围之内的通过发展性技能取得的。

运动学的中心点是身体活动。学习运动学也是要围绕这个中心来进行。那么，什么是身体活动？有关身体活动的定义看似简单，其实不然。对普通人来说，几乎所有的肌肉活动都可以称为身体活动。比如跑步、游泳、锯木头、浇水、开车、骑自行车、洗脸、穿衣服等，这些都是身体活动的例子。同时，医生敲击你的肌腱引起的肌腱反射、眨眼或肠子蠕动、膈肌收缩呼吸也是肌肉活动，也可以称为身体活动。但对运动学来说，是否所有的肌肉活动都是一样重要，都要一样对待呢？显然不是。以上的例子都是肌肉活动，但这些肌肉活动的形式非常不同。这种多样化的活动显然不适合单一学科的学习。事实上，如果运动学包含所有形式身体活动的话，那么运动学必须学习人类与运动有关的所有活动了，因为生活就是不断地活动。

运动学科要求对运动学的定义既不能太广义（比如，所有身体活动），也不能太狭窄（比如，只是与人活动有关的体育）。在本书中，我们采用的身体活动的定义为"旨在实现确定目标的受控制的活动"。

对于这个定义的理解，必须认识三件事。首先，定义不规定产生身体活动所需要的能量。大肌肉活动，如游泳、跑步等通常需要消耗大量能量，但由于此定义对能量的消耗不作限制，所以如写字、使用电脑、按手机等只消耗少量能量的活动形式也包括在定义中。其次，身体活动与产生活动的地方无关。例如，在篮球场打篮球当然是一种身体活动，坐在办公室使用电脑也同样是一种身体活动。所以，身体活动可以产生在非常广泛和不同的场合。最终，根据这个定义，简单活动身体不能认为是身体活动，身体活动必须是旨在实现某种目的。这个概念可能会比较难以理解，因为运动学（kinesiology）是从希腊文"活动"（movement）而来，而活动是指各种身体或身体部分位置相对的改变。很显然，身体活动（physical activity）也需要身体或身体部分位置相对改变，但仅仅是相对改变位置不构成身体活动。因此，我们可以用这样的思路来考虑"活动"与"身体活动"之间的关系："活动"对"身体活动"是必需的，但"活动"本身并不足以产生身体活动。只有是有目的受控制的活动才符合身体活动的定义，所以自主的反射和非控制的生理活动，比如吞咽、眨眼等都不包括在身体活动的范畴内。这也包括一些有控制但没有目的的活动，比如无目的的挠头、心不在焉地揉眼睛等。

理解了运动学定义后，我们才能理解运动学是由一组围绕身体活动这个主题的各种学科组成。举例来说，运动学中的生物学是学习生命的组成，心理学是学习意识、精神和情感过程，人类学是学习文化。

第四节　人体运动学与相关学科的关系

由于运动学是一门与身体活动有关的科学，所以它可以与很多学科有关系。在大学中，不同的学科都可以提供学习研究运动学的内容，从不同角度考察身体活动的原因、过程、后果和背景。不同的专业领域可应用运动学知识探究的方法，结合艺术、人文、科学和专业学科学习领域的原则。

与人体运动学有关的专业领域包括（但不限于）生物力学、体育活动心理学、运动生理学、体育活动史、体力活动测量、运动发育、运动学习与控制、体育活动哲学、身体活动与公共健康、体育教育学、体育管理学、运动医学和体育活动社会学等。所以运动学是一个涉及多个领域的融合多学科知识的学科。

学习运动学可从事多种职业，如研究、教学、运动医学、健康促进、高水平运动竞赛、康复治疗和体育相关企业管理等。通过运动学的学习,可为学生在各种专职医疗和医疗行业中进行专业学习做好基础准备。

(贺小桦)

第五节　生物力学原理

一、人体运动的形式和原理

人体运动学是从几何学的角度来观察人体的运动规律与特征,即通过位置、速度、加速度等物理量描述和研究人体位置随时间变化的规律,而不考虑导致人体或器械位置和运动状态改变的原因。

人体运动模型可分为质点模型、刚体模型和多刚体模型三类。

(1) 质点模型:将人体看成一个具有一定质量,而忽略其大小形态的几何点。

(2) 刚体模型:将人体看作一个不可变形的直杆刚体结构。

(3) 多刚体模型:根据人体的自然环节的组合,把人体看作各环节不可变形的多刚体系统。

(一) 运动学相关概念

1. 力学中的物理量和运动的独立性

(1) 标量:只有大小没有方向的物理量,如温度、时间等,标量的运算是简单的代数运算。

(2) 矢量:既有大小又有方向的物理量,如力、位移、速度等,力学中的大多数物理量都是矢量,矢量的合成遵循平行四边形法则。

(3) 运动的独立性:若运动同时参与几个分运动,则每个分运动不受其他分运动的影响。物体的运动是由各个彼此独立的分运动叠加而成。人体运动的合成和分解,其理论基础就是运动的独立性原理。如跳高、跳远、跨栏、铅球等。

2. 描述人体运动时间的物理量

(1) 时刻(t):人体位置时间的量度,用于运动的开始、结束和运动过程中许多重要位相的瞬间(图1-1)。

(2) 时间(Δt):人体运动持续时间的量度,是指人体运动从某一时刻到另一时刻所经过的时间间隔(图1-1)。

图1-1　时刻与时间示意图

3. 描述人体运动空间的物理量

(1) 质点:指具有质量但可以忽略其大小、形状和内部结构而视为几何点的物体,是由实际物体抽象出来的力学简化模型。

(2) 质点的运动(运动轨迹):分为直线运动和曲线运动。直线运动常分为匀速直线运动和变速直线运动,曲线运动常分为圆周运动和斜抛物体运动。

(3) 刚体:由相互间距离始终保持不变的许多质点组成的连续体,它有一定形状、占据空间一定位置,是由实际物体抽象出来的力学简化模型。在运动生物力学中,将人体看作是一个多刚体系统。

（二）人体运动的形式

1. 人体的面与轴

1）人体运动的三个面（图1-2）

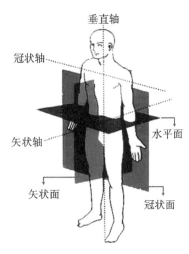

图1-2 人体的面与轴示意图

（1）水平面：与地面平行的面，将人体分为上、下两部分。

（2）冠状面（额状面）：与身体前或后面平行的面，将人体分成前、后两部分。

（3）矢状面：与身体侧面平行的面，将人体分为左、右两部分。

2）人体运动的三个轴（图1-2）

（1）垂直轴：与矢状面和冠状面都平行且垂直于水平面的轴。

（2）冠状轴（额状轴）：与水平面平行且垂直于矢状面的轴。

（3）矢状轴：与地平面平行且又与矢状面平行的轴，在水平方向上前后贯穿人体。

2. 人体简化以后的运动形式　将人体简化为质点，按照质点的运动轨迹可分为直线运动和曲线运动；将人体简化为刚体，运动形式包括平动、转动及复合运动。

1）平动

（1）平动概念：指运动过程中，身体上的任意两点的连线始终保持等长和平行。其运动轨迹是直线或曲线，人体平动时，身体上各点的位移、速度和加速度都一致，可简化成质点处理，如图1-3所示。

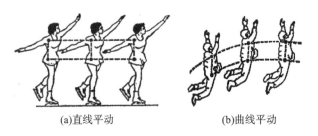

(a)直线平动　　　　(b)曲线平动

图1-3 人体平动示意图

（2）描述人体平动的空间物理量：

①轨迹：质点运动的路径。当将人体转化成质点来描述其运动时，将代表人体或器械的质点在一定时间内用坐标值确定的位置点连接起来，就是人体或器械某质点的运动轨迹，如链球、跳远、单杠向前大回环等运动。

②路程：指物体从一个位置移动到另一个位置时的实际运动路线的长度，也是质点运动轨迹的全长。路程是标量，只有数值大小，没有方向。一般径赛是用路程量度的。

③位移：大小等于质点运动的起点到终点的直线距离，方向由起点指向终点。位移是矢量，同时表明运动的长度和运动的方向（图1-4）。一般田赛用位移衡量成绩，如跳高等。

④速率：指路程与通过这段路程所经历的时间之比，是标量。

⑤速度：指位移与通过这段位移所经历的时间之比，是矢量。

⑥瞬时速度:指物体在某一时刻或通过运动轨迹在某一点的速度。

⑦加速度:描述速度的时刻变化率的物理量。加速度是矢量,可以为正值、负值或零。加速度也有平均加速度和瞬时加速度。

位移、速度和加速度都可以合成和分解,遵循平行四边形法则。

2）转动

(1) 转动概念:运动过程中,身体上的各点都围绕同一直线(即轴)做圆周运动,称转动。转动时人体各点距离轴的距离不同,所以其线速度也不同,只能简化成刚体来处理,如图1-5所示。

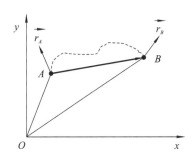

图1-4 路程、轨迹和位移示意图

其中质点由 A 点运动到 B 点,虚线为其轨迹,轨迹的长度为路程,粗线段为其位移

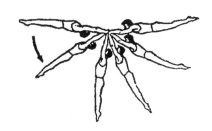

图1-5 人体转动示意图

(2) 人体转动的空间物理量:人体整体或关节围绕某个轴转动时转过的角度称为角位移。角位移是矢量,大小为转过角度的大小,方向由物理学中的"右手法则"判定。通常规定逆时针转动的角位移为正值,顺时针转动的角位移为负值。角位移的单位以弧度表示。

(3) 人体转动的时间物理量:

①角速度:指人体/肢体在单位时间内转过的角度。它是矢量,其方向与角位移方向相同。

②线速度:质点围绕一点转动或者人体围绕某个轴转动时,质点或者人体上各点的瞬时速度。它具体描述转动的人体或器械上各个点转动的快慢。

③角加速度:指单位时间内角速度的变化量,是矢量。

3）复合运动

人体的绝大部分运动包括平动和转动,两者结合的运动称为复合运动。如骑自行车时,躯干可近似地看作平动,下肢各关节围绕关节轴进行多级转动。研究中通常把复合运动分解为平动和转动,使问题简化。

3. 人体关节的运动形式

(1) 屈曲、伸展:主要是以冠状轴为中心,在矢状面上的运动,如图1-6所示。

(2) 内收、外展:主要是以矢状轴为中心,在冠状面上的运动,如图1-7所示。

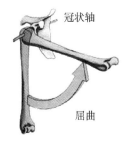

图1-6 人体关节屈曲示意图

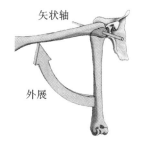

图1-7 人体关节外展示意图

(3) 内旋、外旋:主要是以纵轴为中心,在水平面上的运动。前臂和小腿有旋前和旋后运动,

足踝部还有内翻和外翻运动,如图 1-8 所示。

（4）环转:运动关节以固定端为支点,绕冠状轴、矢状轴及它们之间的中间轴进行连续的圆周运动,如图 1-9 所示。

图 1-8　人体关节内旋示意图

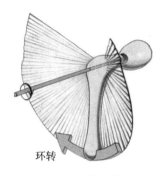

图 1-9　人体关节环转示意图

4. 人体的基本运动形式

1) 上肢的基本运动形式

（1）推:在克服阻力时,上肢由屈曲态变为伸展态的动作过程,如推铅球、胸前传球。

（2）拉:在克服阻力时,上肢由伸展态变为屈曲态的动作过程,如游泳、划船。

（3）鞭打:在克服阻力或自体位移时,上肢各关节依次加速、制动,使末端环节产生极大速度的动作形式,如投掷。

2) 下肢的基本运动形式

（1）缓冲:在克服阻力时,下肢由伸展态转为屈曲态的动作过程,如跳远前起跳时摆动腿的动作。

（2）蹬伸:在克服阻力时,下肢由屈曲态主动转为伸展态的动作过程,如跳远前起跳时起跳腿的动作。

（3）鞭打:如单杠振浪、自由泳的两腿打水动作等,下肢各关节有类似上肢的鞭打动作。

3) 全身基本运动形式

（1）摆动:身体某一部分完成主要动作(如一条腿的起跳)时,另一部分配合主要动作进行加速摆动(如双臂和另一条腿配合起跳的摆动)的动作形式。

（2）躯干扭转:在身体各部分完成动作时,躯干上下肢沿身体纵轴的反向转动的运动形式。

（3）相向运动:依据运动形式,把身体两部分相互接近或远离的运动形式。

（三）人体运动的原理

1. 杠杆原理

1) 概念

在物理学中,我们将在力的作用下围绕一固定点进行转动的硬棒称为杠杆。构成杠杆的五要素分别是支点、力、力臂、阻力和阻力臂,如图 1-10 所示。

（1）支点(O):指杠杆绕着转动的轴心点,在肢体杠杆上支点是关节的运动中心。

（2）力点(F):动力的作用点,在骨杠杆上力点是肌肉的附着点。

（3）阻力点(R):阻力在杠杆上的作用点,这里的阻力是指运动阶段的重力、运动器械的重力、摩擦力或弹力及拮抗肌的张力,韧带、筋膜抵抗牵张力的力等造成的阻力。它们在一个杠杆系统中的阻力点只有一个,即全部阻力的合力作用点为唯一的阻力点。

（4）力臂(d):从支点到动力作用线的垂直距离。

（5）阻力臂(dR):从支点到阻力作用线的垂直距离。

（6）力矩(M):力和力臂的乘积,是力对物体转动作用的量度。人体的各种运动多是肌肉的

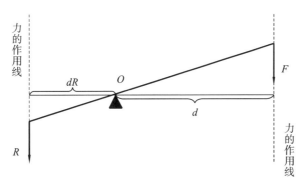

图 1-10 杠杆示意图

拉力矩作用于相应关节,使之围绕关节轴转动而实现的。肌力的测定和训练一般是就肌力矩而言。

(7) 阻力矩(MT):阻力和阻力臂的乘积。

2) 杠杆的分类

(1) 第一类杠杆(平衡杠杆):

特征:支点(O)在动力点(F)与阻力点(R)中间,主要作用是传递动力和保持平衡,如图 1-11 所示。支点靠近动力点时有增大速度和幅度的作用,支点靠近阻力点时有省力的作用,故也称为平衡杠杆。如天平、跷跷板、人体寰枕关节。

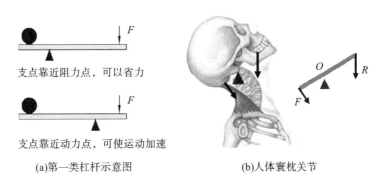

(a)第一类杠杆示意图　　　　(b)人体寰枕关节

图 1-11　第一类杠杆示意图

(2) 第二类杠杆(省力杠杆):

特征:阻力点(R)在支点(O)与动力点(F)中间,这类杠杆的动力臂始终大于阻力臂,可以用较小的力来克服较大的阻力,如图 1-12 所示。如撬棍、人体提踵动作。

(3) 第三类杠杆(速度杠杆):

特征:动力点(F)在支点(O)与阻力点(R)中间,这类杠杆的力臂始终小于阻力臂,力必须大于阻力才能引起运动,所以不省力,但可以使阻力点获得较大的运动速度和幅度,人体最多见,如图 1-13 所示。如镊子、人体屈肘动作。

3) 杠杆原理在康复中的应用

(1) 省力:负担更大负荷,减少肌肉损伤。要用较小的力去克服较大阻力,就要使力臂增长或缩短阻力臂。在人体杠杆中肌拉力的力臂一般都短,可以通过籽骨、肌在骨上附着点的隆起等来延长力臂。提重物时,使重物靠近身体可以缩短阻力臂而省力,举重的技术关键就是让杠铃尽可能贴近身体。

(2) 获得速度:许多动作不要求省力,而要求阻力点获得较大的运动速度和运动幅度,如投掷、打球等。为使阻力点移动的幅度和速度增大,就要增加阻力臂和缩短力臂。例如,掷铁饼就先要伸展手臂,使几个关节组成一个长的阻力臂。有时可附加延长的阻力臂,如利用击球棒和球

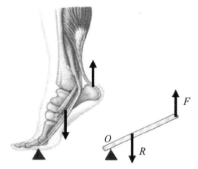
图1-12 人体提踵动作示意图

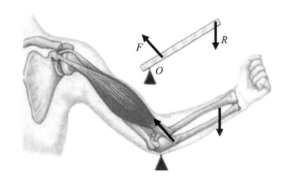
图1-13 人体屈肘动作示意图

拍的杆来延长阻力臂。

(3) 防止损伤：从杠杆原理可知速度杠杆一般不能省力，而人体骨骼与肌组成的杠杆大多属于速度杠杆，所以阻力矩过大的时候，容易引起运动杠杆各环节，特别是其动力点和支点，即肌腱、肌肉止点以及关节的损伤。除通过训练增强肌力以外，还应适当控制阻力及阻力矩，以保护肌杠杆。

2. 关节活动顺序性原理

1) 关节活动顺序性原理的概念

运动中需要克服大的阻力或不需要快的速度时，虽然运动链中各个关节同时用力，但总是大关节最先产生运动，然后依据关节的大小出现一定的先后顺序，直到运动结束。

2) 大关节首先产生活动的原因

大关节总是最先产生运动，是因为大关节的肌肉生理横断面大，产生的肌力矩也大。因此，在人体活动过程中，它能首先克服阻力矩，从而首先产生运动。

3) 大关节首先产生活动的条件

当运动中需要克服大的阻力或不需要快的速度时，大关节总是最先产生运动；当运动中不需要克服大的阻力或不需要快的速度时，可以不按关节活动的顺序性原理进行。例如，游泳划水动作和击剑攻防动作主要通过小关节活动进行。

4) 关节活动顺序性原理的意义

(1) 充分发挥大关节的潜力，有利于动作技术的合理完成。

(2) 小关节活动的重要性。在人体运动中，结束动作都由小关节完成，结束动作完成的好坏直接影响整个动作的质量。①小关节是人体动作的支点：小关节的强弱决定完成动作时支撑点的稳定性，决定人体上位环节作用力的效率。②影响动作的完成时间：小关节力量加强，可以提前加入活动，提高动作的速度，从而缩短完成动作的时间。③可以精确控制方向：小关节动作精细，调节动作的能力强。

二、人体运动的静力学

人体静力学是研究人体在外力作用下处于相对静止状态或平衡状态的学科，主要讨论人体在完成静力性活动，即处于相对静止的姿势(或称平衡状态)时的受力情况，以及获得和维持平衡的力学条件。

(一) 人体平衡

1. 相关概念

(1) 支撑面：等于接触面积加上包围面积。支撑面越大，稳定性越大。

(2) 重心：整个人体所受重力的合力作用点，人体的重心垂直投影线越远离支撑面的边缘，则稳定性越大。重心越低,稳定性越大。

(3) 稳定角:重心垂直投影线和重心至支撑面边缘相应点的连线间的夹角,如图 1-14 所示。稳定角是影响人体平衡稳定性的力学因素。它综合反映支撑面积大小、重心高低和重心垂直投影线在支撑面内的相对位置对平衡稳定性的影响。

(4) 平衡角:等于某方位平面上稳定角的总和,如图 1-15 所示。平衡角可以说明物体在某个方位上总的稳定程度,通常称为稳度,即物体失去平衡的难易程度。

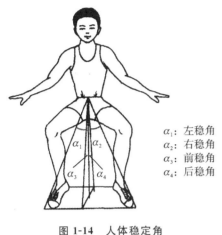

图 1-14　人体稳定角

图 1-15　人体平衡角

(5) 力矩:力对物体转动作用的量度,是力和力臂的乘积。力使物体绕点或定轴转动,其效果除了取决于力的大小和方向以外,还取决于所围绕的顶点或者定轴与作用线的距离。只有与轴既不平行,也不相交的力才能使物体转动,且起作用的仅仅是该力在垂直转轴平面内的分力。

①恢复力矩:使物体恢复到原来平衡位置的力矩,它等于重力乘以重力对倾倒质点的力臂。

②倾倒力矩:为倾倒力乘以对倾倒支点的力臂。

(6) 力偶:两个大小相等、方向相反、作用线互相平行,但不在同一条直线上的一对力。它作用在刚体上,能改变刚体的转动状态。

(7) 力偶矩:力与力偶臂的乘积。使物体产生逆时针方向转动的力偶矩,取正值,反之取负值。

(8) 力的平移定理:刚体上的力可以平行于自身移动到任一点,但需要添加一力偶,其力偶矩等于原力对新作用点的力矩。这样就可以把力平移到重心上去分析,并且不需要改变对人体的作用效果,但必须附加上一个力偶,此力偶等于原力对重心之距。

2. 人体平衡的条件　人体平衡的力学条件是合外力为零,合外力矩为零。这两个基本条件同时满足,人体才能平衡。

一个物体是否失去平衡,取决于该物体重心垂直投影线是否落在支撑面内。当物体开始倾斜时,随着物体的倾斜,重力产生一个使物体恢复到原来平衡位置的恢复力矩,倾倒力产生使物体倾倒的倾倒力矩;倾倒过程中,如重力作用线在支撑面内,则恢复力矩使物体恢复到原位置;如倾倒使重力作用线通过支点时,则恢复力矩为零,重力矩起着加剧倾倒的作用。

稳定系数:倾倒力开始作用时稳定力矩与倾倒力矩的比值。当稳定系数大于 1 时,物体本身重力产生的恢复力矩足以对抗倾倒,当稳定系数小于 1 时,物体恢复力矩对抗不了倾倒力矩,物体倾倒,平衡被破坏。因此,物体越重,其稳定力矩越大,抗倾倒的能力越强。

平衡稳定性反映了物体维持原有平衡状态和抵抗倾倒的能力,对于康复治疗对象来讲很重要。

（二）人体的重心

整个人体所受重力的合力的作用点，称为人体重心。人体重心位于身体正中面上第三骶椎上缘前方 7 cm 处，一般在身高的 55%～56% 位置。

重心移动的幅度取决于身体移动的幅度和移动部分的质量。如上肢上伸时重心上移，下蹲时重心下移，大幅度体前屈或做"桥式动作"可以引起重心移出体外，如图 1-16 所示。

图 1-16 人体重心随动作变化

在临床应用中，为了训练平衡功能差的患者的平衡能力，开始训练时，可以先练习坐位（重心低支撑面较大）平衡，完成后练习立位平衡时，可先分开双腿以加大支撑面使重心比较低，练习静态和动态平衡，达到一定效果后，再逐渐过渡到并足练习。

（三）人体平衡的特点

（1）人体不能处于绝对静止的状态：由于人体的呼吸和循环的存在，肌张力也不恒定，重心在一定范围内波动，因此人体平衡是相对的静态平衡。

（2）人体内力在维持平衡中起重要作用：在某些静力性姿势中，维持平衡的不仅是重力和支撑反作用力，而是由重力矩与肌肉和韧带的拉力矩共同维持的，如体操的平衡动作。

（3）人体的补偿动作：人体在完成或维持静力姿势的过程中，当人体重心发生偏移有失去平衡的倾向时，人体能借助于补偿动作在一定范围内"中和"或"抵消"重心的不适宜移动。

（4）人体具有自我控制、调节和恢复平衡的能力。

（5）人体平衡受心理因素影响：对患者进行平衡训练时，除了注意适宜技术的使用，还要进行鼓励，解除患者平衡训练时心理上的恐惧感。

（6）人体平衡动作消耗肌肉的生理能量：肌肉收缩主要起固定关节、调节与控制人体平衡的作用，其活动需消耗生理能量。如果保持平衡的时间太长，能量消耗增多，肌肉疲劳，会使人体控制平衡的能力降低。

三、人体运动的动力学

（一）牛顿运动定律

（1）牛顿第一定律：物体如果不受到任何力或所受合外力为零，将保持其静止状态或匀速直线运动状态。它描述的是平动中人体和器械的惯性本质。

由于保持一定的速度比改变速度省力得多，所以进行耐力训练如长途慢跑或快走的时候，提倡用稳定的速度。另一方面，在做医疗体操时，如果能保持动作的连贯性也可以比较容易完成动作，以避免患者承受不必要的负荷。

（2）惯性定律：物体具有保持它原有运动状态不变的性质。

（3）牛顿第二定律：物体某段时间内所受合外力的冲量等于其在这段时间内动量的变化量，又称为动量定理。它具有矢量性，主要用于研究运动技术。

（4）动量守恒定律：当系统不受外力或所受外力之和为零时，系统的总动量保持不变，称为动量守恒定律。

（5）牛顿第三定律：相互作用的两个物体之间的作用力和反作用力总是大小相等,方向相反,作用在同一条直线上,又称为作用力与反作用力定律。

（二）牛顿运动定律的应用

根据牛顿第一定律,保持一定的速度比改变速度省力得多,所以进行耐力训练如长途慢跑或快走的时候,提倡用稳定的速度。

人体是由多环节组成的生物系统,各个环节的动量的矢量和等于人体的总动量。当人体整体所受外力为零时,人体内力可以改变各个环节的相对位置,使环节的动量发生相互传递,但是不能改变人体的总动量。在康复训练中,可利用动量守恒定律,制动某环节以提高邻近需要加强训练环节的运动能力。

（三）转动定律

物体的转动惯量是物体转动惯性的大小。由于人体的质量分布不均匀,其转动惯量的计算很困难。通常采用汉纳范人体力学模型,将人体简化成15个刚体,如图1-17所示。通过铰链连接形成刚体系统,然后分别计算各个刚体的转动惯量。

人体运动时,随着姿势的变化转动惯量也会发生变化。因此对一种姿势算出的转动惯量只说明一瞬间的情况。这种可变性可以使人根据训练目的调节姿势以改变转动惯量,达到自我控制的目的。

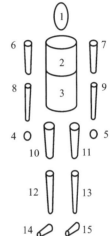

图1-17　汉纳范人体力学模型

转动定律：刚体绕固定轴转动时,转动惯量与角加速度的乘积等于作用在刚体上的合外力矩。

（四）转动定律的应用

人的肢体在运动时,大多是围绕关节轴的转动。当肌力矩大于阻力矩时,肢体向肌拉力的方向转动；当阻力矩大于肌力矩时,肢体向阻力方向转动；当肌力矩等于阻力矩时,肢体平衡,肌肉做静态的等长收缩。

为了增加肢体的转动角速度,训练关节的活动度和灵活程度,可以增大肌力矩,主要通过增强肌力来实现。另一方面,当肌力矩一定时,减小转动惯量也可提高转动的角速度。可以在完成动作时,尽量使肢体靠近关节轴,从而加大肢体的转动速度。如：跑步时的摆臂摆腿动作,可以采用屈肘摆臂,从而减小上肢的转动惯量；小腿后摆时,尽量靠近大腿做折叠动作,减小下肢围绕髋关节的转动惯量,以便提高摆动的角速度。

四、人体运动分析基础

（一）人体测量

在进行人体运动分析之前,先要对人体的长度、质量、体积、密度、重心、转动惯量等相关参数进行测量。

（二）自由体受力图

在进行运动分析前,首先要画出研究对象（自由体）的受力图,要求将应用在该系统中的所有相关力描绘出来,如图1-18所示。

（三）构建自由体受力图的步骤

第一步：识别和分离正在讨论的自由体。

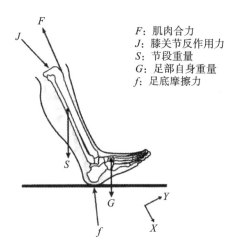

图 1-18　小腿和足部在行走过程中足跟着地瞬间的自由体受力图

第二步：建立一个坐标系。
第三步：画出作用在该系统上的内（肌）力和外力。
第四步：画出关节反作用力。
第五步：画出运动的控制方程。

如图 1-19 所示，首先识别和分离右臂和球的组合的自由体；建立 X-Y 轴坐标系，X 轴与上肢平行，旋转轴为盂肱关节处的开环；画出肩部外展肌的合力（F）、节段重量（S）、球的重量（G）；画出盂肱关节反作用力（J）；运动的控制方程即其保持平衡的条件，$\sum F=0$（合外力为零），$\sum M=0$（合外力矩为零）。

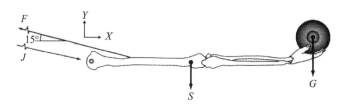

图 1-19　分离右臂和球的组合的自由体受力图额状面

（四）受力分析基础

1. 共线力的矢量合成

（1）共线力系：各力的作用方向在同一条直线上的力系。

（2）共线力系的平衡：当 $\sum F=0$（合外力为零）时，表示各分力的作用相互抵消，物体处于平衡状态。

物体在共线力系作用平衡的充要条件是各力沿作用线方向代数和等于零。

如图 1-20 所示，两个力矢量在膝关节上作用：小腿和足部节段的重量（S）和运动重量（W）作用在踝关节上。这些力加在一起来确定合外力（F）。在 X-Y 坐标系中，+Y 表示向上，用负号表示向下的拉力。F 是这些矢量的代数和。

2. 共面力的矢量合成　图 1-21 中显示了作用在骨盆上的三个力，包括右假肢髋关节外展肌肌力（M）、体重和假肢髋关节的反作用力（J）和运动重量（W）。根据 M 和 W 的大小和方向，利用图 1-21（b）多边形（或者头到尾）方法来确定合力的大小和方向。图 1-21（a）中的 J 和图（b）中的 F 大小相等，方向相反。

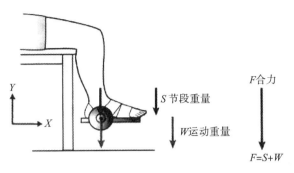

图 1-20 共线力矢量合成示意图

（五）受力分析应用

1. 静态分析

1）静态分析条件

静态同面分析的控制等式：力与力矩是平衡的。

力（F）平衡等式：$\sum F_x = 0$，$\sum F_y = 0$。

力矩（M）平衡等式：$\sum M_z = 0$。

2）静态分析步骤

（1）绘制自由体受力图，画出施加在自由体上的所有力，包括重力、阻力、肌力和关节反作用力。识别关节中心的旋转轴。

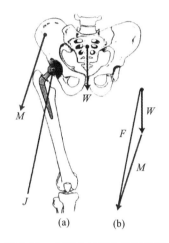

图 1-21 共面力矢量合成示意图

（2）建立 X-Y 坐标系，在坐标系中详细指出所有力的 X 分力和 Y 分力的预定方向。指定 X 轴与被分离的节段平行（通常为长骨），正方向指向远端；Y 轴与该节段垂直（利用 X 轴和 Y 轴上的箭头表示正方向）。

（3）将所有已知的力分解成 X 分力和 Y 分力。

（4）识别与各个 Y 分力相关的矩臂，与给定 Y 分力相关的矩臂为旋转轴和力线之间的垂直距离。注意关节反作用力的所有 X 分力无力臂，因为这些力的力线通常穿过旋转轴（关节中心）。

（5）为力臂指定一个方向。按照惯例，力臂为旋转轴到力的 Y 分力之间的距离。如果测量沿着 X 正方向，那么指定测量值为正值。如果测量沿着 X 负方向，那么指定测量值为负值。

（6）利用 $\sum M_z = 0$ 得出未知的肌肉力矩和力。

（7）利用 $\sum F_x = 0$ 和 $\sum F_y = 0$ 得出未知关节反作用力的 X 分力和 Y 分力。

（8）合成关节反作用力的 X 分力和 Y 分力得出关节总反作用力的大小和方向。

2. 动态分析

（1）动态分析条件：力和力矩的二维动态分析。

力的等式：$\sum F_x = max$，$\sum F_y = may$。

力矩的等式：$\sum M_z = I \times az$。

（2）动力测量系统：动力测量系统主要有电子测角器（单轴、双轴）、加速剂、数字摄像技术、测力台、等速肌力测定仪和步态分析系统等。

（孟永春）

第二章　运动系统组织结构生物力学特性

扫码看课件

学习目标

能够根据骨、关节、肌的结构进行分类,并能解释关节结构与其动作能力之间的关系;能够根据肌的运动形式,解释肌肉拉力线与关节运动轴之间如何影响动作的产生。

能够根据骨和肌的功能适应性,解释制动对骨、肌、关节、关节软骨、胶原组织的影响;能够解释关节的灵活性与稳定性之间的关系;指出在复杂运动中肌的协同作用。

能够解释不同年龄软骨损伤和修复对运动的影响。

第一节　骨组织的生物力学性质

骨骼系统是人体重要的力学支柱,不仅承受着各种载荷,还为肌肉提供可靠的动力联系和附着点。

一、骨的成分与构造

(一)骨的成分

骨组织是由骨细胞、有机纤维、黏蛋白、无机结晶体和水组成,即骨由有机质和无机质构成。

1. 骨的有机质　骨的有机质主要由骨胶原纤维和无定形基质组成,约占骨干重的 35%,是由骨细胞分泌形成的,骨的生物活性来源于骨细胞。有机质使骨具有一定的弹性和韧性。

2. 骨的无机质　主要是骨盐,约占骨干重的 65%,其主要成分为羟基磷灰石结晶和碳酸钙。无机质使骨具有一定的硬度和坚固性。

(二)骨的构造

骨由骨组织、骨膜、骨髓、关节软骨、血管、神经等构成。

1. 骨组织　由细胞和钙化的细胞基质组成。细胞类型包括骨原细胞、成骨细胞、破骨细胞与骨细胞。

1) 骨组织的细胞

(1) 骨原细胞:可分化为成骨细胞和成软骨细胞,分化方向取决于所处部位和所受的刺激性质。例如,当骨生长、改建或骨折修复时,骨原(祖)细胞活跃,不断分化为成骨细胞。

(2) 成骨细胞:成骨细胞合成和分泌骨基质的有机成分,形成类骨质。成骨细胞分泌类骨质后自身被包埋于其内,转变为骨细胞。

(3) 骨细胞:成熟的骨细胞是构成骨组织中细胞的主要成分。

(4) 破骨细胞:破骨细胞可释放多种水解酶和有机酸,溶解骨盐,分解骨的有机成分。成年人骨组织处在骨形成与骨吸收的动态平衡中。临床上骨硬化症是由于破骨细胞吸收钙化软骨和骨细胞功能丧失所致，采用骨髓移植的方法可成功地治愈人骨硬化症。

2) 骨基质　骨基质简称骨质，可分为密质骨和松质骨。骨组织中的胶原纤维借助黏蛋白的胶合形成网状支架，微小的羟磷灰石晶粒充填于网状支架并牢固地附着于纤维表面，这种结构不仅具有较好的弹性和韧性，还具有较大的强度和刚度。胶原平行有序地排列，并与基质结成片状，形成骨板，是形成密质骨的单元。胶原与基质贴附，交错无序则形成棒状骨小梁，是形成松质骨的单元（图 2-1）。

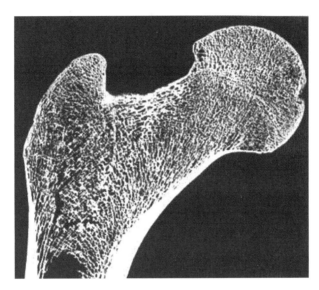

图 2-1　骨的成分

2. 骨膜　骨膜是骨表面除关节外所被覆的坚固的结缔组织包膜，分骨外膜和骨内膜。其主要功能是营养骨组织，并为骨的生长和修复提供成骨细胞和破骨细胞。

3. 骨髓　充填于骨髓腔和骨松质的间隙内，分红骨髓和黄骨髓。红骨髓具有造血功能，黄骨髓不具有造血功能，但在应急状态下黄骨髓可转化为红骨髓而再次具有造血功能，如恶性贫血或外伤大出血时。

4. 关节软骨　覆盖在骨关节面上，薄面光滑且具有弹性，在功能上主要起减少摩擦、缓冲震动的作用。

5. 骨的血管和神经　骨有丰富的血管供应，神经伴滋养血管进入骨内，关节软骨内无营养血管，其营养来源靠软骨下骨内血管的渗透和关节滑液的渗透（图 2-2）。

二、骨的力学性质

（一）骨的基本生物力学特性

强度与刚度是骨重要的力学性能，骨在载荷（外力）作用下产生形变。图 2-3 是骨受力时绘制的载荷-形变曲线假想图。骨受力后产生形变，在弹性区内，随载荷增大，形变增加，载荷与形变成比例关系，即发生了弹性变形，载荷取消后骨能够完全恢复到初始形状，此为安全载荷。当载荷继续增大，骨将发生塑性形变，即载荷取消后，部分骨组织发生了永久变形，不能恢复到初始形状，即塑性形变，此为弹性材料的蠕变特性，此时不会发生骨的损伤。若载荷继续增大，骨将发生损伤。

（二）骨受载时的生物力学特性

外力作用于骨所产生的外部效应是引起骨的运动或保持平衡，对骨的内部效应则是引起骨

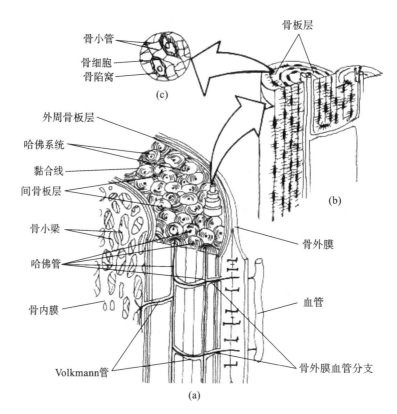

图 2-2 骨的构造

(a)无骨髓长骨干横截面细微结构示意图。图中清楚地显示了骨的结构单位是骨单位(哈佛系统)。哈佛管位于骨单位中央,形成骨循环网状系统的主要分支。每一个骨单位都有黏合线分界,其中一个骨单位被标出放大(×20)。(b)每一个骨单位都由骨层板即同心圆排列的矿化基质围绕在哈佛管周围构成。(c)沿骨层板的边缘有小陷窝,每个陷窝内有一个骨细胞。从陷窝发出的骨小管进入骨细胞的胞突

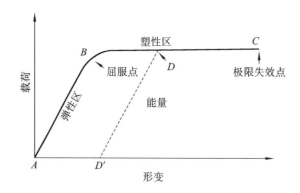

图 2-3 骨的载荷-形变曲线假想图

如果载荷在结构体弹性区内(曲线的 A-B),当载荷取消,结构体不会发生永久性形变。如果载荷持续越过屈服点(B)进入结构体塑性区(B-C),当载荷取消后,结构体会发生永久性形变。如果组织负载到达塑性区 D 点然后取消载荷时,A 和 D 之间的距离就代表着结构体发生的永久性形变量。如果载荷在塑性区内持续发生,结构体将会达到极限失效点(C)

的变形(外力的强度低于骨的强度)或使骨发生破坏(外力的强度超过骨的强度)。根据施加在骨上的力和力矩作用的不同方式,骨所受到的载荷可分为拉伸、压缩、弯曲、剪切、扭转及复合载荷(图 2-4)。

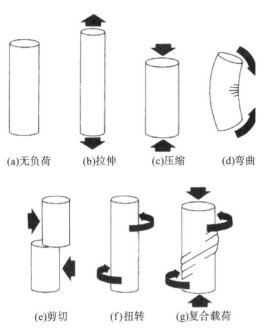

图 2-4　不同载荷方式示意图

1. 拉伸载荷　指沿骨的长轴向两端拉伸使骨延长的外力,此时骨骼内部产生张应力与张应变。骨在拉伸载荷作用下(图 2-5),当载荷增大到一定程度时骨单位间的黏合线失去衔接而被拉开就发生了骨折。临床上拉伸引起的骨折多见于骨松质,如腓骨短肌腱附着点附近的第 5 跖骨基底骨折。

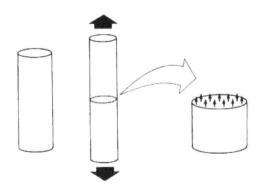

图 2-5　拉伸载荷

2. 压缩载荷　指沿骨的长轴向两端压缩使骨短缩的外力,临床上压缩引起的骨折常见于椎骨,椎体缩短变宽,这是骨松质骨小梁受压失稳引起的。

3. 弯曲载荷　指加载在骨的两端使骨沿其轴线发生弯曲形变的作用力。骨在弯曲载荷的作用下,同时受到压缩和拉伸两种应力。类似于弯曲弹簧时,拉伸应力作用于弹簧上侧,而压缩应力作用于弹簧下侧。

4. 剪切载荷　剪切载荷垂直于骨的长轴,使受载部位相邻两个面相互错动,如刀具切断手指时的作用力即为剪切载荷。临床生物力学表现为,压缩应力通常导致压缩性稳定骨折,而张应力或剪切及扭转应力则常引起比较严重的移位骨折,这与不同载荷发生在骨上所产生的形变密切相关。

5. 扭转载荷　指加载在骨的两端并使其沿轴发生扭转的作用力,扭转引起的骨折是螺旋骨折。

6. 复合载荷 在同一块骨上同时加载两种及以上不同作用力时骨所受的载荷,如跌倒后发生的桡骨远端骨折,既有剪切力又有压缩力,是多种综合作用的结果。

三、骨的功能适应性

骨的功能适应性是指骨具有适应其承载的最优的形态和结构,并能够随着它受到的应力、应变的变化进行内部结构和外部形态的改造,并主动适应功能需要。骨的功能适应性以结构适应性为基础。

(一) 骨的结构适应性

骨是能再生和修复的生物活性材料,有机体内的骨处于增殖和再吸收两种相反过程中,此过程受很多因素的影响,如应力、年龄、性别及某些激素水平,但应力是比较重要的因素。

研究表明,骨骼都有其最适宜的应力范围,应力过大或过小都会使其吸收加快。一般认为,机械应力对骨组织是最有效的刺激。骨骼的力学特性是由其物质组成、骨量和几何结构决定的,当面临机械性应力刺激时,常常出现适应性的变化,否则,将会发生骨折。负重对维持骨小梁的连续性、提高交叉区面积起着重要作用,施加于骨组织上的机械应力可引起骨骼的变形,这种变形导致成骨细胞活性增加,破骨细胞活性减弱。瘫痪的患者,骨骼长期缺乏肌肉运动的应力作用,使骨吸收加快,产生骨质疏松。另外,失重也可造成骨钙丢失。骨在应力作用下羟磷灰石结晶的溶解增加,使发生应变的骨组织间隙液里的钙离子浓度增大,以利于无机晶体的沉积。

骨的重建是骨对应力的适应,常受应力刺激的部位生长,较少受到应力刺激的部位吸收。制动或活动减少时,骨因缺乏应力刺激而出现骨膜下骨质的吸收,强度降低。骨折钢板内固定时,载荷通过钢板传递,骨骼受到的应力刺激减少,骨骼的直径缩小,抗扭转能力下降。相反,反复的高应力刺激,可引起受刺激部位骨膜下的骨质增生。

(二) 骨的功能适应性

骨在应力应变原则指导下发生的结构适应性为其功能适应性的产生起到了良好的基础作用,使骨主动适应各种载荷的变化,骨的功能适应与骨的结构适应相辅相成。

四、制动对骨的影响

制动是临床最常用的保护性治疗措施,制动的形式有固定、卧床等。长期制动可引起制动或废用综合征,此情况主要见于因急性病或外伤需长期卧床者,或因瘫痪而不能离床者。对于严重疾病和损伤患者,卧床是保证其度过伤病危重期的必要措施。但是,长期卧床或制动可增加新的功能障碍,加重残疾,有时其后果较原发病和外伤的影响更为严重,甚至损害多系统的功能。因此对固定患者要提倡合理运动,对卧床患者要提倡起床、站立、活动。

缺乏负重和肌肉牵拉对骨骼形成的压力和张力,可导致骨质疏松。图 2-6 高钙血症为骨质减少的结果。制动 2~3 天后,钙开始通过尿和粪排泄,在 3~7 周时达到峰值。恢复活动之后,3 周内钙水平仍然很高,5~6 周后达到正常值。

比较尿钙和尿氮、蛋白的变化,尿钙是最后改善的。氮每天损失 2 g,制动后 5~6 天开始损失,在第 2 周达到峰值。恢复活动后,损失将持续 1 周,在第 2 周达到平衡,4 周后降到正常值以下,6 周后恢复正常值。磷丢失以外的钙的流失,可导致萎缩,同时增加骨折的可能性。

不活动后,关节周围结缔组织的可延展性降低。由于缺乏营养支持,关节软骨开始退化。关节滑膜的透明软骨不是由血管的血液提供营养的,而是取决于滑液有无压力的负荷。

早在制动后的 2 周,韧带即出现生化改变。在韧带修复手术后,制动使肌力的改善受到影响。制动导致韧带的强度降低,顺应性增加,胶原降解增加。

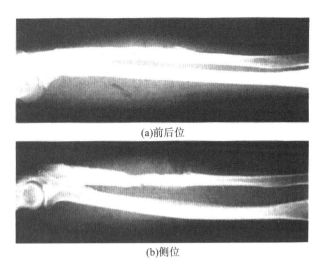

(a)前后位

(b)侧位

图 2-6　制动造成的骨质疏松

> **知识链接**
>
> **骨痂的力学性质**
>
> 　　骨折愈合后的机械力学特性依赖于愈合骨痂的物理特性和几何特性,骨强度的恢复与连接骨折块的新骨形成的数量密切相关,骨痂的强度与其钙的含量有关。在骨折修复的过程中,骨折愈合对骨折块活动的机械力高度敏感。无论以何种方式固定,在负荷的作用下,骨折块都会发生一定的运动,影响到骨折修复的形态。不同组织可承受不同强度的应力,在骨折愈合早期,骨折处形成的肉芽组织能很好地耐受骨折块间的应力变化;在修复过程中,细胞的类型和性质决定了骨折的稳定性,在骨折断端紧密连接机械稳定的情况下,软骨形成的数量极少,但由于存在哈佛系统直接塑形愈合的作用,会在骨折断端间形成一层薄骨痂。而在骨折断端未获得机械稳定性时,早期的骨痂不能在断端间形成桥接,而是形成丰富的软骨骨痂,这些骨痂随稳定性的加强,通过软骨内骨化转变成骨。在软骨骨痂钙化的过程中,如果骨折间隙较大,并且不具备足够的稳定性,那么由于纤维组织的存在,纤维软骨骨痂不能转变为成骨性骨痂组织,则会发生骨折不愈合。

五、临床应用

骨质疏松的严重后果是发生骨质疏松性骨折,即在受到轻微创伤或日常活动中即可发生的骨折。体力活动能力下降、长期制动及绝经后妇女发生骨质疏松的概率较高,骨质疏松性骨折的危害很大,导致病残率与病死率增加,有效预防骨质疏松是解决骨折问题的关键。根据骨受力时的生物力学特性,骨有功能适应性。对上述高危人群建议适当进行负荷训练、适当补充钙及维生素 D 制剂、适当晒太阳,这些对维持骨强度均有好处,负荷训练以渐进抗阻训练为主,以纵向及拉伸载荷为主。

青少年发生骨骺骨折较为常见,若处理不当容易引起骨质发育异常,应根据骨在受力情况下的生物力学及生长发育情况,避免骨骺的进一步损伤,保证骺板、骨骺及骺软骨的正常力学刺激,在尽可能早的情况下去除内、外固定并保持一定活动的力学刺激,以促进骨的正常发育。

（刘　尊）

第二节　关节软骨的生物力学性质

关节软骨是组成活动关节面的有弹性的负重组织,可减少关节面在滑动中的摩擦,具有润滑和耐磨的特性,并有吸收机械震荡、传导负荷至软骨下骨的作用。

一、关节软骨的成分

关节软骨主要由大量的细胞外基质和散在分布的高度特异细胞(软骨细胞)组成,基质的主要成分是水、蛋白多糖和胶原,并有少量的糖蛋白和其他蛋白,这些成分构成了关节软骨独特而复杂的力学特性。

(一) 软骨细胞

关节软骨的形成与维持依赖于软骨细胞。软骨细胞在关节软骨中的分布如图 2-7 所示。软骨细胞分层排列,尽管分布稀疏,但软骨细胞负责制造、分泌、组织和维护细胞外基质的有机成分。

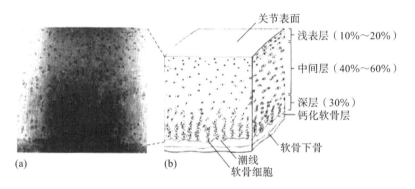

图 2-7　软骨细胞在关节软骨中的分布

(a)关节软骨组织学切片。(b)关节软骨层结构的简要图解。在浅表层,软骨细胞呈椭圆形排列,其长轴与关节表面平行。在中层,软骨细胞近似圆形,排列不规则。位于深层的细胞则呈柱状排列垂直于钙化层与未钙化层的分界面,称为潮线

(二) 软骨基质

软骨基质主要由水分、胶原和蛋白多糖等构成。

1. 水分　水分是正常关节软骨最丰富的成分,整个关节软骨中水分的含量不尽相同,软骨表面为80%,深层只有65%。当固体基质受到挤压或存在压力梯度时,如站立时胫骨平台上方关节软骨及半月板承受压力,水分可以在基质中流动。固体基质渗透性非常低,流经基质分子孔隙的摩擦力非常高,在高摩擦力的渗透过程中,关节腔隙中的液体承担了大量的载荷,并起到关节面润滑、吸收机械震荡、传导负荷至软骨下骨的作用,由此起到了对软骨下骨的保护作用,另外,通过组织和关节表面的水分流动,可以促进输送营养物质,润滑关节。

2. 胶原　胶原是构成基质结构的主要大分子物质。胶原非均匀地分布在关节软骨组织中,形成软骨组织的层次结构(图2-8)。浅表层占组织总厚度的10%~20%,由纤细、致密的胶原纤维薄层交织形成纤维层,平行于关节表面。中间层占组织厚度的40%~60%,胶原纤维较粗,不规则排列散布在组织中。深层胶原纤维聚焦在一起形成较粗的纤维束呈放射状排列,垂直于表面。

这些纤维束穿过潮线到达钙化层，纤维排列的各向异性反映了胶原成分的非均匀层次变化，这种层次变化使得压力可以更均匀地分配在关节承载表面，起到了重要的生物力学作用。

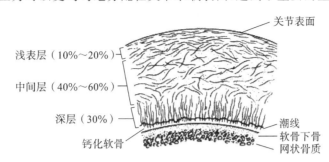

图 2-8 胶原在关节软骨中的非均匀分布

3. 蛋白多糖 蛋白多糖由核心蛋白共价结合糖胺聚糖组成。关节软骨中 80%~90% 的蛋白多糖形成大的聚合体，称为可聚蛋白多糖。这种可聚蛋白多糖可使蛋白多糖在纤细的胶原网中不发生运动，借此增强细胞外基质的结构稳定性和硬度。

关节软骨结构的变化会改变关节承载和力的传递方式，改变关节的润滑度可改变关节软骨的生理状态。扫描电镜发现，正常关节软骨的表面是紧密的带微孔的表面编织组织结构，而变性的软骨表面常常出现撕裂和剥脱现象。关节软骨的表面有明显的不规则特性，这种特性有助于润滑，可显著增加关节软骨的摩擦和变性概率。

二、软骨的生物力学特性

活动关节的软骨要承载人一生中几十年的静态或动态的高负荷，其结构中的水分、胶原、蛋白多糖与其他成分组成一种强大的、耐疲劳的、坚韧的黏弹性材料，以承担关节活动时产生的压力和张力。就材料性质而言，关节软骨由固体基质与液体基质共同组成。固体基质被描述成一种多孔的、可渗透的、非常柔软的组织，水分及可溶性离子组成液体基质，并可由压力梯度或基质的挤压在多孔-渗透性的固体基质中流动。因此，将关节软骨看作一种由液相与固相组成的材料，才能充分理解其生物力学特性，见图 2-9。

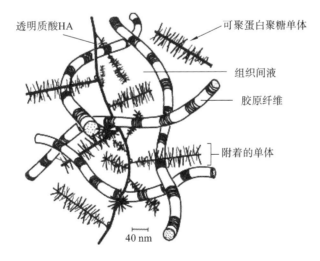

图 2-9 关节软骨的分子组成

（一）渗透性

水分占正常软骨总重量的 65%~80%，可因压力梯度或基质的挤压在多孔-渗透性的固体基质中流动。当存在压力差时，压力使固体基质压缩，组织间压升高，促使水分从基质中流出，流出的速度由液体流动时产生的黏滞力所决定。液相和固相所承担的压力取决于组织的容积比、负重率、负重形式,每一相的承载能力由组织中每一点的摩擦力与弹力间的平衡决定。当水在硬的、渗透性高的固体基质中流动时,产生的摩擦力或液压力较小,如水分在沙子中渗透;相反液体在渗透性很小,柔软的固体基质中流动时,例如,水分在泥土地中渗透,产生的摩擦力较大,此时液压成了承担载荷的主要形式,使固体上的压力降至最小。在正常软骨中,这种效应保护了固体基质。关节软骨的渗透性与水分的含量呈正相关,与蛋白多糖的含量呈负相关。

(二) 黏弹性

关节软骨具有黏弹性,当因持续均衡负重而变形时,表现出时间依赖性,即压力不变,随着时间的延长,变形增加,此乃材料的蠕变特性。应力松弛则指材料在恒定的变形下,所需维持变形的力随时间减小,直至平衡(图 2-10)。

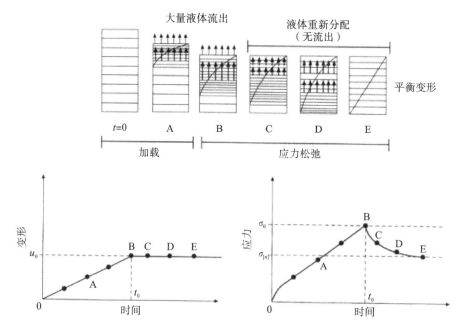

图 2-10 关节软骨的黏弹性

自 t_0 开始持续施加于软骨样本(左下图),单轴限制压缩实验中软骨的应力响应曲线(右下图)。自 B 点,样本压缩并保持(点 B-E)。所记录的应力响应显示出应力的特点:在压缩阶段应力上升(点 t_0-B),在应力松弛阶段应力下降(点 B-D),达到平衡(点 E)。曲线上面的图解说明压缩过程中组织间液的流动(箭头指示)与固体基质的变形。液体流出产生应力峰值(点 B),液体重新分配产生应力松弛现象

组织间隙中的液体压力产生于软骨承重、持续负重时,随着蠕变的持续,承重相逐渐由液相转变为固相。对于正常软骨,典型的平衡过程需要 3.5~6.0 h。当到达平衡点时,液体压力消失,所有的负荷均由被挤压的胶原-蛋白多糖固体基质承担。正常关节软骨固体基质的压缩弹性模量为 0.4~0.5 MPa。由于达到平衡所需要的时间很长,在生理状态下,关节软骨几乎总是处在动态负荷中,即使在睡眠中,关节也在活动,没有平衡态的出现。所以,液体压力总是存在。

出现骨关节炎时软骨的早期变化是水分的增加与蛋白多糖的减少,这种变化增加了组织的渗透性,降低了软骨中液压的承载能力。同时,基质胶原-蛋白多糖载荷增加,降低了软骨的寿命。

(三) 润滑性

生理情况下,滑膜关节的关节软骨能承受很大范围的负荷,而只有最小程度的磨损,这表明关节软骨表面具有十分复杂的润滑机制。从工程角度来看,有两种润滑类型,一种是边界润滑,另一种为液膜润滑。

液膜润滑的润滑剂是关节液,边界润滑包含一层吸附在两个相向关节面上的润滑剂分子,当两个关节面的粗糙部开始接触或当液膜被大载荷挤出关节间隙时,边界润滑开始起作用。软骨内间隙液增压形成了混合润滑模式,这些间隙液承受了大部分的载荷,同时相互接触的胶原-蛋白多糖基质之间的边界润滑承担了剩余的载荷。混合润滑降低了关节的摩擦及磨损。在病理状态下,关节内的润滑机制将受到病变润滑特性和软骨特性改变的影响(图 2-11)。

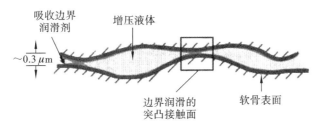

图 2-11 关节软骨的混合润滑

(四)剪切性

关节软骨中层随机分布的胶原结构决定了其具有明显的剪切性。由于随机分布,胶原纤维的牵张与相嵌其间的蛋白多糖分子的剪切力使得软骨具有剪切应力-应变反应。在关节活动中,关节软骨的受力是十分复杂的,例如,对一软骨块加压,其不仅在加压方向上受挤压,而且会横向扩展,这就是所谓的 Possion 比效应,此时软骨与硬的骨性表面上就会产生剪切应力,压力过大,会导致软骨从骨上剥脱。当受到压缩时,任何 Possion 比大于 0 的材料都会发生横向伸展,说明材料产生了应力-应变。在关节软骨中,当应力-应变足够大时,会导致关节面胶原纤维与网状结构的损害。

(五)拉伸性

当材料受到拉伸或压缩时,其容积总在变化。在拉伸实验中,无论是流体依赖性还是非流体依赖性的黏弹性机制,均在软骨对张力的反应中起作用。在应力-应变曲线中,恒定的线性部分称为拉伸弹性模量,代表在拉伸过程中胶原网状结构的刚性,关节软骨的拉伸弹性模量为 5～50 MPa。由于关节软骨的表层胶原纤维含量较高,排列较一致,比中间层和深层的硬度大,所以当关节退变时其拉伸刚性降低。

关节结构的破坏,如半月板和韧带的撕裂,都将改变关节面应力的大小,与关节不稳和软骨的生化改变密切相关。在实验动物中,切断前交叉韧带或切除半月板后,关节软骨表现出纤维化、蛋白多糖的聚焦数量下降、水合增加、关节囊增厚、骨赘形成。在组织学与生化成分改变的同时,力学特性也发生改变。如切除前交叉韧带后,拉伸与剪切弹性模量渐进性降低;关节不稳时,压缩弹性模量降低,液压渗透性增加,导致基质变形增加,生理负荷时液体流量增加,负重时液压减小,应力遮挡效应减弱。

例如,髌骨的主要生物力学功能在于增加股四头肌的力臂。随着膝关节屈曲度数增加,髌股关节间的应力也加大,与此同时髌骨关节间的接触面积也增大,增大的接触应力分布于较大的接触面积。如果膝关节由屈曲位对抗应力伸直,则与上述情况相反,髌股关节间应力增大而接触面积变少,使关节软骨的单位面积上承受作用力更大。因此,让髌股关节有疾病的患者从屈曲位对抗作用力伸直膝关节可引起髌股关节疼痛症状。做极度膝关节屈曲动作对髌股关节同样有害。膝关节完全伸直时髌股关节已脱离相互接触状态,因此,直腿抬高动作可消除髌骨关节内的应力,既不会加剧疼痛症状,又能通过股四头肌等长收缩达到康复训练的效果。

三、制动对关节软骨的影响

长期制动可产生严重的关节退变,关节周围韧带的刚度降低、强度下降,能量吸收减少,弹性模量下降,肌腱附着点处变得脆弱,韧带易于断裂。关节囊壁的血管、滑膜增生,纤维结缔组织和软骨之间发生粘连,出现疼痛,继而关节囊收缩,关节挛缩,活动范围减小。关节囊的缩短和关节制动于一定位置,使关节软骨接触处受压,含水量下降,透明质酸和硫酸软骨素含量减少。慢性关节挛缩时,关节囊内和关节周围结缔组织重构,软骨变薄,血管增生,骨小梁吸收。

> **知识链接**
>
> **软骨的损伤**
>
> 关节软骨内无血管和神经支配,其营养来源于关节滑液。关节活动时,使关节软骨面之间时而相互压缩,时而放松。这种营养供给渠道一旦遭到破坏,即可导致关节软骨退变与损伤。

四、临床应用

膝关节半月板损伤为常见的软骨损伤,半月板损伤缝合后,由于存在半月板愈合的问题,术后需待半月板愈合,并达到一定强度时,才能进行正常的关节活动与负荷。但长期的关节制动又将引起一系列并发症。因此,必须科学地掌握手术后关节静态(避免缝合的半月板负荷、牵拉、挤压吻合部,影响愈合)与动态(促进滑液循环,提供半月板营养,避免关节僵直、挛缩)的关系、时机和方法。

(尚 江)

第三节 胶原组织的生物力学性质

胶原组织和骨骼系统周围的肌腱、韧带、关节囊和皮肤等,它们共同的特点是一种被动结构,自身不能产生主动运动。其中,韧带和关节囊提供骨与骨的连接,主要起增强关节的稳定性,引导关节正常运动,防止关节过度屈伸等作用。肌腱连接肌肉与骨骼,把肌肉的收缩力传至骨骼上,辅助关节运动或维持身体姿势。肌腱的另一个功能是确保肌肉在其两端的附着处之间能够维持最佳的收缩长度,以免过度伸展。由于肌腱和韧带是人体最为重要的两种胶原组织,所以本节主要讨论肌腱和韧带的生物力学性质。

一、肌腱、韧带的结构

肌腱和韧带是一种结构比较复杂的组织,从组织学上来分析,它主要由细胞、胶原纤维以及蛋白多糖基质组成。

(一)细胞

肌腱和韧带中的细胞主要是成纤维细胞,夹杂于平行排列的胶原纤维之中。成纤维细胞的主要功能是合成并分泌胶原前体,之后由细胞内分泌到细胞外成为胶原。电镜下成纤维细胞的细胞质深染,细胞内包含与单一圆形细胞核连接的中心体(图2-12)。纵向连接排列的细胞之间分界很清楚,但是由于细胞质突起伸展至胶原纤维之间,所以细胞的侧壁并不是很清晰。显微镜下肌腱的纵切面可见成纤维细胞呈杆状或梭形,纵向排列(图2-13)。横切面下观察可见成纤维细胞深染,呈星形夹杂于胶原纤维束之间(图2-14)。

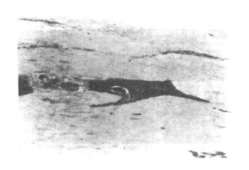

图 2-12　成纤维细胞(电镜)

图 2-13　肌腱纵切面中的成纤维细胞

(二) 胶原

与骨骼一样，肌腱和韧带主要都是由Ⅰ型胶原所组成的。这种胶原分子含有三条多肽链（α链）(图2-15)，每条肽链都是左向螺旋结构，由大约一百个氨基酸组成，相对分子质量约为340000。其中两条α链（α-1链）的结构完全相同，而第三条α链（α-2链）的结构稍有不同。这三条α链排列在一起，经右向螺旋成为一条三螺旋结构，使胶原分子具绳索形态。整个分子的长度约为280 nm，

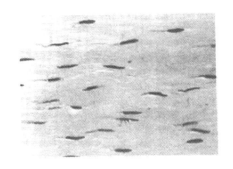

图 2-14　肌腱横切面中的成纤维细胞

而它的直径约为 1.5 nm。这些滑膜囊有的与关节腔相通，有的单独存在。当膝关节屈伸时，滑液会从一个凹室流入另一个凹室来润滑关节面。因此，当受伤或其他因素导致关节腔内充盈过多的液体时，半屈膝体位可以减少关节腔内的压力，有利于减轻疼痛。

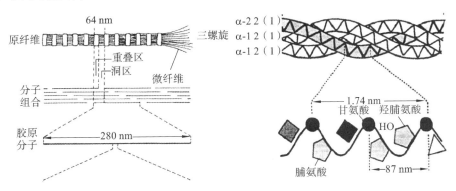

图 2-15　胶原纤维结构图解

大约2/3的胶原分子都含有甘氨酸(33%)、脯氨酸(15%)、羟脯氨酸(15%)这三种氨基酸。每条α链中，每相隔三个氨基酸便有一个甘氨酸，这种重复的序列是构成三螺旋结构的基本要素。甘氨酸体积细小，可使整条三螺旋更紧密地结合，而且甘氨酸可促使整条三螺旋互相建立氢键来加强此结构的稳定性，其他的两个氨基酸在α链中建立氢键或氢键水桥。在α链中或链与链之间还有其他的相互交联，这对增强整个胶原分子的稳定性起到一定的作用。

每条原纤维都是由数个胶原分子以一个独特的四合一的分子重叠序列方式结合而成的。这种组合方法使每个分子都能与其他分子有重叠的机会，也是在电子显微镜下胶原纤维呈现间带的原因。这种四合一胶原分子重叠组合法可增加胶原的稳定性，而且这种排列可使酸性和碱性的氨基酸均衡共处，令整个结构可维持低生物能最佳状态。这个结构亦使带相反电荷的氨基酸相互对应，故需要很大能量才能将聚合的分子分开。从而，每5个胶原分子便结合成一条微纤

维,之后再成为次级纤维及原纤维(图 2-16)。这些原纤维经过聚合便成为能在普通的光学显微镜下看到的胶原纤维。胶原纤维的直径为 1~20 μm 不等,它们没有分支,而整条纤维的长度可能有数厘米,有典型 64 nm 的重复横行间带。很多条纤维聚合在一起便组成一个纤维束,长而窄的成纤维细胞便分部在纤维束之间,沿肌腱和韧带的长轴排列(图 2-17)。

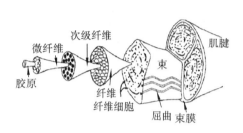

图 2-16　肌腱显微结构图

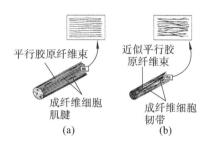

图 2-17　肌腱和韧带结构示意图

肌腱的胶原纤维排列与韧带稍有不同。因肌腱所受的外力多是单一方向的张力,所以其胶原纤维是比较有规律地与肌腱的主轴成平行的排列。虽然韧带所受的张力多数也是单一方向,但也会受其他方向的张力影响,所以它们的胶原纤维不一定成单一方向的排列,有时纤维间会互相成网状交叉排列。这种排列会视不同韧带的功能而有所差别。

(三) 基质

肌腱和韧带的基质主要成分是蛋白聚糖。蛋白聚糖占肌腱干重的 1%~5%,它们极具亲水性,并与水结合。蛋白聚糖在胶原纤维的相互作用中有非常重要的作用。核心蛋白聚糖是一种小分子蛋白聚糖,分布很广,在调节体内胶原纤维形成过程中起着重要作用。缺乏核心蛋白聚糖的肌腱中外侧胶原纤维无程序地融合会使肌腱的拉伸强度下降,而结合了核心蛋白聚糖的肌腱可使无交联的纤维的极限拉伸强度增加。据推测,核心蛋白聚糖可在纤维发生形变时阻止纤维滑移,从而提高胶原纤维的拉伸强度。不同蛋白聚糖的分布变化与体内力学环境相对应。对人(年龄为 1.5 个月至 24 个月)的胫后肌腱进行研究,发现核心蛋白聚糖是肌腱近端区(承受张力区)中主要的蛋白聚糖。相反,另两种小分子蛋白聚糖(核心蛋白聚糖和双糖链蛋白聚糖)以及大分子蛋白聚糖分布在经过内踝受压处的肌腱。在人的髌腱中也发现同样的蛋白多糖在高张力组织内的分布,而且这种分布趋势在青春期以后没有差异。

二、肌腱、韧带的血液供应

肌腱和韧带只有少量的血管,这影响了它们的代谢和受伤后的康复速度。肌腱的血管来自它所连接的肌束膜、骨膜和围绕着它们的腱旁组织及腱系膜。被腱旁组织所包裹的肌腱称为含血管腱,而被腱鞘包裹的肌腱则称为无血管腱。含血管腱中的血管从周边外围多个途径进入肌腱,之后又会与纵向的毛细血管相通(图 2-18)。

无血管腱的血管分布形式则不同,这种肌腱的系膜退化为纽带样(图 2-19)。缺血部分可从两个途径得到养分,其中一种是由血液吸取,在没有血液循环的部分养分经关节液渗透到肌腱。养分渗透概念有很重要的临床意义,即肌腱复原可以在没有粘连的情况下(即有血液供应下)进行。相反,韧带比其周围组织的血液循环少,但形态学的研究结果显示了韧带内其实是有多源及相当平均的血液分布,这些血液多数来自韧带与骨的连接点。虽然韧带的供血系统血流量不多,但这些血液对于维持韧带的功能,尤其是对受损韧带的修复起着很重要的作用。在没有血液供应到这些组织的情况下,韧带疲劳时,微创伤会不断积聚,最终可使韧带断裂。

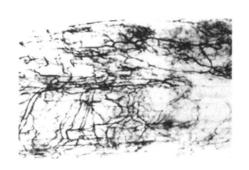

图 2-18 含血管腱血管分布图（印度墨汁注射）

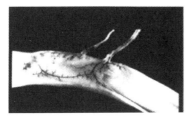
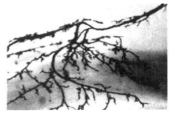

(a)样本注入墨水　　　　　(b)样本的放大

图 2-19 无血管腱血管分布图（印度墨汁注射）

三、肌腱、韧带的生物力学性质

（一）拉伸性质

分析肌腱和韧带的生物力学性能的一种方式是使标本在恒定延伸速度下观察拉张变形，延伸组织，直至破坏，将所有的力或负荷 P 和变形量描绘出来，可得到负荷-延伸曲线图（图 2-20）。

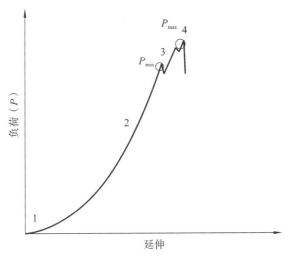

图 2-20 负荷-延伸曲线图

研究肌腱和韧带机械特性的方法是对这些组织做匀速伸展的拉伸测试。组织在断裂之前被拉长，它们所受的张力和它们伸长的长度可以用负荷-延伸曲线图来表示。在负荷-延伸曲线上分为四个区。第一区为趾区（或起始）：波形纤维被拉直。第二区为线区：纤维组织硬度迅速增大并开始变形，呈线性变化。第三区胶原纤维逐渐出现衰竭。第四区组织出现完全衰竭，其抵抗负荷的能力消失。另外一些数据表明，此区的伸长度主要是因为半液态胶原纤维之间（基质）互相滑行及剪切应力所致。当负荷持续时，肌腱和韧带组织的刚度会增加，因此渐渐需要较大的拉力才能产生相同的伸长。线性区之后，在大应变的情况下，应力-应变曲线可能会突然停止或有向下倾的趋势，这是因为测试物已受到不可逆的损伤。当曲线沿应变轴横向发展时，这时的负载量被称为极限载荷，此点为组织的屈服点。整个测试物所能承受的最大能量以图表内的曲线与横轴所成区域的面积来代表，直至线性区域完结处。当超越线性区域时，组织内已有大量的纤维束无规律地断裂。这时负载可能会达到拉伸应力极限，随之样本很快完全断裂，而韧带和肌腱的负荷能力也明显降低。

肌腱和韧带的最高生理应变极限，即在跑跳时的极限，应变幅度只是 P_{max} 的三分之一或四分之一。

Noyes 采用临床试验，即在尸体膝关节做前抽屉实验，直至前十字韧带断裂，观察前十字韧带的进行性衰竭和胫骨关节的位变，描绘出应力-延伸曲线图（图 2-21），并记录照片。

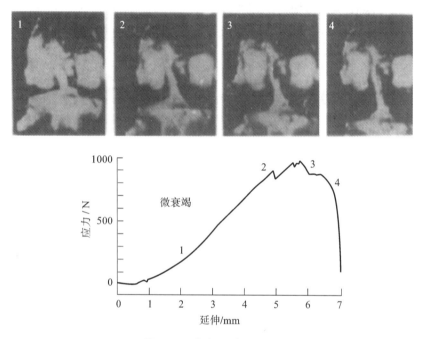

图 2-21 应力-延伸曲线图

（二）随时性及与过程相关的特性

肌腱与许多软组织一样，具有随时性和与过程相关的黏弹性特征，即肌腱的伸长不仅与受力大小有关，也与力作用的时间及过程相关。这种黏弹性反映了胶原的固有性及胶原与基质之间的相互作用。

肌腱的随时性，是指肌腱的性质随时间变化而发生改变，可以用蠕变-应力松弛之间的关系来描述。组织持续承受一特定大小的载荷时随时间发生的拉伸过程称为蠕变，另一方面，组织受到持续拉伸时随时间增加，组织上应力减少的过程称为应力松弛。肌腱性质随过程发生变化是指载荷-拉长曲线的形状会随前载荷的情况变化而变化。例如，肌腱在两次循环加载、卸载过程中，加载曲线与卸载曲线均沿不同路径循环，形成滞后区。随循环次数增加，应力峰值减小，经过多次循环后，加载曲线与卸载曲线逐渐与上一次循环接近重叠。黏弹性反应不仅可调节张力，还可调节拉伸强度。例如，在等张收缩中，肌肉-肌腱单位的长度保持不变，由于蠕变导致肌腱拉伸，因而肌肉缩短。从生理学上讲，肌肉长度缩短降低了肌肉疲劳程度。所以，肌腱的蠕变在等张收缩中可增加肌肉的工作能力。

肌腱和韧带可在负荷下，表现出黏弹性和速度依赖性（即时间依赖性），其机械性能随负荷的速度不同而变化，若应力-应变曲线的线性部分显得越陡，则应变率越高，组织的硬度也越强，若曲线越平缓，情况则相反。

测试韧带和肌腱黏弹性的两个标准实验(周期性实验)如图 2-22 所示。

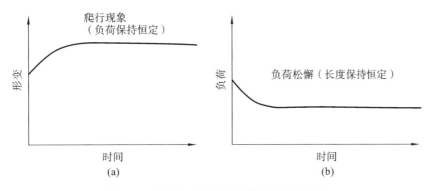

图 2-22 测试韧带和肌腱黏弹性的实验图示

1. 力-松懈实验 负荷停止在应力-应变曲线的线性区域以下，而应变保持一定伸展阶段，即延展量恒定，显示出负荷的松解。应力在开始时迅速减小，然后逐渐放慢，重复进行，应力减小将变得逐渐不明显。

2. 动实验 负荷停留在应力-应变曲线的线性区域内，应力维持恒定，重复实验，变形在开始时较快，之后逐渐放慢。

这一特性在临床上的应用：利用蠕动实验反应的特点，能对一些畸形进行有效的治疗。如：①用手法治疗儿童的马蹄内翻足；②治疗特发性脊柱侧弯等。

具有黏弹性行为的典型结构是骨-韧带-骨复合体：①使用慢负荷时(60 s)，骨-韧带-骨复合体最薄弱的部分是骨附着处；②使用快负荷时(0.6 s)，骨-韧带-骨复合体最薄弱的部分是韧带。表明负荷速度在增加时，骨的强度增加得要比韧带快得多。

四、影响胶原组织力学特性的因素

胶原组织的力学特性主要受三方面因素的影响，分别为纤维结构的方向性、弹性纤维和胶原纤维的特性、胶原纤维和弹性纤维的比例。除此之外，还受到解剖部位、锻炼和固定、年龄、类固醇、非类固醇消炎药、血液透析和糖尿病等众多因素的影响。

(一) 纤维结构的方向性

肌腱、韧带、皮肤三种不同的胶原组织结构的方向性各不相同(图 2-23)，这样才能满足各种组织的功能需要。例如：肌腱的纤维几乎完全是平行排列的，以承受较高的拉伸载荷；韧带纤维结构的方向一致性较差，排列情况随韧带的功能不同而变化，大多数纤维接近平行，少数不平行，或者交叉；皮肤纤维无明显方向性而互相交叉排列，这种结构排列使皮肤在各个方向上都具有抗拉能力。

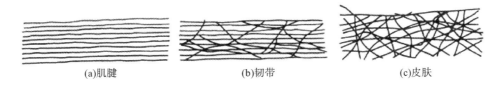

图 2-23 肌腱、韧带和皮肤胶原组织结构的方向性示意图

肌腱、韧带、皮肤的纤维排列不同造成了这些组织在力学性能上的差异。当肌腱承受张力时，所有的纤维都平行排列于载荷方向上，所以全部都能承受载荷。这样在这三种胶原组织中，肌腱能承受的张力最大。韧带的纤维并未完全平行排列，当受到拉伸载荷时，开始仅仅是那些排

列方向与载荷方向一致的纤维被完全拉直并且承受最大的载荷,那些同载荷方向不一致的纤维在被拉直之前只承受较小的载荷。皮肤的纤维分布杂乱无规律,受到拉伸载荷时,只有很少量的纤维沿着载荷的方向分布,并承受着最大的载荷,所以皮肤所能承受的张力相对于肌腱和韧带都要少。

（二）弹性纤维和胶原纤维的特性

胶原组织的主要成分是胶原纤维和弹性纤维,它们占到胶原组织的90%,这两种纤维在载荷作用下具有不同的性质。胶原纤维是一种韧性较大的材料,能承受骨密质所能承载拉应力一半的负荷,而弹性纤维是一种脆性较大的材料,只能承受骨密质所承载拉应力的1/10。在胶原组织中,弹性纤维和胶原纤维的比例随着该胶原组织所起作用的不同而变化,并且影响胶原组织的力学性能。

（三）胶原纤维和弹性纤维的比例

肌腱几乎完全是由胶原纤维所组成,承受拉伸载荷的能力较强,因而具有将肌肉拉力传递至骨和筋膜的功能。韧带、关节囊也主要是由胶原纤维组成,主要功能是维持关节稳定和防止关节过度活动。但是脊柱中的项韧带和黄韧带却不同于一般的韧带,它们的组成中有2/3是弹性纤维,并且几乎完全呈现出弹性特性,所以可以防止神经根受到机械冲击,给椎间盘施加预应力可使脊柱产生固有的稳定性。膝关节前交叉韧带含有90%的胶原纤维,而黄韧带含有60%~70%的弹性纤维。

（四）解剖部位

不同解剖位置的肌腱所承受的生物力及生物化学环境有所不同,其生物力学性质也不相同。例如,成年小猪趾屈肌腱的极限拉伸强度比趾伸肌腱大两倍。生化分析也表明,趾屈肌腱中的胶原浓度比趾伸肌腱多,而且趾伸肌腱的滞后性比趾屈肌腱大两倍。这些差异随着年龄发育成熟而日益显著。刚出生时,趾屈肌腱与趾伸肌腱的力学性质相似。不同解剖位置的肌腱其性质发生变化的原因可能是多方面的。有一种假说认为在生长发育中,胶原交联的稳定增加了肌腱的弹性模量和强度,而趾屈肌腱中建立的交联多于伸肌腱。这种差异受体内应力水平变化的影响。

（五）锻炼和固定

锻炼对肌腱的结构和力学性质有长期的正面效应。例如经过长期训练后,小猪趾屈肌腱的弹性模量和极限载荷都有增加。锻炼还对胶原纤维的弯曲角度和弯曲长度有明显影响。用生化方法研究生理应力下胶原代谢证实了锻炼能加强胶原合成。锻炼可增加肌腱中大直径胶原纤维的百分比。大直径的纤维比小直径的纤维可承受更大的张力,因为大直径纤维中纤维内的共价交联较多。

韧带的特性也受到固定的影响。实验研究发现,兔膝关节固定9周以后股骨-内侧副韧带-胫骨复合体的结构特性急剧减弱。与对侧未固定对照组相比,股骨-内侧副韧带-胫骨复合体断裂时的拉伸载荷(极限载荷)只有对照组的33%,而断裂时吸收的能量则只有对照组的16%（图2-24）。固定后,内侧副韧带的弹性模量和极限拉伸强度均有所下降。

实验研究发现,兔的骨-韧带-骨复合体结构特性的下降,是由于附着部与韧带本身两个部位同时变化所致。对固定后的内侧副韧带在胫骨附着处结构进行组织学观察,发现附着于骨的深层纤维排列紊乱。破骨活动导致胫骨附着处骨膜下骨的吸收,而股骨附着处的变化则较小。这种吸收与固定后股骨-内侧副韧带-胫骨复合体中胫骨附着处产生的断裂增多有关。研究发现,在胫骨附着部和股骨附着部均有骨膜下骨的吸收。

关节重新开始运动可使股骨-内侧副韧带-胫骨复合体和股骨-前交叉韧带-胫骨复合体的结构特性由固定后的结果发生缓慢的逆转变化。1年后,这两个复合体的极限载荷和断裂时的能

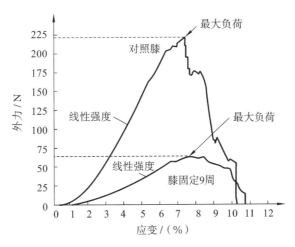

图 2-24 兔股骨-内侧副韧带-胫骨复合体对照组与固定组的外力-应变曲线图

量吸收可达到对照组的80%~90%。对韧带附着处的新骨形成进行组织学观察,发现恢复正常的时间要远大于固定期的时间。相比之下,内侧副韧带本身的力学特性在去除固定后9周即恢复正常。这些数据表明,韧带附着处的恢复比韧带本身恢复要慢一些。由以上数据可知,固定几周后,需要几个月的时间来进行活动以恢复正常。

(六) 年龄

年龄是影响肌腱力学性质的重要因素。随着年龄增长而发生的肌腱胶原纤维波浪状弯曲角度减少,导致应力-应变区域中"延滞"区域的减少。弹性模量随年龄增长而增加,直至骨骼发育成熟后保持相对稳定。在发育成熟以前,线性区域之后是一个单一的屈服区域,其中出现不可逆转性的拉伸及结构的破坏。在屈服区域内可观察到接近于零的弹性模量,发育成熟之后,这个唯一的屈服平台消失,代替它的是两个不同的屈服区域。随发育成熟,极限拉伸强度和极限应变也增加。在一项研究中,用不同年龄(未成年(3周龄)、青壮年(8~10个月龄)及老年(4~5岁龄))的兔跟腱研究了力学性质与年龄的相关变化。研究发现,青壮年及老年肌腱的极限拉伸强度显著高于未成年的肌腱,但青壮年肌腱与老年肌腱之间其拉伸强度无显著性差异,而且青壮年肌腱的弹性模量高于未成年及老年肌腱,但这两种差异均没有统计学上的差异。

(七) 类固醇

在韧带受伤后即时使用皮质类固醇可能会严重影响它的生物力学和组织特性。皮质类固醇也会妨碍胶原的合成。Wiins等在兔子的研究中发现韧带受伤后即时使用类固醇处理可能会导致韧带不能承受康复时剧烈运动所带来的负荷。Noyes等研究发现,在猴子身上使用长效类固醇注射后,韧带的刚度、断裂时负荷和能量吸收量都明显降低。这些改变都与使用类固醇的时间和剂量有关。在使用相当于10倍人的正常剂量6周后,韧带只有轻微改变,但15周后,韧带的最大断裂时负荷(20%)、能量载荷量(11%)和线性刚度(11%)都明显减退。在使用相当于正常人一样的剂量后,韧带的最大断裂时负载(9%)和能量储存量(8%)都明显降低。

但Campbell等则发现在大鼠受伤韧带注射一次长效皮质类固醇与没有接受注射的对照组比较,在组织结构和机械测试方面两组都没有明显差异。Oxlund等发现每隔3天局部注射皮质类固醇,在24天后肌腱的拉伸强度和最大负荷刚度都有所增加,但韧带与骨的连接点的强度却降低。

实验研究发现,人类的前十字韧带有雌激素的受体。Liu等发现在雌激素的正常生理水平下,胶原的产量会下降40%。在用雌激素治疗的剂量下,胶原的产量会下降50%或更多。人体内雌激素水平的高低可能会影响韧带的新陈代谢及其成分,导致韧带更易受伤。

(八)非类固醇消炎药

非类固醇消炎药(NSAID)包括阿司匹林、醋氨酚和吲哚美辛等,常用来处理肌肉-骨骼系统的痛症。各种 NSAID 都常用于一般软组织创伤,如炎症或肌腱和韧带的局部断裂。Vogel 等发现经吲哚美辛治疗的老鼠的尾腱有较大的拉伸强度,而且这些尾腱也有较高非溶解性的胶原含量。Carlstedt 等发现对成长中或受伤的兔子的跖肌长腱使用吲哚美辛治疗会增加该肌腱的拉伸强度,而其中的机制很可能是因为有更多胶原分子之间的交联。以上的动物研究证实短期使用 NSAID 不会对肌腱复原造成不良后果,反而会加速这些组织恢复正常的机械特性。

(九)血液透析

由于肾功能衰竭而导致肌腱断裂的个案时有发生,接受血液透析的患者中有 36% 会有肌腱断裂的情况。在长期接受血液透析的患者当中,Rillo 等发现 74% 有肌腱或韧带过度松弛,49% 有髌腱伸长,51% 有关节过度松弛现象。原因是与血液透析相关的淀粉样变可能会导致淀粉质沉积在肌腱的滑膜上而引起的肌腱变性有关。

(十)糖尿病

糖尿病的特征是排尿过多。这是由于新陈代谢不正常而导致身体丧失氧化碳水化合物的功能。这通常是胰脏衰退及胰岛素分泌失调的结果,导致体内血糖过高、糖尿和尿多。糖尿病会影响肌肉骨骼系统的正常运作。糖尿病患者比正常人易发生多肌腱挛缩(29%:9%)、腱膜炎(59%:7%)、关节强直(40%:9%)和关节囊炎(16%:1%)。糖尿病也会导致骨质疏松。

Duquette 等研究了糖尿病对老鼠膝外侧韧带的机械特性的影响,发现其弹性机械特性与对照组没有区别。但这些高血糖组的韧带的黏滞特性比对照组高,胰岛素疗法可能减少这些改变。Lancaster 等在患有糖尿病的狗身上研究髌腱的机械特性的变化,发现狗的髌腱-胫骨复合体的刚度在负荷的生理范围内部比对照组高出 13%,在强度方面两组的肌腱则没有差异,但断裂的模式则有些区别。对照组的断裂点出现肌腱撕裂或在肌腱与骨质的连接处,而糖尿病组的断裂则是因髌骨的拉伸骨折所致。

五、制动对胶原组织的影响

肌肉与骨骼损伤后的康复治疗常包括固定,以使患处组织在愈合早期受到保护,避免进一步损伤。然而,固定也有一定的副作用。固定后,无论是临床还是实验中,都证实关节会出现僵直,导致滑膜粘连,纤维连接组织增生。关节挛缩被认为是新生胶原纤维形成纤维内连接,妨碍了韧带中正常纤维的平行滑动。对动物关节僵直度进行量化评估,发现固定 9 周后兔膝关节的扭矩增加较多,需要较大的能量才能使膝关节伸直。

关节制动会减弱韧带的强度。Noyes 等发现猴子膝关节的骨-韧带-骨复合体的机械强度在 8 周的石膏制动后有所减弱。在张力测试至断裂时,它们的前十字韧带的极限负荷比没有关节制动的对照组降低了 39%,能量储存也减少了 32%。

六、肌腱、韧带损伤和修复

肌腱损伤常见于直接损伤和间接损伤。直接损伤是指由直接暴力打击肌腱所致的损伤或者是由锐器切割而造成的损伤。间接损伤是指由于牵拉、扭转等外力作用于关节周围而间接引起的肌腱的损伤。临床上间接损伤多于直接损伤。

肌腱的损伤与解剖学位置、血管、骨骼发育情况及肌腱的受力程度密切相关。当肌肉-肌腱-骨复合体所受的力超出了其生理范围,就会在连接的薄弱环节上发生断裂。大多数肌腱能承受的张力比肌肉或骨骼上能承受的张力要大得多,所以,撕脱性骨折在肌肉、肌腱连接处发生的撕裂伤比在肌腱内发生的撕裂伤要多得多。

大量研究表明,当肌腱发生间接性损伤时,常在过度负载之前就已存在肌腱的病变。例如,典型的跟腱撕裂伤常见于参加剧烈运动的中年人。临床表现形式常为意外损伤,许多患者受伤以前无受伤史或不适感觉。对这些病变组织进行组织学观察时发现,纤维中有血管增生,表明肌腱组织在断裂前已经处于进行性退变的过程或失代偿的阶段。肌腱内的撕裂伤常涉及缺少血管、炎症及其他局部因素。例如,拇长伸肌腱内的撕裂伤常发生在风湿性关节炎的患者中,肌腱在骨突起处磨损而形成病变。无菌性炎症下发生的腱磨损也是肌腱内撕裂伤的一种常见因素。例如,肩袖及肱二头肌在肩峰前内侧的磨损常被认为是导致它们发生撕裂伤的原因之一。

韧带损伤与肌腱损伤的机制基本相同,因此,有关韧带损伤的理论也可应用于肌腱。

根据损伤的严重程度,韧带损伤可分为三类。第一类损伤只引起细微的临床症状,患者会感觉到疼痛,但临床查不出关节不稳定,然而胶原纤维的微破坏可能已经发生。第二类损伤引起剧烈疼痛,临床上可查出关节不稳定,胶原纤维发生进一步破坏,造成韧带部分断裂,韧带的强度和刚度减少 50% 及以上,通常肌肉的作用会掩盖因韧带部分损伤而引起的关节不稳定,因而临床上关节稳定性试验常在麻醉下进行。第三类损伤在受伤过程中有剧烈疼痛,而损伤后仅有轻微疼痛,临床上检查关节完全不稳定,大多数胶原纤维断裂,但有一小部分未受损,韧带虽已不能承受任何载荷,但仍然能保持外观上的连续性。

第四节　关节的生物力学性质

骨与骨之间借结缔组织纤维、软骨或骨组织相连,形成连结,称为关节或骨连结。关节由关节囊、关节面和关节腔构成。关节囊包围在关节外面,关节内的光滑骨被称为关节面,关节内的空腔部分称为关节腔。正常时,关节腔内有少量液体,以减少关节运动时的摩擦。关节有病变时,可使关节腔内液体增多,形成关节积液和肿大。关节周围有许多肌肉附着,当肌肉收缩时,可做伸、屈、外展、内收及环转等运动。从连接形式上可分为直接连结和间接连结两种。

一、关节的结构与功能

(一) 直接连结

直接连结可分为纤维连结、软骨连结和骨性连结三种。

1. 纤维连结　骨与骨之间借纤维组织相连,形成纤维连结。其间无间隙,连结比较牢固,不活动或仅有少许活动。这种连结可有两种形式,一种是韧带连结(图 2-25),另一种是缝连结(图 2-26)。

(1) 韧带连结是指连接两骨的纤维结缔组织是由富于弹性的韧带相连,如椎骨棘突之间的棘间韧带、椎弓之间的黄韧带等。若两骨之间的结缔组织呈膜状,则称为骨间膜,如前臂骨间膜等。

(2) 若相邻颅骨之边缘借薄层纤维结缔组织相连,称为缝连结,如颅骨的冠状缝和人字缝。随着年龄增长,缝可骨化,成为骨性连结。

2. 软骨连结　相邻两骨之间以软骨相连接称为软骨连结(图 2-27)。软骨组织属结缔组织的一种,呈固态,有弹性,由大量的软骨细胞和间质构成,由于间质的成分不同,又有透明软骨、纤维软骨和弹力软骨的区分。第一肋骨连于胸骨的软骨属透明软骨,而相邻椎骨椎体之间的椎间盘则由纤维软骨构成。由于软骨具有一定弹性,所以能做轻微的活动。有的软骨连结保持终生,而大部分软骨连结在发育过程中骨化变为骨性连结。

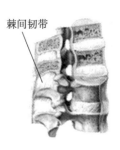
图 2-25　韧带连结

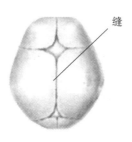
图 2-26　缝连结

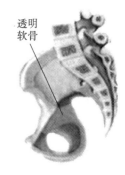
图 2-27　软骨连结

3. 骨性连结　由软骨连结经骨化演变而成，完全不能活动，如五块骶椎通过骨结合融为一块骶骨（图 2-28）。

（二）间接连结

间接连结又称滑膜关节（简称关节），由两块或两块以上的骨构成，相对骨面之间有间隙，仅借助其周围的纤维结缔组织膜相连，具有较大的活动性。关节的主要结构为韧带、关节囊、关节周围的肌肉和肌腱、关节软骨、关节腔和滑膜液、滑膜皱襞、滑囊、半月板以及软骨下骨等。

1. 关节的基本结构　包括关节面、关节囊和关节腔三部分（图 2-29）。

（1）关节面：相连两骨的关节面，一般多为一凸一凹，凸面称为关节头，凹面称为关节窝。所有的关节面上都被覆有一层软骨，称为关节面软骨。关节面软骨大多数为透明软骨，少数为纤维软骨。关节面软骨表面光滑发亮，其厚度不同，为 2～7 mm，老年人厚度减少。关节面软骨具有减轻冲击、吸收震荡、减少摩擦和保护关节面的作用。

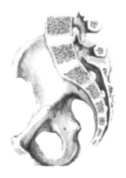
图 2-28　骨性连结

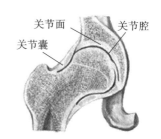
图 2-29　关节的基本结构

（2）关节囊：由结缔组织组成，附着于关节面周围的骨面上，可分为内、外两层。外层为纤维层，由致密结缔组织构成，较厚而有韧性，有的纤维层局部增厚形成韧带；内层为滑膜层，由薄层疏松结缔组织构成，富含血管、神经，可分泌滑液，起到润滑作用。

（3）关节腔：由关节软骨和关节囊滑膜层共同围成的密闭的腔隙，内含少量滑液。关节腔内为负压，对维持关节的稳固性有一定的作用。

2. 关节的辅助结构　关节除上述基本结构外，某些关节为适应其特殊功能而分化出一些特殊结构，如韧带、关节盘、关节唇和滑膜襞等（图 2-30）。

（1）韧带：韧带是连于相邻两骨之间的致密结缔组织束。韧带分为三种，其中位于关节囊内的韧带称囊内韧带，位于关节囊外的称囊外韧带，有的韧带为关节囊纤维膜局部增厚而成，称囊韧带。韧带对关节囊起加固作用。

（2）关节盘：关节盘是位于两关节面之间的纤维软骨板，呈圆盘状，中央稍薄，周缘略厚并附着于关节囊的内面，把关节腔分为两部分。膝关节内的关节盘不完整，呈半月状，故称为半月板。

(3) 关节唇：关节唇是附着于关节窝周缘的纤维软骨环。它加深关节窝并增大关节面，可增加关节的稳定性。

(4) 滑膜襞：滑膜襞是关节囊滑膜层突向关节腔内的皱襞，内藏疏松结缔组织及血管，若有脂肪聚积，称为滑膜脂垫。

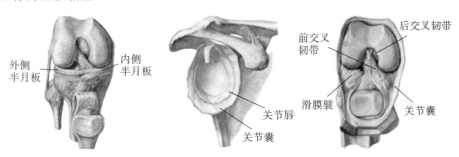

图 2-30　关节的辅助结构

3. 关节的运动　根据运动轴的方位不同，关节运动可分为以下四种基本形式。

1) 滑动运动　一骨的关节面在另一骨的关节面上滑动，如腕骨间的关节。

2) 角度运动　相关节的两骨之间角度减小或加大的运动，通常有屈、伸和收、展两组形式。两组运动的运动轴互相垂直。

(1) 屈伸运动：关节沿冠状轴在矢状面内运动（图 2-31）。使两骨接近，角度减小为屈；两骨远离，角度加大为伸。一般来说，向前运动为屈，向后运动为伸，但膝关节和踝关节则相反。

(2) 收展运动：关节沿矢状轴在冠状面内运动（图 2-32）。使活动的骨向身体正中矢状面靠拢者，称内收，离开正中矢状面者称为外展。但手指向中指中轴或足趾向第 2 趾中轴靠拢为内收，离开中轴者称外展。

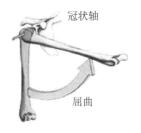

图 2-31　屈伸运动

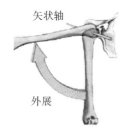

图 2-32　收展运动

(3) 旋转运动：使骨环绕本身的长轴进行的运动（图 2-33）。使骨的前面转向内侧的称旋内，反之称旋外。在前臂，使手背转向前的动作称旋前，反之称旋后。在足上，使足底朝向内侧的运动，称内翻，反之称外翻。

(4) 环转运动：骨的一端在原位转动，另一端做圆周运动，整块骨运动的轨迹是一个圆锥体（图 2-34）。环转运动实为屈、展、伸、收的依次连续运动。凡能屈、伸、收、展的关节都能做环转运动。

4. 关节的分类　全身关节可依关节运动轴的数目和关节面的形状、构成关节的骨数目、关节运动的方式等分类（图 2-35）。

1) 按关节运动轴的数目和关节面的形状分类　可分为单轴关节、双轴关节和多轴关节三类。

(1) 单轴关节：只能绕一个轴运动，包括滑车关节和圆柱关节（又称车轴关节）。

①滑车关节：关节头呈滑车状，另一骨为相应的窝。运动环节绕额状轴在矢状面做屈伸运动，如肱尺关节、指关节。

图 2-33 旋转运动

图 2-34 环转运动

②圆柱关节:一骨关节头呈圆柱状,另一骨为相应的环状窝。运动环节只能绕自身的垂直轴做回旋运动,如桡尺近侧和远侧的关节。

(2)双轴关节:能绕两个互相垂直的轴进行屈、伸、收、展和环转运动的关节。包括椭圆关节和鞍状关节,如桡腕关节和拇指腕掌关节。

①椭圆关节:关节头是椭圆体的一部分,关节窝为椭圆形的凹面。运动环节能绕额状轴在矢状面做屈伸运动。绕矢状轴在额状面做内收、外展运动,如桡腕关节。

②鞍状关节:两骨关节面呈马鞍状,并做十字形交叉接合。运动环节可绕额状轴和矢状轴做屈伸运动和内收、外展运动,如拇指腕掌关节。

(3)多轴关节:可绕3个运动轴运动,包括球窝关节和平面关节。

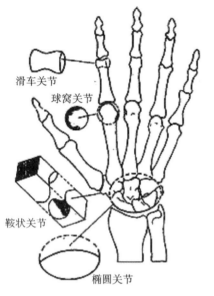

图 2-35 关节类型

①球窝关节:关节头为球体的一部分,关节窝较浅,头与窝松弛相接。运动环节可绕3个基本轴做屈伸、收展、回旋和环转运动。运动幅度大,是最灵活的一种关节,如肩关节。

②平面关节:此种关节面可看作直径很大的球体的一部分,但两骨的关节面曲度很小,接近平面,大小一致,关节囊紧张而坚固。这种关节运动范围很小,故又称微动关节,如肩锁关节、骶髂关节。

2)按构成关节的骨数目分类 分为单关节和复关节。

(1)单关节:由相邻的两块骨构成的关节,一骨为关节头,另一骨为关节窝,如肩关节、颞下颌关节、股胫关节等。

(2)复关节:由两块以上的骨构成,或在两块骨间夹有关节盘的关节,且包在一个关节囊内,每一个骨都能单独活动,如肘关节、膝关节等。

3)按关节的运动方式分类

(1)单动关节:能单独进行活动的关节。人体大多数的关节均属此种关节,如肩关节、髋关节。

(2)联合关节:两个或两个以上的关节,结构上是独立的,但机能上是联合的。如前臂的桡尺近侧关节和桡尺远侧关节的共同活动,使前臂做旋内和旋外的运动;左右两侧的下颌关节共同活动,使口腔张合上下运动。

5. 关节的血管和神经 关节的血供很丰富。关节的动脉主要来自关节周围的动脉分支,它们彼此吻合,围绕关节形成致密的动脉血管网。自动脉血管网发出的分支,分布到关节囊,并与邻近的骨膜动脉吻合。关节软骨没有血管。关节盘的动脉分布在其周缘部分。

关节的神经来自运动该关节肌肉的神经分支,称关节支,分布于关节囊和韧带。关节软骨无神经分布。

二、关节的灵活性与稳定性

关节及其内的滑液有利于关节运动的灵活性,而关节囊的纤维层及其周围的肌腱、韧带等组织增加了关节的稳定性。关节运动的灵活性必须以结构的稳定为前提,而结构的稳定又必须以关节运动的灵活性为条件。因此,关节的灵活性与稳定性是对立统一的关系。

（一）影响关节灵活性与稳定性的因素

1. 构成关节的两关节面面积大小的差别　面积差大的,灵活性大,坚固性小;面积差小的,灵活性小,坚固性大。

2. 关节囊的厚薄及松紧度　关节囊厚而紧张的,灵活性小,坚固性大;关节囊薄弱而松弛的,灵活性大,坚固性小。

3. 关节韧带的多少与强弱　韧带多而强的,坚固性大,灵活性小;韧带少而弱的,坚固性小,灵活性大。

4. 关节周围的肌肉状况　关节周围肌肉力量强,伸展性及弹性差的,坚固性大,灵活性小;关节周围肌肉弱,伸展性及弹性好的,坚固性小,灵活性大。

5. 关节周围的骨突起　关节周围的骨突起常阻碍关节的运动,影响关节的运动幅度。

另外,关节运动幅度大小还与年龄、性别、体育运动等有关,特别是体育运动,经常参加体育锻炼的人,既可使关节的灵活性提高,也可使关节的坚固性得到增强。

（二）运动锻炼对关节灵活性与稳定性的影响

1. 关节面骨密质增厚　系统的体育锻炼可使骨关节面骨密质增厚,从而承受更大的负荷。动物实验证明,长期运动可使关节面软骨增厚,短时间的运动可使关节软骨肿胀,运动停止后肿胀消失。这种变化在25岁以下年轻人的关节中较老年人要明显。有研究表明,这种关节软骨的增厚是由于软骨基质和细胞吸收液体造成的结果。

2. 关节面软骨增厚　软骨是一种黏弹性材料,内有孔隙,组织间隙充满了液体。在应力作用下,这些液体可流进或流出软骨组织,这是无血管组织获得营养的重要途径。适宜的体育活动创造了这种环境,为软骨获得养分并经久不衰提供了条件。

3. 肌腱和韧带增粗　动物实验证明,体育活动可以使肌腱和韧带增粗,在骨附着处直径增大,胶原含量增加,单位体积内细胞增加。体育锻炼增强了关节周围肌肉的力量,可使肌腱和韧带增粗,关节面软骨增厚,加大了关节的稳固性。关节稳固性的提高虽加强了对关节的保护作用,但这往往会减少关节的活动幅度。

4. 力量与柔韧性训练相结合可使关节的稳定性与灵活性提高　系统的柔韧性练习能增加关节囊周围肌腱、韧带和肌肉的伸展性,从而使关节运动幅度增加,所以在进行力量练习时,应配合一定数量的柔韧性练习,使力量与柔韧性素质同时得到相应的发展。

5. 不同专项对关节的柔韧性作用不同　一些运动项目对发展各部分关节的柔韧性有不同作用。如:游泳和体操可以使肩关节、肘关节、手关节和足关节柔韧性增大;跨栏和跳高可增大髋关节的运动幅度;艺术体操和花样滑冰可增大脊柱的运动幅度。

三、制动对关节的影响

（一）骨代谢异常

1. 骨钙负平衡　制动1~2天尿钙即开始增高,5~10天内显著增高,7周时达到高峰。由于大量的钙随尿液排出,使血钙降低,低血钙又促进了骨组织中的钙转移至血中,从而产生了高钙血症,最终导致骨钙负平衡。

2. 骨密度降低 制动可使骨质吸收相对或绝对地超过骨质形成,特别是骨小梁和骨皮质的吸收增加,使骨密度降低,表现为骨质疏松。骨密度降低主要发生于承重躯体的下肢骨和维持躯干姿势相关的骨,以承重最大的跟骨骨密度降低最明显。神经性瘫痪引起的骨密度降低最为显著。

(二) 关节挛缩

制动可导致关节周围的软组织、韧带和关节囊的病变,使关节活动范围严重受限,产生关节挛缩。上肢骨关节挛缩的典型改变是指间关节、肘关节和腕关节屈曲畸形,肩关节内旋畸形。下肢骨关节挛缩的典型改变是髋关节和膝关节的屈曲畸形、踝关节跖屈畸形。

(三) 关节退行性变

长期缺乏活动可促使骨关节的退变。制动 30 天可以造成严重的关节退变,关节腔内可以有结缔组织的纤维脂肪性增生,同时有关节滑膜萎缩和骨骼退变,关节软骨的承重面出现坏死和裂隙,老年人的关节边缘出现骨赘。其原因可能与关节囊挛缩和固定位置,造成关节软骨面受压,软骨水分减少,从而使软骨发生退行性变化有关。骨赘的形成可能与骨骼承重应力的改变有关。由于肌纤维纵向挛缩、滑膜萎缩、关节内粘连和关节囊挛缩,关节活动功能可出现不同程度的障碍。

(四) 异位骨化

异位骨化是指在软组织中出现成骨细胞,并形成骨组织,包括关节周围的异位骨质增生和肌中的骨化性肌炎。脊髓损伤后异位骨化的发生率为 16%~58%,一般发生于损伤后 1~4 个月,主要累及髋关节,其次为膝关节、肩关节、肘关节及脊柱。

(热娜古力·阿里甫)

第五节 骨骼肌的生物力学性质

人体的肌按照结构和功能的不同可分为平滑肌、心肌和骨骼肌。平滑肌主要构成内脏和血管的管壁,具有收缩缓慢、持久、不易疲劳等特点;心肌构成心壁。两者都不随人的意志舒缩,故称不随意肌。骨骼肌共有 600 多块,分布于头、颈、躯干和四肢,约占体重 40%,具有收缩迅速、有力、容易疲劳和随人的意志舒缩的特点,故称随意肌。骨骼肌在显微镜下观察,呈横纹状,故也称横纹肌。本节主要讲述骨骼肌。

一、肌的构造与分类

(一) 肌的构造

骨骼肌主要由肌细胞构成,肌细胞间有少量结缔组织、血管、淋巴管及神经。由致密结缔组织包裹在整块肌肉外面形成肌外膜。肌外膜的结缔组织伸入肌肉内,分隔包裹形成肌束,包裹肌束的结缔组织称肌束膜,分布在每条肌纤维外面的结缔组织称肌内膜(图 2-36)。结缔组织对骨骼肌具有支持、连接、营养和功能调整等作用。

肌细胞又称肌纤维。骨骼肌纤维呈长圆柱形,直径 10~100 μm,长 1~40 mm,肌膜外面有

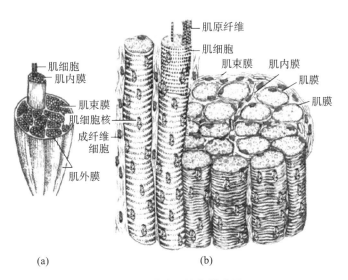

图 2-36　骨骼肌结构模式图

基膜贴附。骨骼肌纤维是多核细胞,一条肌纤维内含有几十个甚至几百个核,核呈扁椭圆形,位于肌膜下方。在肌浆中有沿肌纤维长轴平行排列的肌原纤维,呈细丝样,直径 1~2 μm。每条肌原纤维上都有明暗相间的带,各条肌原纤维的明带和暗带都准确地排列在同一平面上,形成了明暗相间的周期性横纹。明带又称 I 带,暗带又称 A 带。暗带中央有一条浅色窄带,称 H 带,H 带中央有一条深色的 M 线。明带中央有一条深色的 Z 线。相邻两条 Z 线之间的一段肌原纤维称为肌节(图 2-37)。每个肌节由 1/2 I 带＋ A 带＋ 1/2 I 带组成。暗带的长度恒定,为 1.5 μm;明带的长度依骨骼肌纤维的收缩和舒张状态而异,最长可达 2 μm;而肌节的长度介于 1.5~3.5 μm,在安静状态下一般约为 2 μm。肌节递次排列构成肌原纤维,是骨骼肌纤维结构和功能的基本单位。

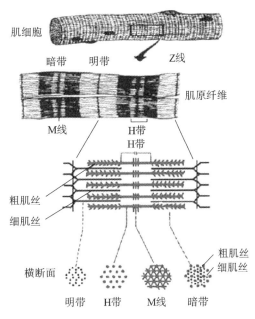

图 2-37　骨骼肌显微模式图

肌原纤维由粗、细两种肌丝构成,沿肌原纤维的长轴排列。粗肌丝位于肌节中部,两端游离,中央借 M 线固定。细肌丝位于肌节两侧,一端附着于 Z 线,另一端伸至粗肌丝之间,与其平行走行,其末端游离,止于 H 带的外侧。明带仅由细肌丝构成,H 带仅有粗肌丝,H 带两侧的暗带两种肌丝皆有。在横断面上可见每一根粗肌丝的周围排列着 6 根细肌丝,每一根细肌丝周围有三根粗肌丝,细肌丝长约 1 μm,直径 5 nm,由肌动蛋白、原肌球蛋白和肌钙蛋白组成(图 2-38)。肌动蛋白由球形肌动蛋白单体连接成串珠状,并形成双股螺旋链,每个肌动蛋白单体都有一个可与粗肌丝的肌球蛋白头部相结合的位点,但在肌纤维处于非收缩状态时,该位点被原肌球蛋白掩盖。原肌球蛋白是由两条多肽链相互缠绕形成的双股螺旋状分子,首尾相连,嵌于肌动蛋白双股螺旋链的浅沟内。肌钙蛋白为球形,附着于原肌球蛋白分子上,可与 Ca^{2+} 平行结合。粗肌丝长约 1.5 μm,直径 15 nm,由肌球蛋白分子组成。后者形如豆芽,分头和杆两部分,在头和杆的连接点及杆上有两处类似关节的结构,可以屈动。大量肌球蛋白分子平行排列,集合成束,组成一条粗肌丝。分子尾端朝向 M 线,头部朝向 Z 线,并突出于粗肌丝表面,形成电镜下可见的横桥。肌球蛋白的头部具有 ATP 酶活性。当头部与细肌丝的肌动蛋白接触时,ATP 酶被激活,分解 ATP 并释放能量,使横桥屈动。

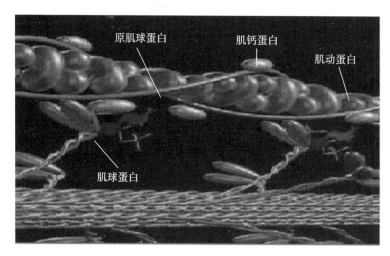

图 2-38 肌原纤维结构模式图

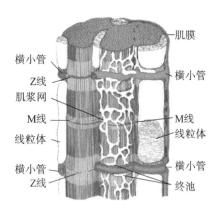

图 2-39 骨骼肌的肌管系统

与肌节序列结构密切相关的是肌原纤维周围的肌管系统(图 2-39),由横小管和肌浆网构成。横小管是肌膜向肌浆内凹陷形成的管状结构,其走向与肌纤维长轴垂直,位于暗带与明带交界处。同一平面上的横小管分支吻合,环绕每条肌原纤维,可将肌膜的兴奋迅速传导至肌纤维内部。肌浆网是肌纤维中特化的滑面内质网,位于横小管之间,由两部分构成。其中纵行包绕每条肌原纤维的膜性管道称纵小管,两端扩大呈扁囊状的膜性结构称终池。每条横小管与两侧的终池组成三联体,在此部位将兴奋从肌膜传递到肌浆网膜。肌浆网膜上有钙泵和钙通道。钙泵能逆浓度差把肌浆中的 Ca^{2+} 泵入肌浆网内储存,使其内的 Ca^{2+} 浓度为肌浆中的上千倍。当肌浆网膜接受兴奋后,钙通道开放,大量 Ca^{2+} 涌入肌浆。

目前,公认的肌肉收缩理论是 1964 年由 Huxley A. F. 和 Huxley H. E. 提出的肌丝滑动学说。该学说认为,肌肉和肌节的主动缩短是由细肌丝和粗肌丝之间的相对滑动引起的,而并非肌丝缩短,其主要过程如下:①运动神经末梢将神经冲动传递给肌膜;②肌膜的兴奋经横小管传递给肌浆网,大量 Ca^{2+} 涌入肌浆;③Ca^{2+} 与肌钙蛋白结合,肌钙蛋白、原肌球蛋白发生构型或位置变化,暴露出肌动蛋白上与肌球蛋白头部的结合位点,两者迅速结合;④ATP 被分解并释放能量,肌球蛋白的头及杆发生屈动,将肌动蛋白向 M 线牵引;⑤细肌丝在粗肌丝之间向 M 线滑动,明带缩短,肌节缩短,肌纤维收缩;⑥收缩结束后,肌浆内的 Ca^{2+} 被泵回肌浆网,肌钙蛋白等恢复原状,肌纤维松弛。

(二) 肌的分类

肌可以根据不同的方法分成许多类型。根据颜色,肌可以分为红肌和白肌(图 2-40)。根据收缩速度可以分为快肌和慢肌。根据组织学和组织化学上肌纤维不同的收缩特性和代谢特征,可将肌纤维分成三类(图 2-41):Ⅰ型,慢收缩氧化型(SO);Ⅱ$_A$ 型,快收缩氧化酵解型(FOG);Ⅱ$_B$ 型,快收缩酵解型(FG)。

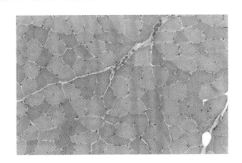

图 2-40　正常肌肉活检(HE 染色)

深色表示Ⅰ型肌纤维,淡色表示Ⅱ型肌纤维

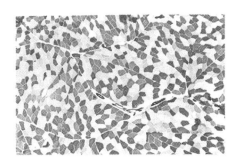

图 2-41　正常肌肉活检(ATP 酶染色)

深色表示Ⅱ型肌纤维,淡色表示Ⅰ型肌纤维

Ⅱ型肌纤维根据在体外细胞培养时对不同缓冲剂的敏感性分为Ⅱ$_A$ 型、Ⅱ$_B$ 型和Ⅱ$_C$ 型三个亚型。它们的特征是肌球蛋白 ATP 酶活性高,收缩速度快。Ⅱ$_A$ 型(FOG)主要采取氧化和酵解联合供能的方式分解 ATP 产生所需能量,能够维持较长时间的收缩;由于收缩速度快,ATP 分解的速度超过了有氧氧化和无氧酵解产生 ATP 的速度,因此容易疲劳;肌红蛋白含量较高,因此也属于红肌。Ⅱ$_B$ 型(FG)主要依靠糖酵解产生 ATP。由于收缩速度快,ATP 分解的速度很快超过了无氧酵解产生 ATP 的能力,因此也容易疲劳;纤维直径相对较大,能够产生较大张力,但维持的时间较短;肌红蛋白含量较少,因此属于白肌。Ⅱ$_C$ 型肌纤维是较少的未分化纤维,可见于妊娠 30 周之前,在人类中很少见。

研究表明,支配肌肉的神经决定了肌肉的类型,因此,每个运动单位所包括的肌纤维都是同一类型。Ⅰ型肌纤维接受脊髓前脚小 α 神经元(传导速度慢)支配,Ⅱ型肌纤维受脊髓前脚大 α 神经元(传导速度快)支配。当支配肌纤维的神经发生改变时,在组织学上可以见到肌纤维发生功能适应性改变。

二、肌的功能

肌是人体的动力器官,肌的收缩主要有两方面的作用,一是引起关节运动(动力性收缩),二是维持人体体位、姿势(静力性收缩)。肌肉本身具有一定的体积和形态,分布于人体外部(骨骼肌)参与形成人体的外部形态,并对深部的组织和内脏器官起保护作用。肌在收缩过程中产生热量,维持体温相对恒定。受寒冷刺激时,不随意肌收缩增加形成颤抖,可以增加产热来调节体温。

三、肌的运动形式

肌肉在收缩过程中作用于其依附的骨性杠杆所产生的力称为肌肉张力,作用于肌肉的外力称为阻力或负荷。肌肉产生张力时,能对相应的关节产生一种转动效应即转动力矩,阻力或负荷同样也对关节产生转动效应即阻力矩。肌肉收缩时,肌肉张力与阻力之间的关系(或转动力矩与阻力矩之间的关系)决定了肌的运动形式。肌的运动形式可根据肌肉收缩时是否带动关节运动分为静力性收缩和动力性收缩，即等长收缩和等张收缩。

1. 等长收缩 等长收缩即静力性收缩，是指肌肉在收缩时其长度不变，张力增加的收缩形式（转动力矩大小等于阻力矩）。由于其长度不变，不引起关节运动，因此肌肉收缩时并不做机械功，但由于其张力增加，对抗阻力维持固定体位和姿势，因此消耗能量，产生热功。等长收缩是固定体位和维持姿势时肌肉的主要收缩形式，如蹲马步时股四头肌的收缩形式和站立不动时腓肠肌的收缩形式。

2. 等张收缩 等张收缩即动力性收缩，是指肌肉在收缩时，张力不变，长度改变的收缩形式（转动力矩大小不等于阻力矩）。由于其长度改变，引起关节运动，因此肌肉收缩时要做机械功，但由于其张力不变，因此运动时保持了运动的连续性和平稳性。按照肌肉收缩的方向和关节运动的方向划分，可以将等张收缩分为向心性收缩和离心性收缩。

（1）向心性收缩是指当肌肉收缩时，肌肉产生的张力足以克服肢体的阻力（转动力矩大小大于阻力矩），肌肉缩短，肌肉起止点相互靠近，引起关节运动的收缩形式。向心性收缩的主要作用是引起主动运动，例如，上楼梯伸膝时股四头肌收缩，引起伸膝和蹬地的动作。

（2）离心性收缩是指当肌肉收缩时，肌肉产生的张力小于外力负荷时（转动力矩大小小于阻力矩），肌肉逐渐被动拉长，肌肉起止点相互远离，引起关节运动的收缩形式。离心性收缩的作用是促发拮抗肌收缩，使关节运动减速，稳定关节、控制肢体动作，防止关节损伤。例如，下楼梯时股四头肌做离心性收缩使膝关节屈曲减慢，从而减慢下肢的运动。肌肉的张力比引起身体下降的地心引力小，但是足以控制身体缓慢下移。

通常等长收缩和等张收缩在人的正常活动中很少单独发生，往往是几种形式的收缩交替进行，这有助于缓解肌肉疲劳，维持更长时间的肌肉收缩。例如，步态中从全足着地期到足跟离地期踝关节肌肉先做离心性收缩，然后做向心性收缩。

四、肌的功能状态指标

肌肉能够独立收缩的最小功能单位是运动单位。一个脊髓前角运动神经元及其轴突和轴突分支，以及它们所支配的肌纤维群合起来称为运动单位（图2-42，图2-43）。一个运动单位所含有的肌纤维的数量多少与肌肉控制运动的精细程度有关，例如，控制精细运动的眼外肌，一个运动单位只支配10～15根肌纤维，而控制粗大运动的腓肠肌，一个运动单位可支配1934根肌纤维。一个运动单位所支配的肌纤维并不相邻，而是与其他运动单位所支配的肌纤维交错排列。一块肌收缩时，并非全部运动单位起作用，可以仅有部分运动单位发挥作用。肢体不运动时，每块肌也有少数运动单位轮流收缩，使肌处于一种轻度持续收缩状态，保持一定肌张力，维持躯体姿势。

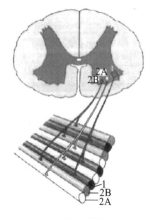

图 2-42 运动单位示意图

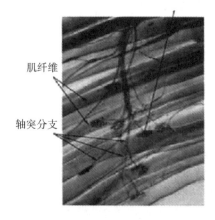

图 2-43 神经肌肉接头结构（电镜）

肌肉良好的功能状态是运动的基础，肌的功能状态可以用肌力、快速力量、肌耐力和肌张力等指标来进行评价。

(一) 肌力

肌力是指肌肉收缩时所能产生的最大力量。影响肌力的因素主要有以下几个方面。

1. 肌的生理横断面 肌的生理横断面是指一块肌中所有肌纤维横断面积之和。肌的生理横断面越大说明肌纤维越粗，肌凝蛋白含量越高，肌肉的收缩力量也就越大。有研究表明，肌肉的横断面积每增加 1 cm²，肌力可以提高 6～12 kg。

2. 肌的初长度 肌的初长度是指肌肉在收缩前所具有的长度，即前负荷。在生理范围内，肌力与肌的初长度关系密切。当肌肉被动牵拉至初长度的 1.2 倍时，肌小节功能最佳，产生的收缩力也最大。例如，在投掷铅球时，必须充分屈曲肘关节，尽可能地牵拉肱三头肌，然后利用被动拉长的肱三头肌急剧收缩时的力量将铅球推出，才能取得最佳成绩。

3. 肌的募集 肌肉收缩时，同时被激活的运动单位的数量反映了肌的募集状态。当运动神经发放的冲动强度增大或冲动的频率增高时，被动员或激活的运动单位数量也随之增多。参与收缩的运动单位的数量越多，肌力也就越大。

4. 肌纤维走向与肌腱长轴的关系 通常肌纤维的走向与肌腱的长轴一致，但在一些比较丰厚的肌中，部分肌纤维的走向与肌腱的长轴成角，可以募集的肌纤维越多，产生的肌力也越大。例如，腓肠肌等快肌，具有较强大的收缩力，而比目鱼肌等慢肌的肌纤维与肌腱连接很少成角，因而可募集的肌纤维相对较少，肌力相对较低，但肌收缩的时间相对持久。

5. 肌肉的收缩方式及收缩的速度 肌肉的收缩方式不同所产生的张力不相等。研究表明，等长收缩比向心性收缩产生的张力大，离心性收缩产生的张力甚至超过等长收缩产生的张力。这种差异很大程度上归因于肌肉的弹性成分产生的补充张力和收缩时间的不同。收缩时间越长，能够募集到的运动单位越多，也能使收缩成分形成的横桥结构越多，张力传导至串联的弹性成分（肌腱）也更充分，这样产生的肌力就越大。

6. 杠杆效率 肌肉收缩产生的实际力矩输出，受运动阶段杠杆效率的影响。有学者报道，髌骨切除后，股四头肌力臂缩短，使伸膝力矩减少 30%。

7. 年龄和性别 一般来说，年轻人比老年人肌力大，男性肌力比女性大，尤其以握力和垂直跳的力量最为明显。

8. 心理因素 在暗示、大声命令及有积极的训练目的时，受检者所发挥的肌力比自主最大收缩力大 20%～30%。

(二) 快速力量

快速力量又称速度性力量，是指神经肌肉系统以尽可能快的速度发挥最大力量的能力，也可以说是在最短的时间内最大用力的能力。快速力量的大小取决于肌肉的收缩力量和收缩速度，是指肌肉尽可能快和尽可能高地发挥力量，快速克服外界负荷的能力，并在高速收缩的过程中表现出最大肌力。一般来说，快速力量有三种特殊形式：爆发力、反应力量及弹跳力。

1. 爆发力 爆发力是指肌肉在极短的时间内，通过迅速而强有力的收缩产生最大的加速度去克服阻力的能力。爆发力大小可以用爆发力指数来表示：爆发力指数＝最大的力量/用力时间。

2. 反应力量 反应力量是一种相对独立的力量素质，它是在快速进行的拉长缩短周期收缩形势下所产生的快速收缩力量，远远大于在单纯的向心收缩形势下的力量，此种力量称为反应力量，也可以称之为超等长力量。

3. 弹跳力 弹跳力就其属性来说，是和爆发力属于同一性质的力，即单位时间内的最大力值变化，其大小用速度力量指数来表示：速度力量指数＝最大力值变化/用力时间。

快速力量是速度和力量相结合的一种特殊的力量素质，具有力量与速度的综合特征。在完成技术动作时,运动员所用的力量越大,速度越快,则表现出的快速力量就越大。快速力量在许多运动项目(如举重、田径等)中是决定运动成绩的重要指标。

(三) 肌耐力

肌耐力是指肌在一定负荷条件下保持收缩或持续重复收缩的能力,反映肌持续工作的能力,它能体现肌对抗疲劳的水平。肌耐力的提高不仅取决于人的发育成熟,而且和负荷要求有关。合乎规律的耐力性负荷训练可使肌肉、器官、心肺、血液、免疫系统及物质代谢调节出现适应现象。

提高肌耐力素质的基本途径有两个:一个是增强肌肉力量,另一个是提高心肺的功能,可安排较长时间的走、跑、跳绳、爬山、游泳、滑冰和各种球类运动等室外活动。同时应注意量力而行,循序渐进,避免过度疲劳。

(四) 肌张力

肌张力是指肌肉的紧张度,是维持身体姿势和正常运动的基础,表现形式多样。人在静卧休息时,身体各部肌肉所保持的紧张度称为静止性肌张力。躯体站立时,虽不见肌肉显著收缩,但躯体前后肌肉亦保持一定的紧张度,以维持站立姿势和身体稳定,称为姿势性肌张力。肌肉在运动过程中保持的紧张度,称为运动性肌张力,是保证肌肉运动连续、平滑(无颤抖、抽搐、痉挛)的重要因素。

肌张力的产生与脊髓的牵张反射有关,受中枢神经的控制。牵张反射是指肌肉在外力或自身的其他肌肉收缩的作用下而受到牵拉时,由于本身的感受器受到刺激,诱发同一肌肉产生收缩的一类反射。牵张反射有两种,一个是腱反射,另一个是肌紧张。腱反射的感受器为高尔基腱器官,肌紧张的感受器为肌梭,两者的效应器均为梭外肌。

牵张反射的基本过程表现为当肌肉被牵拉导致梭内、外肌被拉长时,引起肌梭兴奋,通过 I、II 类纤维将信息传入脊髓,使脊髓前角运动神经元兴奋,通过 α 纤维和 γ 纤维导致梭外、内肌收缩(图 2-44)。其中 α 运动神经元兴奋使梭外肌收缩以对抗牵张,γ 运动神经元兴奋引起梭内肌收缩以维持肌梭兴奋的传入,保证牵张反射的强度。当肌肉收到的牵拉异常增高时,引起高尔基腱器官的兴奋,通过 I_b 类纤维将信息传入脊髓,抑制脊髓前角 α 运动神经元的兴奋性,使梭外肌收缩减弱,防止肌肉、肌腱损伤。

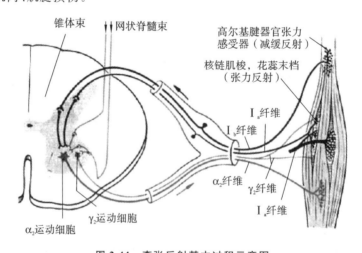

图 2-44 牵张反射基本过程示意图

脊髓前角 α 运动神经元和 γ 运动神经元不仅接收到来自脊髓后角传入的冲动,同时还受到锥体系和锥体外系的支配。当锥体系发生损害或锥体外系有病变时,会出现肌张力显著增高。

锥体系病变表现为痉挛性肌张力增高,特点是其肌张力增高有选择性,上肢以内收肌、屈肌与旋前肌为主,下肢以伸肌肌张力增高占优势,上肢屈肌和下肢伸肌肌张力增高明显,被动运动患者关节开始时阻力较大,结束时阻力变小即所谓折刀样肌张力增高。痉挛性肌张力增高和痉挛无关,后者单指一种不自主的肌收缩。

锥体外系病变表现为强直性肌张力增高,特点是肌张力的大小与肌肉当时的长度(即收缩形态)无关系,在伸肌和屈肌间也没有区别。无论动作的速度、幅度、方向如何,都遇到均等的阻力。这种肌张力增高称为铅管样强直(不伴震颤),如因伴发震颤而产生交替性松、紧变化,称为齿轮样强直(伴震颤)。

肌张力低于正常称为肌张力降低,可因损害部位不同而临床表现各异。脊髓前角损害时伴节段性分布的肌无力、萎缩,无感觉障碍,有肌纤维震颤。周围神经损害时伴肌无力、萎缩、感觉障碍,腱反射常减退或消失。某些肌肉和神经接头病变时肌张力降低,肌无力,伴或不伴肌萎缩,无肌纤维震颤及感觉障碍。脊髓后索或周围神经的本体感觉纤维损害时常伴有感觉及深反射消失,步行呈感觉性共济失调步态。小脑系统损害时伴运动性共济失调,步行呈蹒跚步态。新纹状体病变时伴舞蹈样运动。

五、肌的协同

人体肢体的复杂动作需要靠多组肌肉恰当的合作才能完成,根据这些肌肉参加动作时所起的作用不同,可以分为原动肌、拮抗肌、固定肌和中和肌,它们在神经系统的支配下完成复杂的精细动作和运动。

1. 原动肌 直接完成动作的肌或肌群称为原动肌。其中,起主要作用的称为主动肌,协助或帮助完成动作,或仅在动作的某一阶段起作用的称为副动肌。在一般情况下,徒手肌力评定的对象主要是主动肌。例如,在手持哑铃做屈肘动作时,起主要作用的肱二头肌和肱肌是主动肌,肱桡肌和旋前圆肌是副动肌。

2. 拮抗肌 与原动肌作用相反的肌或肌群称为拮抗肌。在原动肌收缩时,拮抗肌可以协调地放松或适当地做离心收缩来保持关节的稳定性和运动的精确性,防止关节损伤。在手持哑铃做屈肘动作时,肱三头肌和肘肌是肱二头肌和肱肌的拮抗肌。

3. 固定肌 为了充分发挥原动肌对肢体运动的动力作用,必须将原动肌相对固定的一端所附着的骨骼或附近的一连串骨骼充分固定,使主动肌拉力方向能始终朝着关节运动的方向,参与上述固定作用的肌群称为固定肌。例如,大圆肌使上臂内收时,菱形肌就是固定肌。有时相互拮抗的肌群同为固定肌。例如,在做屈肘动作时,为了在肩关节处固定肱骨,避免在屈肘时出现肩部不必要的屈伸,需要肩关节附近的屈肌群和伸肌群共同收缩,这两组肌群就成为屈肘动作的固定肌。

4. 中和肌 在原动肌完成多种动作时,需要另一些肌肉协助完成,这些肌肉的作用为抵消原动肌收缩时所产生的一部分不需要的动作,使动作更准确、更经济,这些肌肉称为中和肌。例如,做燕式练习时,肩胛提肌、菱形肌可抵消斜方肌使肩胛骨上旋的作用,使斜方肌只能表现出使肩胛骨内收的作用,这时肩胛提肌和菱形肌则是斜方肌的中和肌。

副动肌、固定肌和中和肌在肌肉的活动中起辅助的作用,因此又称为协同肌。

六、肌的功能适应性

肌肉是人体器官,它具有生物组织的一切特点。当外界环境发生改变时,肌肉自身能够在形态和功能上做出适应性的改变,来适应外界环境的变化,即肌的功能适应性。肌的功能适应性可以从以下两方面进行描述。

(一) 运动训练所引起的肌的功能适应性改变

运动训练能使肌肉产生适应性变化,并由此增强肌力。运动训练所引起的常见肌肉适应性变化如下:肌肉体积增大,肌纤维增粗;肌肉收缩蛋白、肌红蛋白、酶蛋白增加;肌内 ATP、热能含量和糖原储备增加;肌肉毛细血管密度增加,结缔组织含量增多等。这些变化最终使肌肉的体积增大,结构更加合理,肌力显著增强。

运动训练时和运动训练后肌肉经历了一个疲劳和消除疲劳的过程。肌肉疲劳时,肌肉收缩力量、速度和耐力均明显下降,肌内能源物质也有所消耗。通过一定时间的休息会使消耗的能源物质得以补充,生理功能也逐渐得到恢复。在恢复到训练前水平后,会出现一个超量恢复阶段,即肌的各项生理指标继续上升并超过训练前水平,一段时间以后才会逐步下降到训练前的水平,这就是肌的超量恢复原理(图 2-45(a))。如果下一次肌力训练是在前一次训练后的超量恢复阶段内进行,那么就可以该肌超量恢复阶段的生理生化水平为起点,再次进行超量恢复,如此运动循环,使超量恢复的效果叠加和巩固起来(图 2-45(b)),实现肌肉形态和功能的进一步发展。如果下一次肌力训练是在前一次训练后的超量恢复阶段以外进行,那么前一次肌力训练的效果将不被保留,第二次训练的起点就会与第一次训练一样,从未训练前水平开始,这样的训练效果不会积累(图 2-45(c)),肌肉的形态和功能也不会有明显的改变。所以说超量恢复是肌力训练的生理学基础。

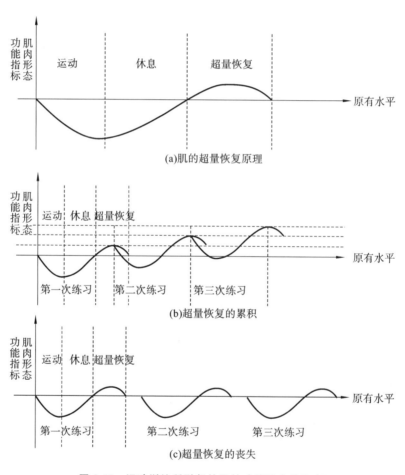

图 2-45 运动训练所引起的肌的功能适应性改变

超量恢复的生理机制十分复杂,在生理学上主要是因刺激与反应的关系而产生的。在一定的生理范围内,运动强度(刺激)越大,造成能量缺失越多,而引起相应的反射性能量补充也越多,身体其他器官的机能状态亦是如此。超量恢复规律的客观存在,已经成为人们进行运动训练和提高身体素质的重要依据。

(二) 神经损伤所引起的肌的功能适应性改变

多种形式的超负荷训练可使运动单位里所有成分发生适应性反应,其中也包括肌纤维本身、神经肌肉接头和支配运动单位的 α 运动神经元。骨骼肌的这种适应性也存在于平滑肌和心肌中。应用不同刺激包括交叉神经移植术、电刺激、高重力状态、甲状腺毒症、代偿性肥大和运动研究骨骼肌的适应性反应,都揭示了骨骼肌的功能适应性。

极限训练状态下可以使得肌纤维的类型发生转变。研究显示,将主要支配Ⅰ型纤维的神经末端与支配Ⅱ型纤维的神经末端转接互换,转接神经的结果是使所支配的肌纤维的类型发生变化。随之,改变了神经支配的肌肉发生了广泛的但并非完全的肌纤维类型的改变,进而表现为被转接神经支配的原本肌纤维的特征。即使没有神经互换,改变对肌肉刺激的频率也可使肌纤维类型的特征发生改变。使用Ⅰ型纤维所受到的低频率刺激,去刺激Ⅱ型纤维,可以使Ⅱ型纤维转变为Ⅰ型纤维。很明显,神经、肌肉和中枢神经系统对其控制的形式之间有一个复杂的相互作用,在此机制下使得Ⅰ型和Ⅱ型纤维可以相互转变。

通常认为人体肌纤维类型的比例是由遗传因素所决定,而后天没有方法改变。然而有研究证明在Ⅱ型纤维里,Ⅱ$_A$型和Ⅱ$_B$型纤维可以互相转变。例如,耐力性训练在减少Ⅱ$_B$型纤维的同时可增加Ⅱ$_A$型纤维的比例,力量训练但不增加耐力性训练可相应增加Ⅱ$_B$型纤维的比例。不过,Ⅱ$_A$和Ⅱ$_B$型纤维之间的差异要比Ⅰ型和Ⅱ型间的差异小得多。

正常肌肉由Ⅰ型、Ⅱ型肌纤维镶嵌排列而成,同一运动单位,肌纤维类型相同(图 2-46(a))。当发生肌肉失神经支配时,出现肌纤维萎缩(图 2-46(b))和萎缩后神经再支配(同型肌纤维群化)(图 2-46(c))的过程。发生肌肉神经再支配的肌纤维可以发生肌纤维类型的改变(图 2-46(c)),而邻近失神经支配肌纤维附近的正常肌纤维则发生代偿性肥大(图 2-46(d))。

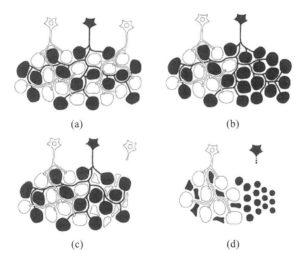

图 2-46 神经肌肉再支配示意图

七、制动对肌的影响

制动是治疗骨关节疾病的一种常用治疗手段,然而制动在保护受损组织的同时,也会对周围健康组织产生诸多不利的影响。研究表明,制动会引起肌肉生理、生化及生物力学等方面的改变,从而导致其功能的减弱。

1. 肌肉废用性萎缩 全身或局部制动均可造成肌肉废用性萎缩,关节固定 2 周以上均可造成肌肉萎缩。石膏固定后的肌肉萎缩比卧床休息要明显得多。正常人卧床时使用背肌和下肢肌肉翻身,就可以减少肌肉萎缩,而瘫痪和老年患者则会出现更多的肌肉萎缩。健康人卧床休息 7 天,大腿肌肉容积即可减少 3%,1 个月肌纤维横断面积减少 10%~20%,2 个月可减少至 50%。

等长收缩运动可以减轻这种肌肉萎缩,但不能消除。承担体重和步行的主要肌肉制动后萎缩最明显。伸肌萎缩超过屈肌。

除了肌肉横断面积减少,肌肉长期保持在缩短状态还可导致肌节缩短,致使肌纤维纵向挛缩,引起关节活动受限。此外还有肌肉-肌腱结合部的强度降低,在过度用力的情况下容易发生肌腱断裂。制动后慢肌纤维减少7.5%,而快肌纤维减少14.7%。萎缩的肌肉蛋白合成能力降低,脂肪和结缔组织相对增多。超微结构发生一系列改变,包括细胞水肿、纤维结构紊乱、细胞线粒体增大、钙激活蛋白酶增高等。

2. 肌力下降　制动对姿势肌(背肌)或者抗重力肌(下肢肌)影响较大,对上肢肌影响较小。完全卧床休息时肌肉力量降低速率为每天下降1%(0.7%～1.5%),每周下降10%～15%,3～5周内肌力下降可达20%～50%。膝关节手术后27～43天股四头肌肌力降低40%～80%,在主要肌群中,腓肠肌肌力下降最为明显(20.8%),其次为胫前肌(13.3%)、肩带肌(8.7%)和肱二头肌(6.6%)。肌力下降不仅与肌肉横截面积减少有关,而且与肌肉的神经支配有密切关系。制动后定量运动负荷时运动单元募集明显减少,肌电图(EMG)显示肌电活动减弱。肌力和神经功能减退造成步态不稳和运动协调性下降。恢复活动1周后肌力恢复50%,肌电恢复正常。

3. 肌肉血管密度降低　有研究表明,30天卧床休息可以造成腓肠肌的毛细血管密度降低38%。实际上维持毛细血管密度的运动量可以很小,高强度训练的运动员在停止训练84天后,毛细血管密度并没有减少。

4. 肌肉改变的可逆性　制动后的肌肉功能减退可以通过渐进康复训练而迅速恢复,但恢复肌力的肌肉质量所需的时间及超微结构的改变是否能完全恢复,目前尚无研究证实。对于骨关节固定的患者,最好在固定期间一直坚持做等长收缩运动,可减轻肌肉萎缩,促进骨折愈合。

(许　萍)

小　结

运动系统主要是由骨、关节和肌三种器官组成。骨是杠杆,关节是枢纽,肌是动力器官。运动系统主要的功能是运动,另外还有支持和保护功能。骨可以分为骨密质和骨松质,不管是在结构上还是在功能上,骨密质与骨松质的生物力学特性都有巨大的不同。骨还有良好的功能适应性,通过不断改变自身的结构和形态来适应外加载荷的变化,制动对骨的影响也是骨的功能适应性的一种具体体现。关节软骨的生物力学特性与关节软骨的成分密切相关,当关节软骨成分发生改变时,关节软骨的生物力学特性也将发生改变,制动引起关节功能障碍正是说明了这个特点。肌腱和韧带是人体中受力最大的软组织,但很多因素直接或间接地影响着肌腱和韧带的生物力学特性;锻炼和固定是一对矛盾,如能正确处理好两者之间的关系,可使治疗获得事半功倍的效果。人体的关节种类繁多,关节的稳定性与灵活性与关节的结构密切相关,制动对关节的影响包括稳定性和灵活性,早期正确的康复治疗是解决这一问题的唯一途径。肌的主要功能是收缩,根据康复训练的目的正确选择肌力训练的形式能够增强肌力、抑制痉挛,促进肌的协同作用,保持运动的平滑和稳定。肌力训练遵循肌的超量恢复原理,这一理论有助于指导健身运动和康复训练。训练、制动和失神经支配都能使肌产生功能适应性改变,这些改变不仅表现为肌肉形态和肌肉功能的改变,还体现在肌纤维类型的改变(结构改变)。

能 力 检 测

1. 请问骨有哪些生物力学特性? 在康复治疗中我们如何应用(举例说明)?

2. 简述影响肌腱和韧带生物力学特性的因素。
3. 简述关节的分类和影响关节灵活性和稳定性的因素。
4. 利用你所学到的知识,试分析关节挛缩的发生机理和治疗原理。
5. 简述肌的运动形式分类及其特点。
6. 肌的功能状态指标都有哪些?
7. 简述肌的组织化学分类和意义及对你的启示。
8. 简述肌的超量恢复原理及其意义。
9. 怎样预防康复治疗过程中的肌腱和韧带损伤?

第三章　上肢运动学

扫码看课件

学习目标

　　能够描述肩关节和腕关节等主要关节的结构和运动特点；能够描述肩关节损伤、肘关节损伤、腕关节损伤的临床表现和治疗措施；能够分析腕和手运动的相互影响。

　　能够描述并定位肩关节、肘关节、腕关节周边的肌的位置、起止点和功能；能够描述腕关节组成和运动方向、腕关节的运动范围、腕掌关节的运动范围、腕的稳定性、指关节的运动范围、手的稳定性和控制。

　　能够分析上肢几个关节的基本动作和肌肉活动。

第一节　肩关节运动学

　　肩部是上肢与躯干的连接部位，通过与肘连接使手定位并有效发挥其功能。肩包括肩肱、肩锁、胸锁和肩胛胸壁关节及肌肉结构，这些关节通过肌肉结构使得肩成为人体中运动范围最大、最灵活的关节。肩的运动范围很大，骨的约束较少，但缺乏稳定性，它主要是依靠韧带和肌肉结构来维持稳定。

一、肩关节功能解剖

（一）骨

与肩有关的骨有锁骨、肩胛骨、肱骨，并且间接地与胸骨、肋骨、胸椎有关。

1. 胸骨（sternum）　胸骨在胸廓的前部，从下端的剑突到上端的胸骨柄均可触摸到。

2. 锁骨（clavicle）　锁骨的内侧端膨大，与胸骨柄构成胸锁关节，从胸骨端向外到肩峰端全长均可触摸到。锁骨有两处弯曲，内侧部是凸向前，而外侧部是凹向前。外侧端膨大，在触诊时像一个粗隆。

3. 肩胛骨（scapula）　宽而扁的肩峰可在肩关节的上方触摸到。它与锁骨的连结为肩锁关节，被肩锁韧带覆盖，因此很难触及。大多数个体在该区可触摸到肩峰和锁骨两个骨性隆起。在这两个隆起之间即为肩锁关节。

随肩峰向后为肩胛冈，横行到肩胛骨的内侧缘（脊柱缘），在此处变平坦并形成一个光滑的三角形区域。肩胛冈的上方为冈上窝，下方为冈下窝。冈上窝和冈下窝都有肌肉填充，所以无法触得其深度，特别是冈上窝。若肩肌放松，肩胛骨的内侧缘和外侧缘（腋缘）较容易触摸到。肩胛骨的下角为内、外侧缘的交汇点。肩胛上角因有肌肉覆盖不易触摸。在锁骨的下方可触摸到喙突。

关节盂容纳肱骨头，不能触及。盂上结节（肱二头肌长头的起点）和盂下结节（肱三头肌长头的起点)也不易触摸到。

4. 肱骨(humerus) 若臂放在身体侧旁并内旋,在肩峰的稍远侧可触摸到大结节。确定大结节后,外旋肩关节,检查的手指可随大结节变动位置。当充分外旋时,无法触摸到大结节,其表面被三角肌覆盖。大结节上有三个肌附着的面,但无法用手摸清楚。当肩关节外旋时,可触到小结节。肱骨的近侧端也可经腋窝去触摸,因为腋窝内许多血管、神经,所以触摸的动作要轻柔。外科颈在肱骨头和结节远侧的较细小之处,此处易发生肱骨上端的骨折。

肱骨干的近侧端有从大、小结节延伸下来的大、小结节嵴,两者之间有结节间沟,这些结构均不易触摸到。当肱骨旋转时,结节间沟随之旋转,到完全外旋时,该沟位于肩峰的垂线上。

(二) 关节

肩复合体的骨连结形成三个关节,分别为胸锁关节、肩锁关节和盂肱关节。当上肢在运动时,肩胛骨可自由地在胸壁上滑动(肩胸关节);在前屈和外展运动时,肱骨头滑到肩峰的下方(肱上关节)及肱二头肌长头腱在结节间沟内滑动。任何一个真正的关节或功能性关节的疼痛或运动限制都可导致肩的功能障碍。

1. 肩胸关节(肩胛胸壁关节) 前锯肌起自第1~9肋的前外侧面,经肩胛骨和胸壁之间,止于肩胛骨的脊柱缘。较大的运动发生于前锯肌筋膜和胸壁筋膜之间。由于非骨性关节,这种运动面被称为假关节或功能性关节。肩胸关节的正常功能对上肢的灵活性和稳固性十分重要。肩胸关节提供了肱骨运动的一个可移动的基础,扩大了臂的运动范围,保持三角肌在臂上举时良好的长度-张力关系;当臂上举或用手倒立时,肩胸关节增强了盂肱关节的稳定性,吸收震动;在截瘫患者使用拐杖步行或在座位上移动身体时,肩胸关节则能抬高身体。

以下名词既能用于肩胛骨的运动,也用于锁骨的运动(胸锁关节)。

(1) 提肩:锁骨的肩峰端和肩峰向上朝向耳的运动,约为60°。

(2) 降肩:肩峰锁骨区向下的运动。静息的坐位,能下降5°~10°。

在截瘫患者用拐杖走路或推动轮椅时,这种运动对固定肩胛骨和抬高躯干很重要。从最大的提肩位开始,降肩能抬高躯干10~15 cm。

(3) 前突:锁骨的肩峰端和肩胛骨沿胸壁向前的运动。这种运动能使肩胛骨脊柱缘离开后正中线13~15 cm。这种运动又称为肩胛骨的外展。

(4) 后缩:锁骨的肩峰端和肩胛骨沿胸壁向后移动,接近后正中线,又称肩胛骨的内收,在胸锁关节处肩胛骨的前突和后缩的运动幅度大约为25°。

肩胛带向上、前、下、后运动即提肩、前突、降肩和后缩的结合,形成了一个环转运动,也可反方向环转。胸锁关节为环转运动的轴心,肩峰的运动轨迹为环形。因为肩胛骨以肩锁关节与锁骨相连,所以胸锁关节能调节肩胛骨的位置,使肩胛骨紧贴胸壁。

肩胛骨的旋转运动描述如下:

①上旋:肩胛骨的关节盂向上,肩胛下角在胸壁上向外上旋转的运动。在肩关节完全屈曲位时,为最大的上旋范围。

②下旋:肩胛骨的关节盂向下,肩胛下角向内下方旋转的运动。当臂后伸将前臂横置于腰部时,将发生完全的下旋。

③上旋和下旋的运动幅度约60°。

2. 胸锁关节 胸锁关节是唯一直接连接上肢与胸廓的关节。肩带连同整个上肢肌肉、韧带和筋膜悬于颅和脊柱颈部。这种悬挂结构的位置部分取决于重力作用,部分取决于锁骨。锁骨限制肩带各方向的运动,特别是向前方向的运动。文献中记录的锁骨缺损的患者可通过肩向前的运动使肩的尖端几乎能碰到自己身体的前部。在完全切除锁骨的病例中,切除侧的肩运动范围与健侧一样。伸肩、内旋和外旋肩的最大的等速力矩也是一样,但屈肩肌、展肩肌和收肩肌却丧失了50%等速力矩。

锁骨的横向旋转：除提肩、降肩、前突和后缩外，锁骨可在胸锁关节上沿其长轴旋转约40°。当肩外展或屈曲90°后，才发生这种横向旋转，这对肩胛骨完全上旋和肩的完全屈曲或外展十分重要。若锁骨的旋转被阻止，臂上举只能到110°。

当臂上举大于90°，胸锁关节达到最大的上举角度，这时锁骨即将发生横轴的旋转。锁骨的上旋是由于肩锁韧带（斜方韧带和锥状韧带）紧张所致。这两条韧带也限制了肩胛骨与锁骨分离。

3. 肩锁关节 肩锁关节是一个在肩峰内侧缘和锁骨的肩峰端之间的滑动关节。此关节将肩胛骨和锁骨连在一起进行相似的运动的同时伴有每块骨自身的运动。此关节有三个轴和三个自由度，可完成肩的提、外展和旋转的运动。

肩锁关节和胸锁关节运动结合的作用是允许肩胛骨运动，当肩胛骨的肋面仍保持紧贴胸壁时，关节盂就可按其需要向前、向上或向下。胸锁关节和肩锁关节运动范围的总和等于肩胛骨的运动范围。

4. 盂肱关节 虽然盂肱关节为球窝关节（万向关节），有三个自由度，但骨的稳固性差。半球状的肱骨头位于小而浅并带倾斜面的关节盂上。环绕在关节盂的边缘为一个软骨性关节唇。松而薄的关节囊覆盖于肩胛颈和肱骨解剖颈之间。关节囊的表面积为肱骨头表面积的2倍，正常人的关节腔内可容纳10~15 mL液体。

(1) 韧带和腱加强了关节囊。喙肱韧带连于肩胛骨的喙突和肱骨的大、小结节之间，在大、小结节处形成肱二头肌长头腱的通道。上、中、下盂肱韧带连于盂唇和肱骨颈、小结节之间，增强了关节囊。喙肱韧带和上、中盂肱韧带支持游离上肢（向下悬挂），并在小量外展时限制其外旋。下盂肱韧带形成像有前、后两条环绕肱骨头的吊带，有文献认为这条韧带是外展肩的主要的稳定装置。在这个位置上，韧带不同部分的紧张可以限制内旋和外旋。

(2) 肩部的深层肌的肌腱与关节囊纤维层交织，加强了关节囊。在前方，肱二头肌长头腱起自盂上结节和盂唇。腱在囊内呈弓状越过肱骨的头，然后出关节囊在结节间沟内下行。当肱二头肌长头腱在囊内时被反折的滑膜所覆盖，因此，腱并不与腔内的滑液接触。肱二头肌的强力收缩，如屈肘手持重物时，产生使肱骨头下降的力。这种力的作用类似于一根绳子一端固定，从上方绕过一物体后下拉另一端所产生的对该物体的力。这种力对肱骨头下压阻止了头的上升，否则肱骨头就会挤压肱骨头与肩峰之间的肱骨上组织，而导致这些组织的损伤。后方，肱三头肌长头有一个宽厚的腱起自肩胛骨的盂下结节。该腱与关节囊的后部交织并成为关节囊后部的一部分。

(3) 旋转肌腱袖：产生盂肱关节内旋和外旋的四块肩肱肌（肩胛下肌、冈上肌、冈下肌、小圆肌）与关节囊交织在一起并形成它们在肱骨结节上的止点。前方，肩胛下肌以宽阔的腱止于肱骨小结节。在外展小于90°时，该腱覆盖肱骨头。这是一个被动稳定装置，可防止肱骨向前方半脱位。关节囊和肩胛下肌的下部是限制外旋的主要结构。上方，冈上肌止于肱骨的大结节上部；后方，冈下肌和小圆肌与关节囊交织止于大结节的下部。这些腱在外展的前半过程是限制内旋的主要结构。当肩峰或喙突或喙肱韧带受到打击时，就可能损伤旋转肌腱袖结构。这种损伤常发生在需要上臂上举的运动中，如做超过头部高度的工作或需要投掷的体育活动。

(4) 运动轴和许可的运动：当肩胛骨固定并被阻止在胸锁关节、肩锁关节或肩胸关节运动时，盂肱关节仅有下列的运动范围。屈发生在矢状面上，其横轴通过肱骨头，可做约90°的屈曲，下盂肱韧带变得紧张限制了盂肱关节的运动，伸与屈相反。当臂到达身体的后面，称为后伸。由于上、中盂肱韧带的限制，后伸的范围为40°~60°。外展发生在额状面上，沿矢状轴进行。外展运动的范围取决于盂肱关节的旋转。当完全内旋时，主动的外展为60°左右，因为此时大结节碰到了肩峰和肩锁韧带。外旋90°时，大结节到了肩峰的后下方，主动外展增加到接近90°，这时外展被三角肌的主动收缩功能不足所限制。被动外展可达到 120°,然后被下盂肱韧带阻止。

(5) 旋转发生在水平面上,是以一条通过肱骨头和骨干的垂直轴进行。屈肘 90°时,可将盂肱关节的旋转与前臂的旋前和旋后分开。若上臂位于身体的侧旁,外旋可使肱骨内上髁向前移动,内旋则内上髁向后移动。旋转的幅度随上臂的上举而变化。当上臂在身体的侧旁,旋转的总幅度约 180°;当上臂完全上举时,由于喙肱韧带和盂肱韧带扭曲和紧张,旋转运动减为 90°左右。当盂肱关节在外展 90°和屈肘 90°时,外旋的正常范围近 90°,内旋大约为 70°。

5. 肱骨上或肩峰下关节 盂肱关节的运动需要肱骨头和喙肩弓之间较大的运动。喙肩弓是由肩胛颈、肩峰、喙肩韧带组成,也称为冈上肌出口。这个区域的临床重要性在于,这种坚硬结构之间的软组织避免了肩部受压和损伤的倾向,这些软组织包括旋转肌腱(特别是冈上肌)、肱二头肌长头腱、关节囊、关节囊韧带、三角肌下和肩峰下滑膜囊。因为使臂上举的三角肌拉力线直接向上,造成肱骨头竖直向上移动并撞击肩峰,会产生肩的损伤。正常时,这垂直向上的运动被旋转肌腱袖的向下拉力线和冈上肌及肱二头肌长头降肱骨头作用所阻止。由于冈上肌出口狭窄,当肌肉虚弱、疲乏或遇到难以控制的外力时就可产生损伤。微损伤和反复应力性损伤是常见的。使用拐杖走路、推动轮椅运动或在坐位时用手推高躯干来移动身体的脊髓灰质炎患者和截瘫患者,发生肩痛和腱袖撕裂的概率较高,最常见的损伤原因是冈上肌出口的狭窄,这可能是先天性的或由炎症、瘢痕或骨刺所致。尸体解剖中发现关节囊结构磨损的概率很高,磨损随年龄的增长而增加。

6. 肱二头肌沟 肱二头肌长头起自肩胛骨的盂上结节,呈弓状跨越肱骨后,在结节间沟内下行。喙肱韧带和肱骨横韧带使肱二头肌长头腱保留在结节间沟内,这两条韧带附于大、小结节之间。当肩运动时,肱骨头就在肱二头肌长头腱下面滑动。在臂完全上举时,肱二头肌长头腱在沟的固定点上可滑动约 5 cm。当盂肱关节完全外旋时,肱二头肌长头腱的近侧和远侧附着点成直线,而在其他的旋转位置中,肱二头肌腱则弯曲在沟的内侧壁。因此,肱二头肌在遭受磨损的同时也出现喙肩弓的撞击伤。

(1) 正常肩上升同时伴随一系列的精确的协调运动,称为肩肱节律,肩胛骨、肱骨均参与整个运动。除外展的早期具有个体差异外,在外展至 30°后,以 2∶1 的比率外展,即在 30°～170°外展中,每 15°的外展,10°发生在盂肱关节,5°发生在肩胸关节。

(2) 在臂上举时,发生在肩胸关节的运动是上升、外展和上旋,肩胛骨的下角沿胸廓侧边向前,关节盂向上移动。在运动过程中,肩胛骨的旋转轴从肩胛冈的内侧移向胸锁关节处。这种轴的大移动会造成斜方肌和前锯肌力臂的明显改变。

(3) 肩外展及前屈的正常范围通常认为是 180°,但当注意测量并除去躯干的运动,其平均值为 170°。盂肱关节和肩胸关节的运动均伴有在胸锁关节和肩锁关节的肩胛骨的运动。在盂肱关节产生 90°～110°的运动,在胸锁关节和肩锁关节产生附加 60°～70°的运动。其余达到 180°的运动则由展肩时的侧屈躯干或屈肩时的伸躯干来完成。为了达到盂肱关节的运动范围在外展时伴有肩的外旋,在屈肩时多伴有肩的内收。

肩部疾病的临床治疗需要考虑发生在 3 个滑膜关节和 3 个运动面的所有运动,然后来确定是否有运动限制和疼痛及发生的部位。

(三) 肩关节的韧带

肩关节的韧带主要有喙肩韧带、盂肱韧带、喙肱韧带、喙锁韧带。

1. 喙肩韧带(coracoacromial ligament) 喙肩韧带是肩关节上部的屏障,以宽阔的基底起于喙突外缘,逐渐变窄,在肩锁关节的前部止于肩峰的内缘,将肩峰下滑囊与肩锁关节分开。上臂抬高时,肱骨大结节位于喙肩弓(喙肩韧带与肩峰)的下部,成为肱骨头外展的支点。喙肩弓下部的滑囊和附近的疏松结缔组织,有利于浅、深两层肌肉的滑动。切除此韧带后对肩关节活动影响不大。

2. 盂肱韧带（glenohumeral ligaments） 盂肱韧带为关节囊前壁的增厚部。起于肱骨解剖颈的前下部，向上内止于关节盂上结节和关节盂唇。分为盂肱上、中、下三个韧带。该三条韧带处于关节囊的内面，有约束肩肱关节外旋的作用。其中以肱中韧带最为重要，若该韧带缺如，关节囊的前壁薄弱而易产生关节脱位。

3. 喙肱韧带（coracohumeral ligament） 喙肱韧带起于肩胛骨喙突的外缘，向前下部发出，在冈上肌与肩胛下肌之间与关节囊共同止于肱骨大小结节，桥架于结节间沟之上，为悬吊肱骨头的韧带。肱骨外旋时韧带纤维伸展，有约束肱骨外旋的作用。肱骨内旋时韧带纤维缩短，有预防肱骨头脱位的作用。

4. 喙锁韧带（coracoclavicular ligament） 喙锁韧带为联系锁骨与肩胛骨喙突的韧带，起于喙突，向后上部伸展，止于锁骨外端下缘，分为斜方韧带及锥状韧带。当锁骨旋转活动时，此韧带延长，上肢外展时，有适应肩锁关节20°活动范围的功能。喙锁韧带是稳定肩锁关节的重要结构，当肩锁关节脱位手术整复时，此韧带必须修复。

（四）肩关节的肌肉

肩关节的关节囊松弛，韧带薄弱，关节盂较浅，主要依靠附近肌肉维持关节稳定。如果关节周围的肌肉发生萎缩瘫痪，必然引起关节半脱位，从而影响肩关节功能。

1. 肌腱袖（musculotendinous cuff） 肌腱袖是由冈上肌、冈下肌、小圆肌和肩胛下肌所组成的腱性组织，以扁宽的腱膜牢固地附着于关节囊的外侧肱骨外科颈，有悬吊肱骨、稳定肱骨头和协助三角肌外展肩关节的功能。冈下肌及小圆肌均起于冈下窝，两者收缩使肱骨外旋。肩胛下肌起于肩胛骨前面，其收缩时肱骨内旋。冈上肌起于冈上窝，有外展肩关节的功能。当冈上肌或肩胛下肌腱抵止部撕裂时即可导致腱袖松弛而引起习惯性肩关节脱位，并可引起肩关节外展、内收、内旋、外旋等功能的减退或丧失。

2. 三角肌（deltoid） 三角肌为肩关节外最坚强有力的肌肉，起点广泛，远端以扁腱止于肱骨干的三角肌结节，其肌束分为前、中、后三部，上臂外展运动主要由三角肌中部纤维和冈上肌协同作用，其前部肌纤维收缩同时可内旋及屈曲上臂。后部肌纤维收缩可以外旋及伸展上臂。三角肌瘫痪时其功能部分可由冈上肌代偿，但此时肩关节只有20°～30°的外展功能，由于上肢的重力作用，可发生肩关节半脱位。

3. 胸大肌（pectoralis） 胸大肌的起点分为锁骨部、胸肋部和腹部，肌腹呈扇形，逐渐移行成为扁腱，止于肱骨结节间沟外侧唇。该肌的主要作用为内收、内旋、屈曲肩关节。若此肌瘫痪对肩肱关节功能影响较小。

4. 背阔肌（latissimus） 背阔肌为一三角形的肌肉，起自躯干背部，止于肱骨结节内侧的底部，有内收、内旋和后伸肩关节的功能。

5. 肱二头肌长腱 该肌起于盂上结节及关节盂的后唇，向下越过肱骨头进入结节间沟，沟的前侧有横韧带防止长肌滑脱，此腱有悬吊肱骨头，防止肱骨头向外向上移位的作用。前臂旋后及肘关节屈曲时，腱的紧张力增加，但并不沿结节间沟滑动。此腱断裂后，可影响肩部的稳定。肩关节活动时长腱沿结节间沟上下滑动。肱二头肌腱鞘发炎时，由于肌腱腱鞘肿胀，因此外展及内外旋均受累，且活动时局部疼痛。肱二头肌除了有屈肘功能外，对于肩肱关节前屈也有一定作用。

6. 冈上肌（supraspinatus） 冈上肌起自肩胛骨冈上窝，止于肱骨大结节上部，其作用是使肩外展并将肱骨头拉向关节窝，并在外展的初期起作用。

7. 冈下肌（infraspinatus） 冈下肌起自肩胛骨冈下窝，止于肱骨大结节，其作用是使肩外旋、水平伸展（外展）。

8. 喙肱肌（coracobrachialis） 喙肱肌起自肩胛骨喙突，止于肱骨小结节下部，其作用是使肩屈、水平屈曲（内收）。

9. 肩胛下肌（subscapularis） 肩胛下肌起自肩胛骨下窝，止于肱骨小结节，其作用是使肩内旋、水平屈曲（内收）。

10. 小圆肌（teres minor） 小圆肌起自肩胛骨外侧缘上部，止于肩胛骨大结节，其作用是使肩外旋。

二、肩关节的运动学

肩部关节的运动比较复杂，各关节既有单独运动，又有相互间的协同运动，肩部关节可进行内收、外展、前屈、后伸、内外旋转运动，以及由上述运动综合而成的环转运动。肩部各关节在运动时形成一个完整的统一体。

通常，通过测量肩的屈、伸（抬举或肱骨沿矢状面远离胸侧的运动）、外展（沿冠状面的抬举）以及内外旋转（手臂在内收位时肱骨的旋转）来评价肩部的运动范围的。虽然在功能运动中几乎看不到这些单一的运动形式，但是通过对各个位置上单一运动组成的分析有助于更好地了解肩部的复杂运动。

从理论上来说肩可以屈曲达到180°，实际上男性平均是167°，女性平均是171°，伸展平均是60°，这主要受限于关节囊的扭转。冠状面上的外展主要受限于肱骨大结节在肩峰的骨性撞击，因而在肩胛骨平面的手臂前举被认为是更具有功能性的，因为在这个平面的关节囊下面部分没有发生扭转，并且肩的肌肉组织的排列很适合手臂的抬举。虽然肩的运动范围在正常情况下会随着年龄的增加而减少，但是运动可以减缓这个过程。

上臂的外展与前屈活动是由肩肱关节和肩胸关节共同完成，其中最初30°外展和60°前屈是由肩肱关节单独完成。当外展、前屈继续进行时，肩胸关节开始参与并以与肩肱关节活动成1∶2的比例进行活动，即肩部每活动15°，其中肩肱关节活动10°，肩胸关节活动5°。正常的肩胸关节有60°活动范围，肩肱关节有120°活动范围，两者之和为180°，所以当肩胸关节活动完全丧失时，肩部活动至少减少三分之一。在上臂外展的前90°范围内，锁骨有40°抬高范围，即上臂每抬高10°锁骨约抬高4°。正常肩锁关节有20°活动范围，部分活动在上臂外展最初30°范围内完成，部分于上臂外展到135°以上时完成。

肩胸关节的活动范围等于胸锁与肩锁两关节活动范围的总和，肩胸关节、胸锁关节及肩锁关节三个关节中，以胸锁关节和肩锁关节两关节与整个肩关节的运动关系较为密切。因此，在临床处理时需注意保留这两个关节的活动功能。

三、肩关节的稳定性

1. 韧带和骨的稳定性 肩锁关节和胸锁关节的运动受到强大的韧带限制，一定程度上也受骨形态的限制。但盂肱关节和肩胸关节只有很少韧带性或骨性的稳固结构。后两个关节借肌附于躯干，盂肱关节借被韧带加强的关节囊相连。当正常放松地站立或静坐时，锁骨和肩胛骨位于胸廓上，水平的喙肱韧带和盂肱上韧带以及关节囊内的负压将肱骨头保持在肩胛骨的关节盂上，使肱骨头在无肩带肌收缩的条件下，仍能保持稳定，避免肱骨半脱位。对新鲜的尸体进行实验后发现，刺破关节囊后，肱骨头可发生半脱位。

当坐或站立时，斜方肌上部常发生低水平持续地收缩，大多数人可有意识地使该肌放松。因为斜方肌上部是伸颈肌和提肩肌，所以斜方肌的活动多半与头的姿势有关，这种持续的肌活动是从事伏案工作者颈部紧张和颈痛的常见原因。斜方肌的麻痹常伴有肩胛骨的下垂和下旋。肩胛骨正常静息位可能是由附于肩胛骨和胸壁肌的筋膜和肋共同维持的。

2. 肌腱袖的稳定性 当手提重物时，三角肌、肱二头肌及肱三头肌在它们的垂直作用线上收缩来保持肱骨头位于关节盂内,但即使手上有 10 kg 负荷,这些肌肉在肌电图上也是静息的,而在水平方向的肩袖肌(冈上肌、冈下肌、小圆肌)有肌电活动,这些肌的收缩将肱骨头紧压于关节盂从而防止半脱位。

3. 肱二头肌的稳定性　肱二头肌长头腱跨越肱骨头,然后在结节间沟内下行。当肌收缩时,腱的张力使肱骨头向内下压向肩胛骨的关节盂。这种作用力与拉一根环绕柱子的绳相似。当手持重物屈肘时,肱二头肌对防止盂肱关节半脱位起了辅助作用。

4. 三角肌的稳定性　人类的三角肌十分发达,包绕了盂肱关节的 3 个面,为盂肱关节的外展肌,但三角肌具有小量的旋转成分。在臂上举早期,三角肌的肌力是垂直方向,产生对关节盂与肱骨之间的剪力,造成肱骨头上升顶在喙肩弓上。这运动被肩袖肌的水平和向下的作用线所阻止。有研究认为三角肌后部本身就是一块内收肌或在运动早期引起对关节的压力,并发现力的作用线在运动轴的下方或接近运动轴。当进行上举时,外展的杠杆臂增加,但三角肌产生的大部分肌力形成了关节的稳定成分,即将肱骨头压向关节盂。在完全提肩如用手下压或用手倒立时,肩胛骨外展上旋形成一个肱骨工作的平台,通过前锯肌和斜方肌轮流来固定肩胛骨。

四、肩关节的动力学

在用力运动中,上肢的所有肌都可能收缩,使分析肌的活性变得困难,它们的收缩可能产生或抑制运动,或者保持所需的姿势,或者拮抗其他活动肌所产生的不需要的动作,或者稳定肩关节。在肩部运动时,肩袖肌即使不产生它们本身固有的旋转动作,也能通过收缩来稳定盂肱关节。所以只有在较小的阻力下活动,才可以通过触诊和视诊发现原动肌,有助于下列动作的分析。

将手放在头后,如在梳头时,将手放头后的动作需要屈肘,抬高和上旋胸锁关节,肩胛骨外展、上旋和提升,肩关节外展和完全外旋。在站立位时,产生这些动作的肩部肌肉有作用于肘关节的肱二头肌,肩胛骨的斜方肌和前锯肌的力偶联(force-couple),作用于肩关节的三角肌、冈上肌、冈下肌和小圆肌。当手臂越过头时,为便于手的放置,需肱二头肌及肱三头肌共同收缩来控制屈肘。这些肌都是向心收缩,在肩胛骨外展的初始阶段,斜方肌以及三角肌后部也是离心性收缩,该肌从外展 0°~60°时肌纤维是伸长的,然后再缩短。当肢体恢复原位时,则为反向运动,即胸锁关节下降、下旋,肩胛骨下降、下旋、内收,盂肱关节内收、伸和内旋,控制这些运动的原动肌和抬高时运动的肌完全一样,不过收缩的类型变为离心收缩,以控制臂的下降。

拉肌的活动与抗外阻力所做的内收-伸直运动相反,如拉下气窗,用手拉头顶上的滑轮,这些拉的动作是一个开链的,包括屈肘,胸锁关节的下降和回缩,肩胛骨的内收、下旋、下降,盂肱关节的内收、伸。下列肌做向心收缩:屈肘肌、盂肱关节的内收肌和伸肌(背阔肌、胸大肌、肱三头肌长头、三角肌后部)及肩胛骨下旋肌和下降肌(胸小肌和菱形肌)。

做引体向上的动作为闭链运动,包括屈肘,盂肱关节的收、伸和内旋,肩胛骨的收、下旋和下降。若将头顶上的棒向下拉,那么同样的肌做向心收缩。在这两种运动中,肌的活动是完全一样的,除前者身体向上运动而后者是向下运动。在引体向上动作中做下降身体运动时,同样肌群(屈肘肌、伸肩肌和收肩肌、肩胛骨的下旋和下降肌)做离心收缩来伸肘、屈和外展盂肱关节,上旋、外展和抬高肩胛骨。当患者抓住床头抬起自己的身体进行移动时,这种拉的动作与引体向上时的肌活动是相似的。

患者还可以用另一种方法来抬高或运动躯干,那就是操作轮椅和从坐位上推起。将手放在椅扶手上,用伸肘、内收盂肱关节、肩胛骨下降和回缩来抬高身体,这种运动为闭链运动,需要相应肌(肱三头肌、胸大肌、背阔肌、大圆肌、三角肌后部、胸小肌、菱形肌和斜方肌)的向心收缩,而下降身体则用相同的肌离心收缩来屈肘、外展盂肱关节、使肩胛骨抬高和内收。第 6 颈髓节损伤造成肱三头肌瘫痪的患者,丧失了伸肘的能力,他们可通过肩胛骨的下降肌来抬高和移动自己的身体。例如,用已屈的肘向下推椅子的扶手或锁定于肘伸直位向下推坐垫,单纯用肩胛骨的下降来抬高身体。有此能力者(或健康人)能抬高身体 13～18 cm。在使用拐杖进行步行时,肌肉活动与上述的动作相似。

五、临床运用

肩部肌肉某单一肌麻痹可能会严重危及手和臂的功能,一般可通过代偿,完成上肢的活动。正常人直立两手自然下垂时,肩胛骨的内侧缘大致与脊柱平行。举手时,肩胛骨在胸壁上向上旋转的同时向前滑动,这样它的内侧缘呈斜位,肩胛角下角几乎接近腋后线。上述动作由前锯肌和斜方肌共同作用产生,并可将肩胛骨固定在任何一个向上旋转的位置上,前锯肌麻痹使肩胛骨不能贴附胸壁,内侧缘呈翼形。肩肱节律不正常,不能完全上举上臂,肩胛骨不能外展上旋。有些患者可用斜方肌结合躯干的外侧移动而产生足够使肩胛骨上旋的力而使手上举。除无上抬肩部的能力外,由于前锯肌麻痹不能将肩胛骨固定在胸壁上,加压力在伸直的手上就会造成肩胛角向后移动,使这些患者没有足够的能力去推门或抽屉。

若给头颈部恶性肿瘤患者做颈部淋巴结清扫时损伤了副神经,会造成单独的斜方肌麻痹。虽然在直立位斜方肌无肌电活动,但临床工作者已注意到斜方肌麻痹患者的肩胛骨在静止位是下旋、外展和下降的。这是由于斜方肌丧失被动张力的原因。向下旋转的肩胛骨使盂肱关节处于外展位,用力作用于肱骨头就会引起胸锁关节的半脱位和疼痛。从功能上看斜方肌麻痹不能退缩肩胛骨,但患者能用肩胛提肌、前锯肌、三角肌和胸大肌,部分抬高臂。若斜方肌和前锯肌都麻痹,破坏了肩胛骨的稳定,则臂不能上举。肩胛骨不能固定造成肩肱肌所产生的收缩力使肩胛骨下旋和外展,造成盂肱关节 90°的外展,这样在上举上臂时三角肌不能发挥有效的作用。

肩袖损伤是指由于肩关节内的肌腱组织(冈上肌、冈下肌、小圆肌和肩胛下肌)使用不当而造成的肩关节疼痛。主要表现为反复发作或持续的肩关节疼痛,夜间疼痛加重,不能向患侧睡,与肩周炎症状非常相似,年轻者多为运动损伤,如由投掷动作、过头挥球拍等引起;年长者常由于肩袖蜕变、质地变脆引起。临床上容易将该病与肩周炎混淆,但该疾病运动功能障碍与肩周炎不同,外展肩和前举肌肉力量减退,关节活动受限;完全断裂肩袖者外展肩关节出现明显疼痛弧。

肩峰下撞击综合征是肩痛常见的病因之一,当肩关节外展时,肩峰下间隙内结构与喙肩弓之间反复撞击、摩擦,会引起肩峰下组织炎症、退变,甚至肩袖撕裂,导致肩部疼痛和功能障碍。根据受累组织的不同,可表现为肩峰下滑囊炎、肱二头肌肌腱炎和肩袖损伤等。主要的临床表现为患臂上举 60°～120°,肩前方出现疼痛或症状加重,肩部运动无力,夜间疼痛及晨僵。肩胛骨侧位 X 线检查观察到撞击的可能。此情况主要还是因为肩袖肌群力量不均衡,导致肱骨头上移撞击肩峰下间隙的内容物。在治疗过程中需加强下拉肱骨头的肌肉练习,并加强锻炼肩胛周围肌群。

第二节　肘关节运动学

肘关节(elbow joint)是连接上臂和前臂的关节,是人体大关节之一。其功能是使腕、手在空间定位。由于肘关节有较深的骨性臼,因此与肩关节相比更加稳定。

一、肘关节的功能解剖

(一) 骨

与肘有关的骨包括肱骨、尺骨及桡骨。

1. 肱骨（humerus） 肱骨的内、外上髁分别为前臂的屈肌和伸肌的附着处，故又称屈肌上髁和伸肌上髁。在上臂远端的两侧，极易触及。

2. 尺骨（ulna） 尺骨的鹰嘴为前臂的近侧端，若屈肘并将肘部置于桌面，则鹰嘴搁于桌面上。沿鹰嘴向远侧可触及尺骨后缘的全长直到尺骨茎突。在鹰嘴和内上髁之间有一沟，沟内可触及条索状的尺神经。

3. 桡骨（radius） 当伸肘时，桡骨头恰好位于外上髁的近侧，前臂做旋前和旋后运动时可触摸到正在运动的桡骨头。

（二）关节

肘关节由肱桡关节、肱尺关节和桡尺近侧关节3个关节共同组成。

肱桡关节（humeroradial joint）是肱骨小头和桡骨头窝相关节；肱尺关节（humeroulnar joint）则由肱骨滑车和尺骨的滑车切迹相关节；桡尺近侧关节（proximal radioulnar joint）为桡骨头环状关节面和尺骨的桡切迹相关节。3个关节围在同一关节囊内。

关节囊包裹上述3个关节，它的纤维层前、后部分较薄弱，而两侧有强厚的桡侧副韧带和尺侧副韧带加强。在桡骨头环状关节面周围则有桡骨头环状韧带包绕，该韧带附于尺骨桡切迹的前、后缘，形成一个完整的骨纤维环，该环口上大下小，形似漏斗，所以仅允许桡骨头在环内做旋转运动，加上桡侧副韧带可防止桡骨头向远侧和外侧移位。

鉴于肱尺关节的关节面形态以及侧副韧带和桡骨头环状韧带的限制，肱尺关节和肱桡关节只能在冠状轴上做屈伸运动，但桡尺近侧关节和桡尺远侧关节联合运动可使前臂做旋前和旋后运动。这两个自由度的运动可增加或缩短手和肩部的距离，引起前臂的旋转，并在引体向上和俯卧撑运动中起重要的作用。

（三）肘关节韧带

肘关节韧带包括尺侧副韧带、桡侧副韧带、桡骨环状韧带等。

1. 尺侧副韧带（ulnar collateral ligament） 前束起于肱骨内侧髁的前下方，止于尺骨冠突内侧的小结节，略呈扇形；前束的纤维在从起点到止点的走行过程中，深层纤维和浅层纤维相互编织；后束起于肱骨内侧髁的内下方，止于尺骨鹰嘴内侧的骨面，其纤维呈扇形排列；斜束为一紧贴骨面的纤维束，连接前束和后束在尺骨上的止点。

2. 桡侧副韧带（radial collateral ligament） 起于肱骨外侧髁的外下方，其纤维部分止于桡骨环状韧带，部分止于尺骨冠突的外下方。

3. 桡骨环状韧带（annular ligament of radius） 起止点均在尺骨冠突的下方。

（四）肘关节肌

1. 肱二头肌（biceps brachii） 位于上臂前面皮下，分长、短两头。长头起于肩胛骨的盂上粗隆，短头起于肩胛骨喙突，两者都止于桡骨粗隆和前臂筋膜。功能：近固定收缩时，使上臂在肩关节处屈，前臂在肘关节处屈并旋后；远固定收缩时，使上臂向前臂靠拢。

2. 肱肌（brachialis） 位于肱二头肌深面。起于肱骨前面下半部，止于尺骨粗隆。功能：近固定收缩时，使前臂屈；远固定收缩时，使上臂在肘关节处屈。

3. 肱三头肌（triceps brachii） 位于上臂后面皮下，分长头、内侧头和外侧头。长头起于肩胛骨盂下粗隆，外侧头起于肱骨体外上部，内侧头起于肱骨体内下部。三头合为一腱止于尺骨粗隆。功能：近固定收缩时，使前臂于肘关节处伸，长头使上臂在肩关节处伸；远固定收缩时，使上臂在肘关节处伸。

4. 肘肌（brachialis） 位于肘关节后外下方皮下。起于肱骨外上髁，止于耻骨背面上部。伸肘功能同肱三头肌。采用倒立臂屈伸等练习可发展伸肘肌群的力量，采用屈肘臂上举等练习可发展其伸展性。

5. 肱桡肌（brachioradialis） 位于前臂外侧皮下。起于肱骨外上髁上方，止于桡骨茎突。功能：肱桡肌除了屈肘功能外，还有前臂旋转的作用。由于它位于前臂外侧正中，当前臂处于旋前位时，它具有使前臂旋后的作用；当前臂处于旋后位时，它具有使前臂旋前的作用。

6. 旋前圆肌（pronator teres） 位于前臂前面上部皮下。起于肱骨内上髁，止于桡骨体中部外侧。除屈肘作用外，当近固定时，能使前臂旋前。采用负重弯举、引体向上练习可发展屈肘肌的力量，采用后压臂等练习可加强其伸展性。

7. 旋前方肌（pronator quadratus） 起于尺骨前下1/4处，止于桡骨前下1/4处，其功能是使前臂内旋。

8. 旋后肌（supinator） 起于肱骨外上髁和尺骨上部背面，止于桡骨背面上1/3处，有使前臂后旋的功能。

9. 上臂前面的肌 包括喙肱肌、肱二头肌、肱肌。

10. 上臂后面的肌 包括肱三头肌、肘肌。

11. 前臂前面的肌 包括旋前圆肌、桡侧腕屈肌、掌长肌、尺侧腕屈肌、指浅屈肌、指深屈肌、拇长屈肌、旋前方肌。

12. 前臂后面的肌 包括肱桡肌、桡侧腕长伸肌、桡侧腕短伸肌、尺侧腕伸肌、旋后肌、指伸肌、示指伸肌、小指伸肌、拇长伸肌、拇短伸肌、拇长展肌。

二、肘关节的生物力学

（1）肘关节平均屈145°（120°～160°）。当上臂和前臂的肌和软组织互相接触时，阻止了肘关节进一步的屈曲，所以肌肉发达者或肥胖者其屈曲程度会有所减少，甚至会导致自身的手不能放到自己的肩上，这种运动限止称为肌性限制（muscle bound）。瘦弱者由于尺骨的冠突进入肱骨的冠突窝，而中止肘关节的进一步屈曲。在整个屈曲运动弧中，肘关节屈曲60°～140°，这80°是人们用上肢完成一般日常生活和工作所必需的运动范围，可称为肘关节的功能运动弧。

（2）肘关节平均伸0°，其伸的运动因尺骨鹰嘴进入肱骨的鹰嘴窝而中止，其运动范围正常情况下仅有很小的差异。肌肉强健者一般不能过伸，而瘦弱者可能有5°或5°以上的过伸。临床上，肘关节的过伸对脊髓损伤和四肢瘫痪的患者有很大的功能意义，因为这些患者不能伸肘去推门或推其他物品，也不能通过伸肘使自己的身体从座位上抬高，假如他们学会用重力和杠杆原理使肘关节固定于过伸位，就能够推门或推一些较轻的东西，也可以借过伸的肘关节使自己的臀部略从座位上抬高一些，从而改善局部的血液循环，防止压疮的发生。

（3）桡尺联结的运动范围：在前臂处于中间位时，一般认为旋前和旋后各90°，但旋前多数人仅为80°。在检查旋前旋后运动范围时，肘关节应取半屈位，并贴于胸侧壁，这样可以防止肩关节旋转运动的参与。从旋后位开始整个旋前稍小于180°（平均170°），若肘部伸直，由于肩关节内旋和外旋的参与，手掌的旋转接近360°。

（4）附加运动（accessory motion）是指关节自身及其周围组织在允许的范围内被动完成的动作。由于肘关节关节面形态、关节面之间十分适配及强厚的侧副韧带，因此其附加运动远小于肩、腕和指部。

（5）当肘关节处于半屈位和臂固定不动时，若有一向后方向的力作用于前臂，这时肘关节会有小量的向后移位。在桡尺近侧关节，桡骨头可在肱骨小头上做被动的前后方向的滑动。由于这些运动范围较小，因而在检查时要求被测试者肌放松，并在一个有利于检查的位置，任何肌的收缩可使关节变得紧密，从而减少这些活动的范围。

（6）肘关节的紧锁位（最稳定位）是肘关节伸直位，前臂旋后5°（以中间位为标准）。

三、肘关节的稳定系统

肘关节的稳定系统包括结构性稳定系统和动力性稳定系统。

结构性稳定系统为肘关节的稳定环,稳定环由四个柱组成,即内侧柱、外侧柱、前柱和后柱。内侧柱由内侧副韧带、尺骨鹰嘴内侧 1/2 和肱骨内侧髁组成;外侧柱由桡骨头、外侧副韧带复合体(包括外侧关节囊)、肱骨外侧髁组成;前柱由尺骨冠突、前关节囊和肱二头肌组成;后柱由尺骨鹰嘴、后关节囊和肱三头肌组成。其中任何一柱的损伤都将导致肘关节的不稳定。

动力性稳定系统由跨越肘关节的肌群组成,包括前臂屈肌群、伸肌群、旋前圆肌、旋后肌和肱二头肌、肱三头肌、肱肌、肱桡肌、肘肌等。

1. 肘关节尺侧副韧带复合体的解剖及生物力学作用　肘关节尺侧副韧带复合体是由前束和后束组成。一般认为,尺侧副韧带的前束起始于肱骨内侧髁之前,止于尺骨冠状突内缘。后束起始于内侧髁之下,止于鹰嘴内侧缘。斜束并不参与构成肘关节尺侧副韧带复合体。生物力学研究发现,肘关节屈曲 60°时,尺侧副韧带前束紧张,屈曲到 90°时其长度和肘关节完全伸直位时基本相同,屈曲 90°以上,其紧张度降低;肘关节屈曲 60°以前,后束的紧张度无明显变化,屈曲 90°以上,后束的紧张度明显增加;在肘关节屈曲 30°和 60°时,前束的前部是最重要的抵抗外翻应力的结构,屈曲 90°和 120°时,前束的前、后部分的作用同等重要;前束的后部在肘关节屈曲 30°和 60°时起协同作用,屈曲大于 90°时前束后部的作用超过前部。后束在肘关节屈曲 30°和 120°时协同抵抗外翻应力。

2. 肘关节桡侧副韧带复合体的解剖及生物力学作用　桡侧副韧带复合体包括桡侧副韧带和桡骨环状韧带,源自肱骨外侧髁,桡侧副韧带起于肱骨外侧髁的外下方,桡骨环状韧带起于桡骨冠突的外侧,桡侧副韧带和环状韧带形成一宽的联合止点,止于尺骨冠突的外侧,相当于桡骨头近缘水平。关于桡侧副韧带对肘关节稳定性的作用有研究表明,在肘关节屈曲 40°时,单独切断桡侧尺副韧带,肘关节的旋转度增加 15%±7%,再切断桡侧副韧带,其旋转度增加 30%±9%,在桡骨颈前正中切断桡骨环状韧带,旋转度增加 45%±17%,因此,肘关节桡侧副韧带复合体对维持关节外侧的稳定约起 50%的作用。单独切断前臂伸肌群,肘关节旋转度增加 11%±5%,因此,伸肌及伸肌腱膜起协同作用,其中,尺侧伸腕肌腱膜具有抗旋转不稳的最有利的机械位置,它起于肱骨外侧髁下方,止于尺骨近端桡骨头中心线以外 5 cm 处,在桡侧副韧带复合体中,桡侧副韧带(包括桡侧尺副韧带)起主要作用,桡骨环状韧带起协同作用。

3. 肘关节副韧带稳定系统　综合解剖和生物力学研究结果,肘关节的副韧带构成了维持肘关节稳定的独立系统。桡侧副韧带复合体抵抗肘关节外旋外翻应力,维持其后外侧旋转稳定性,尺侧副韧带复合体抵抗肘关节外翻应力,维持其外翻稳定性。伸肌腱和屈肌腱位于尺(桡)侧副韧带的浅层,并不处于最有利的机械位置,是副韧带稳定系统的协同部分,桡骨头的作用是传导应力和维持肘关节的稳定,但在桡侧副韧带完整时,其维持肘关节外侧稳定的作用较小,是桡侧副韧带的协同部分。

四、肘关节的屈和伸及限制因素

肘关节的屈和伸同时发生在肱尺关节和肱桡关节上。肱尺关节又包含曲面形肱骨滑车,其与尺骨近端相应形态的滑车窝相对应。肱骨小头正好在肱骨远端滑车外侧,是一个圆形突起,与桡骨头近端相关节。屈伸通过滑车当中,平分肱骨和尺骨的纵轴,屈伸中的瞬时中心在该轴 2~3 mm 内变动。正常情况下,肱骨和尺骨轴线微外翻,在男性形成 10°~15°角,在女性形成 20°~25°角,此角称为提携角。由于滑车不完全对称,故前臂在充分伸展到充分屈曲时,提携角由外翻 10°变成内翻 8°。肱桡关节的形态是球形和臼形,但由于该关节与肱尺关节和远侧桡尺关节紧密联系,故其运动限于两个轴上——屈伸和旋前旋后。

肘关节伸展受三个因素限制：鹰嘴在鹰嘴窝内的冲击碰撞；关节前韧带的张力；屈肌（肱二头肌）的阻挡。如果肘过伸必然出现下述情况之一：鹰嘴骨折及关节囊撕裂，伴肘关节后脱位；肌肉虽然通常不受累，但肱动脉可被扯断。屈曲受限分为主动屈曲受限和被动屈曲受限。主动屈曲受限的首要限制因素是上臂及前臂前方肌肉的相挤，其次还有相对骨面的接触和关节囊韧带的后方张力。被动屈曲时除了肌肉的紧密接触外，桡骨头紧贴在桡骨窝以及冠突抵止冠突窝，后关节韧带的张力、肱三头肌被运动产生张力较为重要。

五、临床运用

肘部的闭链运动发生在手固定，如肩部做引体向上向或俯卧撑的动作时，肩、肘关节结合来保持多关节肌有较理想的长度-张力关系。

虽然胸大肌并不跨越肘关节，在闭链运动中它以内收肩部来完成伸肘。在做俯卧撑时很容易看到或触及胸大肌的作用。这种作用对脊髓损伤造成肱三头肌（$C_7 \sim C_8$）麻痹而胸大肌（$C_5 \sim C_7$）完好的患者十分有用，如推轻的物体，关抽屉、关门，这些动作都是将手放在物体上屈肘，随后胸大肌收缩达到伸肘的目的。

（叶仲秋）

第三节　腕关节运动学

腕关节位于上肢的远端，连接前臂和手，是全身结构复杂的复合关节之一，可灵活运动，是手精细运动的基础。

腕关节复合体由 15 块骨（尺骨远端、桡骨远端、8 块腕骨、5 块掌骨）构成 17 个关节（桡腕关节、近侧列腕骨间关节、远侧列腕骨间关节、腕中关节、腕掌关节），骨和关节周围有屈腕肌、伸腕肌、外展肌、内收肌，被包绕在 1 个广泛的韧带系统（外在韧带、内在韧带），受来源自于 C_7、C_8 神经根的桡神经、正中神经和尺神经支配，使腕关节具有 2 个基础运动自由度——屈曲和伸展、内收与外展，这两个自由度与围绕前臂长轴进行的旋前和旋后相结合，腕关节增加了一个运动自由度——环转。腕关节的可动性主要由骨、关节结构提供，而稳定性主要由软组织（韧带、肌、肌腱）提供。肌腱穿过或附着在骨上，韧带将骨间相互连接起来。腕关节复合体的损伤十分常见，常为力作用于骨、关节、韧带、肌腱等所造成的桡骨远端骨折、舟状骨骨折、月骨脱位、舟状骨脱位、急慢性韧带损伤。

一、腕关节功能解剖

腕关节是手行使功能的关键，当手抓握时，它具有提供抓握的最佳位置。当腕关节功能结构发生改变而影响其运动学特性时，均可能引起关节功能异常及手关节抓握功能受限。

（一）骨关节与功能结构

腕关节复合体的两个主要关节是桡腕关节和腕中关节，腕骨间关节和腕掌关节也位于相邻的两个腕骨和腕骨与掌骨之间（图 3-1，图 3-2）。腕骨间关节通过小的滑动和旋转促成腕关节复合体运动，与桡腕关节、腕中关节活动范围相比较小，但对完成腕关节复合体运动很重要。

桡腕关节（radiocarpal joint）由桡骨腕关节面和尺骨头下方关节盘作为关节窝，舟状骨（手舟骨）、月骨、三角骨的近侧关节面作为关节头构成，是典型的椭圆关节，见图 3-1 至图 3-3。

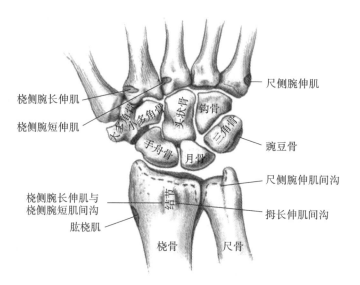

图 3-1 腕关节背侧面骨结构

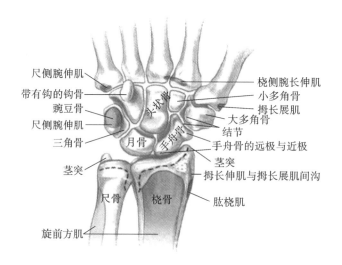

图 3-2 腕关节掌侧面骨结构

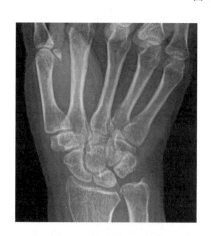

图 3-3 腕关节 X 线片

桡骨下端膨大与腕骨构成桡腕关节。桡骨远端膨大，前凹后凸，近似立方形，具有掌、背、桡、尺四个面。远侧面光滑凹陷，为桡腕关节面，与近侧腕骨相关节面。内侧面有尺骨切迹，与尺骨头相关节。外侧面向下突出，称桡骨茎突，在桡骨远端外侧可触及，比尺骨茎突伸向远端。桡骨远端朝向尺骨（内侧）方向呈 25°倾斜，桡骨茎突和尺骨头连线与水平面形成约 15°角，使尺侧内收距离比向桡侧外展距离更远。桡骨远端关节面向手掌方向呈 10°角，使腕关节复合体掌屈比背伸运动范围大。桡骨远端由松质骨构成，易造成 Colles 骨折，改变桡尺远端关节、桡腕关节的一致性或适合性，腕关节复合体变得不稳定，还可能改变前臂的旋转轴和骨间膜的关系，限制其旋前旋后活动范围（图 3-4）。

尺骨下端呈柱状，末梢稍膨大，称尺骨头。尺骨头桡侧有半环形关节面，约占圆周的 2/3，与

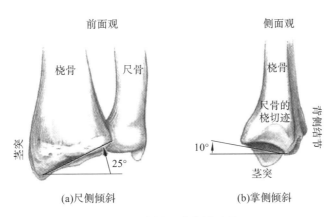

图 3-4　桡骨远端前侧面观

桡骨下端形成桡尺关节面。前臂旋前时尺骨头明显，前臂旋后时膨大隆起逐渐变小，直至消失，这是桡骨远端绕尺骨头旋转之故。

关节盘又称三角形纤维软骨盘，附于桡骨远侧的尺侧缘，尺骨茎突之间，占据尺骨头和腕部尺侧之间大部分空间，远端尖端附着于三角骨。关节盘将桡骨、尺骨连接在一起，并将桡腕关节与桡尺关节和尺骨分开。尺骨被三角关节盘隔开，不参与桡腕关节组成，属简单关节。关节盘接受并分散穿过腕骨的力，当腕部伸展且向尺侧倾斜时，接触面积最大，是获得最大握力的位置。

腕骨在腕部有 8 块立方形腕骨，分为 2 列，每列 4 块，远侧到近侧、桡侧到尺侧，即"大小头状钩，舟月三豌豆"。多数腕骨在近侧、远侧、内侧、外侧均有关节面，掌侧、背侧粗糙供韧带附着。远侧"大小头状钩"组成稳定的横截面，与掌骨形成腕掌关节，紧密结合，被骨间韧带夹在一起。近侧月骨和三角骨与桡骨形成桡腕关节；手舟骨横跨两列骨；豌豆骨是籽骨，加强腕骨原动肌屈腕肌力学优势，与三角骨形成小关节（图 3-5、图 3-6）。

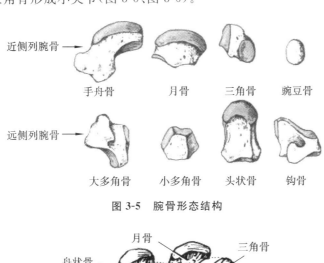

图 3-5　腕骨形态结构

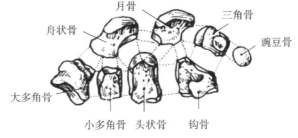

图 3-6　腕骨间位置关系

舟状骨（又称手舟骨）形似小船，"船底"在桡骨远端上，"船体"载物区与头状骨相连，见图 3-2、图 3-6。舟状骨有两个凸面的极：近极和远极。近极与桡骨远端关节面相关节，远极在手掌侧倾斜伸展,且有一个圆形结节,在手掌掌基上可以触摸到。腕内收时,更为突出,外展时退缩。舟状骨是细长形状,在功能解剖上与大多角骨、小多角骨、头状骨、月骨四块双排腕骨相关节,并与桡骨远端相关节形成桡腕关节的一部分。舟状骨位于腕部力量传递的通路上,易骨折。舟状骨落在完全旋后的前臂上,腕部完全伸展呈放射状偏离,容易骨折的人通常有紧绷的解剖鼻烟窝。解剖鼻烟窝是在拇长展肌腱、拇短伸肌腱和拇长伸肌腱之间的凹陷。大多数骨折发生在舟状骨中间凹入部分的附近。

月骨是近排腕骨中央的一块骨头,楔入舟状骨与三角骨之间。可在桡骨背侧结节远侧和头状骨近侧触摸到,屈腕明显,伸腕退缩。月骨近端表面是凸形的,楔入桡骨上的凹面中,远端表面是很深的凹面,呈现新月状外形,接纳两个凸面:头状骨内侧一半和钩骨顶端(图 3-2、图 3-6)。月骨是腕骨中最不稳定的一块骨,这是由于其形状造成的,但主要是缺少与相对稳固的头状骨上的附着点,最易脱位。

三角骨位于尺骨茎突远端,月骨内侧,占据腕部大部分尺骨的位置,易于触及,尤其是腕部呈放射状偏移。三角骨外侧面长而平坦,与钩状骨相关节。三角骨仅次于舟状骨和月骨,是腕骨中第三易骨折的骨头。

豌豆骨形似豌豆,松散地与三角骨掌面相关节,嵌入尺侧腕屈肌肌腱,具有籽骨的特性,在手掌侧面近尺侧边缘可触摸到,可侧向来回移动。

头状骨是腕骨中最大的一块,位于中央,在手背该处稍凹陷,腕尺侧和桡侧外展运动轴以矢状方向通过头状骨。头状骨大头与舟状骨和月骨形成的深凹面相关节。短而粗壮的韧带把头状骨固定在钩骨和小多角骨之间。头状骨远端牢固地连接于第三掌骨基底部,较小程度地与第二、四掌骨基底部相连接。牢固的关节连接使头状骨和第三掌骨作为独立的操纵杆,为手和腕提供纵向稳定性。

大多角骨可在拇指腕掌关节近侧和手舟骨远侧触摸到,形状不对称。近端关节面是凹面,与舟状骨相关节。远端关节面是鞍状面,与第一掌骨基底部相关节。允许拇指有很大的活动范围。大多角骨掌面具有纤细的突起结节,为横向韧带提供附着点,保证腕关节稳定性。

小多角骨是紧紧楔入头状骨、大多角骨之间的一块小骨。其近端面为轻微凹面,与舟状骨相关节,远端与第二掌骨基底部相关节。

钩骨形状类似棱锥,是位于掌面的一个钩状突起。底部或远端面与第四、五掌骨基底部相关节。近端面是凹面,与月骨相关节。这种关节连接为手尺骨面提供灵活性。钩状结构与豌豆骨为腕横韧带内侧提供附着点。

腕间关节由近侧舟状骨、月骨、三角骨和远侧大多角骨、小多角骨、头状骨、钩骨组成,包括近侧列腕骨间关节、远侧列腕骨间关节、腕横关节三组。

近侧列腕骨间关节、远侧列腕骨间关节是由相邻接的腕骨构成,被坚韧骨间韧带连接起来,可看作一块骨,属平面关节,只能微动。

腕横关节又称腕中关节,属球窝关节,由近侧列腕骨的远侧端作关节窝,远侧列腕骨近侧端作关节头构成,关节腔呈"S"形,是简单关节。

腕掌关节由远侧列腕骨与5个掌骨底构成。拇指腕掌关节由大多角骨与第1掌骨底构成典型的鞍状关节,鞍状关节的特征是每个关节面在一个维度上凸出,在另一个维度上凹陷。大多角骨关节面纵径从掌侧到背侧的方向凹陷,类似马鞍前后径的轮廓。大多角骨相应横径从内侧到外侧方向凸起,类似马鞍边对边凸起轮廓。独特的鞍状形状使拇指可以完全对屈,轻易地与其他手指指尖相接触。通过这一动作,拇指可以把掌中物体围绕起来,对屈大大提高抓握的熟练度。第二腕掌关节是第二掌骨扩大的基底部与小多角骨远端表面之间的关节连接。第三腕掌关节是第三掌骨基底部与头状骨远端表面之间的关节连接。第四腕掌关节是第四掌骨基底部与钩骨远端面之间的关节连接。第五腕掌关节是第五掌骨基底部与钩骨远端面之间的关节连接。钩骨接受第四、五掌骨基底部，并形成第四、五腕掌关节。第二到五掌骨基底部有小关节面，相互关节，连接在一起，帮助固定第二至五掌骨基底部，进而加固腕掌关节。

（二）腕关节的辅助结构

腕关节周围韧带较小，难以分开，但具有运动学重要性。韧带对维持腕骨间自然排列及转移腕部力非常重要，为腕部复杂运动提供稳定性。韧带由于损伤或疾病而受到损害，腕关节会变形、不稳定，形成变形性关节炎。

腕关节韧带包括掌侧韧带、背侧韧带和内在腕骨间韧带三部分。掌侧韧带包括桡腕韧带、尺腕韧带、腕骨间韧带和腕掌韧带四部分；背侧韧带包括桡腕韧带、腕骨间韧带、腕掌韧带三部分；内在腕骨间韧带分为近排腕骨间内在韧带、远排腕骨间内在韧带和掌骨近端内在韧带三部分。近排腕骨间内在韧带有舟月骨间韧带、月三角骨间韧带两部分；远排腕骨间内在韧带有大小多角骨间韧带、小多角骨头状骨间韧带和头钩骨间韧带三部分（图 3-7、图 3-8）。

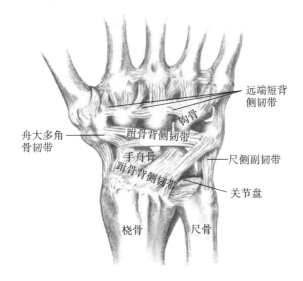

图 3-7　腕背侧韧带

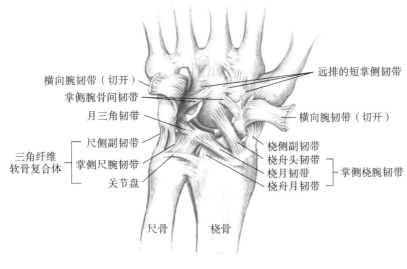

图 3-8　腕掌侧韧带

腕关节韧带也可以分为两组，外在韧带和内在韧带。

外在韧带近端附着于桡骨和尺骨，远端连接于腕骨之上。外在韧带包括桡腕背侧韧带、桡侧副韧带、桡腕掌侧韧带(桡舟头韧带、桡月韧带、桡舟月韧带)、三角纤维软骨复合体(TFCC)(关节盘、桡尺关节囊韧带、掌侧尺腕韧带、尺三角韧带和尺月韧带、尺侧副韧带)等。

外在韧带形成一个纤维囊包绕腕和桡尺远端关节。纤维囊在背侧稍微增厚形成桡腕背侧韧带,远端沿尺骨方向伸展,附着在桡骨远端、月骨与三角骨背侧之间,增强了桡腕关节后侧。附着在月骨上的纤维提供强大的束缚力,限制固有的不稳定骨的脱位。桡侧副韧带仅为腕提供极小的侧向稳定性。深处桡腕掌侧韧带分为桡舟头韧带、桡月韧带,及更深处的桡舟月韧带,比背侧韧带更强大、更厚,每条韧带都源于桡侧远端粗糙面上,远端沿尺骨方向伸展,并附着在腕骨掌侧面。桡舟头韧带是三者之中最大的外侧韧带,部分经常与桡侧副韧带混合在一起。三角纤维软骨(TFC)直接或间接附着在三角纤维软骨复合体(TFCC)所有组成部分上,形成整个复合体结构骨干。三角纤维软骨(TFC)为一两面凹的盘状结构,"三角"是盘的形状,基部沿桡骨尺切迹与其连接在一起,顶部附着在尺骨茎突上,三角形侧面由桡尺关节的掌侧和背侧韧带构成。软骨盘近端面接受桡尺远端关节的尺头,远端面接受桡腕关节的月骨和三角骨的凸面。三角纤维软骨中部无血管,几乎没有康复能力。尺腕掌侧韧带源自关节盘掌侧边缘和桡侧远端关节囊邻近掌侧面。从这个共用的近端附着点出发分为两个不同的韧带:尺月韧带、尺三角韧带。尺侧副韧带在腕部囊增厚的内侧面。掌侧尺腕韧带和尺侧副韧带与尺侧腕屈肌和尺侧腕伸肌一起加固腕尺侧,具备充分的弹性,才允许桡骨和手在旋前旋后时围绕固定的尺骨自由旋转。

内在韧带近端和远端附着于腕骨之上。内在韧带包括短韧带(背侧面、掌侧面、骨间面)、中间韧带(月三角韧带、舟月韧带、舟大多角韧带)、长韧带(掌侧腕骨间韧带、背侧腕骨间韧带)等。

短韧带通过掌侧面、背侧面和骨间面连接远排腕骨,牢固地固定远排腕骨,使其结合在一起成为一个单独的力学单位。中间韧带中的舟月韧带比较宽,连接舟状骨和月骨。舟大多角骨韧带加固舟状骨和大多角骨。腕骨中有两条相对较长的韧带:掌侧腕骨间韧带和背侧腕骨间韧带。掌侧腕骨间韧带牢牢地连接在头状骨的掌面,从共用的附着点近端分叉成两个分离的纤维群,呈倒"V"字形,倒"V"字形外侧分支附着在舟状骨上,内侧分支附着在三角骨上。背侧腕骨间韧带把大多角骨、舟状骨、月骨、三角骨连接在一起,加固腕关节,维持腕骨不在一个平面上排列,形成隆起的拱形结构"腕穹窿",为腕部提供横向稳定性,引导骨运动、限制关节运动、传送从手到前臂的力,防止运动时腕骨脱位。

桡腕关节前后左右均有韧带加强,外侧有腕桡侧副韧带,内侧有腕尺侧副韧带,前面有桡腕掌侧韧带,掌侧韧带最坚韧。腕中关节韧带分别位于掌侧和背侧。

腕部韧带有屈肌和伸肌支持带,屈肌支持带又称腕横韧带,是腕掌侧深筋膜增厚形成的结缔组织扁带,厚1~2 mm,宽2~3 mm。腕横韧带在手关节掌侧,是筋膜局部增厚形成的韧带,位于腕骨沟上,横架于腕尺侧隆起(钩状骨、豌豆骨)和腕桡侧隆起(大多角骨、舟状骨)上,与深层腕骨构成腕管。此韧带不但具有保护作用,还可以加强腕部的弹性起到缓冲作用。腕掌韧带是前臂深筋膜延伸至腕前区而成,对前臂屈肌腱起固定、支持和保护作用。

(三)腕关节的肌

腕关节由主要的和次要的肌群控制。主要肌群的肌腱远端附着在腕骨或邻近的掌骨近端内侧,基本上只控制腕关节运动。次要肌群肌腱跨过腕部,伸向远端,附着在指骨上,控制腕关节和手关节运动。

三块主要的屈腕肌是桡侧腕屈肌、尺侧腕屈肌和掌长肌(图3-9),次要屈腕肌是指浅屈肌、指深屈肌和拇长屈肌。主要屈腕肌大多起于肱骨内上髁或内上髁附近及尺骨背侧缘,长短不一。桡侧腕屈肌肌腱远端附着于第二、三掌骨掌侧基部。尺侧腕屈肌的远端肌腱附着于豌豆骨上,并连接于豆钩韧带与豆掌韧带及第五掌骨掌侧基部,包绕豌豆骨,并将其作为籽骨,增加力学优势,减少肌腱整体拉伸,增加肌力。掌长肌远端附着于手掌腱膜内。在主动屈腕时,桡侧腕屈肌和尺侧腕屈肌协同运动,并相互抵抗对方的外展和内收,使腕关节屈曲。

主要伸腕肌包括桡侧腕长伸肌、桡侧腕短伸肌、尺侧腕伸肌,次要伸腕肌包括小指伸肌、示指伸肌和拇长伸肌(图 3-10)。主要腕伸肌近端附着点位于肱骨外上髁、外上髁附近及尺骨背侧缘。远端,桡侧腕长伸肌和桡侧腕短伸肌分别附着于第二、三掌骨背侧基部,尺侧腕伸肌附着于第五掌骨背侧基底部。分为深、浅两层,浅层起于肱骨外上髁,深层起于桡、尺骨背面和骨间膜,分别止于掌骨和相应指骨背面。伸腕肌引起肘关节的运动,桡侧腕长伸肌和桡侧腕短伸肌在肘关节屈曲时被加强。伸腕肌主要功能是在涉及手指运动中对腕关节进行定位,伸腕伴随屈指抓握,伸腕肌群产生强大的握力。

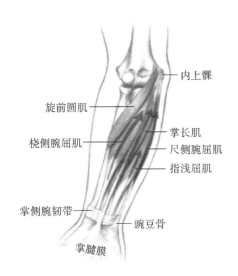

图 3-9　右前臂的前面观

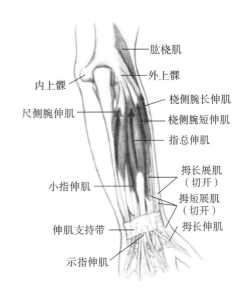

图 3-10　右前臂的后面观

可使腕关节外展(桡偏)的肌肉包括桡侧腕短伸肌、桡侧腕长伸肌、拇长伸肌和拇短伸肌。腕正中位置,桡侧腕长伸肌、拇长展肌拥有最大的横截面积及外展力矩的力臂,桡偏肌中,拇短伸肌力臂最大,但横截面积较小,产生的力矩也小。拇长展肌和拇短伸肌为腕的桡侧和桡侧副韧带提供稳定性。

可以实现腕关节内收(尺偏)的主要肌肉包括尺侧腕伸肌、尺侧腕屈肌、指深屈肌、指浅屈肌和指伸肌。尺侧腕伸肌和尺侧腕屈肌协同收缩实现内收,但也将腕固定在一个稍微后伸的姿势,两者之中任何一个受到损伤,腕内收的整体力学能力就会丧失。

(四)腕关节的肌腱

腕关节被周围腕部肌腱包绕(图 3-11)。尺侧腕屈肌肌腱附着于籽骨,其他肌腱横跨腕骨嵌到掌骨。每个肌腱都有偏移范围。桡侧腕短肌和桡侧腕长肌约有 37 mm 的最大偏移;桡侧腕屈肌偏移 40 mm,尺侧腕屈肌偏移 33 mm,旋前圆肌偏移 50 mm。任何肌腱的偏移都能限制腕关节的运动。肌腱滑动处,多发生腱鞘囊肿,常见于舟、月骨关节背面,位于拇长伸肌、指总肌腱之间;其次为腕部掌面桡侧,位于桡侧腕屈肌腱和拇长展肌腱之间,称为腕筋瘤,多见于青壮年女性,多因局部气血凝聚而成,与外伤沉积和慢性劳损有关,严重限制腕关节运动。

桡骨茎突常发生狭窄性腱鞘炎,腱鞘纤维病变,腱鞘内变窄,肌腱在腱鞘内活动受阻。过度使用腕部和拇指,可使外展拇长肌、伸拇短肌不断收缩摩擦,腱鞘内水肿增厚,纤维性变,腱鞘狭窄。病变晚期,可产生摩擦音,拇指内收、握拳,腕关节向尺侧屈曲时,桡骨茎突处剧痛。

"鼻烟窝"近侧界为桡骨茎突,桡侧界为拇长展肌腱、拇短伸肌腱,尺侧界为拇长伸肌腱,窝底为手舟骨、大多角骨。内有桡动脉通过,可触及桡动脉搏动,骨折时因肿胀凹陷消失,有压痛。

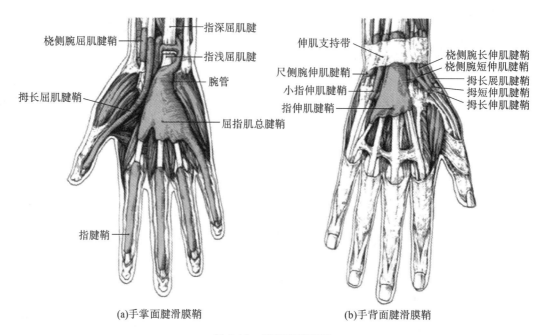

(a)手掌面腱滑膜鞘　　　　(b)手背面腱滑膜鞘

图 3-11　腕部肌腱腱鞘

（五）腕关节的神经支配

桡神经支配腕背侧的所有肌肉，包括桡侧腕长伸肌、桡侧腕短伸肌与尺侧腕伸肌。正中神经与尺神经支配腕掌侧所有肌肉，包括主要的腕屈肌。桡侧腕屈肌和掌长肌受正中神经支配，尺侧腕屈肌受尺神经支配。

桡腕关节与腕中关节接受源于 C_6、C_7 神经根的纤维，C_6、C_7 神经根是由正中神经与桡神经传导的。桡神经终端神经支通常在腕背侧形成疼痛的神经瘤。腕中关节也受通过尺神经的深支传导入 C_8 神经根的感觉神经支配。

正中神经在腕管内变得扁平，紧贴屈肌支持带桡侧端深层，在两个滑液鞘之间进入手掌。骨折、损伤、肿胀均可造成正中神经压迫，造成腕管综合征。

二、腕关节的运动学

腕关节的运动是由其构成关节的骨骼形状及韧带的制动与导引作用所决定的，腕关节可以在两个平面内运动，分别为矢状面内屈曲与伸展（掌屈与背伸）、冠状面内内收与外展（尺偏与桡偏）。腕环行是腕进行环形运动，是一种屈伸、内收、外展的组合运动，不属于第三自由度。最大运动范围从外展到内收和掌屈。

腕是一个双关节系统，其活动在桡腕关节和腕中关节同时发生。腕多数固有动态运动将冠状面和矢状面中的因素联合起来，伸伴随外展，屈伴随内收。腕部受到伤害后的康复过程，应考虑到固有运动的特点。

（一）运动特征

1. 屈曲与伸展　将腕部看作铰链式的中柱，中柱由桡骨、月骨、头状骨的远端，以及第三掌骨之间的连接形成（图 3-12）。在中柱内，桡腕关节是由桡骨、月骨之间的关节连接，腕中关节是由月骨、头状骨之间的关节连接，腕掌关节是由头状骨、第三掌骨之间的关节连接。腕伸的基础是桡腕关节、腕中关节同时凸凹旋转。当月骨的凸面向背侧在桡骨上滚动且同时向掌侧滑动，头状骨的头向背侧在月骨上滚动并同时向掌侧滑动时，两个关节运动合并产生伸腕运动。腕完全伸展，拉长了桡腕掌侧韧带及穿过腕部掌侧的肌肉，这些拉伸结构的张力有利于把腕固定在伸展位上。腕屈与腕伸特征相似,但方向相反(图 3-13)。

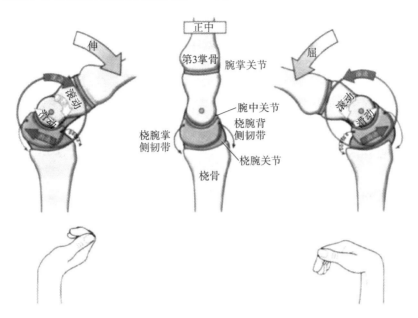

图 3-12 腕的中柱

2. **内收与外展** 与屈伸运动一样,内收和外展是通过桡腕关节和腕中关节的同时凸凹旋转产生的。内收时,腕中关节有助于桡腕关节对腕的运动。桡腕关节中,舟状骨、月骨、三角骨在尺骨上滚动并沿着桡骨的方向滑动。全范围的内收导致三角骨接触到关节盘,钩骨对三角骨产生压力,使三角骨依靠于桡骨茎突上,在抓握运动中,这种压力有利于腕的稳定。腕的外展与内收有相似的运动学特征,当腕骨的桡侧接触桡骨茎突时,外展会受到限制,腕中关节产生更大的外展(图 3-14)。

3. **环转** 腕部的旋转轴通过头状骨的头,进行屈伸运动时,旋转轴沿着附近的内侧-外侧的方向运行;进行内收外展运动时,旋转轴沿着附近前侧-后侧方向运行。旋转轴为静止的轴,但它在整个运动过程产生轻微的迁移。环转是屈曲伸展、内收外展的组合。

图 3-13 腕关节屈伸

弯曲与伸展的旋转轴被显示为头状骨基部的一个小圈,注意月骨的新月形状,为了便于说明,月骨和头状骨已经过数码放大

4. **腕掌关节** 拇指腕掌关节关节囊厚而松弛,掌骨可从大多角骨牵开 3 mm,可屈曲、伸展、内收、外展、环转、对掌。第一掌骨向内侧旋转接近 90°,拇指屈、伸运动在冠状面上,即拇指在与手掌垂直平面上离开掌心为伸展,向掌心靠拢为屈曲。拇指的内收、外展运动发生在矢状面上,即拇指在与手掌垂直平面上离开示指为外展,向示指靠拢为内收。其他腕掌关节由小多角骨、头状骨、钩骨与第二至五掌骨底构成,被包括在一个关节囊内。第二、三腕掌关节从平面关节到复合型鞍状关节,运动范围很小。第四、五腕掌关节,运动范围也很小,但使手的尺侧缘朝着手中心稍微折叠,加深了手的凹陷,主要是通过尺侧掌骨朝向中指方向弯曲及内旋产生的。每个腕掌关节运动量不大,但对手功能很重要,提供手横弓形态。

5. **对掌运动** 拇指向掌心,拇指指尖与其余四指掌侧面相接触的运动。对掌运动加深手掌

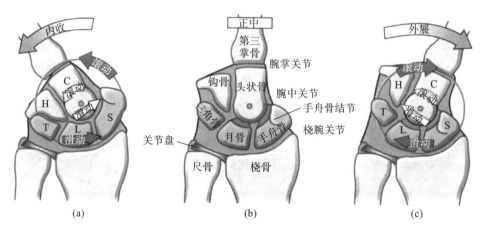

图 3-14 腕关节内收和外展

凹陷,有利于进行抓握,是精细操作所必需的动作。

6. 附加运动 前臂和手放松时,腕部不稳定,可以有一定量的被动运动。当固定桡尺骨远端时,腕骨很容易向背侧、掌侧、内侧、外侧滑动移位,并能牵开几毫米。当固定腕中关节两侧时,腕骨也可以向背侧、掌侧、内侧、外侧滑动移位,幅度较小。每块掌骨可与相邻掌骨之间做被动运动,当固定头状骨背侧、掌侧时,牵拉其他腕骨,可以做一定量的被动运动。腕最稳定的位置是全伸展位。

(二) 运动范围

1. 屈曲与伸展 腕关节围绕额状轴在矢状面上可做屈曲、伸展运动。屈腕运动范围为 0°～85°,屈腕运动在桡腕关节为 50°,在腕中关节为 35°;伸腕运动范围为 0°～70°,在桡腕关节为 35°,在腕中关节为 50°,运动轴通过头状骨。屈伸活动范围因年龄、健康程度、主动和被动的不同,有很大的差异。完全屈的角度比完全伸的角度高出 10°～15°。完全伸受到很厚的桡掌侧腕韧带强度的限制。若桡骨远端高出一般水平的倾斜,会限制伸腕的范围。腕关节从完全屈曲到完全伸展,运动轴向远侧位移。完全伸腕需要桡骨、尺骨远端稍分离,若两骨牢固地连接则不能完成伸腕运动。

2. 内收与外展 腕关节围绕矢状轴在冠状面上可做内收、外展运动。内收运动范围为 35°～40°。腕中关节有内收 1/3 的运动,2/3 的内收发生在桡腕关节;腕中关节有腕外展 1/2 的运动,其余 1/2 外展发生在桡腕关节。内收和外展是通过头状骨的轴进行,外展运动终末感比较硬,手舟骨与桡骨茎突相接触所致,内收范围较大,运动终末感来自桡侧副韧带的张力。

3. 腕掌关节 拇指腕掌关节有 15°～20°旋转,第一掌骨向内侧旋转接近 90°,第二、三腕掌关节运动 1°～2°,第四腕掌关节掌指运动 10°～15°,第五腕掌关节 25°～30°。

三、腕关节的动力学

腕主要的动力学功能是从手到前臂及从前臂到手传递压力负荷。压力负荷在腕骨中传导,关节角度在腕中关节和桡腕关节中是变化的,腕中关节相对的关节面相对精确一致,近侧桡腕关节面很不一致。腕关节在负荷小时,近侧列桡骨、远侧列桡尺面之间初始接触面在手舟骨、月骨和远侧桡骨盘中;随负荷增加,接触面延伸到尺骨远侧端纤维软骨盘,月骨和远侧列桡-尺面之间接触面消失,增加关节结构单位面积上的应力。压力负荷跨过腕骨指向头状骨的头,手舟骨-月骨连接,然后到远侧桡尺三角纤维软骨盘。远侧和近侧腕骨结构排列改变能引起局部应力增加,加速关节软骨磨损。尺腕关节屈肌在所有腕原动肌中是最有力的趋向于将腕放在屈和尺骨偏离的位置的,跨过腕的肌肉同样趋向于将腕置于屈和尺骨偏离的位置。

四、腕关节的稳定性

腕关节中近侧关节和腕中关节形成双铰链系统,提供稳定性。双关节肌和双关节链,在压力负荷下易遭受锯齿状破坏。实际上腕骨没有肌肉附着以提供稳定性,腕部各长屈肌、长伸肌的压力引起腕骨在近侧骨间关节和腕中关节发生弯曲。复杂的韧带限制、精确的多关节面使关节相对稳定。

腕纵向矢状面显示手舟骨和月骨是楔形的,两块骨的掌侧面比背侧面宽,压力负荷使这个楔形结构挤入最窄的部分,舟状骨和月骨则倾向于旋转成延长位。这种排列对称的双关节面稳定性集中在一个方向,使在相反的方向施加的力能够抵消。舟状骨跨过远侧列和近侧列,在腕自然位置倾向于腕关节伸直固定。大多角骨、小多角骨与舟状骨的背面用关节连接,推动其远端形成弯曲,舟状骨抵消了月骨伸展趋势,增加了屈伸过程中腕骨联合体的稳定性。

腕关节复合体在手腕和拇指的肌肉活动中动力稳定性要求外力和内力有一个好的平衡,手腕周围伸肌和屈肌系统的排列有利于原动力的对抗肌群。

五、腕关节和手运动的相互影响

腕的运动能增加对手指精细运动的控制。腕和指的运动方向相反,改变了指肌腱功能长度,使指获得最大的运动能力。腕伸和指屈相互促进:伸腕增加屈指肌的长度,允许在腕伸的时候屈指;屈腕增加指长伸肌伸展,引起手指自动张开、手指完全伸展。

腕关节结构便于伸腕肌的协作运动和更有力的指屈。屈指肌腱在腕弓深部跨过腕,靠近腕的屈伸轴,最小限度地影响腕的位置。外部屈腕肌和伸腕肌在周围广泛分布为腕关节的安置提供最大的力臂。

当腕改变位置时,指屈肌腱的功能长度被改变,引起指的合力改变,影响抓握能力。腕的位置也改变拇指和其他指的位置,影响抓握能力。当腕在手放松弯曲时,拇指的掌侧仅达到示指远侧指骨关节水平;腕伸时,拇指和示指掌侧被动接触,引起抓握和捏捏的最佳位置。

六、临床运用

在运动学中,腕关节承受前臂传导的不同载荷,产生不同的损伤,如急性损伤(骨折、脱位或韧带断裂)和慢性损伤(腕筋瘤、腕管综合征)。

1. 舟状骨及其易骨折性 舟状骨位于腕部力量传递的直接通路上,骨折占腕部所有骨折的60%~70%。骨折的常见机制是舟状骨落在完全旋后的前臂上,同时腕部完全伸展并成放射状偏离。遭遇舟状骨骨折的患者通常拥有绷紧的解剖"鼻烟窝"。大多数骨折发生在舟状骨"中间凹入部分"附近,因为多数血管在中间凹入部分和远端进入舟状骨,中间凹入部分近端骨折可能会延迟愈合或导致不愈合。若骨折未治疗,近端可能形成无血管坏死。近端骨折不需要外科手术,尤其是并未发生位移时,通常只需要5~6周的固定。根据患者骨折的情况,固定的实际时间存在很大不同。

2. 腕伸肌过度使用综合征(侧上髁痛) 腕部最活跃的伸肌是桡侧腕短伸肌,重复有力的握力活动(如捶打、打网球等),使腕伸肌近端附着点受到拉力,导致疼痛,这种情况通常被称为侧上髁痛。传统的治疗方法包括夹板、休息、拉伸活动肌肉、激光治疗法,以及旨在减少炎症的物理治疗(超声波疗法、冰块疗法、电疗法、离子电渗疗法等)。

3. 腕管综合征 腕管综合征是指腕管内压力增高,正中神经受卡压,致使手掌桡侧三个半手指的感觉异常、神经性疼痛,严重时可出现手指运动障碍、鱼际肌萎缩等。

腕管是由腕骨和屈肌支持带组成的相对狭窄、坚韧的骨纤维管道。腕骨构成腕管的桡、尺及背侧壁,屈肌支持带构成掌侧壁。腕管顶部是横跨于尺侧的钩骨、三角骨和桡侧的舟骨、大多角骨之间的屈肌支持带。正中神经和屈肌腱由腕管内通过。尽管腕管两端是开放的入口和出口，但其内组织液压力却是稳定的。正中神经走行在屈肌支持带下方，紧贴屈肌支持带。在屈肌支持带远端，正中神经发出返支，支配拇短展肌、拇短屈肌浅头和拇对掌肌。其终支是指神经，支配拇指、示指、中指和环指桡侧半皮肤。

腕管缺乏伸展性，无论是腕管内的内容物增加，还是腕管容积减小，都可导致腕管内压力增高。最常见腕管内压力增高的原因，是特发性腕管内腱周滑膜增生和纤维化。也有其他一些少见病因，如屈肌肌腹过低、类风湿等滑膜炎症、创伤或退行性变导致腕管内骨性结构异常卡压神经、腕管内软组织肿物如腱鞘囊肿等。

腕管综合征非手术治疗方法很多，包括支具制动和皮质类固醇注射等。术后，目前的做法是疏松包扎，术后2天内限制腕关节活动。术后2天嘱患者开始肩、肘、腕、手和手指功能练习。术后3周内，可在夜间使用支具固定腕关节于中立位。术后12~14天拆除缝线。1个月后恢复工作，但限制负重。术后6~8周，完全恢复活动。

第四节　手指关节运动学

手是人体感知周围环境的一个重要感觉器官，是多数复杂动作的主要效应器官。根据不同的需要，29块肌肉驱动手上19块骨骼和19个关节，产生不同的精细动作，发挥其功能。凭借熟练的配合，可操作高度专业化工具。这些功能需要相对面积较大的大脑皮质区域。对手产生影响的疾病或者损伤，可导致手功能相应程度的丧失，如脑卒中、神经损伤、骨损伤造成的手完全丧失功能，会极大地降低上肢功能。

一、指关节功能解剖

手有五根手指，每一根手指都有一个指骨组合。手指可以用从一到五的数字表示，也可以用拇指、示指、中指、环指和小指表示。手指关节由5块掌骨和14块指骨构成5个掌指关节和14个指间关节。骨和关节周围有手固有肌和外来肌，肌肉的收缩运动，引起关节活动，使手指关节屈伸、内收外展、对指、对掌，处于有利的抓握模式。有筋膜、肌腱、腱鞘、滑车系统，有利于指关节运动，同时提供一定的稳定性。受来源于C_7、C_8神经根的桡神经、正中神经和尺神经支配，神经损伤会引起手指运动障碍和感觉障碍。

（一）骨关节与功能结构

掌骨和近节指骨构成掌指关节，掌指关节有5个；近节指骨和中节指骨构成近端指骨间关节，近端指骨间关节有4个；中节指骨和远节指骨构成远端指骨间关节，远端指骨间关节4个；拇指只有2块指骨，构成拇指指骨间关节1个（图3-15、图3-16）。

每块掌骨都具备类似的解剖特征，掌骨属于长骨，第一（拇指）掌骨最短最粗，第二掌骨最长，其余三块掌骨从桡侧到尺侧长度递减。掌骨中间为细长骨干，骨干的掌面呈轻微的纵向凹陷，调节该区域的肌肉和肌腱。近侧端为掌骨底，与一块或多块腕骨存在关节连接。第二至第五掌骨近侧端基部有小关节面，与相邻掌骨近侧端基部相连构成关节。远侧端称掌骨头，与指骨相关节。每块掌骨远侧端都有一个较大的凸头，第二至第五掌骨凸头在握拳时显露于皮下，称为指节。掌骨头的近端是掌骨颈，是最常见的骨折部位，尤其是第五掌骨。一对后结节是侧韧带在掌指关节处的附着点（图3-17）。

当手在解剖静止位时，第二至第五掌骨并排，掌面朝前。拇指的掌骨与其他掌骨不在一个面

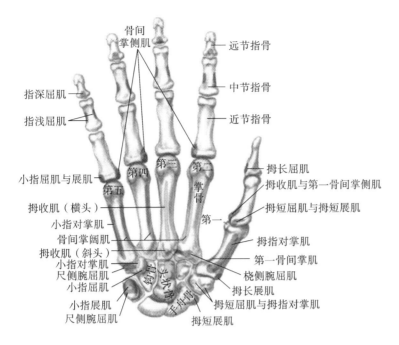

图 3-15　右腕和右手骨的掌面观

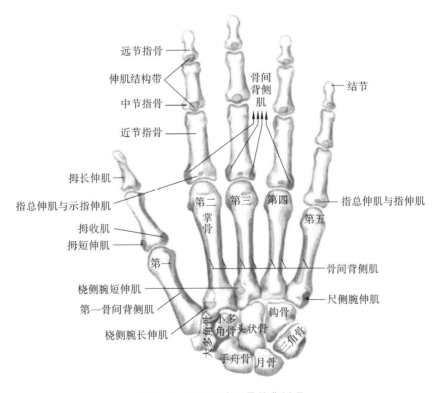

图 3-16　右腕和右手骨的背侧观

内,相对于其他几个手指向内侧旋转约 90°,拇指的掌面朝向手的中线(图 3-18)。

指骨除了大小不同以外都具有相同的形态学,属于小型长骨,近端为底,中部为体,远端为滑车。拇指有 2 节,即近、远节指骨;其余 2~5 指均为 3 节,近侧至远侧依次为近节指骨、中节指骨、远节指骨。近节和中节指骨有一个凹陷的基部、骨干和凸出的头。凹陷的基部与掌骨小头相关节,骨干掌面稍微呈纵向凹陷,凸出的头呈双髁状,有髁间凹陷,与相邻指骨近端构成滑车关

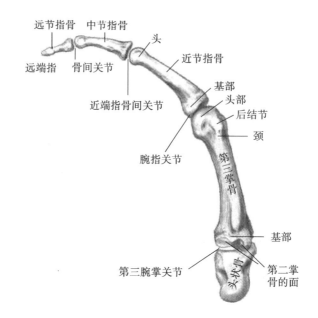

图 3-17　中指指骨

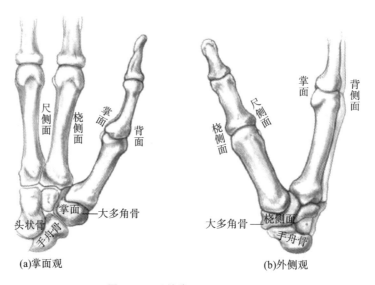

图 3-18　手的掌面观和外侧观

节。远节指骨有一个凹陷的基部，远端无滑车，掌面粗糙隆起，形成圆形的结节，称远节指骨粗隆（甲粗隆），将软组织固定到手指末端。

手指的掌指关节是掌骨凸头与近节指骨近端浅凹面之间较大的卵形关节。

拇指的掌指关节是由第一掌骨的凸头与拇指近节指骨凹陷的近端面组成的关节结构。

近端指间关节是由近节指骨头与中节指骨基底部组成的关节。近节指骨头有两个球形骨节，这两个骨节被一个较浅的中间间沟分隔开来；中节指骨基底部有两个较浅的凹面，两个凹面被一个中央嵴分开；舌榫嵌入凹槽式关节帮助引导屈伸活动，限制绕轴旋转。

远端指骨间关节是由中节指骨头与远节指骨基底部组成的关节。

（二）指关节的肌肉、肌腱

控制手指的肌肉可以分为外来肌和固有肌。外来肌的近端附着点在前臂，在某种情况下，位于最近端的变形肱骨内上髁上。固有肌近端附着点和远端附着点均位于手内。手大多数主动运动都需要手指外来肌、手指固有肌和腕部肌肉的密切配合才能完成。

1. 手指外来肌 手指外来肌可分为三类：指屈肌、手指伸肌、拇指外展肌。

(1) 指屈肌：指屈肌包括指浅屈肌、指深屈肌和拇长屈肌，这些肌肉主要来自肱骨内上髁与前臂的近端(图 3-19、图 3-20)。

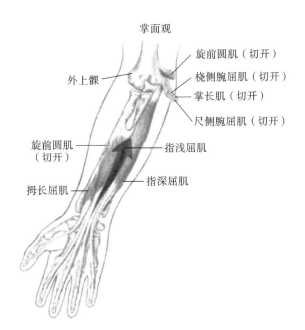

图 3-19 右前臂的正面观

强调了指浅屈肌的运动，注意腕屈肌和旋前圆肌被切除的近端

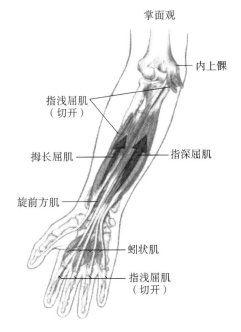

图 3-20 右臂的正面观

突出了指深屈肌和拇长屈肌的运动。如图所示，蚓状肌附着在指深屈肌的肌腱上。注意，指浅屈肌被切除的近端和远端

指浅屈肌的肌腹位于前臂前侧，三块主要腕屈肌与旋前圆肌的深处。四条肌腱跨过腕部进入手的掌侧。在近节指骨的水平面上，每条肌腱分裂开，使指深屈肌的肌腱可以通过，每个肌腱的两个分裂部分在一定程度上重新结合，跨过近端指骨间关节，连接到中节指骨的掌侧。指浅屈肌的主要功能是使近端指骨间关节屈曲，也可以屈曲其跨越过的所有关节。除小指之外，每条浅肌腱通过相对独立其他肌腱的方式被控制，在示指尤为明显。

指深屈肌的肌腹位于前臂最深肌肉平面内，指浅屈肌的深处。每条肌腱穿过指浅屈肌的分裂肌腱，每条肌腱继续向远端延伸，连接到远节指骨的基底部。指深屈肌是远端指骨间关节唯一的一块伸肌，可以屈曲其跨越过的所有关节。示指的指伸肌可以通过相对独立其他深肌腱的方式被控制，其余三条肌腱通过各种肌肉纤维束相互连接，不允许某单个手指独立远端指骨间关节屈曲。当中指所有关节最大限度地伸展，中指拉伸而施加在指深屈肌肌腹上的过度拉力，使其他三个手指(示指、环指、小指)无法或很难完成屈曲动作。

拇长屈肌位于前臂最深的肌肉平面，在指深屈肌的外侧。跨过腕部，在远端连接到拇指远节指骨基底部掌侧。拇长屈肌是拇指指骨间关节唯一的屈肌，在腕掌关节(MCP)、掌指关节(CMC)和腕关节产生屈曲力矩。

手指外来肌中三块指屈肌通常一致收缩，尤其需要整个手牢固抓握时。肌肉活动一致地屈曲手指，协同第一、四和五手指的掌指关节对屈，交替握紧和放松拳头时最明显。

在腕管远端，尺侧滑液鞘围绕指浅屈肌与指深屈肌肌腱。滑液鞘在掌的近端结束，在远端拉伸至小指肌腱(图 3-21)。桡侧滑液鞘在拇指远端附着点处与拇长屈肌肌腱接触。

指屈肌腱始于近端，作为皮肤下厚腱膜的拉伸，延伸到所保护纤维骨管(指纤维鞘)远端附着点。指纤维鞘被固定在指骨与掌板上，互不相连的组织带(屈肌滑车)嵌入到每个指鞘中

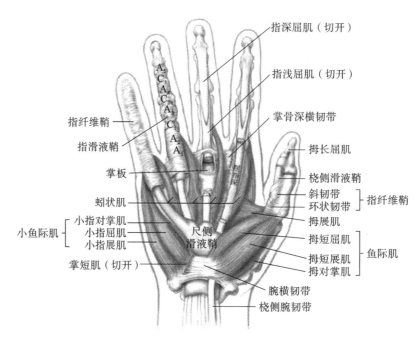

图 3-21　指肌腱掌面观

(图 3-21)。指滑液鞘位于滑车深处,从远端掌褶到远端指骨间关节围绕着屈肌肌腱。鞘中分泌滑液,减少指浅屈肌与指深屈肌肌腱之间的摩擦。若肌腱损伤或断裂,肌腱和临近鞘或肌腱可能被粘连在一起。

屈肌肌腱和周围滑膜会发生炎症,称为腱鞘炎,可引起肿胀,限制腱鞘内空间,限制肌腱滑动。肌腱发炎区域会生成结节,楔入腱鞘狭窄区域,阻碍手指运动。

有五个嵌入到指纤维鞘中的屈肌环形滑车。主要滑车连接到近节与中节指骨骨干,次要滑车直接连接到一根手指的三个关节处的掌板。交叉滑车是由灵活的细纤维构成,呈十字形交叉在肌腱上方。当屈曲时,肌腱所在区域内的指鞘会屈曲。拇指的环形斜韧带充当拇长屈肌肌腱的通道滑车,屈肌滑车、掌腱膜和皮肤具有相似的在距关节相对较近的位置抓握潜在肌腱的功能。没有这些组织提供约束,手指在外来屈肌的强大收缩力作用下,会导致肌腱远离关节的旋转轴。

手指的屈肌滑车在稳定肌腱相对于其下面的关节上发挥重要作用。滑车被过度拉伸或撕裂是仅次于外伤、过度使用的疾病。

(2) 手指伸肌:手指伸肌包括指总伸肌、示指伸肌、小指伸肌(图 3-22)。指总伸肌与小指伸肌来自于肱骨外上髁的总肌腱,示指伸肌的近端附着在前臂的背侧。指总伸肌是具有支配性的伸肌,除了作为指伸肌外,还作为腕伸肌有很好的力臂。示指伸肌和拇指的外来伸肌位于指总伸肌和小指伸肌深部(图 3-23)。示指伸肌只有一条肌腱。小指伸肌是一块较小的梭形肌肉,有两个肌腱,与指总伸肌相连。指总伸肌、示指伸肌和小指伸肌的肌腱跨过支持韧带内部具有滑液管道的腕部。位于伸肌支持带远端的肌腱在掌骨的背侧向手指方向延伸(图 3-24)。指总伸肌的肌腱与几条关节肌腱相互连接,这些细条状的结缔组织稳定肌腱伸向腕掌关节基部的角度,限制单个肌腱的单独运动。手指伸肌的远端附着点缺少明确的腱鞘或滑车系统。伸肌远端与手指背部结缔组织的纤维融合在一起,这种结缔组织复合体为伸肌装置。伸肌装置主要是指总伸肌、示指伸肌、小指伸肌和大多数手指固有肌远端附着点。

小指伸肌肌腱附着在近节指骨背侧基底部,其他肌腱扁平,延伸到中央肌带中,形成伸肌结构的支柱。中央肌带延伸附着于中指指骨背侧基底部。两条外侧纵带在跨过近端指骨间关节之

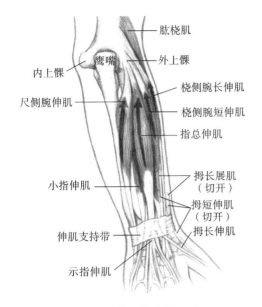

图 3-22 右前臂的后面观

该图展示了主要的腕伸肌、桡侧腕长伸肌、桡侧腕短伸肌与尺侧腕伸肌，指伸肌和其他次要的腕伸肌也是显而易见的

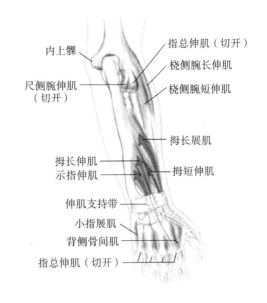

图 3-23 指肌腱掌面观

突出显示手指伸肌肌群的右上肢掌面观的示指伸肌、拇长伸肌、拇短伸肌以及拇长展肌。注意，尺侧腕伸肌和指总伸肌被切开的近端

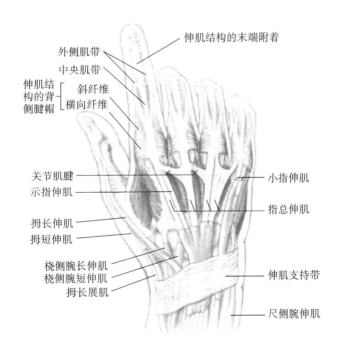

图 3-24 指肌肉、肌腱、伸肌结构背面观

前从中央肌带中叉开。远端，侧纵带融合为一条肌腱，附着在远节指骨背侧基底部。侧纵带相对近端指骨间关节的位置是通过一系列结缔组织（支持带）被稳定在每根手指两侧，有助于协调近端指骨间关节和远端指骨间关节之间的运动（图3-25）。

指伸肌的独立收缩引起腕掌关节过伸，固有肌激活时，指伸肌才能完成伸展指骨间关节。

（3）拇指外展肌：拇指外展肌包括拇长伸肌、拇短伸肌和拇长展肌。拇指外展肌近端附着在前臂背侧区，在腕桡侧这些肌肉的肌腱构成"解剖鼻烟窝"。拇长展肌和拇短伸肌共同通过手腕伸肌支持带内的第一背侧间隔。远端伸肌、外展肌、拇长肌主要插入桡背侧表面拇指掌骨基底，

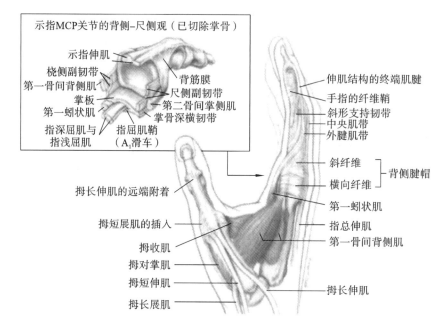

图 3-25 指伸肌、肌腱、伸肌结构背侧观

远端附件连接到大多角骨,和大鱼际肌纤维融合。拇短伸肌附着在拇指近节指骨背侧末端,拇长伸肌穿过腕背侧第三间隔的沟槽到达桡骨背侧结节内侧。拇长伸肌连接远端的拇指背侧指骨近节基底。

拇长伸肌延伸至拇指指骨间关节、腕掌关节和掌指关节。拇短伸肌是拇指腕掌关节和掌指关节的伸肌,拇长展肌只在掌指关节上伸展,也是掌指关节的主要展肌。拇长展肌联合的伸展-外展反应在拇指掌骨基底的桡背侧有附着点。在拇指伸展过程中,内收肌必须被激活来稳定腕部,防止桡侧偏斜。

2. 手指固有肌 手指有 20 块固有肌,体积相对较小,但对手指的灵活控制是必不可少的。

固有肌可以分为四类:①鱼际隆起肌肉:拇短展肌、拇短屈肌、拇对掌肌。②小鱼际隆起肌肉:小指屈肌、小指展肌、小指对掌肌、掌短肌。③拇收肌。④蚓状肌和骨间肌。

(1) 鱼际隆起肌肉:拇短屈肌由两部分组成,多数肌肉构成浅头,小部分不明确纤维构成深头。深头是拇收肌斜纤维的一部分。拇对掌肌位于拇短展肌的深处。三块鱼际肌近端附着在横向腕韧带和临近腕骨处。拇短展肌和拇短屈肌远端附着在近节指骨基底桡侧,拇短展肌远端还附着在拇指伸肌结构的桡侧,拇短屈肌远端还附着在籽骨上。拇对掌肌远端附着在拇指掌骨整个桡侧缘。

鱼际隆起肌肉的主要作用是将拇指定位在对屈位置上,对屈将掌指关节的外展、屈曲和内旋合并在一起,帮助抓握。每块肌肉对于对屈中任何组成部分都是一种主要的推动力。拇对掌肌在掌骨和腕掌关节近端有附着点,通过其收缩可控制全部掌指关节。拇对掌肌有重要的内侧旋转功能,还能独立控制掌指关节的屈和外展联合动作。

(2) 小鱼际隆起肌肉:小指展肌位置最浅且靠内侧,占据手尺侧末端。小指屈肌位于展肌的外侧,常与展肌融合。小指对掌肌位于展肌和屈肌深处,是最大的小鱼际肌肉。掌短肌连接腕横韧带和豌豆骨远端的部分皮肤(图 3-21)。小指屈肌和小指对掌肌共同附着于腕横韧带与钩骨的钩上。小指屈肌近端附着点较大,连接到豆钩韧带、豌豆骨和桡侧腕屈肌肌腱。小指外展受阻或迅速外展时,尺侧腕屈肌收缩固定小指展肌的附着点。小指展肌与屈肌在远端有共同的附着点,位于小指近节指骨的基部内侧缘。展肌一些纤维与伸肌结构的尺侧缘融合在一起。小指对掌肌远端附着点位于第五掌骨尺侧缘,腕掌关节近端。

小鱼际肌肉的共同功能是使手尺侧缘呈凹状，加深远端横弓，提高手指与被抓握物体的接触面。小指展肌可使小指外展，加大对抓握的控制。小指对掌肌控制第五掌骨朝中指方向的旋转。小指指屈肌的收缩对第五掌指关节的屈曲有帮助。

（3）拇收肌：拇收肌位于拇指指蹼深处，在第二与第三掌骨的掌侧，是一块二头肌肉。近端附着于手部最稳固的骨骼区。较厚的斜头源于头状骨，第二、三掌骨基部及其他邻近结缔组织。较薄的三角形横头附着在第三掌骨掌面。斜头和横头共同的远端附着在拇指近节指骨基部尺骨侧。其他附着点包括腕掌关节附近的籽骨。

拇收肌是掌指关节的一块主要肌肉，产生最大屈与内收力矩组合。适用于多种活动：拇指、示指对捏，闭合剪刀。拇收肌的横头利用很强的力臂，在拇指基部产生屈曲、内收力矩；斜头产生较大屈曲和内收力矩（图 3-26）。

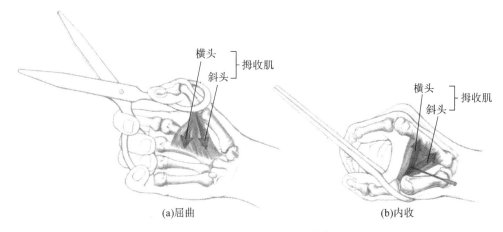

图 3-26　拇收肌、肌腱、伸肌结构背侧观

（4）蚓状肌和骨间肌：蚓状肌源自指深屈肌肌腱的四块细长肌肉。从肌腱近端附着点朝向掌侧延伸至深掌骨间韧带和腕掌关节桡侧。远端附着在伸肌结构的邻近侧束肌，是通过背侧腱帽斜韧带实现的。所以蚓状肌的收缩使腕掌关节屈，使指骨间关节伸。通过附着在指深屈肌肌腱上帮助协调固有肌和外来肌之间的配合。

手的四块骨间掌侧肌是细长的单头肌肉，位于骨空隙中的掌侧。手的三块骨间掌侧肌的近端附着于第二、四、五掌骨的掌侧与侧面（图 3-27）。这些肌肉的远端附着点不同，但通常在背侧腱帽的斜纤维和近节指骨基部的侧缘。骨间掌侧肌第二、四、五腕掌关节朝着手中线内收，拇指的骨间掌侧肌位于第一掌侧骨间隙，远端附着点位于拇指近节指骨的尺侧缘，连接到腕掌关节处的籽骨中。第一骨间掌侧肌比较小，有助于屈曲拇指腕掌关节，使第一掌骨朝着中指方向移动（图 3-28）。

手的四块骨间背侧肌位于骨间隙背侧，远端附着点位于背侧腱帽斜纤维中和近节指骨基部旁边，远端附着点与背侧腱帽大部分掌侧面和掌板融合。示指稳定时，第一骨间背侧肌帮助拇收肌在掌指关节上内收拇指。作为一个集合体，骨间背侧肌外展示指、中指和环指的腕掌关节，并使其远离穿过中指的参考线。第五腕掌关节的外展是小鱼际肌群的小指展肌执行的。除了手指外展、内收，骨间肌与小指展肌还稳定腕掌关节的动态稳定性（图 3-28）。

3. 伸指装置　伸指装置是一个腱系统，包括指伸肌、蚓状肌、骨间肌、大小鱼际肌的腱及筋膜和韧带的支持带系统。伸指的肌腱及所有手固有肌都置于伸指装置中。该装置的作用是伸不同屈位的指，提供伸肌腱跨越关节的短路和允许指完全屈。

4. 肌腱系统　长伸肌腱越过掌指关节扩展为宽松腱，止于掌指关节囊及近节指骨基底部。越过近节指骨分为 3 束，中央束止于中节指骨基底部。

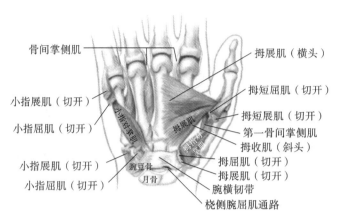

图 3-27 手深部肌肉掌面观

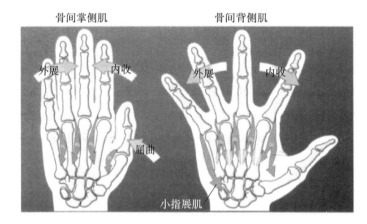

图 3-28 手骨间掌肌

骨间肌在每一指两侧有多个终止腱,包括止于近节骨基底部的腱、止于掌板的腱、加入侧带的腱、止于中节指骨基底部的腱。

蚓状肌的腱经掌指关节的桡侧和骨间肌腱的掌侧,止于侧带。从侧带输入的运动至少来自 4 块肌,即 1 块外来伸肌(指伸肌)、2 块骨间肌、1 块蚓状肌。该运动是伸近侧和远侧指间关节。

示指肌腱平行于指伸肌腱的尺侧,在前臂有单独的肌腹,即使其他指都屈,它还能使示指伸。

小指伸肌常在盖膜区分为两根腱,是小指的主要伸肌。

小指展肌止于盖膜和伸指装置的侧带。

拇指有一个相似的伸指装置,拇收肌、拇短屈肌、拇短展肌的腱都加入该装置。

(三)指关节肌肉与皮肤的神经支配

指关节周围肌肉与皮肤的神经支配见图 3-29 至图 3-31。

正中神经支配着大多数指外来屈肌。在前臂,正中神经支配指浅屈肌($C_7 \sim T_1$)。一个分支(骨间前神经)支配指深屈肌的外半部分、拇长屈肌($C_8 \sim T_1$)与旋前方肌。正中神经穿过腕管进入手,位于腕横韧带深处掌腱膜深面,并立即分成鱼际肌支或返支和 3 条指掌总神经。在手部,正中神经支配的肌肉构成鱼际隆起。鱼际肌支是正中神经出腕管后分出的返支,绕屈肌支持带下缘进入鱼际,支配拇短屈肌($C_8 \sim T_1$)、拇短展肌($C_5 \sim T_1$)和拇对掌肌($C_7 \sim T_1$)。丛指分支支配外侧第一、二蚓状肌($C_8 \sim T_1$)。正中神经发出 3 条指掌总神经,在掌浅弓深面和指屈肌腱浅面下行,在掌骨头水平各分为 2 条指掌侧固有神经,分布于桡侧三个半指掌侧皮肤及中、远节指骨背侧皮肤,负责鱼际和掌外侧 2/3 区皮肤的感觉。

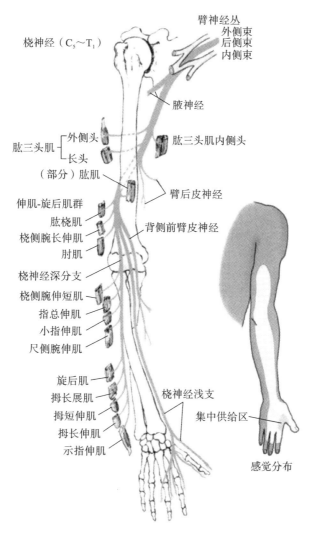

图 3-29 右桡神经的一般路径

尺神经支配指深屈肌的内半部分。在远端，尺神经跨越腕管浅处经尺侧腕骨进入手掌。在手部，分为浅支和深支。尺神经深运动分支，在钩骨沟尺侧，行于掌深弓的近侧和远侧，支配小鱼际肌，即小指屈肌、小指展肌、小指对掌肌和掌短肌（C_8~T_1），以及内侧的第三、四蚓状肌（C_8~T_1）。深运动分支向外侧延伸，深入手部，支配掌侧骨间肌（C_8~T_1）、背侧骨间肌，最后支配拇收肌（C_8~T_1）。浅支行于掌腱膜深侧，向下分为两支：指掌侧固有神经到小指尺侧；指掌侧总神经，分为两支指掌固有神经，分布于环、小指相对缘。负责手部尺侧缘 1/3 区皮肤的感觉，包括尺侧一个半手指大部分皮肤。

桡神经支配手指外来伸肌，包括指总伸肌（C_6~C_8）、小指伸肌（C_7~C_8）、示指伸肌（C_7~C_8）、拇长伸肌（C_7~C_8）、拇短伸肌（C_7~C_8）和拇长展肌（C_7~C_8）。桡神经负责腕与手背侧皮肤感觉，尤其是鱼际指蹼的背侧区域周围。

手部受伤，神经受损，手部感觉功能和手内在肌肉功能障碍。

正中神经损伤，拇短展肌麻痹，拇指对指障碍，拇指示指捏物障碍，手掌桡侧半、拇指、示指、中指、环指桡侧半掌面，拇指指间关节和示指、中指及环指桡侧半近侧指间关节远端感觉障碍。

尺神经损伤，骨间肌、蚓状肌麻痹导致环指小指爪形手畸形；骨间肌和拇收肌麻痹导致 Froment 征，即示指用力与拇指对指时，示指近侧指间关节明显屈曲、远侧指间关节过伸，拇指掌指关节过伸、指间关节屈曲，以及手部尺侧、环指尺侧和小指掌侧感觉障碍。

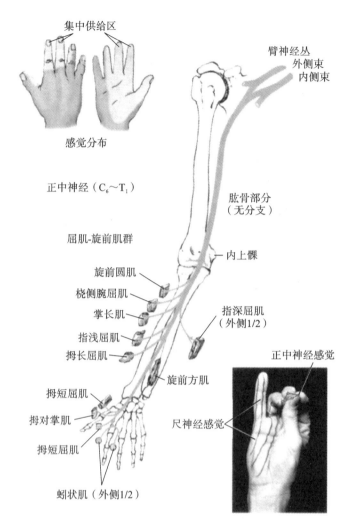

图 3-30 右正中神经的路径

桡神经损伤,腕部以下无运动支,仅表现为手背桡侧及桡侧 3 个半手指近侧指间关节近端感觉障碍。

二、指关节的运动学

手是肩关节开始的杠杆力学链的最后一个环节,具有相当的灵活性和延展性。手具有许多功能,从抓握各种形状的物体到触摸探索。手的 19 块骨和 14 个关节的排列和运动为手有超常功能适应性提供了结构基础。

手部的腕掌关节(CMC)、掌指关节(MCP)和指间关节(IP)不同的形态决定了这些关节不同的自由度。

拇指的腕掌关节是大拇指掌骨基底与大多角骨形成的鞍状关节,关节面形态一致,仅有两个自由度。内收、外展在与手掌呈直角的平面矢状面内进行,内收拇指位于手面内,最大限度地外展使拇指掌骨与手掌平面前方成 45°角。完全外展打开拇指的网状空间,形成对抓握较大物体有帮助的宽的凹曲度。屈曲、伸展在与手掌平面平行面额状面内进行。主动屈伸与掌骨不同旋转轴相关。掌骨可从大多角骨牵开,允许旋转。屈时,掌骨的凹面在尺骨方向上滚动和滑动,大多角骨横径上的浅槽有助于掌骨轻微向内侧旋转。伸时,凹形掌骨在横径外侧方向上滚动和滑动,大多角骨关节面上的槽将掌骨导入轻微向外侧旋转。拇指腕掌关节可额外伸展 10°~15°,掌骨在手掌侧弯曲 45°~50°。拇指最重要的运动是对屈,主动精确地使拇指与其他手指指尖相对。

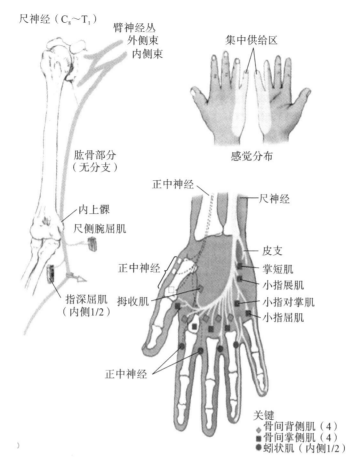

图 3-31 右尺神经的一般路径

拇指掌骨外展，外展的掌骨屈曲，并跨过手掌朝小指方向向内侧旋转。外展时，拇指掌骨基部朝向手掌方向跨过大多角骨表面，屈和内旋时，受大多角骨间沟引导，掌骨基部稍微向内侧偏转。拇指腕掌关节无法负责整个旋转，掌指关节和指骨间关节以附属活动形式产生小量旋转，大多角骨对着舟状骨和小多角骨稍微向内侧旋转，扩大掌骨旋转最终幅度。小指通过第五腕掌关节的屈促成对屈，拇指指尖可以与小指指尖进行接触。腕掌关节伴随旋转外展，使大拇指向小指之间移动。

四个手指的腕掌关节的总关节腔在 4 块腕骨、腕掌关节和 4 块掌骨之间。第二、三掌骨与小多角骨、头状骨紧密连接，关节运动范围较小，几乎为不动关节，组成"不动单位"。第四、五掌骨和钩骨之间允许一个适度的运动范围，第四腕掌关节屈伸运动范围稍大。第五腕掌关节屈伸运动更灵活。每个腕掌关节运动量不大，但对手功能很重要，允许手呈杯状，提供手横弓形态改变，是抓握的根本。

四个手指的掌指关节为髁状关节（卵形关节），具有两个自由度，屈曲-伸展发生在矢状面内，内收-外展发生在额状面内。附加有微小的旋内-旋外。全范围的屈与伸从第二指到第五指逐渐增大，第二指可实现 90°的屈，第五指可实现 110°~115°的屈。掌指关节可以被动伸展，过伸允许角度超过中间位的 30°~45°。掌指关节大约 20°的外展与内收发生在中线两侧，中线为第三掌骨。内收-外展成对出现。掌骨圆形头与稍凹陷的近节指骨相关节，掌骨头接近 3/4 的面有关节软骨，并向掌面延伸。近节指骨基底的关节软骨通过纤维软骨掌板延伸。关节屈曲时，掌板在掌骨的掌侧向近侧滑动，使关节囊形成褶皱。内侧和外侧副韧带附着于掌骨头与指骨基部，韧带附着点之间的距离在关节屈曲时大于关节伸直时，关节伸直时可外展-内收。关节屈曲 90°，副韧带紧张,不能外展。握拳时掌指关节最稳固。

拇指的掌指关节为屈戍关节,仅有一个自由度,在额状面内屈伸,比其他手指的掌指关节屈伸运动范围小。在充分屈伸时,韧带紧张,几乎没有内收-外展运动。半屈位,可侧向运动及附着于内外籽骨肌收缩产生指骨动力性旋转。

四个手指的近侧和远侧指骨间关节为只有一个自由度屈伸的屈戍关节。因指骨的双髁状头及侧副韧带较大的张力,无法内收-外展。近侧指骨间关节能屈曲,范围较大,100°～120°,远侧指骨间关节屈曲稍小,70°～90°。近侧指骨间关节允许最小范围过伸,远侧指骨间关节允许远离正中位30°被动过伸。

拇指指骨间关节运动限制在一个自由度上屈曲和伸展,主动屈曲可达70°,被动过伸超过正中位20°,在拇指指腹施加压力被动过伸范围可增大,如用指腹把大头钉按入墙内。

三、手的稳定性

手指解剖学特征有利于各个关节的稳定。

手的外来肌和固有肌协调活动允许掌指联合体控制。屈肌群背部腱联合体对指骨间关节的控制和稳定有贡献,一个好的屈肌腱鞘滑车系统便于关节的光滑和稳定地屈曲。掌指关节多骨性和韧带不对称性使手有多重功能。指骨间关节的稳定源自关节面的轮廓和特殊韧带限制。

所有指骨连接被设计为执行屈曲功能。每个关节双侧有坚韧的间接韧带,关节的前面有厚的纤维软骨结构加强囊。手背部关节囊窄而松弛。掌侧腱由两个屈肌肌腱组成,比背侧伸肌肌群强壮,掌侧面皮肤相对较厚。

掌指联合体受外来肌和固定肌控制,两者协调活动才能使手在大范围内活动。

每个手指独立工作在某种程度上受到手中伸肌肌腱群连接的限制。中指、环指、小指在独立功能中受到进一步限制,它们的屈肌深层肌腱在相同肌中出现。示指有较大功能独立性,其屈肌深层肌腱在相对独立的肌腹中出现。

伸肌长头腱是从腕骨背侧滑液鞘出现的扁平结构,从腕掌关节逸出,被矢状带保持在位置上。在近侧掌骨背侧,伸肌肌腱和骨间交织的部分形成腱复合体,伸肌肌群延伸到两个指骨关节。三个分支和骨间纤维的铺开形成一个中间带和两个侧面带。中间带从背部逸出到近侧指骨滑车,附着于中间指骨底部。两个侧面带伸入近侧指骨间关节侧翼。这些带在远端伸入中间指骨背部,形成肌腱末端,插入远端指骨背侧结节,通过间接支持带韧带连接近侧指骨。一个手指在近侧指骨间关节弯曲,伸肌肌群三个分支在远端牵引,伴随向中心滑动。中间指骨远端的牵引,使单独的滑动被拉紧,侧面支持带保持松弛允许远端移动相同的距离。侧面支持带松弛要求近侧指骨间关节弯曲。松弛保持,允许远侧指骨被动或主动弯曲,但不主动伸长。"释放"的远侧指骨是远侧指骨间关节和近侧指骨间关节屈伸的功能基础。远侧指骨间关节主动弯曲,整个伸肌肌群被远侧替代,松弛向中间滑动的同时增加间接支持带的韧带拉伸,在近侧指骨间关节形成弯曲力,关节的屈曲不可避免。远侧指骨的释放是指面对指面捏的基础。深层屈肌间歇收缩,允许从指面对指面捏到指尖对指尖捏,这是精细握的机制。

手指移动时,肌腱可滑动一定的距离,称为肌腱偏移。肌腱偏移在关节运动期间屈肌和伸肌肌腱同时发生,原动肌肌腱在一个方向上转移,对抗肌肌腱在相反方向转移以适应运动。

在手指肌腱中,肌腱的偏移在更近的关节中较大。屈肌表面的肌腱比深层的肌腱整体偏移较大,屈肌肌腱的偏移大于伸肌肌腱的偏移,外来肌肌腱的偏移大于固有肌肌腱的偏移。任何一个关节过度偏移会导致远侧指骨间关节的偏移不够,产生弱点。弱点影响近侧指骨间关节和远侧指骨间关节时,手指屈到其极限可能导致不能接触到手掌。

四、手的抓握物模式

手作为上肢功能器官可实现支撑、操控和抓握。

支撑,一只手用非特定的方式托住或稳定某个物体,解放出另外一只手去执行某项更具体的任务。手被用作一个简单的平台,转移或接受某些力量,例如,疲劳时支撑头部,帮助从坐到站起。

手最多的功能是操控物体。手用两种不同的方式操控物体:动作重复生硬,如打字或挠痒;动作持续流畅,动作的速度和强度受控制,如书写或缝补。许多操控结合了这两种动作因素。

抓握是手指和拇指抓或捏的能力,为了握住、固定和捡起物体,物体被抓后部分或整个地包在手里。这种运动用于有目的性的活动。有效的抓握依赖多种因素:①大拇指腕掌关节大范围的活动和第四、五掌指关节小程度的活动;②第二、三腕掌关节的相对硬度;③手指和拇指纵弓的稳定性;④长的外来肌和固有肌之间的协作和对抗的平衡;⑤手所有部位足够的感觉输入;⑥掌指体的长度、活动和位置之间的精确关系。各种形式的抓握可以依据对力或精确度的需求进一步划分。从根本上,多数抓握活动可分为以下五种。

1. 有力握 手指三个关节弯曲时的有力动作,物体握在手指和手掌间,拇指位于物体的掌侧,对物体施加力以确保物体在手掌里。需要手部的稳定性和较大力量但不需要精确度。被握住的物体的形状倾向于球状或圆柱状(图 3-32(a))。这种活动需要如下肌的参与:来自手指屈肌强大的力量,尤其是来自第四指和第五指的力量;手指固有肌的力量,尤其是骨间肌;拇指内收肌和屈肌肌肉组织。腕伸肌需要稳定在一定程度上延伸腕部。

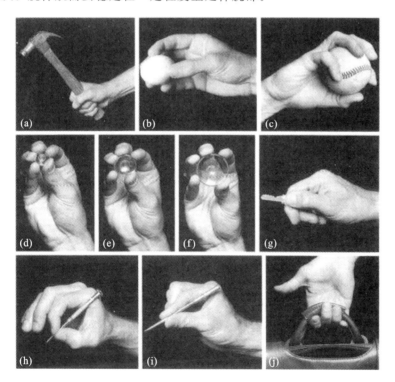

图 3-32 抓握功能

(a)有力握;(b)拿着鸡蛋的精确握;(c)投掷棒球的精确握;(d)~(f)通过改变远端横弓对精确握的改变;(g)有力地钥匙捏;(h)指尖捏;(i)指腹捏;(j)锁捏

2. 精确握 抓握时需要控制和(或)需要某些细致的动作时,需要精确地握(图 3-32(b)(c))。在一个精确控制方式中拇指和手指屈肌之间对小物体的控制见图 3-33。腕位置变化可增加操作范围,拇指通常在一定程度上外展,且是相对的,其他手指在一定程度上屈曲(图 3-34)。精确握

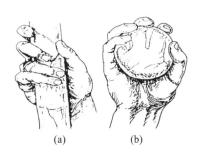

图 3-33 抓握功能的两个基本模式
(a)有力握；(b)精确握

使用拇指和一根或多根手指来提高握紧的安全性,或增加可变的力。改变手指横弓能够改变精确握来配合各种形状的物体(图 3-32(d)～(f))。精确握变量常用于"动力三脚架",拇指、示指、中指紧密配合,精确握物体的工作中有一个动态的动作,示指和小指主要用于支撑和静态控制(图 3-35)。

某些易于抓的运动包括了有力握和精确握。有力握和精确握中拇指和小指完全相对运动经手指掌骨的掌侧位移实现。精确握和有力握的重要区别是拇指位置不同,有力握拇指内收,精确握拇指外展(图 3-33)。有力握中,手向尺侧偏移,腕保持中间位,拇指长轴与前臂长轴一致,旋前和旋后能从前臂传至物体;精细握,手位于桡侧偏移和尺侧偏移之间,腕背屈,拇指长轴与前臂长轴不在一条直线上。力量和精确在所有有力握、精确握中都起作用。有力握中精确反映在拇指的姿势上,当对精确的要求小或根本不需要时,拇指被包在中指上执行增强机制。当有力握占优势动作中要求精确因素,拇指内收和圆柱体长轴呈一直线,通过姿势的小调节,能控制力的作用方向;有力握另一个极端是使用砸煤锤子时的抓握,拇指完全占用,以增强手指加紧动作;空手时握拳,没有精确因素(图 3-36)。

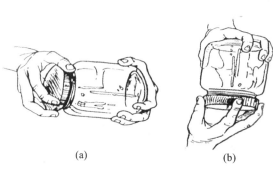

图 3-34 手用于旋开关紧的盖子的两个基本模式
(a)当运动开始,右手呈现用力抓握姿势；
(b)当盖子松动时,手呈现准确姿势完成旋开的最后阶段

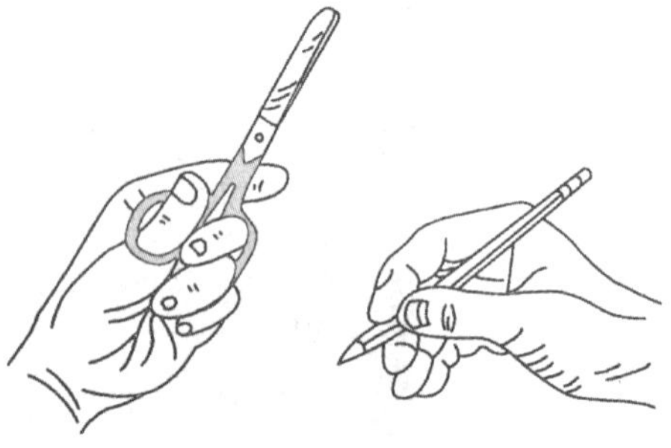

图 3-35 "动力三脚架"精细握的一种类型
(a)握剪刀；(b)握笔

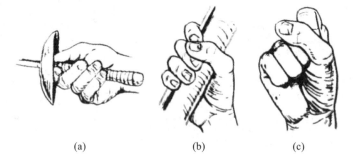

图 3-36 抓握功能
(a)篱笆抓握是一个有力的抓握姿势,精确因素起很大的作用；
(b)砸煤锤子的抓握；(c)握拳是用力抓握没有精确因素的例子

3. 有力捏 当需要较大的力量稳定拇指和示指外侧缘物体时,需要用力捏(图 3-32(g))。有力捏是一种非常有用的抓握,结合了拇收肌和第一骨间背侧肌的力与拇指和示指的灵活性和

感觉灵敏度。

4. 精确捏 为了更好地控制拇指和示指之间的物体，不需要力时，需要精确捏。捏的形式有许多，可用指尖捏的方法或指腹捏的方法来握住物体(图 3-32(h)(i))。指尖捏适用于微小物体，当需要技巧和精确度时需要用到。指腹捏可接触更大物体的更大面积，提高抓握安全度。

5. 锁捏 锁捏是一种不涉及拇指的抓握，是由手指在一定程度上屈曲的指骨间关节形成的。这种紧握用于长时间呈静态的物体，如抓牢行李带(图 3-32(j))。锁捏的力是由指深屈肌相对较低水平的活动产生。

五、临床运用(手指畸形分析)

慢性滑膜炎是风湿性关节炎对骨关节、软组织破坏较大形成的。滑膜炎可降低关节周围结缔组织拉伸强度，肌肉收缩和外部环境的力能破坏关节力学完整性，使关节排列错乱、不稳定，并经常造成永久性变形。了解与风湿性关节炎相关的普通手部畸形病理力学知识是治疗的先决条件，手部畸形的传统治疗方法可解决力学问题。

1. 拇指"Z"字畸形 风湿性关节炎可导致拇指发生"Z"字畸形。拇指多个相互连接的关节在互相交错的方向上塌陷。相对普通的畸形涉及掌指关节的屈曲和内收，腕掌关节的过伸及指骨间关节的屈曲。拇指的塌陷从掌指关节不稳开始，病情恶化，加固关节内侧的韧带会变弱或断裂，拇指掌骨的基部会从大多角骨侧缘脱落。一旦发生关节错位，内收肌和短屈肌会把拇指掌骨僵硬地固定在手掌上。风湿性疾病可能导致肌肉发生纤维性变性，并且永久地缩短，将畸形部位固定在掌指关节上。僵硬的拇指伸出手掌时，掌指关节发生补偿性过伸畸形，变弱并且过伸的掌板几乎不能提供抵抗力，抵抗拇长伸肌和拇短伸肌产生的力量。掌指关节的肌腱最终呈现弓弦状态，提高了伸肌的杠杆作用，进一步导致过伸畸形。拉伸的拇长屈肌被动张力，使指骨间关节保持屈曲。拇指"Z"字畸形可采用非外科手术疗法，如夹板疗法，以减轻慢性炎症，将关节承受的压力降低。如果非手术治疗方法不能缓解畸形，可以考虑外科手术。

2. 手指掌指关节畸形 晚期风湿性关节炎与腕掌关节畸形有关。腕掌关节和掌指关节畸形是手掌错位和尺侧倾斜，这两种畸形通常一起发生。

掌指关节的手掌错位：手指屈曲抓握物体时，指浅屈肌和指深屈肌肌腱沿手掌方向偏离，导致肌腱沿手掌方向产生弓弦力。弓弦力通过腕掌关节多数关节周围结缔组织发生转移：屈肌滑车、掌板、侧韧带和掌骨头后结节。腕掌关节屈曲度越大，弓弦力就越大。在健康手的弓弦力被安全地分散在组织的自然弹力中。严重的风湿性关节炎，侧韧带会断裂，近节指骨沿手掌方向移动，腕掌关节完全错位。手掌错位可导致手纵弓和横弓塌陷变平。

尺侧倾斜：腕掌关节尺侧倾斜畸形是过度尺侧偏移和尺侧移位或近节指骨滑动形成的，在风湿性关节炎晚期最常见，通常与腕掌关节手掌错位一起出现。重力、腕掌关节不对称结构和内侧肌腱经过腕掌关节时的拉力是手指尺侧倾斜的因素。最有影响的因素是尺骨方向的力，这个力是拇指朝向手指方向施加的。拇指接触力导致示指腕掌关节被推向尺骨方向。当指总伸肌肌腱经过腕掌关节时，关节位置加大其偏斜或屈曲，偏斜使肌腱沿尺骨方向产生弓弦力。健康手的背侧腱鞘横向纤维使肌腱保持在旋转轴中央位置上。严重的风湿性关节炎，背侧腱帽桡侧横向纤维断裂或者过伸，允许指伸肌肌腱朝向该关节旋转轴的尺侧方向滑动。在这个位置上，指伸肌产生的力量通过增强内收姿势的力臂发挥作用，内收程度越大，力臂越大，畸形内收力矩也越大。变弱并且过伸的侧副韧带断裂，导致近节指骨沿尺侧旋转和滑动，造成完全脱位。严重内收影响外观和功能减退，尤其是捏力和握力的功能。内收的治疗方法包括使关节排列正常化，使造成不稳定或畸形的基本结构最小化。常见的非手术治疗是应用夹板和专门的康复器械，及为患者提供如何将跨越腕掌关节的变形力降至最小的建议，建议患者避免艰难的握力和强大的捏活动，尤其是急性炎症或疼痛阶段。过度内收的手术治疗包括将指伸肌肌腱转移到腕掌关节的前后旋转轴的桡侧。更严重的情况下,通过全关节置换术替换受损的腕掌关节,手术会减轻疼痛并修复一些功能,但不能重新获得完整的运动范围。腕部的融合术或关节整形术也可以使用。

3. 手指"Z"字形畸形 典型的手指"Z"字形畸形通常与风湿性关节炎晚期相关,常见畸形为鹅颈畸形和钮孔状畸形。这两种畸形通常伴随腕掌关节尺侧偏斜和手掌错位。

(1)鹅颈畸形:鹅颈畸形的特征是近端指骨间关节过伸和远端指骨间关节屈曲。风湿性关节炎手部固有肌通常紧缩在一起并且发生纤维变性。近端指骨间关节掌板变弱,固有肌肌腱导致近端指骨间关节过伸。近端指骨间关节过伸导致伸肌结构侧纵韧带沿背侧成弓弦状,远离关节的旋转轴。弓弦可增加固有肌力臂,伸展近端指骨间关节,恶化过伸畸形。横跨近端指骨间关节的指深屈肌肌腱被拉伸,远端指骨间关节保持屈曲状态。鹅颈畸形通常与风湿性关节炎相关,但这种畸形也可能是掌板急性外伤,或手部固有肌慢性痉挛或肌张力过高导致的。治疗方法包括阻止近端指骨间关节过伸的夹板疗法或外科手术修复掌板、全关节置换术植入一个关节。

(2)钮孔状畸形:钮孔状畸形的特征是近端指骨间关节屈曲和远端指骨间关节过伸。指间关节塌陷的模式与鹅颈畸形形式互补,其主要原因是近端指骨间关节伸肌结构肌带异常移位和中央肌带断裂,尤其是慢性滑膜炎引起的。侧韧带滑向以近端指骨间关节为旋转轴的掌侧。从滑动的侧纵韧带转移的力使近端指骨间关节屈曲,近端指骨间关节失去伸的来源。早期的钮孔状畸形可通过夹板固定近端指骨间关节进行治疗。修复中央肌带和(或)重新排列近端指骨间关节背侧的侧纵韧带需要手术。最小畸形及久坐不动的患者,可通过近端指骨间关节植入硅酮来获得功能,减轻疼痛。

(张华锴)

小 结

肩关节复合体的结构是身体中最为复杂的肌骨系统之一,发生在这个关节中的大部分动作均与很多肌肉的协调性有关,同时也与韧带及其他软组织相关,任一结构的损伤都能够造成肩关节的功能性障碍。

肘关节与前臂复合体位于肩关节和腕手关节之间,其稳定性功能的优劣对整个上肢影响甚大,提供足够的活动度以调整功能性手臂的长度,以及将手放在合适的位置上(借由前臂旋前旋后),是其另外一项重要的作用。很多跨越肘关节的肌肉能够反映出上肢所有区域在功能上的依存度。肌肉共同作用以强化上肢的整体功能。

腕关节主要是由桡腕关节和腕中关节组成,仅有屈伸和桡尺侧偏两个自由度。手部的关节可分为三组:腕掌关节、掌指关节、指间关节。腕掌关节负责调整手掌的曲度,从扁平到有深度的杯状,尤其是第一和第五腕掌关节最为重要。掌指关节仅有屈伸和内收外展两个自由度。指间关节只能屈伸,关节活动度较大,这对于握拳或手指与物体紧密贴合十分重要,当然,对于张开手指准备抓握时的完全伸直也是非常重要的。手部的29块肌肉分为外在肌和内在肌,它们相互之间的良好协调,是手部完成复杂且快速动作的基础。

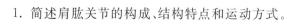
能 力 检 测

1. 简述肩肱关节的构成、结构特点和运动方式。
2. 简述肘关节的构成、结构特点和运动方式。
3. 简述腕关节的构成、结构特点和运动方式。
4. 简述运动肩关节的主要肌。

5. 简述肩关节稳定性的结构基础。
6. 简述肩周炎的治疗措施。
7. 腕和手的运动是如何相互影响的?
8. 简述指关节的组成和运动方向。
9. 手的稳定性和控制是如何实现的。
10. 精确握与有力握的重要区别是什么?

第四章 下肢运动学

学习目标

能够指出强化骨盆、髋、膝、踝关节的构造及韧带的位置、名称。

能够描述并标记下肢各关节周围的肌肉及肌群的位置、名称、起止点以及拉力线与关节运动轴之间的关系,并指出其主要运动形式的主动肌、拮抗肌、稳定肌、中和肌等;能够描述下肢各关节常见的运动伤害。

能够描述影响髋、膝、踝关节稳定性的因素。

能够从解剖学的角度分析下肢各关节的动作技巧。

第一节 骨盆运动学

骨盆由左右髋骨、骶骨和尾骨借左右骶髂关节、耻骨联合和骶尾联合以及髂腰韧带、前后骶髂韧带、骶棘韧带、骶结节韧带等连接成盆状,成为躯干下部的骨性结构,具有保护盆腔脏器和传递来自头、臂、躯干的力到达下肢等功能。

一、骨与关节

骨盆由骶骨、尾骨和左右侧的两块髋骨构成,每块髋骨又由髂骨、耻骨和坐骨组成。构成骨盆的骨各自相关节,包括腰骶关节、双侧骶髂关节、耻骨联合及骶尾连接。

（一）腰骶关节

骨盆通过第一骶椎(S_1)和第五腰椎(L_5)相关节。此关节和其他各椎体关节一样,都是通过椎间盘连接,并由前纵韧带和后纵韧带相连。和其他椎体连接不同的是,腰骶关节还有两条韧带(即髂腰韧带和腰骶韧带)以加强关节稳定性。骶骨上面与水平面的夹角称腰骶角,在躯干正常直立位约30°。肥胖、骨盆前倾等原因导致腰椎前倾的情况下腰骶角增大,L_5与S_1之间的剪切应力增加,容易导致腰椎间盘的损伤和腰椎滑脱的发生。

（二）骶髂关节

骶髂关节是滑膜关节,由骶骨与两侧髂骨构成。通常认为骶髂关节是平面关节,但关节面却很不规则,正是这种不规则的关节面保证了骶髂关节的稳定性,因为其主要功能是传递上肢和躯干的重量到髂骨而不是运动。因此骶髂关节的活动范围很小,骶骨与髂骨仅可相对上下滑动和少量前后运动。在骨盆固定躯干向前倾斜的运动中,骶岬向前下方移动而尾骨向后上方移动,同时伴有髂嵴靠拢和坐骨分离,造成骨盆出口变大。逆倾斜是相反的运动,即骶岬向后上方移动,尾骨向前移动,髂嵴分离,坐骨靠拢。该运动使骨盆入口增大。这两种运动临床上常见于下肢和骨盆被站立架固定而进行躯干前后倾运动训练,若有关节病变可因此运动导致疼痛。

在妇女怀孕期间松弛激素的分泌造成韧带松弛,允许骶髂关节和耻骨联合的运动幅度增加。因此,骨盆入口变大以适应胎儿,并在分娩时骨盆出口变得更大。但韧带过度松弛能产生剧烈的疼痛并可能产生骶髂关节和耻骨联合的自发性的脱位。哺乳后,松弛激素的分泌中止,韧带再次紧张。经常发现骶髂关节和耻骨联合接近时形成左右不对称,而造成慢性下腰部和髋部的疼痛。

(三) 耻骨联合

两侧耻骨通过纤维软骨盘相连接,容许有极小的运动。其主要意义是保证了由骶骨和髂骨构成的刚性骨环在骶髂关节运动时可以松动。在跳跃落地或强力的屈髋动作突然受阻等暴力冲击下,可能造成骶髂关节或耻骨联合的损伤或脱位。

二、肌与韧带

(一) 骨盆的肌

通常所说的盆底肌并不影响骨盆的运动,参与骨盆运动的肌主要为躯干和髋关节的肌,而且往往成对共同作用。腰背肌收缩把骨盆后侧向上提的同时屈髋肌收缩使骨盆前侧向下拉,骨盆前倾;腹肌收缩把骨盆前侧向上提的同时,臀大肌和腘绳肌收缩使骨盆后侧向下拉,骨盆后倾。骨盆侧倾时非支撑侧在重力作用下降低,肌收缩的作用主要是控制姿势、限制骨盆倾斜的程度。如右侧下肢处于支撑相时,左侧骨盆在重力作用下降低,此时竖脊肌和腰方肌收缩,躯干左弯,牵拉左侧骨盆控制其不过分下降;而右侧髋外展肌(臀中肌和臀小肌)收缩,牵拉右侧骨盆向下,共同限制骨盆过度倾斜。所有上述控制骨盆的肌通常协调收缩,共同控制骨盆姿势,以保证躯干及上肢功能的正常完成。

(二) 骶髂关节的韧带

在骶髂关节的后方,骶髂骨间韧带填充了骶粗隆和髂粗隆之间的间隙。这些韧带有多种方向的纤维并覆盖了关节全长的一半。多层骶髂后韧带覆盖骨间韧带和骶骨的后面。这些韧带附于髂骨粗隆(到臀后线),向内下方连于骶骨。在骶髂关节的腹侧为骶髂前韧带,其较薄,不像后方韧带那样宽阔。前、后骶髂韧带将骶骨悬在髂骨上,当所负重量将骶骨压向下时,这些韧带的作用就像避震器。此外,这些韧带的长度限制了逆倾斜运动。强厚的前纵韧带覆盖在腰椎的前方,向下附于骶骨和髂腰韧带。

骶结节韧带和骶棘韧带为宽而长的韧带,连接在骶骨和坐骨结节以及坐骨棘之间。这些韧带有极好的杠杆作用来防止由于重力的作用使骶岬向前下方倾斜。这些韧带的长度限制了向前下倾斜运动的量。

骶髂关节的骨性结构和强厚而广泛的韧带系统形成了关节的自锁机制。当压力增加时导致骶骨在髂骨表面向下运动和后韧带紧张,紧张的后韧带将两侧的髂骨更向中间靠拢,像钳子一样将骶骨夹得更紧阻止髂骨的下降。

三、骨盆的生物力学

两个对称的髋骨和骶骨借两个骶髂关节和前方的耻骨联合连成一体,形成一个骨关节环,称为骨盆环。两条髋臼连线将骨盆环分为前、后两部分。骨盆后部是主要的承重部分,故称承重弓,是由骶股弓和骶坐弓组成。当人站立时,躯干的重力从骶骨经两侧骶髂关节传至髂骨后部,再向下传递至髋臼,形成骶股弓承重。坐位时重力由骶骨经骶髂关节,向下传至髂骨后部,再向下经坐骨上支至坐骨结节,形成骶坐弓负重。骨盆前部由两侧耻骨上、下支与耻骨联合构成的弓形结构连接两侧的承重弓,称为联接弓或约束弓,临床上简称为前环,其作用是防止承重弓向中线离位或分离,是稳定和加强承重弓的力学因素。

人体处于不同体位时骨盆的关节所受应力不同。当单腿站立或迈步时,支撑腿向上传递体重作用于地面的反作用力,同侧髋关节上升,对侧则因下肢重力的作用而下降,于是在耻骨联合处出现剪力。与此同时,骶髂关节则会发生与同侧耻骨方向相反的活动。但是由于耻骨联合和骶髂关节牢固的结构,实际上无论在耻骨联合还是骶髂关节均不会出现任何活动。若创伤后耻骨联合脱位或骶髂关节损伤即会出现移位或异常活动,以致每迈出一步均可引起疼痛。

平卧时,骶骨后面、骶尾部和两髂后棘部所承受的部分躯干的重力,不足以造成骨盆环的活动,但髋关节屈曲或伸直使伸髋肌或屈髋肌处于紧张状态,会影响骨盆环的倾斜度,引起骶骨岬、坐骨结节和尾骨位置的改变。

(李圆圆)

第二节 髋关节运动学

髋关节由凹状的髋臼与凸状的股骨头构成,属于球窝结构,具有内在稳定性。通过髋关节的头、臼软骨面相互接触传导重力,支撑人体上半身的重量及提供下肢的活动度。在众多的可动关节中,髋关节最为稳定,其结构能够完成日常生活中所需的大范围动作,如走、坐和蹲等。球窝关节排列紊乱可导致关节软骨和骨内的应力分布发生改变,引起退行性关节炎等损害,并因关节承受巨大的力而逐渐加剧。

一、髋关节的功能解剖

髋关节是人体最大、关节窝最深、最典型的球窝关节,既坚固又灵活,由髋臼和股骨头构成,主要功能是负重及多方位运动,吸收和减轻震荡,在机体活动中起到杠杆作用。

(一)骨关节的功能结构

1. 髋臼 髋臼由髂骨、坐骨和耻骨三骨汇合而成。髋臼朝向前下外方,内下方软骨缺如,形成髋臼切迹,切迹有髋臼横韧带相连。髋臼的边缘有纤维软骨性质的关节唇,使髋臼变深,以防脱位,这就保证了关节的稳定性,但也限制了关节的活动范围。

髋臼侧壁为马蹄形关节,软骨衬垫于前、上和后三面,髋臼中间部位被关节软骨所深陷,不形成关节面,称为髋臼窝。窝内有股骨头韧带、一个可移动的脂肪垫和滑膜。髋臼窝允许股骨头韧带做必要的运动,当髋关节负重时髋臼窝更是重要的滑液储存地。步行时髋臼各关节面轮流受到股骨头关节面的挤压,在未被挤压时,髋臼窝内的滑液回到关节软骨面之间被吸入软骨。这种交替的挤压和放松保证了关节软骨的营养,而因为各种原因导致的髋臼或股骨头某部位持续受力则会导致关节软骨的退变。

髋臼顶部是髋关节的主要负重区,厚而坚强,后 1/3 能维持关节稳定。此两部均须在相当大的暴力下才能引起骨折。下 1/3 与上、后部比较,显得较薄,造成骨折需要的暴力较小,此部如果发生断裂,对以后髋关节功能影响也较小。

2. 股骨头 股骨头略呈球状,但并非正圆形,当股骨头在髋臼内旋转时,只是在中立位负重的条件下才取得最大的适应和接触面。除圆韧带进入处外均被软骨所覆盖,股骨头中央的软骨较厚,周缘部分较薄。软骨厚度的不同造成股骨头不同区域有不同的刚度和强度,这种力学上的差异,影响应力从髋臼经股骨头到股骨颈的传递。

3. 股骨颈 股骨颈为一管状结构,横断面略呈扁圆状,内下方骨皮质最坚厚,颈中心几乎为空。股骨颈连接股骨头与股骨干,形成两个角度,颈干角和前倾角。

(1) 颈干角:股骨颈与股骨干之间所形成的角度,称为颈干角。在婴儿时期约150°;至成人,其正常范围在110°~140°之间,但大多数皆在125°~135°之间。由于股骨颈及颈干角的存在,使粗隆部及股骨远离髋臼,以适应髋关节大幅度活动的需要。颈干角正常时,股骨头的负荷与股骨颈所承受的应力之间达到生理平衡;当颈干角减小(髋内翻)时,股骨头的负荷减少,但股骨颈所承受的应力则增大;反之,当颈干角增大(髋外翻)时,股骨头负荷增加,但股骨颈所承受的应力则相应减少,以致使剪应力完全变为压缩力。无论髋内翻或髋外翻,均可引起股骨近端负荷及应力的改变,最终继发结构异常和功能障碍。

(2) 前倾角:下肢在中立位时,股骨头与股骨干不在同一冠状面上,股骨头居前,股骨颈向前倾斜,与冠状面形成一个角度,称为前倾角。在婴儿期,为20°~30°。随着年龄的增长而逐渐变小至成人平均为12°~15°。女性稍大于男性。前倾角>12°,将使股骨头部分裸露,走路时为保持股骨头处于臼窝内,使腿有内旋倾向。前倾角<12°,走路时有外旋倾向。前倾角为臀中肌提供一个在矢状面上的杠杆臂,使肌效能成倍增加,这个杠杆臂越长,为保持直立姿势所需的臀中肌力越小,但过度前倾,则有碍于髋关节的外旋活动,且可能造成脱位的潜在趋势。

小儿出生时前倾角一般在30°左右,随着骨生长和肌收缩牵拉使其逐渐变小,在6岁时减小到15°。这是临床上采用保守方法治疗小儿足内收步态的原理。先天性髋关节脱位往往伴有过度前倾,和足内收与足外展一样,都会因为不正确的应力而导致髋关节软骨磨损增加,从而更容易发生骨性关节病。

4. 股骨近端的内部骨结构 股骨近端的内部骨结构完全适应生理应力的类型和大小,包括骨小梁的分布方向和量。正常情况下,股骨头主要承受压缩应力,因而骨小梁由股骨头周边沿压缩合力的方向下行,汇合至内侧皮质,形成最大的一组骨小梁,称为主要压缩骨小梁。另一方面,由于股骨头和股骨颈亦承受剪应力,从而于颈上方产生张力,因而有一组骨小梁由外侧骨皮质沿张力方向延伸至内侧皮质,称为主要抗张力骨小梁。两组骨小梁约成60°交叉,两组交叉之间承受应力最小,故骨小梁亦减到最小程度,此区称为Ward三角。在此两组骨小梁之间,分别有次要抗压缩骨小梁和次要抗张力骨小梁。由大转子下行至外侧骨皮质有一些骨小梁,称为粗隆部骨小梁。

颈干角的改变引起股骨近端负荷与应力的改变,终将导致骨小梁的重新调整。当髋外翻时,由于压缩力增加,使抗压缩骨小梁增加,抗张力骨小梁减少,以至消失;当髋内翻时,则抗张力骨小梁增加,抗压缩力骨小梁减少。因而,可以由骨小梁结构的改变,反映出股骨近端负荷与应力的变化。

(二) 髋关节的关节囊、韧带和血供

1. 髋关节的关节囊 关节囊由坚韧的纤维组织形成,内衬以滑膜,附着于髋臼唇外缘及髋臼横韧带,向下包绕股骨头和股骨颈,止于股骨颈基底部,只有股骨颈后外侧的一小部分露于囊外,因此股骨颈骨折除基底部骨折外均为囊内骨折。当髋关节伸直位时,关节囊紧张,可将股骨头限制在髋臼内部,而关节囊在屈曲、内收及轻度内旋时会松弛。所以,当其过度屈曲又受到向后的暴力时,由于股骨颈后面有一部分在关节囊外,关节囊在屈曲、内收及轻度内旋时的松弛会减弱对股骨头的限制作用,加之其后方的耻股韧带和坐股韧带又比较薄弱,因而髋关节比较易于发生后脱位。

2. 髋关节的韧带 髋关节共有四条韧带,其中最强大者为髂股韧带,起于髋臼上缘的髂骨部分,跨越关节囊前方,分两股分别止于股骨颈基底部前方及小转子前方,又称Y形韧带。关节囊前下方有耻股韧带,后方有坐股韧带。韧带之间形成薄弱区,遭受外力时,股骨头可经由此薄弱区脱出,圆韧带为关节内韧带,由髋臼进入股骨头,有供给血运及稳定股骨头的作用。

当屈髋关节时所有这些韧带都松弛,但当伸髋时变得紧张。在站立位时,髂股韧带能防止骨盆在股骨上向后运动(髋的过伸)。耻股韧带,限制外旋运动;坐股韧带限制内旋。耻股韧带和坐股韧带的张力限制髋关节的外展。

3. 股骨头的血供 股骨近端的血液供应主要来自旋股内动脉,少部分来自旋股外动脉。两者形成一个囊外动脉环;另发出颈升分支进入关节囊,形成囊内动脉环,最后进入骨内。当囊外动脉环不完整时容易发生股骨头缺血坏死。

(三)髋关节的稳定性

髋关节的稳定结构由骨性稳定结构及其周围的韧带软组织维持。与上肢关节相比,髋关节灵活度明显下降,但关节稳定性却明显加强。这与髋关节作为人体的主要负重关节是相适应的。

1. 髋关节的骨性结构特点 髋臼前部低,后部隆起,下部有深而宽的缺口,有横韧带通过并封闭,形成半球形凹窝,周边有软骨组织形成的唇盂缘,加大了髋臼深度,使其面积超过球形的一半,其顶部是主要负重区,厚而坚实,后部亦较厚,可加强关节稳定性,与髋臼匹配的股骨头直径较大,与髋臼结合面差小,决定了髋关节是一个稳定的关节。

2. 髋关节囊及周围韧带的结构特点 髋关节囊紧张而坚韧,上方附于髋臼周缘和髋臼横韧带,下方附着于股骨颈下部,几乎完全包绕了股骨颈,限制了股骨头在关节内的运动。髋关节囊周围有许多坚强的韧带加强固定,髂股韧带、耻股韧带、坐股韧带分别从髋关节的前方、前下方和后方覆盖并稳定关节囊,髋臼周围的髋臼横韧带可以防止股骨头的脱出,关节囊内的股骨头韧带,不但可提供股骨头的血供,还可以加强股骨头与髋臼的连接,股骨颈周围的轮匝韧带与髋臼周缘紧密套合,提高了股骨头的稳定性。

3. 髋关节的周围肌 髋关节是人体最有力最发达的自由关节,其周围肌数目也是最多的,这些肌的存在进一步加强了关节稳定性。

二、髋关节的运动轴和运动

髋关节可以围绕以股骨头为中心的无数轴而运动,但为了便于分析,我们选择互相垂直的三个轴为代表。

(一)髋关节的运动轴

1. 股骨的解剖轴和机械轴 股骨的解剖轴是一条通过股骨干的直线,而机械轴则为髋关节中心和膝关节中心的连线。在直立位,机械轴通常是垂直于地面的。

2. 冠状轴 在站立时,屈伸的轴是水平的冠状轴。左右股骨头中心点的连线称总髋轴。当站立位骨盆向前或向后转动或在仰卧位上拉两膝靠近胸腔时,该运动发生在总髋轴周围。

3. 矢状轴 在站立时,收-展的运动轴为水平的矢状轴。肢体对骨盆的运动,如提腿向外侧,或骨盆对下肢的运动,如躯干向站立侧的腿方向倾斜。不管是肢体运动还是骨盆运动,正确的名称应使用髋关节的外展或内收。髋关节的外展为45°左右,常伴有骨盆的抬高。髋关节的内收为两条腿接触或0°,但腿可能交叉到30°~40°的内收位。这不是纯平面的运动(因为一条腿必须在屈位,而另一条腿在伸位),在跑步、转向和交叉大腿时,这是一个重要的运动。

4. 垂直轴 站立时,内旋和外旋的轴是垂直的,该轴和股骨的机械轴是一致的。内旋是大转子向前移动接近骨盆的前部。外旋是与内旋方向相反的运动。

(二)行走时髋关节的运动范围

股骨头与髋臼的结合方式,股骨头的大小、髋臼的深度、股骨头与髋臼结合的面差、关节囊周围的韧带、关节囊周围的肌决定了髋关节具有很牢靠的稳定性,使其成为人体负重和行走的主要关节。与肩关节相比,两者同为三轴关节,但由于股骨头深藏于髋臼内,关节囊紧张,又有坚韧的韧带限制其活动,故髋关节的运动幅度远不及肩关节,而是具有较大的稳定性,以适应支撑功能,髋关节可做屈、伸、收、展、旋内、旋外和环转运动。关节囊前面的髂股韧带限制了髋关节的伸、展运动,其伸髋范围仅为35°,由于髋关节内侧和外侧有大量的肌附着,且肌力量甚大,极大地约束了大腿的内收外展运动。

正常人髋关节的运动范围终末感通常是坚硬的,因为是韧带性的限制,但屈髋关节同时屈膝例外,因为这运动被腹部的脂肪组织所限制。在严重的肥胖症患者中,这种限制能影响其功能,如系鞋带及拾取和携提物体的能力。屈髋同时伸膝的运动被腘绳肌的长度限制(表4-1)。

表4-1 髋关节的基本运动

关节运动	运动轴	运动幅度	动作举例
屈伸	冠状轴	140°	前后踢腿
外展内收	矢状轴	45°	侧踢腿
旋内旋外	垂直轴	40°~50°	交叉步跑
环转	—	—	单腿画圈

三、髋肌的功能作用

髋关节作为人体直立行走负重的关键下肢关节,稳定性对其重要性是不言而喻的,作为下肢关节,它行使着重要的运动功能,如行走、弹跳、弯腰、摆腿,这些运动要求髋关节具有一定的活动度。髋关节是三轴关节,可做屈、伸、内收、外展、旋内、旋外、环转等运动,关节的运动轴与其周围的肌配布是一致的。因此,髋关节周围肌可分为六组,除了围绕冠状轴和矢状轴排列有屈伸、内收、外展肌外,还有排列在垂直轴相对侧的旋内旋外两组肌。髋关节周围肌数目多,可分为多群,各肌群共同作用行使髋关节的功能(表4-2)。

表4-2 主要髋关节肌的起止点、神经支配和功能

肌名称	起点	止点	神经支配	功能
髂腰肌	髂骨内面和T_{12}~L_5椎体	股骨小转子	腰丛、股神经(L_1~L_4)	屈髋、外旋髋
股直肌	髂前下棘	胫骨粗隆	股神经(L_2~L_4)	屈髋、伸膝
缝匠肌	髂前上棘	胫骨粗隆、胫骨内侧	股神经(L_2~L_3)	屈、外旋、外展髋;屈、屈膝
耻骨肌	耻骨上支	股骨耻骨肌线	股神经(L_2~L_4)	内收、屈髋
阔筋膜张肌	髂前上棘	胫骨外侧髁	臀上神经(L_4,L_5)	屈、外展、内旋髋关节
臀大肌	髂骨后面、骶骨、尾骨	股骨后上面、髂胫束	臀上神经(L_5~S_2)	伸、外旋髋
半膜肌	坐骨结节	胫骨内侧髁后面	坐骨神经(L_5~S_2)	伸髋、屈膝
半腱肌	坐骨结节	胫骨近端前内侧面(鹅足)	坐骨神经(L_5~S_2)	伸髋、屈膝
股二头肌	长头:坐骨结节 短头:股骨嵴外侧	腓骨小头	长头:坐骨神经(S_1~S_3) 短头:腓总神经(L_5~S_2)	长头:伸髋、屈膝 短头:屈膝

续表

肌名称	起点	止点	神经支配	功能
深部外旋肌:梨状肌、上孖肌、下孖肌、闭孔内肌、闭孔外肌、股方肌	骶骨、坐骨结节、坐骨和耻骨支	大转子及附近区域	闭孔外肌:闭孔神经 余:S_1~S_2神经分支	外旋髋关节
臀中肌	髂骨外侧面	股骨大转子外侧面	臀上神经(L_4~S_1)	外展髋关节
臀小肌	髂骨外侧面	股骨大转子前侧面	臀上神经(L_4~S_1)	外展、内旋髋关节
股薄肌	耻骨	胫骨近端前内侧面（鹅足）	闭孔神经(L_2,L_3)	内收髋关节
长收肌	耻骨	股骨粗线	闭孔神经(L_3,L_4)	内收髋关节
短收肌	耻骨	股骨粗线和耻骨肌线	闭孔神经(L_3,L_4)	内收髋关节
大收肌	坐骨和耻骨	股骨粗线	闭孔神经和坐骨神经(L_3,L_4)	内收髋关节

（一）髋关节肌的组成

1. 屈伸运动 髋关节屈曲主要由髂腰肌、股直肌、阔筋膜张肌、缝匠肌完成,其拮抗伸肌为臀大肌、半膜肌、半腱肌及股二头肌长头,因为球窝关节能在冠状轴上做较大的屈伸活动,髋关节屈曲角度为140°,由于股二头肌、半腱肌、半膜肌止点位于胫骨上端,当髋关节屈曲时,膝关节处于伸直位将限制髋关节的屈曲范围,大约在80°,由于髂股韧带较坚韧且位于关节囊前方,限制髋关节的后伸,向后伸的角度为35°,髂股韧带防止髋关节过伸的功能对于维持人体直立姿势有重大的意义。

2. 收展运动 髂腰肌是髋肌中主要的屈髋肌,在下肢固定时可使躯干屈,如仰卧起坐。髋关节的屈伸活动与下肢其他关节相偶联,形成人的直立行走,下肢的活动几乎都伴有髋关节的屈伸活动,髋肌的后群肌臀中肌、臀小肌及阔筋膜张肌与大腿的内侧肌群相互拮抗形成髋关节的内收、外展运动。由于球窝关节在矢状位上的运动特征及对侧大腿的限制,使髋关节的内收、外展运动范围总和只有45°。例如,髋关节屈曲,关节囊周围的韧带将松弛,则内收、外展角度将增大。髋关节的内收和外展运动将有利于人体的变向运动。

3. 旋转运动 髋关节也能做旋转运动,由旋内和旋外两组肌拮抗完成,旋内肌有臀中肌的前部肌束、臀小肌及阔筋膜张肌,旋外肌有髂腰肌、臀大肌、闭孔内肌、梨状肌、股方肌、闭孔外肌及臀中肌、臀小肌的外侧部,旋外肌的力量明显强于旋内肌,所以髋关节的旋外范围大于旋内。髋关节在轴位的旋转运动受关节窝的影响,所以其角度约为50°,髋关节的旋转功能可使人体下肢具有多向运动性。

髋关节是人体稳定性最高的间接关节,关节的结合形态,韧带的附着,强大的肌保护,都使髋关节成为人体负重行走的主要关节之一,由于稳定性与灵活性的彼消此长,因此髋关节的活动范围相对肩关节较小,但仍可满足人体运动的需要,可做多轴运动。

（二）髋关节肌的功能特点

1. 髋肌负重和不负重的功能 研究髋关节肌必须分负重和不负重两种情况。负重的闭链运动可能更重要,如单腿站立、攀登、坐位站起等。此时髋肌需有力收缩以固定肢体远端,不但引起髋关节运动,也影响骨盆运动。若有轻度或中度肌功能减退在闭链运动中即可表现出来,而在仅对抗一侧下肢重量的开链运动中却可能表现"正常"。因此,评估髋关节肌不能仅评估开链运动下的肌肉功能,更应加强负重闭链运动下的功能性运动中肌肉功能的评估。

2. 肌的不同部分可能具有不同的作用 臀大肌和臀中肌其覆盖面很大,所以肌的一部分所产生的动作可能与其他部分不同,但这些肌都有一个由所有肌纤维收缩产生的主要作用。臀大肌的主要作用为伸,而臀中肌主要作用为展。根据其位置,臀大肌上部的肌纤维可展而下部的肌纤维可收,臀中肌前部的肌纤维可内旋而后部则为外旋。

3. 关节角度改变肌的作用 关节的角度可改变三个不同轴髋肌的杠杆作用,从而使某一运动肌的效能增加或减少。由于髋关节有较大的运动范围和较长的肌力臂(运动臂或肌拉力线到关节运动轴的垂直距离),所以这些杠杆作用的改变常见于髋区。臀中肌和阔筋膜张肌都被认为是伸髋位时的内旋肌,但当髋关节屈90°时内旋的杠杆作用就增加了。在髋关节的某些位置,肌的拉力线改变非常明显(如从运动轴的前方变到运动轴的后方)而使这块肌就能产生拮抗作用,如梨状肌当髋伸展时为外旋肌,髋屈时变为内旋肌。这种作用反转的另一例子即为大腿内收肌群。当伸髋时拉力线在髋关节轴的前方,而屈髋时则在轴的后方。当髋关节屈位时(如攀登动作)大腿内收肌群为有力的髋伸肌,但当髋关节伸位时,大腿内收肌群为屈髋肌。对每一块内收肌来说,从屈肌变为伸肌的髋关节角度变化是从屈髋50°到70°。

4. 在髋区的双关节肌的作用 髋肌包括仅作用于髋关节的单关节肌和跨过两个关节作用或潜在作用于这两个关节的双关节肌。根据肌长度-张力关系的原理,双关节肌的效能受到被跨越的两个关节的位置影响,如股直肌在屈膝时屈髋,其屈髋作用大为增强,这是因为这时肌处于较佳的收缩范围内,同样股直肌在伸髋时伸膝,则更为有效。腘绳肌则在伸膝的同时伸髋能发挥更大的效能,同样在屈髋的同时屈膝,腘绳肌则为有效的屈膝肌。

5. 屈髋肌的作用

(1) 在直立位屈髋:当人直立一条腿屈髋(即膝部向胸壁靠拢),用触诊可探到髂腰肌、股直肌、缝匠肌和阔筋膜张肌发生收缩,阔筋膜张肌的内旋作用被缝匠肌的外旋作用补偿。股直肌的伸膝作用被重力,还可能有其他屈肌所阻止。髂腰肌被认为具有内旋和外旋的功能,但从所有实践效果看,它是一块单纯的屈肌。髂腰肌、股直肌、缝匠肌和阔筋膜张肌以一定的比例共同作用产生单纯的屈髋。在屈髋动作的早期内收肌也可能作用,特别是在抗阻力时。伸髋(肌被拉长)时,屈髋肌的等长收缩力矩最大,在屈髋时,则减小。

(2) 在坐位屈髋:因为在坐位时髋关节已经屈曲90°,因此屈髋肌要在缩短的情况下再作用来产生附加的屈曲动作。当髋关节屈成锐角时,虽然缝匠肌和阔筋膜张肌强力收缩,但在该位置,这两块肌已经丧失了许多增加张力的能力,因此没有髂腰肌的协助不能产生进一步的屈髋。事实上,从单独髂腰肌麻痹患者的临床观察发现,在坐位时,仅屈髋肌就能产生足够张力使屈髋超过90°。这些患者能产生屈髋而走路,但在坐位,他们必须要手去提腿。从向后躺坐位回到端坐位时,屈髋肌特别是髂腰肌将控制脊柱和骨盆与股骨之间的位置。双侧的髂腰肌麻痹时,一旦头、臀、躯干的重心线落到髋关节的后方患者即倒向后,因此当患者坐在没有椅背的椅子上时必须用手支持防止向后跌倒。

从观察主要参与身体平衡的肌群麻痹所做的姿势调节得出这样一个总的原则,那就是:当躯干直立(不管是坐还是站立),躯干总是倒向麻痹侧,其运动是由较强拮抗肌的向心或离心收缩来控制的。

(3) 坐起和直腿抬高:髋肌还有一项必须做的检查是在仰卧位时坐起或抬高一条或两条腿的动作。在这些运动中,腹肌协同屈髋肌完成所需的固定骨盆和脊柱的作用。在起坐过程中,颈屈肌和腹肌向心收缩直至躯干出现屈曲(即肩胛骨离床),随后它们保持等长收缩,而髂腰肌是产生从固定的股骨上抬高躯干和骨盆(即进一步坐起)的主要肌。由头颈躯干重力产生的力矩很大,因而需要髂腰肌产生较大的力。假如腹肌没有足够的强度来保持腰的屈曲位,腰大肌的力就会拉腰椎形成过伸位(脊柱前凸)。反复这种动作就可能发生微创伤和背部疾病,所以应该教会背部损伤的患者在仰卧起坐时应侧身用手推起来。

直腿抬高,特别是两侧同时抬高,产生相似力作用于腰椎。在抬腿开始时,髂腰肌产生的力约为240 kg(包括阔筋膜张肌、股直肌、缝匠肌和内收肌所产生的附加力),传递到腰椎和髂骨的起点。该屈髋肌力是大的,因为它必须与下肢重量的力矩相对应(一条腿的重量力矩为4 kg·m,两条腿的重量力矩为8 kg·m)。假如腹肌不能稳定屈髋肌的近侧起点,那么骨盆就向前倾斜而腰椎拉成过伸位。

6. 伸髋肌的作用 髋关节屈伸轴的后面有五个重要肌肉,髋关节在任何位置它们都是伸髋肌。这些肌有臀大肌、股二头肌长头、半膜肌、半腱肌和内收肌(在屈髋位)。屈髋如直立时,躯干前倾,坐骨结节移向髋关节屈的后方,从而使附于坐骨结节的伸髋肌获得更好的杠杆作用。检查髋伸肌应在两种运动中进行,即下肢固定躯干运动或躯干固定下肢运动。在许多活动中,躯干和下肢往往同时运动。

(1) 俯卧伸膝时,伸一侧髋关节:被检查者俯卧在诊察台上一侧髋屈于诊察台的边缘,可观察到伸髋的范围约为90°。当内旋或外旋改变伸髋肌的条件,此时发现外旋会增加臀大肌的伸髋力,而同时内旋时则会减弱臀大肌的伸髋力,却增加半膜肌和半腱肌的伸髋力。

(2) 俯卧屈膝时,伸一侧髋关节:当屈膝伸髋摸腘绳肌时,它们明显缩短和变厚。在这种结合屈膝伸髋的运动中,长度-张力关系是最不理想的,这些肌可能已接近或到达功能不全位。保持屈膝在锐角位做完全伸髋动作时,大腿后区就会有不舒服的压缩感觉,儿童或青年人可能不会主诉这些不适,但老年人就会有极度不舒服的感觉并可能出现痉挛,所以应注意避免。

因为当腘绳肌在它们的缩短范围内收缩产生的张力极小,所以屈膝伸髋时就必须臀大肌强力收缩。当单独测试臀大肌时,有人提议用此方法。虽然臀大肌在屈膝伸髋时能发挥最大的效能,但此时腘绳肌仍以最大能力收缩,所以绝不能测试到臀大肌的单一作用。

(3) 俯卧屈膝时,两侧髋关节伸:在俯卧一侧伸髋时,骨盆仍保持其相对稳定,仅需要伸脊柱肌轻度协同收缩,但两腿同时抬高(后伸)时骨盆的杠杆作用(因为伸髋肌收缩和下肢的重量)就变得明显,所以需要伸脊柱肌特别是腰部的伸脊柱肌大大增加活动。这些肌的高度紧张是可以看到和摸到的。

(4) 在坐位的伸髋肌:坐位或立位时的躯体和骨盆前倾都受伸髋肌控制。伸髋肌离心收缩允许屈体去捡回一个在地板上的物体,而向心性收缩则产生回到直立位的动作。伸髋肌麻痹的患者除非用上肢将骨盆支撑固定在下肢上,否则人就会向前跌到。这种伸髋肌的动作同样见于上、下扶梯,从坐位起立和行走中。这些动作常与股四头肌(伸膝)和腘绳肌(伸髋)同时收缩相关。

在坐位时前倾、立位时弯腰触脚趾、爬梯或从椅子站起来的功能动作中,腘绳肌均为主要的伸髋肌,做上述的快速动作或有中等或大的阻力时,臀大肌也将参与活动。

7. 展髋肌的作用 臀中肌、臀小肌、阔筋膜张肌和臀大肌上部纤维能外展髋关节。在某些位置时,其他肌也有外展髋关节功能,如缝匠肌(在外展时)、梨状肌和闭孔肌(在屈髋位)和髂腰肌(在外展位时)。用CT测量四块外展肌的截面积,其中臀中肌占60%,臀小肌占20%,阔筋膜张肌和梨状肌各占10%。这些外展肌的平均总截面积为43 cm²,而股四头肌为175 cm²,腘绳肌为58 cm²。但展髋肌具有良好的杠杆优势,因为大多数的外展肌是止于大转子或股骨干,离髋关节的旋转中心点有5~7.5 cm,而且它们的肌力线与关节轴形成较大的角度:阔筋膜张肌83°,臀中肌72°,臀小肌61°,而髌腱角仅为15°~20°。

由于杠杆作用的优势,所以相对较小的展肌可产生较大的力矩。据报道平均最大等长力矩男性为12~15.2 kg·m,女性为7.7~10 kg·m。这些数据可以因位置、固定的类型和年龄而有所差异。

当伸髋肌在伸长时收缩将产生最大的力矩,当肌肉缩短时其力矩线性下降。

8. 一侧站立 单腿站立时,在闭链运动中展髋肌主要的功能是保持骨盆的水平。在一腿站立时(发生在走路的每一步中),85%的身体重量(头、臂、躯干和对侧下肢)必须用展髋肌以股骨头为支点,加以平衡,形成第一类杠杆。因为股骨头到体重垂线的距离(重臂)长于肌肉止点到股骨头的距离(力臂),所以展髋肌必须产生一个大于85%体重的力才能保持平衡,两个向下的力即重力和肌的拉力共同形成一个在股骨头和髋臼之间的很大压力。在单腿站立位,关节的压力经计算大约是体重的2.5倍。在行走的站立相,足跟着地时,对股骨头的两相合力或压力超过体重的4倍,在单脚支持中期,其压力减为体重的1.3倍,单脚支持末期(即足跟离地时)又增高为体重的3.4倍。

9. 在内收髋时的肌作用 腿在伸、屈或旋转位时做抗阻的内收髋关节动作,五块内收肌(耻骨肌、长收肌、股薄肌、短收肌和大收肌)同时收缩。

内收肌的截面积远远超过外展肌,看起来似乎不太合理,因为在直立位时展髋肌用来抗重力,而重力本身引起内收。需要内收的动作如两膝夹一个物体和爬竿等,这些动作相对较少,似乎不太需要如此大的截面积。其实,内收肌有这样大的截面积在于它们不仅能内收还能屈、伸和旋转髋。一般认为其与展肌的协同收缩起稳定作用,因此这些肌在步行时均可见到肌电活动。

10. 内收肌的旋转作用 过去内收肌都认为是髋的外旋肌,但肌电图研究证明它们是内旋肌,在坐位或站立时可以检查出这些作用(注意避免屈髋动作)。虽然内收肌止于股骨后面的粗线,但旋转轴不是通过股骨的解剖轴而是通过股骨头到股骨内侧髁的机械轴。当股骨内旋时粗线接近耻骨,而外旋时粗线与耻骨的距离加大。在断离关节的骨盆和股骨的标本上,测量坐骨结节和粗线中点的距离就可看到这种现象。

11. 髋关节旋转中的肌作用 从前面的讨论中,可知道在髋关节周围大多数肌都具有旋转作用,用哪一块来旋转取决于关节的位置,如屈、伸、展和收。例如,臀大肌在髋伸直时,有外旋髋关节的功能,但屈髋时其上部肌纤维就有内旋作用。6块小的外旋肌(梨状肌、上孖肌、下孖肌、闭孔内肌、闭孔外肌、股方肌)均有一个很好的外旋拉力角,但在屈髋时这些肌的外旋功能减弱。到屈髋90°时,它们拥有相当强的外展功能,梨状肌可从伸髋时的外旋肌转变为屈髋时的内旋肌。在屈髋时,臀中肌、臀小肌的前部和阔筋膜张肌能增加内旋的杠杆作用。

四、髋关节的生物力学

髋关节在不同位置时受力情况不同,站立时同时受重力及外展肌的拉力,单足站立和行走时,由于人体重心在两侧股骨头连线之后,重力对关节产生扭矩作用,此时外展肌产生反向力矩以维持平衡,股骨近段不仅受到压应力和张应力,还接受横向环行应力和剪切应力。

(一) 髋关节静力学

1. 双腿站立时的静力学分析 在双腿站立位,重力线通过耻骨联合的后方,由于髋关节是稳定的,因此通过关节囊和韧带的稳定作用,无须肌肉收缩就能达到直立。所以,直立时作用在股骨头上的反作用力为压在上方体重的1/2。因为每个下肢的重量一般为人体重的1/6,所以每个髋关节上的载荷就是余下2/3体重的一半,即1/3体重。然而,如果髋关节周围肌为防止晃动并保持身体直立姿势,这个力的增加还将与肌活动数目成正比。

2. 单腿站立时的静力学分析 单腿站立时,上部身体重力线在三个平面内偏移,产生了绕髋关节的力矩,这个力矩必须由肌力平衡,这样就增加了关节的反作用力。力矩值取决于脊柱的姿势、未负重腿和上肢的位置,特别是骨盆倾斜度。如躯干侧倾过髋关节时反作用力最小。

一侧下肢负重时,髋关节负担为除去一侧下肢重量的体重加上外展肌肌力。此时在负重髋关节股骨头上部一处形成类似平衡杠杆系统中的支点,在额状面上,由股骨头到髋外展肌的力臂与其到骨盆侧的重力臂的比约为1∶3,故两端的承重比为3∶1,即外展肌需承受3倍于体重的重量;在矢状面上,人体重心在髋关节轴后方,髋受到使其向后旋转的弯力矩。人体为了保持平衡,需要外展肌紧张,发挥平衡作用。若重心远离负重髋关节,即力臂延长,则需外展肌力越大,承力增加;若重心移向负重之髋关节,则承力减少;重心全部移到负重的髋关节上,则外展肌承力为零,髋仅承受部分体重之压力。

(二) 髋关节动力学

做各种动作时,常需髋肌平衡体重,因此会对髋关节产生相当大的压力。因为在此过程中,若以髋关节为支点,则从支点到身体重心的力臂远大于支点到髋肌的力臂,髋肌的力量远大于人体重量,因此关节受力便会大于体重。髋肌除了增加稳定性外,还可以调节股骨的受力状态。正常人站立时,若肌(如臀中肌)未紧张,股骨颈将受到一个弯曲力矩,会在上方产生张应力,在下方产生压应力。因此,若负荷过大,很容易产生张应力破坏。而肌产生的收缩作用,会抵消上方张应力部分,避免股骨颈骨折。

正常行走时髋关节的动作平衡且有节奏,耗能最低。双髋轮流负重,重心左右来回移动4.0~4.5 cm。髋关节在步态周期过程中会有两个受力波峰,分别在足后跟着地及趾尖离地时。缓慢行走时,惯性力作用可不计,视为与静力学相同。但髋关节在快速运动时,受加速和减速的作用,受力会增加。合力等于体重加惯性力,包括地面反冲力、重力、加速度、肌力等,一般认为是体重的3.9~6.0倍。在走路时(速度为1.5 m/s),髋关节最大受力约为2.5倍体重,而当跑步时(速度为3.5 m/s),关节最大受力为5~6倍体重。

髋关节通过头、臼软骨面相互接触传导重力,负重面为以负重中心为极点的股骨头上半球与半球形臼的重叠部分,具有弹性的关节软骨将应力分散传递到各作用点。正常的股骨颈的应力分布为合力通过颈中心的偏下方,内侧有较高的压应力,外侧有较高的张应力。通过经典的梁测试原理计算、光弹性试验、有限元力学分析结合数学分析、应变仪或骨表面涂布应变敏感物质测定等均证明股骨颈上部头颈交界处所受张应力最大。当髋关节畸形时应力分布改变:髋内翻时内侧压力、外侧张力均增大;髋外翻时,随外翻程度增加张应力逐渐减小以至消失。当合力通过颈中央时,内、外侧承受平均压力。

为分析髋关节的受力情况,假设整个身体集中于一点,称为身体重心。静止站立时,重心与双髋的共同轴在同一冠状平面上,位于第二骶椎的前方。正常行走时,髋关节双侧轮流负重,重心左右来回移动。因此髋关节受力会因运动方式不同而受力不同。有实验表明,当髋关节连续承受2000次载荷时,软骨会遭到严重的振动、形成溃疡,使软骨和骨发生不可逆性变形,造成骨的广泛损伤。老年人髋关节的活动量1年累计约一百万次,如此高负荷、高频率,产生退行性关节病也是可以理解的。

通常,作用于髋关节的力可分为张应力、压应力、弯曲应力和剪切应力四种。这些力的作用通过体重负荷和肌肉收缩作用综合表现。人类髋关节为适应直立行走、劳动的需要,其力学性能优良,具有下列生物力学特点。

(1) 股骨上端形成多平面弯曲角(颈干角、前倾角),与骨盆和下肢呈多曲结构。其骨小梁呈多层网格状,应力分布合理,受力性能最佳,自重轻而负重大。

(2) 具有自动反馈控制的特点,以适应张应力和压应力的需要。按照Wollf定律,股骨上端具有独特的扇形压力骨小梁系统和弓形横行的张力骨小梁系统;在转子平面又形成另外的骨小梁系统。可根据受力大小通过人体自动反馈系统作用增加或降低骨小梁密度,使骨组织以最小的重量获得最大的功效。

(3) 髋关节生物力学结构具有变异性。骨小梁组织结构的数量和质量受个体职业、活动状况、内分泌、物质代谢、营养、年龄、疾病等诸多因素的影响。

（4）股骨干的力学轴线是自股骨头的旋转中心至股骨内外髁的中点，股骨上端承受的剪切应力最大，所以股骨颈多因剪切应力而骨折，大转子以下多因弯曲和旋转应力而骨折。髋关节生物力学体系处于动态平衡之中，随时可以调整保持身体重心的稳定。骨小梁的分布和骨截面形状均适应外力作用的需要，特别是能最大限度地防止弯曲应力的作用。

五、临床应用

在临床上，很多髋部疾病都是由机械应力与组织耐受力之间不平衡所引起的，为了降低机械应力，达到新的平衡，经常采用的治疗方法是减少关节的负荷，或扩大关节的负重面积，这已成为髋关节治疗学上的一种基本原理。

一种最直接的减少负荷的方法是减少体重，体重每减少 1 kg，则髋关节的受力可减少约 3 kg。使用手杖或拐，是降低髋关节负荷的最有效而常用的方法，手杖通过一个长的杠杆臂而起作用，可显著降低患髋的负荷。行走时躯干向患髋倾斜（跛行），是减少负荷的一种代偿运动，这样可以将身体重心转移至更靠近患侧股骨头中心，以缩短其杠杆臂，从而减少为保持躯干平衡所需的外展肌力，结果使股骨近端的负荷降低。例如，当展髋肌麻痹时，单腿站立保持骨盆平衡已是不可能，但这些人常能瞬时保持骨盆平衡，足以允许其跛行，原因是他们将头、躯干、臂的重心外移超过髋关节的运动轴所致。再如，截瘫（双下肢肌麻痹）的患者可学习多种补偿的方法来控制在功能动作时的髋部。首先，患者可将身体的重心移到髋关节轴的后方，借髂股韧带来保持骨盆的伸直位。其次，由于限制髋关节过伸的髂股韧带十分强厚，这就使得截瘫的患者在膝和足用夹板或矫形器固定的情况下得到站立时的平衡。当然，为了运用行走的平衡技巧，还可借助于平行杆或双拐来运动下肢或抬高躯干。这些运动的有效代偿肌是背阔肌。在闭链运动中背阔肌的止点（肱骨）和起点（下位胸椎棘突、胸腰筋膜和髂嵴）距离缩短，产生髋部的提高，这样同时可使一条腿向前移动，两侧收缩则可使整个身体抬高摆向前方，即"摆过步"态。这是最快的拐杖步态，但需要较大的能量消耗及强有力和控制良好的上肢。

（李圆圆）

第三节　膝关节运动学

膝关节是全身中结构最复杂、最大、所受杠杆作用力最强的一个关节，它有 3 块骨（股骨、胫骨和髌骨），2 个运动自由度，3 个互相关节（内侧胫股关节、外侧胫股关节和髌股关节）的面，这 3 个互相关节的面均围在同一个关节囊内。膝关节的可动性主要由骨性结构提供，而稳定性主要由软组织（韧带、肌和软骨）提供。其运动范围虽不及肩、髋关节广泛，却具有更为精确、复杂的规律。膝关节的损伤十分常见，常是由于力作用于股骨和胫骨的长杠杆臂而产生较大的力矩造成的。

一、膝关节的功能解剖

膝关节是人体的主要负重运动关节，当人体处于站立位姿势时，它可以支持体重而不需要肌肉的收缩；在坐、蹲、攀登等运动中，它参与降低或抬高体重（抬高至 0.5 m），着地腿的膝还允许身体的旋转。在步行时，正常的膝关节通过减少身体重心垂直和侧方的震荡来减少能量的消耗，支撑相当于体重 4～6 倍的垂直的力。正常膝用一个特异的方式而实现其多种功能（承受巨大的力,提供稳定性和较大的运动范围)。当膝关节功能结构发生改变而影响膝关节的运动学特性时,都可能引起关节功能异常及膝关节所受应力的增加。

(一) 骨关节与功能结构

膝关节是人体最大的关节,包括股骨、胫骨及髌骨,其中股骨和胫骨属于长骨。髌骨位于关节前方,其上附有股四头肌和髌韧带,在膝关节运动中起重要作用,它们可增加股四头肌的力臂,帮助关节运动达到有效的力学效应。此外,腓骨亦属于膝关节的一部分,连接于胫骨的外侧后方,腓骨头上附着外侧副韧带以提供关节外侧的稳定性。

膝关节主要包含两个关节接触面,分别为胫股关节面及髌股关节面。关节表面均覆盖有关节软骨,提供关节润滑及避免关节面之间相互摩擦。

1. 胫股关节的形态与运动的关系 胫股关节分为内侧胫股关节和外侧胫股关节。股骨的内、外侧髁与胫骨内、外上髁分别组成内、外侧胫股关节。外侧胫股关节面的前1/3为一逐渐上升的凹面,后2/3为逐渐下降的凹面。内侧胫股关节面为碗形的凹陷。这样,凸起的股骨关节面和凹陷的胫骨关节面彼此吻合,使膝关节在矢状面上做屈伸活动;而外侧胫骨关节面的凹陷结构使外侧胫股关节面无法完全吻合,这样就使膝关节的屈伸活动不是同轴运动而是具有多个瞬时活动中心的运动。

胫股关节以一个不寻常的方式达到它们最大的稳定性和具有两个自由度的运动。股骨的内、外侧髁纵向和横向均凸起。前方它们与髌面相连,后方被髁间窝分开。股骨内、外侧髁与较小的胫骨髁相关节;胫骨髁稍凹(胫骨外侧髁前后方向也凸起)。胫骨的髁间隆起和楔形的内、外侧半月板增加了关节面的适应性。股骨髁的纵向关节面相当于胫骨髁关节面长度的两倍。因此,膝关节的屈伸运动并不是纯的屈戌运动。髁是进行滚动和滑动两种运动,这两种运动之间的比随运动的范围不同而变化。在开始屈膝时以滚动为主,在屈膝的终末时则有更多的滑动。因为股骨外侧髁关节面的长度大于内侧髁,所以两髁的运动也不同。

2. 髌股关节 髌骨是一块籽骨,位于关节囊上,并与股骨髁前下方的鞍状关节面(滑车面)相关节。髌骨的关节面有一明显的纵嵴将其分为内侧和外侧关节面。关节面的形态有相当大的变异,而且骨的形状并不一定与关节软骨面一致。髌骨有下列作用:通过增加与运动轴的距离(力臂距离)来增强股四头肌的杠杆作用和力矩;当屈膝时提供股骨髁关节面的骨性保护;减少对股骨髁的压力和分散股骨髁上的力;在抗阻高度屈膝时,能防止对股四头肌腱损伤性压力(该腱能抗大的张力但不能抗压力或摩擦力)。

股四头肌从各边稳定髌骨,并引导髌骨和股骨之间的运动。远侧,髌骨经强厚的髌韧带附于胫骨粗隆。致密的纤维性支持带附于髌骨的两边。在外侧,深、浅支持带,髂胫束和股外侧肌稳定了髌骨。当屈膝时,这些结构向后外移动产生对髌骨的侧向斜力。正常时,这种运动被内侧稳定结构(髌股韧带、内侧半月板髌韧带和股内侧肌的斜纤维)所产生的平衡力阻止。在上方,股直肌和股中间肌止于髌骨的基底部。髌骨受到静态(筋膜)和动态(肌)力的共同影响。

当屈膝髌骨在股骨髌面上滑动时,髌关节面也发生变化。在运动的开始,接触区在髌骨的远侧1/3。当屈膝接近90°时,关节面移向基底部覆盖了髌骨的近侧1/2。在屈膝120°时,产生两个区域的接触和压力,即髌股关节和股四头肌腱与股骨之间。

髌骨为膝提供了两个重要的生物力学功能,它在整个运动范围内借助延长股四头肌力臂来帮助膝伸直,并以增加髌骨与股骨间的接触面来改善股骨上的压应力分布。在膝由完全屈曲到完全伸直时髌骨对股四头肌力臂长度所起的作用也在改变。完全屈曲时,髌骨在髁间窝内,股四头肌肌腱的前移很小,对股四头肌力臂长度所起的作用最小(约为力臂总长度的10%),当膝伸直时,髌骨从髁间窝抬起,产生显著的肌腱前移。在伸直到45°时,随着力臂长度迅速增加,此时,髌骨延长力臂约30%。膝继续伸直,股四头肌力臂长度稍有减小。在伸直最后45°时,随着力臂长度的减小,股四头肌为保持相同的膝力矩必须施加较大的力。在切除髌骨的膝,髌腱比正常膝更接近髌股关节的瞬时中心。由于髌腱作用在较短的力臂上,在伸直最后45°时,要保持膝上正常所需的力矩,股四头肌必须产生更大的力。切除髌骨的膝在完全主动伸直时,所需的股四头肌力比正常膝约大30%。对股四头肌力这种增加的要求在某些患者中可能超过股四头肌的能力。这对有关节内疾病或年龄较大的患者,更为明显。

3. 膝内翻和膝外翻 从前方看,伸直的膝可看到在股骨干和胫骨干之间有一向外开放的角。角的大小是可变的,通过两骨的纵轴测量,一般认为其平均值为170°。该角是由于股骨干的内收位和胫骨垂直将体重传送到足和地面的代偿方向所致。这样,当要一条腿负重时,力朝向膝关节的内侧边。如果角小于170°,称为膝外翻。相反,如果角接近180°或向内侧开放,这种畸形称膝内翻。

4. Q角 股四头肌腱和髌韧带在髌骨的中心形成一个角,称为Q角,它是股四头肌肌力线和髌韧带力线的夹角,即从髂前上棘到髌骨中点的连线为股四头肌肌力线,髌骨中点至胫骨结节最高点连线为髌韧带力线,两线所形成的夹角为Q角,正常值为11°~18°。Q角大于20°认为有较高的髌股关节异常发生率,如髌骨软骨软化和髌股关节行径轨迹异常。当髌骨在髌面上移动时,关节面的形态、外侧滑车面较高和内侧软组织的稳定结构可防止向外侧的过度移位。如髂胫束紧张或股内侧肌无力所致的不平衡可引起髌骨在股四头肌收缩时向外侧移动,这将导致关节接触区和压力的改变而产生疼痛和功能障碍。

(二) 膝关节的辅助结构

膝关节的关节囊(韧带)及韧带系统是保护膝关节及稳定的重要结构。

1. 关节囊 膝关节关节囊薄而松弛,有很多隐窝,附着于股骨髁和胫骨髁的上下。关节囊上起自股骨髁间线,但两侧仅高于关节边缘1.25 cm,故股骨的内外上髁均在囊外,下止于胫骨关节面远侧边缘的0.3~0.6 cm,周围与韧带相连接。膝关节周围有许多的滑膜囊,这些滑膜囊有的与关节腔相通,有的单独存在。当膝关节屈伸时,滑液会从一个凹室流入另一个凹室来润滑关节面。因此,当受伤或其他因素导致关节腔内充盈过多的液体时,半屈膝体位可以减少关节腔内的压力,有利于减轻疼痛。

2. 半月板 半月板是垫在膝关节股骨与胫骨之间半月形的纤维软骨盘,填充在两侧胫骨髁上。内侧半月板较大,状似"C"形,外侧缘与关节囊和胫侧副韧带紧密相连,所以胫侧副韧带的损伤常合并半月板撕裂。外侧半月板较小,状似"O"形,外侧缘亦与关节囊相连。两个半月板的前端常借膝横韧带相连。

半月板唯一的骨性附着是通过它们的角连于胫骨的前、后髁间区和通过冠状韧带连于半月板的周缘与胫骨的边缘之间,冠状韧带是关节囊的一部分。因此,半月板并不附于胫骨的关节面,而是可动的。此外,在前部,半月板借半月板髌韧带与髌骨相连,故伸肌装置可借此调节半月板在关节全部的活动;在后部,半月板分别借纤维组织与半膜肌、腘肌相连,使两者得以调节内、外侧半月板在关节后部的活动。

半月板的作用是增加胫股关节的适应性和分散压力。膝关节的负重区在内、外侧胫股面几乎是相等的,在膝关节过伸时负重面最大。屈膝时,负重区在胫骨上向后移动,并变小。外科切除半月板减少了表面区域并造成在股骨髁和胫骨髁的压力增加,这可能导致随后产生骨关节炎。

被动和主动的力使半月板在胫骨上运动和控制其运动。在伸膝时股骨髁将半月板推向前方,使股骨髁与胫骨髁的接触面向前移动;相反,半月板在屈膝时移向后方。此外,半月板的移动或变形是根据轴旋转时股骨髁运动的方向来确定的。韧带和肌的附着也可直接牵动半月板。例如,半月板髌纤维在伸膝时使半月板向前移动,而屈肌的附着(半膜肌和腘肌)使半月板向后运动。若半月板不能随股骨髁一起移动,如发生突然的扭转或强有力的运动,这时半月板可能被股骨髁压碎或撕裂。

一般来说,当膝关节屈曲、回旋再突然伸直时,半月板正好位于股骨、胫骨内外侧髁的突起部位间,容易受挤压而损伤。因此,在进行较剧烈运动前,一定要做好准备活动,保持正确的膝关节姿势和用力顺序。平时须加强膝关节周围肌力的训练,以增强膝关节的稳定性。

3. 膝关节的韧带 膝关节韧带较多,有关节囊外韧带和关节囊内韧带。由于膝关节的屈伸运动没有骨性阻碍,因此较多的韧带附着,能够保证膝关节运动的稳定性。

(1) 髌韧带:髌韧带位于膝关节的前方,为股四头肌肌腱的延续部分,自髌骨向下止于胫骨粗隆,髌韧带扁平而强韧,其浅层纤维越过髌骨连于股四头肌肌腱,从前方加固和限制膝关节过屈。

(2) 副韧带:胫侧副韧带呈宽扁束状,位于膝关节内侧偏后方,从内侧加固和限制膝关节过伸;腓侧副韧带位于膝关节外侧稍后方,起自股骨外侧髁至腓骨头,从外侧加固和限制膝关节过伸。强厚的内侧(胫侧)和外侧(腓侧)副韧带可防止膝关节在额状面的被动运动。胫侧副韧带可防止胫骨在股骨上的外展,腓侧副韧带可防止胫骨内收。其次,当伸膝时副韧带阻止胫骨的前、后移位。副韧带在股骨髁附着处偏于屈伸轴的后上方。这种偏移造成在伸膝时韧带紧张而屈膝时变得松弛。所以副韧带提供了终末旋转后膝关节的稳定性,又允许在屈膝时的轴旋转。股骨髁的后面具有较大的凸度而且有髁间窝,当屈膝时减少了关节面的适配性,因此易化了轴旋转。

(3) 交叉韧带:交叉韧带是稳定膝关节的重要组织,前交叉韧带自胫骨髁间前窝向外后上方,呈散开状止于股骨外侧髁内面的后部,后交叉韧带自胫骨髁间后窝斜向内前上方,止于股骨内侧髁的外面,二者相互交叉。前、后交叉韧带位于膝关节的中央,股骨的髁间窝内。虽然交叉韧带与关节囊紧密相关,但它们表面覆以滑膜,所以并不是关节囊内结构而是囊外结构。在整个膝关节的屈伸运动中,交叉韧带并非全部同时紧张,它们始终保持相对恒定的长度,而产生髁面的滑动。前交叉韧带(ACL)切断,可允许胫骨在股骨上向前脱位(前屈征)。ACL还能限制膝关节的内、外旋转。后交叉韧带(PCL)能够限制胫骨在股骨上的后移位(后屈征)。相反,在闭链运动中,当在跑步脚着地时,PCL有助于防止股骨髁在胫骨髁上的向前移位。PCL正常情况下仅允许小量的被动运动。

二、膝关节的运动

膝关节的运动特点是由其构成关节的骨骼形状及韧带的制导作用所决定的。膝关节主要是伸屈运动,在屈曲位兼有旋转运动,同时有很小范围的内外翻的被动运动(表4-3)。膝关节的屈曲范围取决于与大腿后面接触的小腿肚肌的大小,通常在120°~130°。由于受跨过髋和膝两个关节的股直肌(它起自髂前下棘)的限制,当伸髋时屈膝,运动范围减小。过伸的运动范围较小,正常不超过15°。

表 4-3 膝关节的基本运动

关节运动	运动轴	运动幅度	动作举例
屈伸	冠状轴	120°~130°	后踢腿跑
旋转(屈膝时)	垂直轴	约50°	足内、外侧背踢球
髌骨上下滑动	—	—	—

正常被动屈膝的终末感是软的,因为来自小腿肚和大腿软组织的接触,若小腿大腿不接触则来自延伸的股直肌。伸或过伸的终末感是坚硬的,因为来自韧带和关节囊结构的张力;若屈膝90°,伸膝较为自由或被腘绳肌的长度所限制。

1. 伸展与屈曲 膝关节的伸展与屈曲是在矢状面上的运动。在伸屈时,股骨髁与胫骨髁的相对运动大部分过程是滑动方式,其运动轴横贯内、外侧髁,为额面轴,随滑动而变动,伸展时轴偏前,运动的半径亦长;屈曲时轴偏后,运动的半径渐变短,最前与最后方半径之比为 9∶5。此额面轴的轨迹是心形,称为伸屈运动的瞬时中心曲线。在伸展的最后 20°时,股骨髁与胫骨髁的相对运动变为滚动方式,但股骨内、外侧髁的滚动幅度不一致,外侧髁在最后 20°时开始,而内侧髁则在最后 10°开始,因此,自然形成股骨髁在最后伸直时发生内旋(即小腿的外旋),此阶段内每 0.5°的股骨内旋,此伸膝运动的终末旋转可使膝关节更趋稳定,称之为膝关节的扣锁机制。相反,当自伸直位开始屈曲时,在最初 20°伴有股骨的外旋(即小腿的内旋),滚动式的运动较滑动式的运动稳定。

2. 旋转运动 旋转运动只有在膝关节屈曲位才存在。旋转轴(垂直轴)位于胫骨髁隆突的内壁。胫骨平台的内侧髁关节面形如一椭圆体的截面,其纵轴正指向隆突内壁。在屈膝位时侧副韧带放松,外侧者更明显,也容许股骨外侧髁在胫骨平台上有较内侧为大的旋转幅度。此旋转轴并非固定不变,随着屈曲角度的增加而略向后移。在伸屈运动的同时还伴随有旋转运动,自伸而屈时,小腿内旋,反之外旋。旋转范围因屈曲位置不同而异,以 90°屈曲位最大,外旋约 40°,内旋约 30°。

按一般人正常中速行走(每分钟约 95 步)计算,步态的每个周期中膝关节的运动范围在 5°~67°之间。在负重期开始,足跟着地阶段,膝关节接近完全伸直,而在摆动期开始后,膝关节最初先加大屈曲,达 70°左右,然后渐伸直。但实际上膝关节在整个周期并未完全伸直达到 0°。只有在站立时,主要是一足负重时才完全伸直,呈现扣锁。在上、下楼时所需的度数则和人的高度以及台阶的高度有关。

3. 膝关节的终末旋转 当伸膝关节时,胫骨在固定的股骨上外旋大约 20°。这种旋转运动在伸膝的最后 20°发生,称膝关节的终末旋转。这是纯粹的机械现象,发生于被动和主动的伸膝运动中,不能随意产生或阻止。在闭链运动中若从椅子上站起来,股骨在固定的胫骨内旋时也能见到终末旋转。这种螺杆机制提供一个机械的稳定来抵抗发生在矢状面的力。它允许人类在直立时不需要股四头肌收缩以及在伸膝降低肌力的情况下抵抗前-后向的力。虽然膝关节终末旋转的量不大,但它对正常的膝关节功能如同轴旋转一样是必需的。膝关节的成功康复,这两个运动必须评估和修复。

4. 附加运动 膝关节的紧锁位是完全伸直的,在这位置终末旋转使韧带和关节囊结构紧张,牢固地稳定关节。在这个位置正常不产生任何附加运动。但若膝关节屈 25°或更大时,胫骨可从股骨上牵开几个毫米,向前、后、内侧和外侧滑动 1~3 mm,以及内收和外展。过度的滑动可能提示软组织结构松弛,如韧带、半月板或关节囊。

三、膝关节的肌

运动膝关节的肌,按位置属于大腿肌,它们起自股骨或骨盆,肌束跨越膝关节,止于小腿骨。近固定和远固定收缩时,可使关节运动,按膝关节的运动形式,将运动膝关节的作用肌分为屈肌、伸肌、旋内肌和旋外肌四个肌群(表 4-4)。

表 4-4 主要膝关节肌的起止点、神经支配和功能

肌名称	起点	止点	神经支配	功能
股直肌	髂前下棘	胫骨粗隆	股神经(L_2~L_4)	屈髋、伸膝
股中间肌、股内侧肌、股外侧肌	股骨粗线、股骨前面、内侧面和外侧面	胫骨粗隆	股神经(L_2~L_4)	伸膝
半膜肌	坐骨结节	胫骨内侧髁后面	坐骨神经(L_5~S_2)	伸髋、屈膝

续表

肌名称	起点	止点	神经支配	功能
半腱肌	坐骨结节	胫骨近端前内侧面（鹅足）	坐骨神经（L_5～S_2）	伸髋、屈膝
股二头肌	长头：坐骨结节 短头：股骨嵴外侧	腓骨小头	长头：坐骨神经（S_1～S_3） 短头：腓总神经（L_5～S_2）	长头：伸髋、屈膝 短头：屈膝
腘肌	股骨外侧髁	胫骨内侧髁	胫神经（L_4～S_1）	启动屈膝
腓肠肌	股骨内外侧髁	跟腱、跟骨粗隆	胫神经（S_1～S_2）	屈膝、踝跖屈
跖肌	股骨外上髁	跟腱、跟骨粗隆	胫神经（S_1～S_2）	屈膝，踝跖屈

（一）膝关节肌的组成

1. 使膝关节屈的作用肌 使膝关节屈的作用肌主要有股二头肌（伸和外旋髋关节及屈和外旋膝关节）、半腱肌（伸和内旋髋关节及屈和内旋膝关节）、半膜肌（屈和内旋膝关节及伸和内旋髋关节）、腓肠肌、跖肌和腘肌（内旋和屈膝关节）等。各肌的肌拉力线从膝关节冠状轴的后方跨越，近固定收缩时，可使小腿在膝关节处屈；远固定收缩时，可使大腿在膝关节处屈。

2. 使膝关节伸的作用肌 股四头肌位于大腿前面，是人体中体积最大的肌肉之一。该肌由四块肌组成，分别为股直肌、股内侧肌、股外侧肌和股中间肌。这四块肌形成单一而强厚的腱止于髌骨、膝关节囊和胫骨上端的前面。肌肉发达而脂肪组织较少的人，股直肌、股内侧肌和股外侧肌均能清楚看到，但另外一些人这些肌的界限就不很清楚。股中间肌位置较深，不能从体表看到。

髌骨在股四头肌的总腱内，该腱附于髌骨的上缘和两侧缘。髌韧带作为股四头肌腱的延续从髌骨尖延伸到胫骨粗隆。在髌骨的两侧，腱纤维从内、外侧支持带中伸展出来，附于胫骨髁。

悬垂直腿上举、负重深（半）蹲等可发展股四头肌的力量。俯卧反弓伸展练习可发展股四头肌的伸展性。

3. 使膝关节旋转的作用肌 使胫骨在股骨上内旋的肌有半腱肌、半膜肌、腘肌、股薄肌和缝匠肌。使胫骨在股骨上外旋的肌有股二头肌，阔筋膜张肌可能起到协助作用。在坐位抗阻外旋小腿时，可探知股二头肌是一块强有力的外旋肌。当俯卧屈膝稍超过90°外旋膝时，股二头肌将单独收缩。

缝匠肌、股薄肌和半腱肌肌腱的止点是在胫骨内侧髁稍下方的前内侧面上，其腱纤维与小腿深筋膜互相交织形成鹅足。一般认为这三块肌对膝关节的内侧稳定很重要。

屈和旋转的开链运动对足的置放和运动十分重要，而且仅需少量的肌力消耗（除在行走或跑步时的小腿减速运动），但当屈膝肌作用于其他关节或在闭链运动中就需要更大的肌力消耗。

腘绳肌是主要的伸髋肌，当俯卧伸躯干时，通过强烈收缩来固定骨盆；在坐位和直立时弯腰去触摸足时，它们也通过收缩来保持骨盆在股骨上。腘绳肌、缝匠肌和股薄肌对髋关节和膝关节还具有旋转作用，而腘肌仅为膝关节的旋转肌。在行走时的站立相，足站到地面上后，在支持腿上必须旋转髋关节和膝关节使身体向前移动。这些旋转肌就始发和控制这个旋转动作。在跑步、转身、急转方向或站立在不稳定的基础上保持平衡的动作中（如站在不平的地面上或摇晃的船上），旋转肌所需的肌力就明显增加。在有跪或蹲的动作或运动中（如园艺工作、焊接、挖掘或踢足球），均需要来自旋转肌强有力的肌力来始发和控制髋和膝在固定的胫骨上运动来适应必需的躯干和上肢的扭转动作。由于屈膝肌主要作为旋转肌或肢体的减速肌发挥其作用，所以它们的损伤(如腘绳肌拉伤)较为常见。

腘肌虽小,但其截面积大于股薄肌或缝匠肌的截面积,约为半腱肌截面积的70%。腘肌被认为是屈膝肌,但这种作用的杠杆机制极差。

腘肌是在伸直的膝关节产生解锁的旋转动作。因为伸膝的终末需要胫骨在股骨上的外旋,所以开始屈膝就需要一个相反的胫骨内旋,这是由腘肌来完成的。当膝关节接近90°时,腘肌出现动作电位,只要保持屈膝的姿势其肌电活动也一直存在。当屈膝时,体重驱使股骨髁在胫骨平台上向前滑动,虽然后交叉韧带具有阻止这种半脱位,但事实上是腘肌的主动收缩来稳定膝关节的位置。

后交叉韧带附于股骨的内侧髁,而腘肌借强有力的腱附于股骨的外上髁,所以当屈膝负重时在防止股骨髁向前滑动中,腘肌是后交叉韧带一个重要的补充。

半腱肌、半膜肌、股薄肌和缝匠肌的肌拉力线从膝关节垂直轴的前内侧跨越,近固定收缩时,可使小腿在处于屈位状态下的膝关节处旋内。股二头肌和腓肠肌外侧头的肌拉力线从膝关节垂直轴的后外侧跨越,近固定收缩时,可使小腿在屈位状态下的膝关节处旋外。

(二) 膝关节肌的功能特点

作用于膝关节单关节的肌仅有五块,分别为股外侧肌、股中间肌、股内侧肌、腘肌和股二头肌短头。其余的肌则跨越髋关节和膝关节(股直肌、缝匠肌、股薄肌、半腱肌、半膜肌、股二头肌长头和阔筋膜张肌的髂胫束)或跨过膝关节和踝关节(腓肠肌)。所以髋关节和踝关节的运动或位置都会影响到膝关节的活动范围和这些肌所产生的力(被动和主动功能不足)。

在一般的运动情况下,双关节肌极少用来同时运动两个关节。双关节肌的作用通常是用来克服一个关节来自重力或其他肌肉收缩的阻力。假如双关节肌在两个关节同时缩短,完成其所有的运动范围,那么该肌将缩短一个很长的距离,并在缩短的过程中很快丧失其肌力。一般来说该肌在其中一个关节逐渐延长而在另一个关节产生运动,借此来保持良好的长度-张力关系。

1. 伸髋-屈膝 假使人在俯卧或直立位伸髋再屈膝,腘绳肌必须在这两个关节同时缩短,就很难完成此屈膝动作。在做这种运动时有些人还会发生腘绳肌痉挛。所有的人将很快丧失其强度,缩短长度几乎耗尽。限制腘绳肌完全缩短的另一个因素是股直肌的阻止。此时股直肌在髋、膝两处同时被延伸导致股直肌的挛缩,使骨盆前倾,造成臀部不自然地抬高。

2. 屈髋-伸膝 在仰卧或坐位时做直腿抬高(屈髋,膝保持伸直状态),在动作进行的一定范围内并无困难。随后主要的困难来自腘绳肌不能进一步延伸,部分来自股直肌肌力的减弱,因为其在髋、膝两处同时缩短。若腘绳肌的收缩或痉挛限制了直腿抬高(如30°),那么在步行时每步的距离将减小,当伸髋时一侧的膝关节可完全伸直,但对侧的小腿不可能向前移动到像正常时那么远(屈髋、伸膝)。此时将缩短步伐并常用屈膝行走。

3. 屈髋-屈膝 当屈膝时,再屈髋可使腘绳肌在髋部延长,得到较好的长度-张力关系。当屈膝和屈髋时,屈髋肌和腘绳肌协同收缩产生功能性运动。

4. 伸髋-伸膝 这是最有用的结合,它发生在从坐位站起来、爬梯、跑步和跳跃等动作中。当股四头肌伸膝时,腘绳肌做伸髋动作,使腘绳肌在膝部伸长。在此运动中运用了长度-张力曲线的一个有效部分。

在闭链运动中,腘绳肌和股四头肌协同收缩来升高躯干(伸膝、伸髋)或降低躯干(屈膝、屈髋)。当一个人从坐位上站起来,股四头肌向心收缩来伸膝而腘绳肌向心收缩来伸髋。当人坐下去时这两组肌群离心收缩来控制屈膝(股四头肌)和屈髋(大腿后肌群)的比率。

5. 踝跖屈-屈膝 腓肠肌能同时做这两个动作。若在这两个关节做全部的动作,那么该肌必须缩短很长的距离,肌力将迅速下降。这不是一个十分有用的运动。

6. 踝跖屈-伸膝 股四头肌伸膝而腓肠肌和比目鱼肌跖屈踝关节。当股四头肌伸膝时,腓肠肌在膝部延长,这对跖屈踝关节十分有利。这种功能结合常见于抬高脚趾尖、跑步和跳跃等动作。

(三) 膝关节稳定性的维持

在人体移动及进行复杂运动时,膝关节不仅提供了支撑时的稳定性,也保证了下肢运动时的灵活性。膝关节的骨性特点,以及关节囊、韧带和关节肌等结构,为膝关节这种稳定性与灵活性的矛盾与统一提供了可能。

1. 膝关节的骨性特点 膝关节是屈戌关节,主要在冠状轴上做屈伸运动。因为组成膝关节的股骨下端、胫骨上端和髌骨特有的骨性结构,导致该关节的稳定性较大。

2. 膝关节囊的紧张 膝关节囊的复合结构使关节囊强大而紧张,增加了膝关节的稳定性。

3. 膝关节周围肌和韧带的强大 膝关节周围有多而强大的韧带和肌,能够限制、引导膝关节的运动,使其稳定性增大。关节内侧的稳定性由内侧副韧带和缝匠肌提供;外侧的稳定性由外侧副韧带和髂胫束提供;前方的稳定性由股四头肌和交叉韧带提供;后方的稳定性由腘绳肌和交叉韧带提供。

4. 膝关节的螺旋扣锁机制 膝关节完全伸直时,关节所有韧带拉紧,膝关节锁定。胫骨相对于股骨的一切运动几乎都停止,这是膝关节最为稳定的姿态。

> **知识链接**
>
> 直立位时,人体的重心线落在膝关节前方,有迫使膝关节被动伸直的趋势,此时关节外韧带紧张以维持关节的稳定,另一方面,臀大肌及小腿三头肌同时作用,牵拉股骨及胫骨上端向后,以防膝关节发生屈曲动作。
>
> 直立位时,踝关节处于90°位,当踝关节背屈并使之稳定在90°左右的同时,小腿三头肌也必然要牵拉股骨下端及胫骨上端向后,防止膝关节发生屈曲动作。因此,腓肠肌对膝关节而言,虽为协助屈膝的作用,但当足固定于地面时,其作用即变为牵拉股骨下端向后,使膝关节维持在伸直位,小腿三头肌的另一头比目鱼肌则牵拉胫骨上端向后,成为腓肠肌的协同动作。
>
> 单足负重时(如稍息位)该侧膝关节趋向于更多地伸展,通过扣锁机制使膝关节更加稳定,此时股四头肌是松弛的,但在双足同时负重时,则膝关节往往处于轻度屈曲位,依赖股四头肌的作用以维持其稳定,从而避免在扣锁机制时完全伸直引起的不适。

四、膝关节的生物力学

在运动学中,膝关节承受着很大的力,很快的速度及不同的载荷频率。这些因素不同的组合便产生不同的损伤类型,如急性损伤(骨折或韧带断裂)、运动技术伤(如疲劳骨折、末端病)等。要合理安排训练,预防伤病发生及实施合理的治疗及康复,都必须认真研究这些因素的作用情况及组织对它们的适应情况。

膝关节特别适合于作生物力学分析,因其可简化为单平面运动及单肌肉活动。

(一) 运动学

运动学规定运动范围描述3个面上的关节面运动,分别为额状面(冠状面)、矢状面(正中面)及水平面(横断面)。

运动范围可用测角仪进行粗略测量。精确的测量方法可用电子测角技术或X线摄影技术等。

胫股关节的运动范围在矢状面最大,膝完全伸直到完全屈曲的范围是0°~140°。在水平面的运动范围与屈伸程度相关。完全伸直时,由于股骨髁与胫骨髁交锁,几无运动。随着屈曲增加,横断面上的运动开始增加。屈 90°,膝外旋 0°～45°,内旋 0°～30°。屈曲过 90°亦减少。额状面内可得到同样的模式,完全伸直时,几乎不可能内收外展。当膝屈曲 90°时,侧向运动增加,但最大也只有几度。

运动范围与功能密切相关。运动学研究表明,最基本的日常生活活动(如走路、上下楼梯、坐下等),膝至少屈曲 90°时。几乎全部日常生活活动,膝屈曲应达到 115°(或 117°)且完全伸直。而要进行体育活动,则需全部达到正常范围,有些项目,如体操、田径等则需要超常范围的异常关节活动。由慢走到跑步,站立相膝的屈曲需要逐渐加大。平地走路时,整个周期膝没有完全伸直,运动范围为 5°～75°。

关节面运动(surface joint motion)是指一个关节的两个面之间的运动,也就是两个面之间接触点的运动。在胫股关节,以矢状面为例来说明。在矢状面内,如果将股骨的关节面看成一个圆形,在正常情况下由于前后交叉韧带等的限制作用,胫骨应以这个圆形的中心为轴,做均匀滑动。这个圆心就是一个不运动的点,称为瞬时中心(instant center)。接触点的运动方向应是接触点的圆的切线方向,即与圆的半径成直角。但股骨髁关节面是一个光滑的半椭圆形,也可以看作一系列圆形的集合。在关节活动的每一个位置,都有一个接触点,对应每一个接触点都有一个不动的圆形的中心,一系列圆形的中心,便构成了瞬时中心轨迹(instant center pathway)。不同面的运动方式,便可形成不同的轨迹。因此,关节面运动可用瞬时中心法(instant center technique)来研究。根据同心圆的原理,可以在股骨上任意确定两个点,关节从一个位置运动到另一个位置时,可以确定这两个点的位移。将每个点的原始位置和位移后的位置连成一条直线,再分别画出两条直线的垂直平分线,两条垂直平分线相交,即可求得该运动圆的圆心,即瞬时中心,此法又称为 Reuleaux 法。将整个运动范围,以不同位置(通常每隔 10°)拍摄一系列的 X 线片。用上述方法,就可求出每个运动间隔的瞬时中心,从而确定该平面的瞬时中心轨迹。瞬时中心轨迹确定之后,就可描述关节面运动,在 X 线片上定出每个运动间隔的接触点,并从瞬时中心到接触点画一直线(即该瞬时运动圆的半径),从接触点画出该直线的垂线,即代表接触点的位移方向(图 4-1)。在正常关节中指示位移方向的直线与负重面相切,说明股骨在胫骨髁上滑动。如果发现瞬时中心在关节面上,则关节可能有滚动。

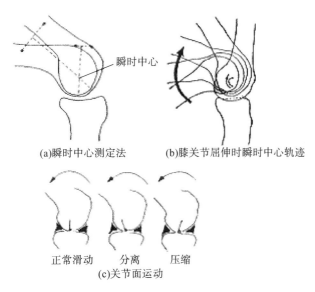

图 4-1 膝关节瞬时中心测定及关节面运动

由于瞬时中心法只能描述一个平面内的运动,如果在被测平面以外的任何一个平面内有 15°

以上的运动时,就不能用瞬时中心法来描述关节面运动。在膝部,关节面运动通常发生在胫股之间和髌股之间。前者,面运动同时发生所有三个平面上,但在横断面和额状面上很小。后者,面运动同时发生在额状面和横断面两个面上。Frankel等在25个正常膝上测定了屈曲90°到完全伸直时的瞬时中心轨迹,呈半圆形,并分析了面运动,所有例子均可见到切线滑动。

用瞬时中心法描绘的髌股关节面运动表明,该关节面有滑动。膝从完全伸直到完全屈曲,髌骨在髁上向尾侧移动约7 cm。由Q角增加或高位髌骨等引起的异常髌股关节关节面运动,从完全伸直到屈曲开始阶段,导致髌骨外移或半脱位,增加髌股关节应力而引起髌股关节应力综合征、弹跳痛、下坡跑痛、深蹲痛等。髌股关节面创伤性运动损伤(如跪地伤),由于瞬时中心的改变可引起进行性关节面的破坏。

(二)动力学

动力学用来分析作用在关节上的力,包括静力分析和动力分析。静力分析是研究平面状态下作用在关节上的力,动力分析是研究作用在身体上但总和不为零的力。

1. 胫股关节的静力分析 对所有关节在任何位置和任何承载形式下均可进行静力学分析。包括关节上所有作用力的完整静力学分析是复杂的,因此常采用简化方法分析主要作用力,用这种方法只能获得最小值,这个方法称为简化分离体图法,只限于分析作用在分离体上的3个主要的同面力。这3个力通常是地面反作用力(W)、髌腱拉力(P)、关节反作用力(J),若已知这些力的大小、指向、作用线和作用点四个特性,可将它们作为矢量标明在图上。若已知3个作用力的点及2个力的方向,在平衡状态下就能得到其余的所有特性。在这种情况下就可画出力三角形(triangle of force),而算出所有3个力的大小。举例说明分离体图及力三角形的应用:爬梯时一腿上举,估算另一负重腿胫股关节上关节反力的最小值。条件如图4-2的位置,把3个力画在分离体图上。因为下肢处于平衡状态,故所有3个力的作用线必交汇于一点。因两个力的作用线已知,故可定出第三个力的作用线(因已知作用点)。把力P和力W的作用线延长至相交,从交点到力J作用点画线得力J作用线,这样就可画出力三角形。首先画出力W矢量,然后从矢量W箭头画出力P,然后从矢量W起点画出力J作用线,力J与力P的交点是矢量P的头部和矢量J的起点(因小腿处于平衡,三角形必须闭合),现在可从图上换算出力P和力J的大小。这个例子中,髌腱拉力是体重的3.2倍,关节反作用力是体重的4.1倍。由此可以看出,主要肌力对关节反力值的影响远远大于由体重产生的影响,若考虑到其他肌的作用,关节反力值还会增大。

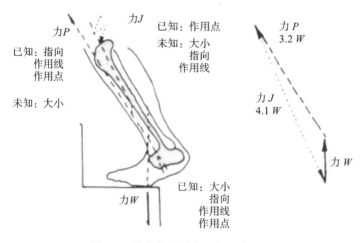

图 4-2 分离体图及力三角形的应用

2. 胫股关节的动力分析 在动力分析时除了考虑静力分析所有的因素之外,还要考虑以下两个因素。

（1）所研究那部分身体的加速度。

（2）该部分身体的质量惯性矩（质量惯性矩用来表示加速物体所需的力矩值，与物体形状有关）。

动力活动时计算某一特定瞬间作用在关节上力的最小值，可按下述步骤进行。

第一步：分析产生力的解剖结构，包括运动的身体部分和使该身体部分产生运动的主要肌肉。

第二步：角加速度涉及角度改变。要将该身体部分的整个运动用摄影记录下来，从影片上可计算出某一特定运动的最大角加速度。

第三步：常采用数据表（因计算复杂）来确定该部分的质量惯性矩。

第四步：计算关节力矩值，常采用牛顿第二定律，该定律指出当运动是角性时，力矩是身体部分的质量惯性矩和该部分角加速度的乘积：

$$T = I\alpha$$

T 是力矩，以牛顿·米表示（N·m），I 是质量惯性矩，以牛顿·米平方秒表示（N·ms^2），α 是角加速度，以每平方秒弧度表示（r/s^2）。

力矩不仅是上述二者的乘积，也是使身体加速部分的主要肌力和关节瞬时中心到力线的垂直距离（力臂）的乘积：

$$T = Fd$$

F 是力，以牛顿表示，d 是垂直距离，以米表示。由此可得 F，算出 F 以后，再采用简化分离体图法确定某一瞬间作用在关节上的关节反作用力值（最小值）。

从以上两个公式可以推算 $F = I\alpha/d$，由于主要肌力对关节反作用力的影响远远大于体重，所以在动态状态下，影响关节力大小的是身体部分的加速度和它的质量惯性矩。增加身体部分的角加速度，将使关节力矩按比例增加。虽然在身体内质量惯性矩是由解剖学决定的，但可受到外部力操纵。例如，对膝伸肌进行锻炼的过程中，在足上穿一重靴，它的质量惯性矩就会增加。正常情况下，当膝由屈曲90°到完全伸直时，关节反作用力约为体重的50%。体重70 kg的人，这个力约为350 N。如果足上穿一重10 kg的靴子，它将增加100 N的重力，这将使关节反作用力增加1000 N，所产生的关节反作用力是没有穿重靴时的约4倍。

动力分析也用来分析走路时胫股关节反力、肌力和韧带力的峰值。Morrison等计算了男女走平路时通过胫骨平台传递的关节反作用力。他同时用肌电图记录了肌肉活动，来确定步态周期各期中哪些肌肉在胫骨平台上产生关节反作用力的峰值。恰在足跟着地后，关节反力为体重的2~3倍，并与腘绳肌收缩有关。腘绳肌对膝有减速和稳定作用。膝屈曲位站立相开始时，关节反作用力约为体重2倍，并与股四头肌收缩有关，此肌可防止膝屈曲。关节反作用力峰值发生在站立相后期足尖离地前。该力为体重的2~4倍，并与腓肠肌收缩有关。在摆动相后期，腘绳肌收缩引起的关节反作用力约等于体重。然而，值得注意的是，在步态周期中，从摆动到站立相，关节反作用力从外侧胫骨平台移向内侧。在站立相，当出现峰力值时，主要由内侧平台承受；在摆动相，当力很小时，主要由外侧平台承受，胫骨内侧平台的接触面约比外侧大50%。内侧平台上的软骨也比外侧平台的厚3倍，因此，内侧平台有较大的尺寸和厚度，使其更易于承受较高的力。

在正常膝中，关节反作用力是由半月板和关节软骨共同承受的。Seedhom等在尸体上研究膝的应力分布，结果表明，在受载状态下，胫股关节在去除半月板后所受的应力比有半月板的高3倍，且集中于平台中心处的软骨。因此从生物力学观点出发，半月板在关节镜下仅去除不稳定部分或缝合，对改善胫股关节应力分布及延缓骨关节病的发生将是有益和积极的。

在胫股关节中韧带所受的力低于作用在胫骨平台上的力，而且主要是拉力。走路时，后交叉韧带承受最高的力,约为1/2体重,峰力值刚好发生在足跟着地之后和站立相后期。

髌骨为膝提供2个重要的生物力学功能,在整个运动范围内增加股四头肌力臂来改善股骨上的压应力分布。正常膝在不同角度伸直时,需要的股四头肌力不同,最后15°需要的肌力最大,切除髌骨的膝在完全主动伸直时,所需的四头肌力比正常时约增加30%。在某些患者中,可能超过了股四头肌的能力。这对年龄较大的人更为明显。

在大多数活动时,股四头肌收缩和体重均能使髌股关节受力,而且屈曲越大,股四头肌力值越大,髌股关节压力值越高。走平路时,关节反作用力值为体重一半;上下楼时,约为体重的3.3倍。因为髌骨软骨病的患者,做大屈膝活动时会疼痛。但在坐位,小腿自由下垂伸膝抗阻力时,膝在最后完全伸直时,髌股关节反作用力值低,而股四头肌肌力继续增加。因此,可在屈膝小于20°时训练髌骨软骨患者的股四头肌而不至于引起太大疼痛。

五、临床应用

膝关节内侧副韧带损伤在体力劳动和体育运动中较为常见。膝关节无论是伸直位还是屈曲位,强迫小腿外展的暴力,使膝关节突然外翻,即可引起膝内侧副韧带损伤。膝关节微屈时,暴力直接作用于膝外侧,也可引起膝内侧副韧带损伤。如果损伤严重如膝内侧副韧带完全断裂,则疼痛剧烈,患肢不能负重而丧失功能。急救时在受伤现场进行及时的局部制动、冷敷、加压包扎和抬高患肢是十分必要的,伤后1~2日可在支持带保护下开始练习股四头肌静力收缩(5 min),直腿抬高练习(采用10次最大负荷量,抬腿10次),等长伸膝练习15次。

关节囊韧带中部断裂时,常合并内侧半月板边缘撕裂,或合并前交叉韧带断裂。如果三者同时存在,即称为奥多诺休三联征,使膝关节的稳定性遭到严重破坏。若膝内侧副韧带从股骨上撕裂,附着处的骨膜被掀起,骨膜下血肿将产生机化,形成骨刺、骨针或骨斑,则被称为佩利格尼林-施蒂达病。

膝关节伤病康复训练的目的是解除病痛,恢复关节的立、走和持重等功能,伤后康复训练如不能及时介入,会出现一系列废用综合征(如肌肉萎缩、关节萎缩、骨质疏松、继发性骨折等),关节还可能会挛缩至某一体位,使患者下肢功能难以恢复。训练应遵循生物力学原理进行,才不致出现误用综合征。

(李古强)

第四节 踝关节运动学

人体在站立、行走、下蹲等动作中,踝关节的稳定性与灵活性十分重要,踝关节的稳定性是由骨性结构和韧带系统以及通过踝关节的肌的动力作用共同完成的。长期以来,人们一直认为踝关节和足的功能远比手的功能少,因此,常将踝关节与足视为连接下肢与地面的一个并不复杂的附属结构。但近年来,通过对踝、足的结构解剖、生理功能、动静力学、运动学及生物力学作用等多方面的广泛的综合研究,发现踝、足有比手更为精细的结构,因而能够完成很多较为复杂的功能。如踝、足的内在结构和复杂动力学组织能吸收各种振动、提供机体运动时的稳定性,并在直立和步行情况下推动身体前进。为了完成正常的运动功能,足和踝还能在不同时刻和不同位置上承受身体速度、运动方向和路面条件等复杂变化引起的较高负荷的作用。

一、踝关节功能解剖

踝关节又称距小腿关节,由胫骨、腓骨的下端关节面和距骨滑车连接而成。距骨的马鞍形顶与胫骨下平台所构成的关节为主要关节。外踝较内踝低并偏后方 1 cm 左右。内踝顶端分成两个钝性突起,有内踝韧带附着。内、外踝与韧带一起共同维持踝关节侧方的稳定。胫骨下端关节面与距骨体滑车关节面相适应,在矢状面,胫骨下端关节面前后方向上有一隆起的嵴适应距骨体滑车。

腓骨与外踝的重要性日益受到更多的重视,腓骨可以传导 1/6 的体重。外踝构成踝穴的外侧壁,其本身的轴线与腓骨干纵轴之间相交成向外的 10°~15°角,以适应距骨外侧突。

(一) 骨关节与组成

1. 关节窝 踝关节的关节窝极具结构功能特征,呈叉状(又称踝穴),由胫骨下关节面、内踝关节面及腓骨外踝关节面共同围成,其叉状关节窝在加强踝关节稳定性上起着十分重要的作用。

2. 关节头 踝关节的关节头由距骨体上关节面和距骨两侧的关节面所组成。关节面的形状为滑车状。距骨体的滑车关节面具有前宽后窄的特点,为增加踝关节的运动形式奠定了结构基础。

(二) 关节的辅助结构

踝关节韧带与其关节囊在结构和功能上互相关联。踝关节的关节囊前后薄而松弛,有利于感觉的活动;其两侧厚而坚韧,形成韧带,起到维持关节稳定的作用。

1. 内侧韧带 内侧韧带呈三角形,故又称三角韧带,被认为是踝关节最强壮的韧带。自前向后又分为胫距前韧带、胫跟韧带,其中胫距前韧带向前向足部的延续为胫舟韧带。三角韧带又可分为深、浅两部,浅层靠前起自内踝前丘部止于载距突的上部。深层靠后主要由胫距后韧带组成,起于内踝后丘部止于距骨内结节及前方。三角韧带限制距骨向外侧移动,当三角韧带完整时距骨向外移位不超过 2 mm,因此,能够限制足过度外翻。

2. 外侧韧带 外侧韧带自前向后又分为距腓前韧带、跟腓韧带和距腓后韧带,距腓前韧带薄弱,在踝关节跖屈位有限制足内翻活动的作用,而在踝关节中立位时,有对抗距骨向前移位的作用。跟腓韧带较坚强,在踝关节 90°位置限制足内翻活动,跟腓韧带断裂后,当被动使足内翻时,距骨在踝穴内发生倾斜,外侧降低、内侧升高。距腓后韧带最强,可限制踝关节过度背屈活动。距腓前、后韧带加强关节囊,而跟腓韧带与关节囊之间相互分开。

3. 下胫腓韧带 下胫腓韧带又分为下胫腓前韧带、骨间韧带、下胫腓横韧带,其中骨间韧带是骨间膜的延续,最坚固。骨间膜由胫骨斜向外下止于腓骨。当踝关节背屈活动时,腓骨轻微上移,并向外后方旋转,骨间膜由斜行变得较水平。下胫腓韧带亦有维持关节稳定的作用。

二、踝关节运动

1. 运动轴 踝关节的运动轴为从后下外指向前上内,基本与内、外侧踝尖端下方的连线一致;在冠状面上平均向外倾斜 8°,横断面上平均向外旋转 6°。该轴线方向决定了踝关节的多维复合运动:背伸时伴有外旋、外翻;跖屈时伴有内旋、内翻。

近期有研究发现,踝关节旋转轴的方向和位置随其活动改变而变并非固定轴线。Sammarco等还认为胫距间活动是围绕多个瞬时旋转中心发生的,而且被动跖屈踝关节时胫距关节分离,在"功能范围"内活动时为平行滑动,在被动背伸时两者间有压缩。

2. 踝关节运动 为了方便起见,方向运动可描述为背屈(足背朝向小腿前面的运动)和跖屈(足底朝向小腿后面的运动),这是由于使用屈和伸可导致误解。

踝关节的活动包括矢状面、冠状面和横断面三部分。矢状面活动,即跖屈和背伸,是踝关节最重要的功能。由于踝关节轴倾斜,所以在屈伸的同时伴有足或小腿水平面旋转。小腿固定时,踝关节背伸时足外旋,跖屈时内旋。踝关节最大背伸和跖屈时踝关节均内翻,三角韧带是限制距骨外旋的主要因素。

3. 胫腓连结 胫、腓骨之间有胫腓关节(胫骨外侧髁与腓骨头之间的滑膜关节)和胫腓连结(包括骨间膜和胫腓前、后韧带)。后者属韧带连结,这些连结的运动范围很小,但对正常的背屈和跖屈的运动是必要的。在胫腓关节运动受到股二头肌腱、外侧副韧带、腘肌腱、胫腓韧带和筋膜的限制。踝关节在背屈时,胫腓关节有少量向上的滑动,当膝关节损伤或外科固定限制胫腓关节的运动时,可引起踝关节背屈的受限。

胫腓韧带连结在背屈和跖屈运动中产生了腓关节的小量移动。内踝和外踝是由胫腓韧带连结的胫腓前、后韧带牢固地连结。但距骨的滑车的前部宽于后部,而内、外踝与距骨在整个背屈和跖屈的过程都保持适应。如此的形态特点就需要胫腓韧带连结在做外展和旋转的运动时也制动胫腓关节。当用强力压迫内、外踝来阻止这种小的运动时,背屈将受到限制。

三、踝关节肌

踝关节的骨性结构决定了其侧方稳定而前后方向稳定差,这也决定了踝关节的主要运动方式为屈伸、内外翻,在骨性结构的周围附着了大量的韧带和肌肉(表 4-5),决定了踝关节在一定运动范围内也具备了较高的稳定性。

表 4-5 踝关节周围各肌的起点、止点、神经支配和功能

肌肉名称	起点	止点	神经支配	功能
腓肠肌	股骨内外髁	跟骨结节	胫神经(S_1,S_2)	屈膝、踝跖屈
比目鱼肌	胫腓骨后面	跟骨结节	胫神经(S_1,S_2)	踝跖屈
跖肌	股骨外侧髁	跟骨结节	胫神经(L_4,L_5,S_1)	屈膝(极弱)、踝跖屈
胫后肌	胫腓骨、骨间膜	足舟骨周	胫神经(L_5,S_1)	踝内翻,跖屈
趾长屈肌	胫骨后面	第 2~5 趾远端	胫神经(L_5,S_1)	屈第 2~5 趾、协助踝跖屈和内翻
𝩔长屈肌	腓骨后面、骨间膜	𝩔趾远端	胫神经(L_5,S_1,S_2)	屈𝩔趾、协助踝跖屈和内翻
胫前肌	胫骨外侧面、骨间膜	内侧楔骨和第 1 跖骨基底部	腓深神经(L_4,L_5,S_1)	踝内翻、背屈
趾长伸肌	胫腓骨、骨间膜	第 2~5 趾远端	腓深神经(L_4,L_5,S_1)	伸第 2~5 趾、协助踝背屈
𝩔长伸肌	腓骨、骨间膜	𝩔趾远端	腓深神经(L_4,L_5,S_1)	伸𝩔趾、协助踝内翻、背屈
腓骨长肌	腓骨远端外侧、骨间膜	内侧楔骨和第 1 跖骨基底面	腓浅神经(L_4,L_5,S_1)	踝外翻、协助踝跖屈
腓骨短肌	腓骨远端外侧	第 5 跖骨基底面	腓浅神经(L_4,L_5,S_1)	踝外翻、协助踝跖屈
第三腓骨肌	腓骨远端、中部	第 5 跖骨基底面	腓深神经(L_4,L_5,S_1)	协助踝外翻、背屈

(一) 踝关节的背屈肌

1. 踝关节背屈肌的组成 踝关节的背屈肌，由内侧向外侧依次为胫骨前肌、长伸肌、趾长伸肌和第三腓骨肌。肌腱附着点远离关节，距运动轴较远，杠杆臂长，所以比较省力。上述肌中，胫骨前肌的肌腹因远离踝关节额状轴，所以其背屈肌力最大，其次为姆长伸肌。除此之外，胫骨前肌和姆长伸肌的肌腹还位于足关节矢状轴的内侧，故有内收和足外翻的功能。而且胫骨前肌距足关节矢状轴较远，其肌力也较姆长伸肌要大。趾长伸肌和第三腓骨肌的肌拉力线及肌腱走行于踝关节额状轴前上方，也有背屈功能，同时这两块肌的肌腱还位于足关节矢状轴的外侧，因此有使足关节外展和足内翻的功能。而且由于第三腓骨肌距关节矢状轴较远，故其肌力较趾长伸肌要大。因此可见，上述四块背屈肌在背屈功能上是协同的，而在内收外展、足内翻和足外翻功能上却是拮抗的。

2. 踝关节背屈肌的功能 胫骨前肌为踝关节的主要背屈肌，有良好的杠杆作用，仅作用于上踝关节，其截面积为伸趾肌总和的 2 倍。当胫骨前肌麻痹而伸趾肌完好时，伸趾肌仅能产生有限的背屈功能。单独的趾长伸肌作用能产生踝部的强力外翻。如果上述四块背屈肌的麻痹可导致步行摆动相时足下垂，就需要过度的屈髋、屈膝来防止足趾接触地面。

在许多重要的开链运动中前群肌运动足和足趾，如在步行的摆动相时伸足趾避免足趾接触地面，在驾驶时足的安放，持续敲击音乐节拍，穿鞋时足趾的运动等。由于足的重量仅为 0.9 kg 左右并且肌又具有良好的杠杆作用，因此开链运动足仅需要很小的肌力。在单腿站立闭链运动中，可观察和触摸到这些肌的较强力的收缩。这里可以观察到在所有足肌之间通过恒定相互作用来保持重心落在一个小的支持基础上。

(二) 踝关节的跖屈肌

1. 踝关节跖屈肌的组成 踝关节的跖屈肌共有 6 块，它们是小腿三头肌、胫骨后肌、姆长屈肌、趾长屈肌、腓骨长肌和腓骨短肌。这些肌肉的肌腱都位于踝关节额状轴的后方或下方。其中小腿三头肌为跖屈最有力的原动肌，该肌的三个肌腹中，有一个是单关节的，即比目鱼肌，它的解剖横断面为 20 cm²，收缩距离为 4.4 cm，另外两个肌腹为双关节肌，即腓肠肌，它的解剖横断面为 23 cm²，收缩距离仅为 3.9 cm，三个肌腹向下在小腿远侧端回合成跟腱，止于跟骨后方的跟骨结节。比目鱼肌的功能为跖屈踝关节，是单一的，而腓肠肌的功能则为踝关节跖屈和膝关节屈，因此其跖屈效果与膝关节的屈曲度关系密切。若伸膝位将腓肠肌被动拉长时其屈力最强，这是由于该肌有效的牵张作用的结果。

当小腿三头肌麻痹时，患者不能用足趾站立，严重影响到步态，登楼的作用减弱变慢，跑、跳的活动无法进行。虽然小腿深层肌和腓骨肌的肌腱都在踝关节运动轴的后方，但不能代偿小腿三头肌的功能。

当两侧小腿三头肌麻痹时，因没有足够的肌力来阻止踝背屈和足的下陷，因此丧失站立的平稳功能而不能站立。虽然他们不能站稳，但如果能够不停地移动他们的足，意图找到他们重心的支撑点，同时假使他们抓住了稳定的物体或靠在墙上的话，还是能够站稳的。双侧截肢的患者用假体站立时也有同样的问题，就是因为假体无肌来控制足和踝关节的紧锁位。

2. 踝关节跖屈肌的功能 在背屈或跖屈时，胫骨后肌为距下关节的内翻或旋后肌。而其他的肌产生该运动有一定范围或仅在开链运动中。小腿三头肌收缩产生跟骨的内翻。但胫骨前肌、趾长屈肌、姆长屈肌从外翻位到自然位仅有较弱的内翻作用。

胫骨后肌在足底广泛地止于载距突、舟骨粗隆、楔骨、骰骨和趾骨的基底部，这提示胫骨后肌在足弓的动力性支持中起着重要作用。当行走、单腿站立、跑步、跳跃时，肌肉通过收缩来适应足弓稳定的需要。除稳定后足、中足和前足关节外，胫骨后肌收缩还能使足舟骨稍向内下运动，将其稳定在距骨上。胫骨后肌麻痹后，距骨向下的力拉长了内侧足底韧带，使足弓下降而产生平足畸形,此时体重经足舟骨落到地面上。

趾长屈肌和踇长屈肌的主要功能是在行走、跑步和足趾站立时的闭链运动中。在上述运动中,屈肌收缩来支持足纵弓,并在行步的离地相时将产生的力作用于地面。

在开链运动中,不管是背屈或跖屈,腓骨长、短肌和第三腓骨肌是主要的距下关节的外翻肌,但它们的主要作用发生在闭链的单腿站立、行走、跑步和跳跃等运动中。在这些运动中,腓骨肌提供足弓的主要支持,调节足对地面的适应性和控制着地脚与小腿位置。腓骨肌麻痹,踝关节就不稳定,并可能发生踝内翻的扭伤。

虽然腓骨肌属跖屈肌,但对此运动的杠杆作用极差。正常的跖屈力矩需要腓骨肌强力收缩来稳定跗骨,使小腿三头肌的力有效地经足传到地面上。

四、踝关节的生物力学特性

踝关节与足部的一系列关节加上膝关节的旋转轴构成了一个有三个自由度的关节,使足部在任何位置都可适应不同的不平整的路面行走。

(一) 踝关节的载荷

完全负重时距骨滑车关节面2/3与胫骨下端关节面相接触。静止情况下以全足放平站立负重时,踝关节承受的压缩应力相当于体重的2倍,以前足站立时相当于体重的3倍。如果距骨在踝关节内有轻度的倾斜,关节面所受到的应力由于承载面积变小而明显增加。

在正常情况下,无论踝关节背伸或跖屈,距骨在任何位置上均与踝穴内各关节有紧密的接触。这种紧密的接触对于踝关节均匀地承重分配具有重要的意义,因此损伤后必须要修复。在踝关节运动时,其紧密的匹配通过距骨的旋转与滑动及腓骨的平移而得以维持。踝关节跖屈时,距骨内旋;踝关节背屈时,距骨外旋,同时伴有腓骨向后外侧的移动和外旋。

(二) 踝关节稳定性的维持

踝关节是人体负重最大的关节,站立行走时全身的重量全落在该关节面上,日常生活中的行走和跳跃等活动,主要依靠踝关节的背屈、跖屈运动,因此,踝关节的稳定性和灵活性是对立统一的。

1. 背屈时的稳定性 正常关节滑车面后长于前,所以跖屈大于背屈。屈的控制因素有骨、韧带及肌肉。背屈时距骨颈上面与胫骨远端关节前唇接触,关节囊后部拉紧,后侧韧带及肌肉紧张,阻止踝进一步背屈。

2. 跖屈时的稳定性 跖屈时,距骨后结节接触后唇,阻止跖屈过度。前关节囊及侧副韧带前部亦有阻止作用。正常距骨在踝穴中,胫骨前后唇阻止距骨前后移动和过度屈伸。

3. 横向稳定性 又称侧方稳定性,其控制因素如下:一是距骨体嵌入踝穴内,二是副韧带正好位于距骨侧方及下胫腓联合韧带,均可起到稳定作用。

生理载荷下踝关节的稳定性分析结果显示,踝关节内翻时的稳定以及约1/3的旋转稳定,是由关节面的接触面积维持的。外侧韧带损伤通常发生在踝关节的跖屈位,由暴力所引起的强烈内翻、内旋所致。由此可见,在踝关节内翻时的稳定作用中,外侧韧带较关节面接触的意义更大。

(三) 踝关节的动力学

正常步态时,踝关节的反作用力等于或大于髋、膝关节,但因踝关节的负重面积大,经踝关节传导的单位面积上的应力却小于髋或膝关节。

踝关节在跳跃活动中的起跳和蹬地阶段起主要作用。踝关节力量的强弱直接决定完成动作时支撑整个身体的稳定性,包括决定上位环节作用的效率以及它参加工作的早晚。如果踝关节具有足够的力量,便可"提前"参与"工作",从而缩短整个动作完成的时间,提高动作的速率。如在跳高时,起跳腿踝关节及时、充分地提踵,可提高身体重心的初始高度,并直接影响到腾空后的姿势和效果。

有研究表明，跑步的蹬伸和缓冲时，踝关节的活动是由小腿三头肌肌腱的弹性形变与复原进行的。它可在腾空之前的制动阶段，通过肌腱的形变而储备能量。

五、临床应用

踝关节是运动中最常见的损伤部位。临床上以踝关节扭伤较常见，原因是外侧韧带较内侧松弛，所以容易扭伤。常见症状为患肢疼痛、肿胀、皮下青紫等。这种损伤多由间接外力所致。例如，行走时踏入凹处使踝关节突然内翻、内收，可损伤外侧副韧带，严重者，可合并踝关节骨折。若不及时治疗，会导致韧带松弛，关节不稳定，引起关节面反复撞击，继发软骨损伤、骨赘增生等，最终发展为骨性关节炎。

踝关节扭伤后应立即用拇指压迫痛点（韧带的断裂部）止血，同时做内翻强迫试验及踝抽屉试验，检查是否有韧带全断裂。如有条件，可用冰敷或氯乙烷喷湿的棉花球压迫以加速止血，然后寻找大的棉花块或海绵垫压迫包扎，抬高患肢，转运到专科医院，进一步治疗。

第五节 足和足弓运动学

足是由 26 块骨及关节、肌肉、韧带、神经、血管等构成的一个整体。双足的主要功能是作为一种半刚性基柱为躯干提供牢固的支撑。从功能重要性出发，足踝关节可以分为必要关节、重要关节和不重要关节三大类。必要关节是双足直立行走所必需的，包括踝关节（背伸跖屈）、距下关节（内外翻和前后旋）、距舟关节（内外翻和前后旋，行走时缓冲力量）、第 2 至第 5 跖趾关节（屈曲足趾，站立晚期足趾偏心性伸直分担跖骨头负重）。重要关节有一定的功能，如增加活动度或缓冲冲击力等，但并不向其他关节传导应力，包括跟骰关节（使足适应不平坦路面）、骰骨-第 4、5 跖骨关节（站立中期足外侧半缓冲冲击力）、第 1 跖趾关节（中立位以外的主动屈曲和被动伸直是重要的）、第 1 近侧趾间关节（活动虽不重要，但保持其中立位有重要意义）。不重要关节之间有坚强的韧带相连，活动度和对足踝功能的影响都其小。

一、骨关节

（一）距下关节（跟距关节）的解剖和活动

1. 结构特点　跟骨的上面有三个关节面（后、中、前）与距骨下面相应的关节面相关节。跟骨后关节面凸起，而跟骨中、前关节面则凹下，这样就可阻止距骨在跟骨上的前、后移位。

在距骨中、后关节面之间有一条沟，形成跗窦。这条沟通往踝部的内侧和外侧。跗窦的全长有跟距骨间韧带牢固地将两骨连结。在跗窦内的韧带和脂肪组织富有感受器、神经纤维可直至小脑。可设想跟距骨间韧带是"距下本体感觉中心"，来完成闭链运动的快速反射。

距下关节可分为前、后两部分，各有自己独立的关节囊，两者间由跗骨窦和跗骨管分开。前距下关节由凹陷的跟骨前、中关节面和凸出的距骨前、中关节面组成；后距下关节由凸出的跟骨上关节面和凹陷的距骨下关节面组成。这种关节面凹陷或凸出的交叉变化使之能做复杂的扭转活动，只有在前、中关节面能做出与后关节面活动相反的活动时才能活动。

2. 距下关节的旋转轴和运动

（1）距下关节旋转轴：从跟骨的后外面向前、上、内通过跗窦的线来代表距下关节的三向轴。该轴在矢状面上向背侧倾斜 42°，在横断面上向内倾斜 16°，其中矢状面的定义是跟骨中点到第

1、2趾中点间的平面。

(2) 距下关节运动：距下关节轴指向内、前、上方，其活动主要是内翻和外翻(额状面)、内收和外展(横断面)，以及跖屈和背伸(矢状面，较小)，而且是三平面活动同时发生，即内翻、跖屈和内收同时出现，外翻、背伸、外展同时出现。距下关节平均活动度是内翻20°~30°，外翻5°~10°，步行所需活动范围为10°~15°。有研究发现，距下关节呈螺钉样活动，即距骨在跟骨上扭转的同时有横向移位；螺旋角为12°，即距骨每旋转10°前移1.5 mm。基于这个原因，多数文献都将距下关节描述成单轴关节。

(二) 跗横关节的解剖和活动

跗横关节又称为中跗关节或Chopart关节，包括距舟关节和跟骰关节，两者虽各有其独立活动，但需要共同完成其功能活动。足作为弹性结构，在其触地时能化解冲击力；作为坚固结构，在足趾离地时能有效地推动身体前移；在这种弹性结构与坚固结构的转变中，跗横关节起着关键作用。

1. 结构特点

(1) 距舟关节：距舟关节由凸出的距骨头、凹陷的舟骨近端面和韧带组成。有学者将距舟关节称为"足臼"，它能够引导距骨头活动，使其除屈伸活动外还能滑动、滚动和回旋。

(2) 跟骰关节：跟骰关节由跟骨前突和骰骨近端组成，呈马鞍状。关节轴从前上到后下，为52°。跟骨关节面上内角呈一骨嵴覆盖骰骨上缘。骰骨下内侧角有一骨性突起与跟骨冠状凹相关节，增加足在内翻位的关节稳定性。

2. 跗横关节的旋转轴和活动

(1) 跗横关节旋转轴：跗横关节有2个轴线。纵轴与地面成15°，矢状面上向内侧倾斜9°，描述的是额状面内的活动；斜轴与地面成52°，矢状面上向内倾斜57°，描述的是矢状面和横断面内的活动。

(2) 跗横关节活动：有研究表明，距舟关节沿向内倾斜的轴线活动。当足从外翻位向中立位、内翻位活动时，舟骨相对于距骨出现跖屈、内收和内翻；当下肢从内旋向外旋位活动时，舟骨相对于距骨也会出现跖屈、内收和内翻。

知识链接

跗横关节的重要性不在于非负重时活动轴的位置，而在于步态周期各时段的活动变化。Elfiman等发现距舟关节和跟骰关节轴线关系的变化会引起跗横关节复合体的锁定和解锁。距下关节外翻使两关节轴平行，关节间解锁允许之间产生相对活动，使足富有弹性能适应不平地面，分散负重受力；距下关节内翻使两关节轴交叉，关节间锁定，限制其活动，作为坚固结构有效传导外力。站立相第一阶段(足跟触地到足放平于地面)的特点包括胫骨内旋、踝关节背伸和距下关节持续外翻。此时距舟关节和跟骰关节轴平行，中足活动度增加、吸收冲击力。站立相第二阶段(足放平于地面到身体超过负重足)胫骨内旋、踝关节背伸、跖筋膜拉紧；胫骨内旋拉紧弹簧韧带和跟骰足底韧带，胫后肌和跟腱的收缩使距下关节逐渐内翻，距舟关节和跟骰关节轴线交叉，锁定并稳定中足。站立相第三阶段(踝关节开始跖屈到足趾离地)，通过跖屈肌和胫后肌的收缩，以及卷扬机制引起的跖筋膜拉紧和足弓抬高，使距下关节内翻进一步稳定中足关节，为推进期能量的有效转移创造一个坚固的杠杆。

(三) 跗跖关节

骰骨和3块楔骨与5块跖骨基底部关节形成跗跖关节。由于楔骨与第2跖骨和邻近的跖骨牢固榫接,因此仅允许做小量屈伸运动,其他的跗跖关节可沿中足的弧度做小量旋转。第4、5跗跖关节最灵活,其背屈和跖屈以及旋前和旋后的总运动范围分别为9°和11°。

(四) 跖趾关节和趾骨间关节

这些关节与手的相应结构对应,而有功能的差异,掌指关节(MCP)允许屈90°过伸0°~30°,但跖趾关节(MTP)允许屈90°过伸30°~45°。这种大幅度的过伸被用来使足趾站立和步行(在站立相末期MTP过伸),趾的收展运动运动量小于手部,肌肉的控制也比手部差。

趾骨间关节与手部也相似,大踇趾只有一个关节,而其他趾为两个,即近侧和远侧趾骨间关节。

二、足部韧带

足部骨间连结十分稳固,除关节囊外,尚有许多小韧带起到加强作用。主要有跟舟跖侧韧带、跖长韧带、跟骰跖侧韧带(跖短韧带)及跖骨头横韧带等。

三、足部肌

控制足部活动的肌来自足内肌和足外肌。

1. 足内肌 足内肌多集中在足底,可分为4层(表4-6)。这些肌与跖腱膜、足的韧带和腱之间有广泛的连结。这些组织形成了动、静力结构的强力复合体。虽然肌可做外展、内收和屈趾等动作,但它们主要的功能是在行走和跑步时支持足弓,补充趾长屈肌的力和在摆动相中对抗屈肌来保持趾伸直。若足趾不能保持伸直位,走动时就不能发挥力的作用。

表4-6 足底的固有肌

层次	肌肉	起点	止点	神经支配
第一层				
	踇展肌	跟结节、跖腱膜	踇趾近节趾骨基底部	足底内侧神经(L_4~L_5)
	趾短伸肌	跟结节、跖腱膜	第2~4趾	足底内侧神经(L_4~L_5)
	小趾展肌	跟结节、跖腱膜	第5趾近节趾骨基底部	足底外侧神经(S_1~S_2)
第二层				
	跖方肌	跟骨跖面	趾长屈肌腱	足底外侧神经(S_1~S_2)
	蚓状肌	趾长屈肌腱	第2~5趾的趾背腱膜	第1蚓状肌足底内侧神经 第2~4蚓状肌足底外侧神经
第三层				
	踇短屈肌	骰骨和外侧楔骨	踇趾近节趾骨基底部	足底内侧神经(L_4~S_1)
	踇收肌(2个头)	第2~4跖骨基底部,跖趾韧带	踇趾近节趾骨基底部	足底外侧神经(S_1~S_2)
	小趾短屈肌	第5跖骨基底	小趾近节趾骨基底部	足底外侧神经(S_1~S_2)
第四层				
	骨间背侧肌	第1~5跖骨邻近骨面	第2~4趾的趾背腱膜	足底外侧神经(S_1~S_2)
	骨间足底肌	第3~5跖骨内侧面	第3~5趾的趾背腱膜	足底外侧神经(S_1~S_2)

2. 足外肌 足外肌分别来自小腿的前、后及外侧间隔。足的活动除足内肌外,主要还借许多足外肌的协同作用来完成。如腓骨长肌及胫骨前肌肌腱经足底协同支持足弓,胫骨后肌、腓骨

长短肌、伸踇及趾肌和屈踇及趾肌等,均协同完成足的站立、起步、行走、跑跳等功能。

四、足弓

足骨可分为三段,分别为后足(距骨和跟骨)、中足(足舟骨、骰骨和 3 块楔骨)、前足(跖骨和趾骨),这些骨及其附属韧带形成了 3 个弓,分别为内侧纵弓、外侧纵弓和横弓。

(一) 内侧纵弓

内侧纵弓是由跟骨、距骨、舟状骨、3 块楔骨和内侧 3 块跖骨所组成,舟骨是很高点,犹如拱顶主石。内侧纵弓弹性好,有缓冲作用;活动度较大,所以足扭伤机会相对较多。

(二) 外侧纵弓

外侧纵弓是由跟骨、骰骨和外侧第 4、5 跖骨形成。跟骨内侧结节形成后支点,第 5 跖骨头为前支点。最高点是跟骰关节,弓形一般呈扁平状,在站立和行走时消失,弹性差,主要作用是承载重力,所以正常足的外缘是承受身体重力的主要部分。

(三) 横弓

从跖骨头的水平来看足的宽度,跖骨头在足前不是横平的,是从内侧到外侧凸向背侧的弓形,称横弓,它可增强足前部的持重力和弹性。

在结构上,足弓具有一些机械弓的特性如楔形的骨,但缺乏防止弓下陷所需的外周支撑(固定的支撑),但韧带连接于跗骨和跖骨的跖面和背面,把这些足弓的骨连成具有坚实拱梁特性的结构。当承重时,拱形梁弯曲,其压力作用于拱顶,张力则在拱底部的跖面。当重量持续增加,最后可导致梁柱的塌陷。假如使用一连接杆连于拱底的两端,阻止这两端分开,这样就能承受更大重量。从机械上看这就是构架,一种变异的弓。在足部,这个连接杆即为跖腱膜与足固有肌和足外肌的收缩。

在足底,所有的足外肌和大多数的足固有肌都经过足弓下面。当做闭链运动时肌收缩,所产生的力可紧张足弓。在足底有广泛的附着点的胫骨后肌和腓骨长肌对横弓起着重要作用,同时也能紧张纵弓。踇长屈肌和踇展肌跨越内侧纵弓,小趾展肌行于外侧纵弓的全长。趾短屈肌、趾方肌和趾长屈肌行于跖中部全长能紧张纵弓。踇收肌则影响横弓。与手指肌相比较,足趾的肌在开链运动中功能有限,但在行走和跑步的闭链运动中则具有重大的意义。

五、临床应用

足底筋膜炎或跟刺是临床常见的运动损伤之一。这些病在跑步运动员和舞蹈家(均属有氧训练)中具有较高的发病率。患者主诉行走中足跟附近疼痛,在跳和跑时疼痛加剧。在跖腱膜近侧附着处(跟结节)有压痛,跖趾关节被动过伸牵拉腱膜时或深压跖腱膜的附着处时也产生疼痛。

疼痛的原因一般认为是足弓的支持机制反复受重压而造成跖腱膜累积性微损伤(也有的是突然的扭伤所致)。该病常由多种因素结合所致,包括支持足弓的肌无足够的强度,明显增加足弓的负荷,足不良对线等。其中足的不良对线较常见,例如内翻的跟骨需要在跟距舟关节的旋前补偿使跖骨头与地面平行来承受体重,但这种不良的对线一直到足弓超负荷,补偿运动和肌的收缩不再提供支持时才会产生疾病。仔细询问病史,常有活动强度的明显增加或在疼痛发生前有改变跑步的路面或换鞋史。

该病的治疗原则是如果没有症状,可以不治疗;如果有疼痛者,可以设法减少跖腱膜的牵扯力。具体方法是用粘膏固定足弓提高保护。如果同时有足弓下陷,可用矫正鞋垫将足弓垫起,或将足跟内侧垫高使足轻微内翻。

(姜 影)

第四章 下肢运动学

小 结

　　骨盆由骶骨、尾骨和左右侧的两块髋骨构成。骶骨与髂骨和骶骨与尾骨间,均有坚强韧带支持连结,形成关节,一般不能活动。两侧髂耻线及骶岬上缘的连线形成骨盆"骨盆界线"。该界线将骨盆分成上下两部,上为大骨盆或称假骨盆,下为小骨盆或真骨盆(简称骨盆)。大骨盆能支持妊娠时增大的子宫,但与分娩无关。临床上可通过观察大骨盆的形状和测量某些径线等,来间接了解真骨盆的情况。

　　髋关节由髋臼和股骨头构成,属杵臼关节。在髋臼的边缘有关节唇附着,这加深了关节窝的深度。在髋臼切迹上髋臼横韧带相连,并与切迹围成一孔,有神经、血管等通过。关节囊厚而坚韧,附着于髋臼唇外缘及髋臼横韧带,向下包绕股骨头和股骨颈,止于股骨颈基底部,只有股骨颈后外侧的一小部分露于囊外,因此股骨颈骨折除基底部骨折外均为囊内骨折。髋关节周围有韧带加强,主要是前面的髂股韧带,长而坚韧,上方附于髂前下棘的下方,呈人字形,经关节囊前方向下附于股骨的转子间线,可以限制大腿过度后伸,还可以限制其内收,这对维持直立姿势具有重要意义。此外,关节囊前下方有耻股韧带增强,可限制大腿过度外展及旋外。关节囊后部有坐股韧带增强,有限制髋关节内旋的作用。关节囊的纤维层呈环形增厚,环绕股骨颈的中部,称为轮匝带,能约束股骨头向外脱出,此韧带的纤维多与耻股韧带及坐股韧带相编织,而不直接附在骨面上。股骨头韧带为关节腔内的扁纤维束,主要起于髋臼横韧带,止于股骨头凹。韧带有滑膜被覆,内有血管通过。一般认为,此韧带对髋关节的运动并无限制作用。

　　股骨头与髋臼的结合方式、股骨头的大小、髋臼的深度、股骨头与髋臼结合的面积差、关节囊周围的韧带和肌决定了髋关节具有很牢靠的稳定性,成为人体负重和行走的主要关节。

　　髋关节为多轴性关节,能做屈伸、收展、旋转及环转运动,但由于股骨头深藏于髋臼内,关节囊紧张,又有坚韧的韧带限制其活动,故髋关节的运动幅度远不及肩关节,而是具有较大的稳定性,以适应支撑功能。这种结构特征是人类直立步行,重力通过髋关节传递等机能的反映。

　　髋关节肌的功能会因为髋关节角度的改变而改变,如梨状肌当髋伸展时为外旋肌,髋屈时变为内旋肌;不同部分也可能具有不同的功能,如臀中肌前部的肌纤维可内旋而后部则为外旋;双关节肌的效能亦会受到被跨越的两个关节的位置影响,如股直肌在屈膝时屈髋,其屈髋作用大为增强。因此,在分析髋关节肌的功能时必须考虑到以上诸因素的影响。

　　髋关节处于不同位置时受力情况不同,站立时同时受重力及外展肌的拉力影响;单足站立和行走时,由于人体重心在两侧股骨头连线之后,重力对关节产生扭矩作用,此时外展肌产生反向力矩以维持平衡,股骨近段不仅受到压应力和张应力,还接受横向环行应力和剪切应力。

　　膝关节由股骨、胫骨和髌骨组成,共构成三个关节结构:内侧胫股关节、外侧胫股关节和髌股关节,这3个关节在同一个关节囊内。腓骨近端和胫骨构成近端胫腓关节,但不在膝关节囊内,因此不属于膝关节。膝关节在伸直位完全依靠肌腱和韧带锁定,无任何活动。此时起主要作用的是前后交叉韧带和两侧的副韧带。膝关节的大部分肌是双关节肌,不但能引起膝关节的不同运动,同时也能引起髋或踝关节的运动。膝关节的运动主要是在矢状面上做伸屈运动,在屈曲位兼有旋转运动,同时有很小范围的内外翻的被动运动。

　　单足站立时,重力线与负重肢的负重线(在膝以下与下肢力学轴重合)落在膝关节上的一个接触点上,膝关节外侧力与重力平衡,关节重力为两者合力的结果。此时,髂胫束起到重要的承重作用,使髋关节外展、膝关节伸直。在矢状面上,双足站立时,双下肢重心在膝关节上方,所以膝有一个生理性的反张角度,但当频繁站立或行走时,可产生膝过伸。

　　踝关节由胫、腓骨远端关节面和距骨关节面组成,是典型的滑车关节,主要运动是绕其运动轴(内、外侧踝尖端下方的连线)在矢状面上做跖屈和背伸运动。但在跖屈时,由于关节头前宽后窄,使踝关节可有少许侧位运动。踝关节的稳定性主要靠骨、韧带、肌等来维持。其中,踝穴结构至关重要,距骨体呈楔形,与踝相适应,且宽的一端在前,可有效阻止距骨后移和侧方移动。另外,大多数踝关节周围的韧带方向均向下及后行,均可阻止距骨后移。同时踝部韧带及骨有对抗肌力和重力的作用,可以阻止小腿骨的后移。

足可分为前足、中足和后足三部分,各部足骨及其附属韧带形成了三个弓,即内侧纵弓、外侧纵弓和横弓。其中内侧纵弓较高,弹性好,而外侧纵弓较低,主要是承载重力。纵弓的全部张力被胫骨后肌、趾长屈肌、腓骨长肌、腓骨短肌等所支持,大部分压力由跖筋膜与跖侧韧带所支持。横弓在足的横切面上,由跗骨与跖骨排列而成,向前足背隆起。足弓的维持一方面是楔形骨保证了拱形的砌合,另一方面是弹性的韧带、筋膜和肌肉收缩、肌腱紧张来维持,它们在结构功能上如弓弦一样,保持着足弓的弹性及形态。

能力检测

1. 请简述骨盆的解剖结构及韧带。
2. 请简述骨盆的肌及作用。
3. 请试述骨盆的生物力学特性。
4. 请试述髋关节的解剖结构和运动特点。
5. 髋关节周围的韧带有什么作用?
6. 髋关节为何能够维持良好的稳定性?
7. 请简述髋关节周围肌的功能特点。
8. 请试述髋关节肌在髋关节运动中的作用。
9. 请试述双腿站立时髋关节的受力情况。
10. 请试述单腿站立时髋关节的受力情况。
11. 请简述膝关节运动轴的位置及运动特点。
12. 请试述膝关节肌的组成及诸肌的拉力线同运动轴的关系。
13. 膝关节为什么能够维持良好的稳定性?
14. 请试述膝关节肌在膝关节运动中的作用。
15. 请简述胫股关节的形态与运动的关系。
16. 请简述单足站立时,膝关节的受力情况。
17. 请解释关节面运动的含义。
18. 请简述踝关节运动轴的位置及运动特点。
19. 请试述踝关节肌的组成及诸肌的拉力线同运动轴的关系。
20. 请试述影响踝关节稳定性的因素。
21. 请试述足弓的分类及各类的特点。
22. 请简述距下关节运动轴的位置及运动特点。
23. 请简述跗横关节运动轴的位置及运动特点。
24. 请试述足弓稳定性的维持。
25. 请简述跗窦的生理作用。

第五章　脊柱运动学

学习目标

能够描述脊柱节段运动的功能单位组成和力学特性；能够分析维持脊柱稳定因素之间的影响；能够指出并定位脊柱肌肉或肌肉群起止点、名称和作用。

能够根据腰椎、椎间盘和关节突关节的力学性能，分析腰椎的静力学和动力学在临床上的应用。

能够从解剖学的角度分析动作技巧中的脊柱动作。

能够描述脊柱常见损伤的原因，尤其是力学因素。

扫码看课件

第一节　概　　述

一、脊柱的功能解剖

脊柱由椎骨、椎间盘、椎间关节和椎旁的关节、韧带及肌肉紧密连接而成，位于颈、躯干和骨盆的背面正中（图5-1）。其上承接颅，中附有肋骨，下连下肢带，是人体的中轴。脊柱起着维持体型，支撑头颅和构成支撑胸腔、腹腔、盆腔脏器的骨干，平衡和传导头、躯干及上肢的重量，缓冲震荡，保护脊髓、神经根、胸腹腔脏器，同时在神经和肌肉的协调动作下为活动提供稳定性和运动性。

（一）脊柱全貌

正面观：可以见到每块椎体、横突和椎间盘。椎体的宽度和高低各不相同，椎体的厚度自上至下逐渐增厚；宽度从第2颈椎至第1胸椎逐渐增宽，第2～4胸椎稍缩窄；从第5胸椎至骶岬又逐渐增宽，尤其是第10胸椎以下，这种改变更加明显；从骶岬向下又明显缩窄。椎体两侧的横突在颈部和上部胸椎较长，从下部胸椎逐渐缩短，到第1腰椎至第3腰椎又增长，第3腰椎以下又缩短。这些变化是为了适应人体负重和运动的需要。椎间盘有23个，其厚薄各有不同：从总体上看，中胸部最薄，颈部较厚，腰部最厚，所以颈、腰部的活动范围较大。

后面观：正中线是椎骨的棘突形成的纵嵴。颈椎的棘突短且分叉，稍向后下伸出；胸段的棘突细长，呈叠瓦状排列，上部胸椎的棘突斜向后下，中部胸椎几近垂直向下，下部胸椎向后下的角度逐渐减小；腰椎的棘突呈板状，向后近似水平伸出，且棘突之间的间隙较大。棘突的两侧是椎弓板，在腰段相邻椎弓板之间的间隙较宽，可以见到相邻关节突形成的关节。正常人的脊柱可有轻度侧屈，右利手的人上部略凸向右侧，下部则代偿性地凸向左侧。

侧面观：脊柱呈"S"形，有四个弯曲，即颈曲、胸曲、腰曲和骶曲，其中骶曲在人体外表上是不

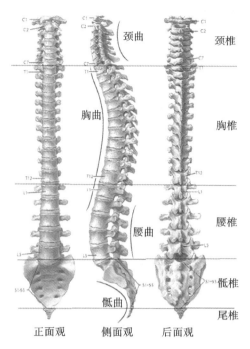

图 5-1 脊柱全貌图

可见的。凸向后的胸曲和骶曲为原发性弯曲,是由椎体的形状来决定的;凸向前的颈曲和腰曲为继发性弯曲,是由椎间盘的形状来决定的。胚胎和婴儿的脊柱整体呈现后凸,随着婴儿从俯卧位抬头和坐起,颈椎向前凸;当儿童站立和步行时,腰大肌的张力使腰椎凸向前。弯曲的存在增强了脊柱的弹性和支持功能,对运动时维持人体重心和缓冲震荡有着重要的意义。脊柱的弯曲程度反映了其稳定性和运动性:曲度太小,脊柱是强直的;而曲度太大,脊柱通常是超常运动的或不稳定的。此外,还可以见到棘突的走行方向、椎体和椎间盘的变化、横突及椎间孔等情况。椎体和椎间盘的变化:除正面观和后面观的变化外,还可以观察到颈、腰椎的椎体和椎间盘略呈前高后低,胸椎的椎体呈前低后高,而椎间盘的高度前后相等。颈椎的横突位于关节突前方和椎弓的外侧,胸椎的横突位于椎间孔及关节突的后方,腰椎的横突位于关节突的前方及椎间孔的后方。椎骨关节面的走行方向、椎间盘的大小和厚度与该节段的运动类型和活动范围有着密切的关系。可见到的椎间孔有 23 对,呈卵圆形,颈部的较小,腰部的较大。

(二)椎骨

脊柱自上而下可分为颈、胸、腰、骶、尾五段。幼年时椎骨有 32 或 33 块:颈椎骨 7 块,胸椎骨 12 块,腰椎骨 5 块,骶椎骨 5 块和尾椎骨 3~4 块。成年后 5 块骶椎骨合成骶骨,3~4 块尾椎骨合成尾骨,共 26 块(图 5-1)。

椎骨由前方圆柱形的椎体和后方板状的椎弓组成(图 5-2),两者围成椎孔,所有椎孔相连成椎管容纳脊髓、脊膜及血管等组织。

1. 椎体 椎体是构成脊柱的基础和支持体重的主要部分,其表面是一层较薄的皮质骨(骨骺环),内部充满海绵状的松质骨,主要的功能是承载运动负荷。透明软骨板覆盖在以骨骺环为界限的椎体上(图 5-3)。

2. 椎弓 椎弓自椎体两侧的后上端向后突出,椎弓与椎体相连的较细部分为椎弓根。椎弓根多由皮质骨构成,尤其后端最为致密,是其最大的负荷区。两侧椎弓根向后拓宽为椎弓板,椎弓板在中线会合。由椎弓发出 7 个突起:①棘突 1 个:伸向后方或后下方,尖端可在体表触摸到。②横突 1 对:伸向两侧。③关节突 2 对:在椎弓根与椎弓板结合处分别向上、下伸出形成突起,即

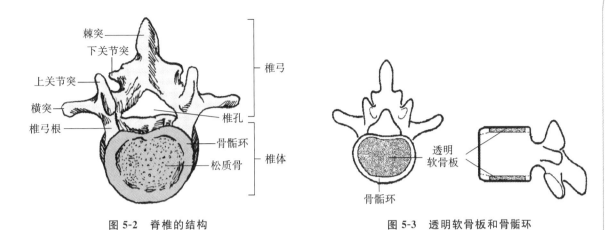

图 5-2 脊椎的结构

图 5-3 透明软骨板和骨骺环

上关节突和下关节突。

(三) 脊柱的连结

1. 椎体间的连结 相邻的两个椎体借椎间盘、前纵韧带和后纵韧带相连。

(1) 椎间盘：椎间盘构成脊柱整体高度的 20%～33%，它是连结相邻两个椎体的纤维软骨盘。椎间盘具有的多种功能是由其结构决定的，其主要由髓核、纤维环和透明软骨板三部分组成（图 5-4）。椎间盘的结构类似轮胎，外胎是纤维环和透明软骨板，包裹着富有弹性的内胎——髓核。

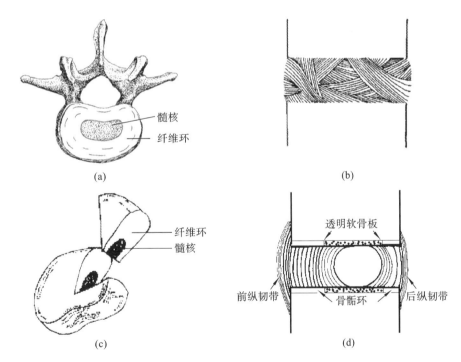

图 5-4 椎间盘
(a) 纤维环包绕着髓核；(b) 纤维环是纤维层斜形排列成的多层结构；
(c) 髓核位于椎间盘的中央；(d) 髓核毗连着透明软骨板

纤维环是由多层纤维软骨环按同心圆排列而成的，包容位于透明软骨板和内层纤维环之间的髓核。纤维环中的胶原纤维穿入椎体骨质中，牢固连结在相邻椎体的上、下面；每一层的纤维与深层的纤维互成一定的角度，富有韧性。

髓核由富亲水性的葡萄糖胺酸聚糖形成的胶状凝胶所组成。除了下腰椎的髓核位置偏后外,其他髓核均位于椎间盘的中央。其上、下与透明软骨板毗邻,周围被纤维环包绕成椭圆形。

透明软骨板覆盖在椎体的上、下表面与纤维环、髓核之间,中间部较薄且呈半透明。透明软骨板中无血管组织。

(2) 前纵韧带:位于椎体前面,宽且坚韧。前纵韧带是人体最长的韧带,上至枕骨大孔的前缘,下达第1或第2骶椎的前面(图5-4)。前纵韧带可分为3层:深层纤维紧密地将相邻椎体缘和椎间盘前端的纤维环连结起来,而与椎体的连结较为疏松;中层纤维跨越2~3块椎体;浅层纤维则跨越3~5块椎体。

(3) 后纵韧带:位于椎体的后面,窄而坚韧。其上起自枢椎,下达骶管(图5-4)。后纵韧带可分为2层:深层纤维呈齿状紧密地附着于相邻椎体缘和椎间盘,而与椎体结合较为疏松,其中部常有裂隙供椎体静脉穿过;浅层纤维则跨越3~4块椎体。椎间盘的反复损伤可形成后纵韧带钙化。后纵韧带的中央部较厚,向两侧延展的部分宽而薄,是椎间盘多向后外侧突出的原因之一。

2. 椎弓间的连结 包括椎弓板之间和各突起之间的连结。

(1) 关节突关节(图5-5):属滑膜关节,是由相邻椎体的下关节突和上关节突、被结缔组织关节囊包绕的滑膜间隔、脂肪组织垫及纤维半月板构成的椎间关节。

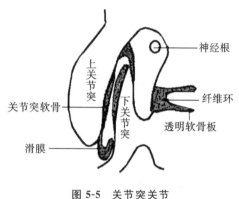

图 5-5 关节突关节

(2) 神经弓韧带:由黄韧带、棘间韧带、棘上韧带和横突间韧带组成(图5-6)。黄韧带(也称为弓间韧带)是在中线部位连结相邻椎弓板之间的韧带,呈扁平状,协助围成椎管。棘间韧带位于相邻的棘突之间,前接黄韧带,后方移行为棘上韧带和项韧带。棘上韧带连结胸、腰、骶椎各棘突尖端之间的纵行韧带,在颈部扩展为项韧带供肌肉附着。横突间韧带是连结相邻椎骨的横突之间的韧带。

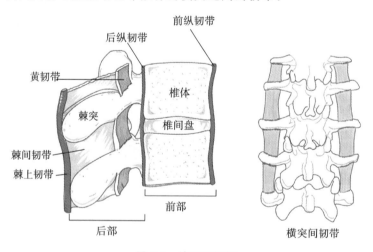

图 5-6 神经弓韧带

二、脊柱的节段运动

人体脊柱的基本生物力学功能有三个方面:①运动功能,提供在三维空间范围内的生物运动;②承载功能,将头颈部和躯干的载荷传递至骨盆;③保护功能,保护椎管内容纳的脊髓和神经等组织。脊柱的正常功能必须依靠脊柱的结构完整性、稳定性与柔韧性之间的相互作用及肌肉的强度和耐力。

脊柱的运动学特征取决于其关节面的几何形状和关节间软组织的力学性能。从本质上讲，脊柱是由可以单独考察的运动节段组成。这些运动节段就是 White 和 Panjabi(1978)提出的脊柱功能单位。

（一）脊柱功能单位

脊柱功能单位(FSU)由两个相邻的椎骨和介于其间的椎间盘、椎间关节、节段间韧带和关节囊组成，是脊柱节段运动的基本结构单位。典型的 FSU 有 23 个，在寰椎和枢椎之间、骶尾椎之间不存在典型的 FSU。

FSU 从结构上分为前、后两个部分（图 5-6）。两个相邻的椎骨、介于其间的椎间盘和前、后纵韧带构成 FSU 的前部；后部由椎弓、关节突关节、横突、棘突和神经弓韧带等组成。FSU 前部主要是提供脊柱的支持功能以及吸收对脊柱的冲击能量，而运动功能主要依靠 FSU 的后部来完成。

1. FSU 前部

(1) 椎体：早在 1870 年 Wolff 法则就提出，"骨在生长期间保持与作用它之上的机械力相适应"。近代生物力学指出，"骨骼是一种反馈控制系统，正常情况时，骨处于最优应力值的作用下，呈现平衡状态"。椎体主要的功能是承载轴向应力，随着上部身体负重的逐渐增加，椎体的高度和横截面积也逐渐增大，这就是腰椎的椎体比胸椎、颈椎的椎体宽、厚的原因。颈椎承载的轴向负荷为 2000 N，胸椎为 2000～4000 N，腰椎为 5000～8000 N，但骨量随着年龄的增长而减少，椎体的强度也呈下降趋势：腰椎椎体最大的载荷在 40～60 岁逐渐下降为 55%，60 岁以后降低为 45%。当椎体骨量减少 25% 时，其抗压强度降低 50%，这一变化与椎体骨松质抗压强度的变化基本平行，也是容易出现微骨折而诱发疼痛的原因之一。

椎体皮质骨以承载应力负荷为主，松质骨以吸收能量为主。松质骨在被压缩负荷破坏前的变形高达 15%，而皮质骨小于 2%。因此，在垂直和屈曲的暴力作用下，骨皮质先发生骨折，随着负荷的加大，骨松质才出现破坏。椎体作为脊柱受力的主体，其皮质骨与松质骨的载荷量比例随年龄不同而发生变化。有报道 40 岁以前与 40 岁以上的人皮质骨承重与松质骨承重的比值分别为 45% : 55% 与 65% : 35%，这也是年龄大的人容易发生骨折的原因之一。

(2) 椎间盘：椎间盘是脊柱功能单位运动的主要约束，具有特殊的功能和力学重要性。它们通过固定相邻的椎体来稳定脊柱，脊柱由各部椎间盘将椎骨串联起来，如一弹簧串，能够缓冲各种震荡，保护颅脑等重要器官免受损害；同时，吸收分布在脊柱上的载荷和能量；椎间盘既坚韧又富有弹性，承受压力时被压缩，压力去除后又复原，具有"弹性垫"样的缓冲作用，并允许脊柱做各种类型的活动。

当负荷作用于脊柱时，椎体承载的负荷通过透明软骨板传导至髓核，凝胶状的髓核将来自脊柱的轴向应力呈垂直且放射状地分布于整个髓核，这些呈放射状分布的垂直载荷被纤维环的纤维所吸收（图 5-7）。在不受外力的情况下，椎体位于椎间盘的正上方，髓核位于椎间盘的中央。当脊柱做屈伸、侧屈和旋转活动时，椎体前后摆动和转动在髓核之上。如脊柱前屈时，髓核向后移动，纤维环则向前膨出；在脊柱后伸时，髓核向前移动，纤维环向后膨出（图 5-8）。在此，我们可将椎间盘看作：纤维环是髓核的柔软、紧密容器，它就如同箍紧木桶的铁箍一样承载负荷（图 5-9），又像弹簧圈来对抗髓核产生的应力；髓核像轴承的滚珠灵活地向活动的对侧移动并承载负荷（图 5-10）。纤维环和髓核在椎间盘的生物力学功能上所扮演的不同角色，使整个椎间盘具有黏弹性，包括维持、恢复椎间盘高度和吸收施加在脊柱上的载荷，即具有蠕变和滞后现象。蠕变现象是指物体载荷后，该受力体将随载荷时间的延长而持续变形的现象。蠕变现象与椎间盘较长时间的、较大负荷的载荷有关，载荷越大使椎间盘产生的蠕变越大。椎间盘反复载荷和卸去载荷时能量丢失的现象称为滞后现象。椎间盘就是借助滞后作用来吸收震动能量的，而且载荷越大,滞后作用也越大,从而具有防止损伤的功能。滞后现象与承载的负荷、年龄和脊柱节段有关。实验发现:健康的椎间盘蠕变较慢,滞后作用较大;而退行性椎间盘蠕变速度相对较快,而且滞后作用也较差。椎间盘抗张力和剪切力的能力很强,但在脊柱前屈、压缩和侧弯的联合运动时,髓核承载不对称的旋转性负荷,易引起椎间盘的结构破坏。透明软骨板的生物力学功能包括缓冲外力和传递应力的作用,还具有半渗透膜作用,水分可以扩散进入髓核。

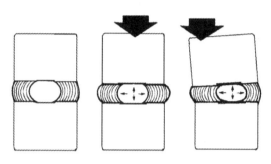

图 5-7 椎间盘的压力传导

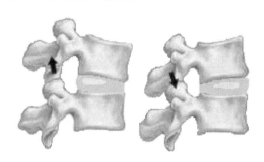

图 5-8 脊柱屈伸时椎间盘的形变

图 5-9 木桶的铁箍

当木桶的压力过大时,铁箍会断裂;纤维环的作用就类似木桶的铁箍

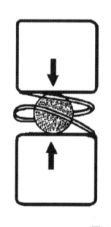
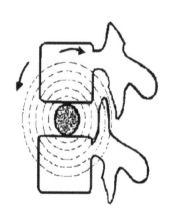

图 5-10 纤维环的作用

左图:纤维环就像弹簧圈来对抗髓核产生的阻力

右图:髓核就像滚珠,在脊椎小关节的稳定和导引下,椎体在髓核上滚动

无论是脊椎载荷的大小还是肌肉与韧带的支持作用,在对脊椎的生物力学损伤方面起最终决定作用的因素是椎间盘内压。正常的椎间盘,其内压随脊椎承载负荷的增加而增大。Nachemson 和他的同事通过测量正常的椎间盘内压发现:不同姿势时椎间盘的压力是不同的(图 5-11),并且髓核中心的压力永远不会为零。椎间盘内压的产生依赖于髓核的涵水能力,使其在有限的体积内膨大,增加脊柱的抗压能力。

正常人在 8 岁以前,椎间盘是有血液供应的,以后则逐渐依靠组织液的弥散作用来维持营

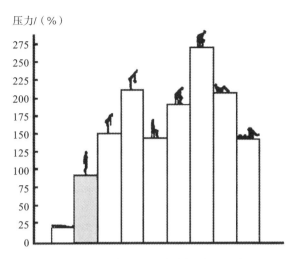

图 5-11 体位对第三腰椎间盘内压力影响的相对比值(标准:站立位 100%)

养。组织液的渗透有两条通路:椎体与椎间盘之间的双向渗透及周围血管中的组织液通过纤维环弥散进入椎间盘;其中椎体与椎间盘的双向渗透作用维持着椎间盘内压的稳定。当组织液渗入椎间盘导致其肿胀时,椎间盘会减少椎骨的活动来保护受伤的关节;另外,随着年龄的增长,髓核的涵水能力减弱,扩散压力的能力下降而导致脊柱的抗压能力下降、缺乏弹性、活动性亦降低。

对相邻两椎体的表面活动一般采用瞬时旋转中心(IAR)来表示。一般认为 IAR 位于椎间盘内:屈伸活动(X 轴旋转)时,IAR 位于椎间盘的后 1/3;侧屈活动(Z 轴)时,IAR 位于椎间盘的屈向侧对侧;轴向旋转运动(Y 轴旋转)时,IAR 位于椎间盘的后部。在病理情况下 IAR 的轨迹常发生范围增大、杂乱且失去规律(图 5-12)。

图 5-12 椎间盘的瞬时旋转中心
(a)正常椎间关节的瞬时旋转中心轨迹短而紧凑
(b)~(e)不同程度退变的椎间盘的瞬时旋转中心轨迹延长且范围扩大、失去规律

(3) 前、后纵韧带:由延伸性较小的胶原纤维构成,对椎间盘内压有一定影响,为脊柱提供内在支持,并将载荷传递到相邻的椎体,保证脊柱平稳运动。前纵韧带主要有限制脊柱过度后伸和防止椎间盘向前突出的作用,在脊柱后伸时承受最大应力。而后纵韧带主要有限制脊柱过度前屈和防止椎间盘向后突出的作用,在脊柱前屈时承受最大应力。前纵韧带的强度是后纵韧带的 2 倍,一般的屈伸活动不能撕裂它们。

2. FSU 后部

(1) 关节突关节:椎体间的运动通过三个关节相互影响,即前方的椎间盘及后方成对的关节突关节。关节突关节有万能关节之称,它有四个轴线的活动:水平轴线的上下挤压或分离、横轴线的前屈或后伸、矢状轴线的侧屈及垂直轴线的旋转活动。关节突关节只能做轻微地滑动,但其关节面的构型引导着 FSU 的活动,即关节突在水平位与冠状位上的改变(图 5-13)决定着椎体间的运动类型和活动范围,并防止椎间盘过度的剪切、屈曲、侧屈和旋转。第 3 至第 7 颈椎关节突关节的关节面与水平位呈 45°夹角、与冠状位平行,所以能进行屈伸、侧屈及旋转活动;胸椎关节突关节的关节面与水平位呈 60°夹角、与冠状位呈 20°夹角,所以能进行侧屈、旋转活动及少许的屈伸活动;腰椎关节突关节的关节面与水平位垂直、与冠状位呈 45°夹角,所以能进行屈伸及侧屈活动,而限制其轴向旋转运动。

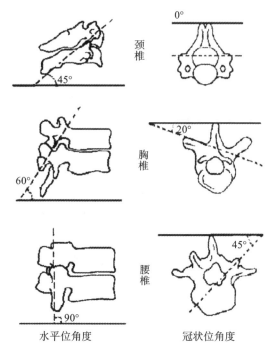

图5-13 关节突关节的关节面朝向的近似值

另外,关节突关节还具有载荷功能,其载荷与椎间盘载荷的分配随所处的脊柱位置而异,一般仅能承载负荷的0~30%。由于单个关节突关节的活动范围很小,其载荷能力也很有限,所以容易发生损伤,尤其在椎间盘发生退变时。

关节突关节在脊柱后伸时打开,而前屈时关闭(图5-8)。关闭时压力增加使液体从软骨中榨出,随着压力的释放,液体重吸收回软骨。在日常活动中通过加压和减压的循环,使该关节内更为润滑。如在久坐时该关节长时间处于加压状态,使软骨脱水而引起关节僵硬、酸痛。另外,关节突关节的劳损、退变是引起慢性疼痛的最常见原因之一,被喻为慢性颈痛的"发生机"。关节突关节退变也容易造成脊椎节段性不稳。

(2)横突和棘突:作为脊柱众多肌肉和韧带的附着点,为脊柱运动性和稳定性提供动力。

(3)神经弓韧带:黄韧带由黄色的弹力纤维构成,随着脊柱的屈伸运动而伸缩,以保护硬膜外腔不受侵犯;黄韧带有很大的弹性,在脊柱后伸时收紧,屈曲时保持一定的张力,从而有一定的限制脊柱过度前屈的作用。由于黄韧带与椎间盘活动中心有一定的距离,故黄韧带的张力可使椎间盘内出现持续的静止应力,或称预应力。这种预应力为脊柱的稳定提供了内源性支持。相反,当脊柱不稳定时也会促进黄韧带的肥厚、松弛和钙化。项韧带、棘间韧带和棘上韧带都有制约脊柱过度前屈的功能。横突间韧带有制约脊柱过度侧屈的功能。神经弓韧带在维持脊柱的稳定性上发挥着重要作用。为探讨颈椎后方韧带结构在维持颈椎稳定性中所起的作用而进行的生物力学分析表明:切除颈椎后方韧带结构后,颈椎总体位移、水平位移、倾角、扭角、第5和6颈椎椎体前缘的应变值等异常增高,总体压缩刚度、扭转刚度显著下降,前屈状态下这些参数的改变更为明显。

FSU承载来自不同方向、不同大小的内、外部负荷,包括压缩、伸展、剪切及扭转等各种应力。其不同结构承载的负荷也不一致:椎间盘和椎体主要承载压力;伸展力则主要由纤维环及其相邻结构间的韧带承担;而在承载剪切力和轴向扭转力时关节突、周围韧带和纤维环则充当主要角色,其中纤维环承担约30%。

(二)脊柱的节段运动

脊柱的组成和结构复杂,作为一个柔性负载结构,其运动形式是多样的。脊柱在三维空间里具有6个自由度(图5-14):①绕冠状轴(X轴)进行前屈、后伸活动;②绕纵轴(Y轴)在水平面上进行顺、逆时针旋转活动;③绕矢状轴(Z轴)进行左、右侧屈活动;④沿纵轴的上、下活动,即压缩和牵伸;⑤矢状面上的前、后位移;⑥冠状面上的左、右侧向滑移。

椎体可以在任何一个轴上做旋转运动、滑动或复合型运动。因为关节的关节面不是完全一致的,活动时会调整运动平面,所以脊柱的节段运动是多种运动之间的耦合。所谓的耦合是指沿一个方向的平移或旋转同时伴有另一个方向的旋转或平移运动。

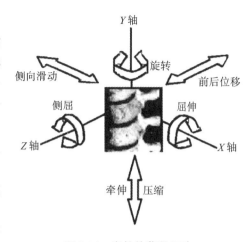

图 5-14 脊柱的节段运动

脊柱的活动不是单方向的,而是多方向运动的耦合:不同方向的平移运动、角度运动以及平移运动与角度运动之间均出现耦合。没有关节盘的偏移,倾斜与旋转是不可能在体内的任何关节上发生的。在脊椎生物力学中,通常将与负载方向相同的脊柱运动称为主运动,而把其他方向的运动称为耦合运动。例如:脊柱承载轴向力偶时,脊柱的轴向旋转运动称为主运动,而伴随的前屈/后伸/侧弯的活动称为耦合运动。耦合作用的意义在于当一个FSU出现异常活动时,可能其他邻近的FSU也会出现异常活动。

三、脊柱的活动

在正常情况下,脊柱的每个运动节段相对稳固、活动范围较小,大多是几个运动节段联合,甚至是整个脊柱共同参与运动来保证较大的活动范围。脊柱的活动包括在冠状轴上的前屈和后伸、在矢状轴上的侧屈、在纵轴上进行的旋转等(图5-15)。

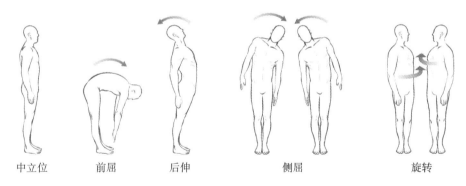

图 5-15 躯干的活动

对脊柱的活动范围已进行了大量的研究,但由于个体之间脊柱的结构差异较大而出现活动范围的不同,另外性别、年龄和职业等不同,活动范围也有明显的差别。例如,从幼年到老年,其活动范围可减少50%以上。同时,还由于受测量技术的限制等原因,临床提供的数据仍存在很大的分歧,目前国际上对脊柱各节段的活动范围仍没有一个公认值。虽然节段运动的测量数据有较大差异,但其分布和变化趋势却近乎相同。White和Panjabi在1978年列举的脊柱各节段的运动范围参考值就是其中的代表(图5-16)。

脊柱能完成一个良好的运动功能,或被稳定在一个静态平衡的功能位置,都有赖于众多肌肉收缩和松弛的精密协调。肌肉在启动和调节脊柱运动、维持脊柱的姿势和平衡等方面有着极其

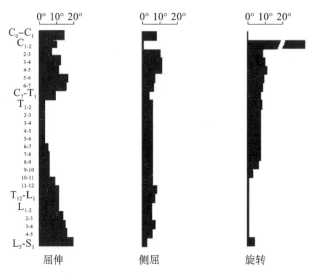

图 5-16 脊柱运动范围

重要的作用。例如:绷紧背阔肌和胸大肌,抬高手臂时胸腰椎区域出现伸展。脊柱的肌肉是脊柱活动的动力结构,其以相反的方向相互交叉排列,既能使脊柱稳定,负重承力,又可利用最小的力获得最大的效应。按其解剖位置分为前、后两组,其中前组的肌肉包括胸锁乳突肌、斜角肌、肋间肌、腹直肌、腹内斜肌、腹外斜肌和腹横肌等,后组的肌肉包括棘间肌、多裂肌等。腰背部的肌肉能细分为7层。另外,脊柱的肌肉也经常按作用范围进行分类(见脊柱的稳定性中的内容)。现在就腰背部的肌肉(图5-17至图5-19、表5-1)和腰腹部的肌肉(图5-20至图5-22、表5-2)进行学习,颈部的部分肌肉我们将在第二节里再作讨论。

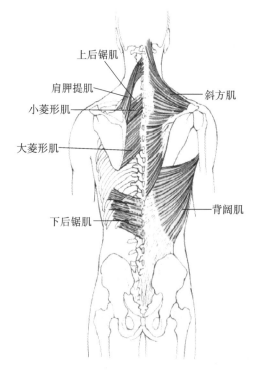

图 5-17 腰背部的浅层肌肉

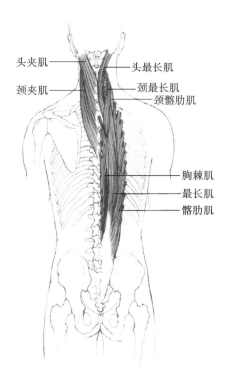

图 5-18 腰背部的第三、四、五层肌肉

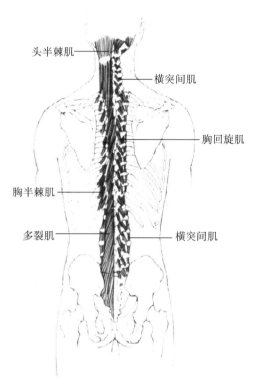

图 5-19 腰背部的第六、七层肌肉

表 5-1 腰背部肌肉的起止点和功能表

层次	肌肉	起点	附着	功能
1	斜方肌	枕外隆凸、第 7 颈椎及胸椎棘突	肩胛冈、肩峰及锁骨的外 1/3	肩胛骨固定时,双侧收缩可协助后伸
	背阔肌	第 7~12 胸椎的棘突、腰骶椎的棘突、髂嵴及第 10~12 肋骨	肱骨下结节嵴	上肢固定时,可使骨盆接近臂或胸廓
2	肩胛提肌	第 1~4 颈椎的横突后结节	肩胛骨的内上角及肩胛冈基部	肩胛固定时,双侧收缩协助后伸头颈部,单侧收缩协助侧屈脊柱
3	上后锯肌	第 7 颈椎至第 2 胸椎的棘突	第 2~5 肋骨	上提第 2~5 肋骨
	下后锯肌	第 11 胸椎至第 2 腰椎的棘突	第 9~12 肋骨	向下、后拉第 9~12 肋骨
4	头夹肌	第 3 颈椎至第 3 胸椎棘突	上项线外 1/3、乳突	双侧收缩后伸头颈部,单侧收缩向同侧旋转头部
	颈夹肌	第 3~6 胸椎棘突	第 1~3 颈椎的横突后结节	(同头夹肌)
5	腰髂肋肌	共同腱	第 1~4 腰椎的横突外侧	双侧收缩增加腰曲,单侧收缩侧屈胸椎
	胸髂肋肌	下位 6 个肋骨角的上缘	上位 6 个肋骨角的上缘	双侧收缩后伸躯干,单侧收缩侧屈躯干

续表

层次	肌肉	起点	附着	功能
	腰最长肌	髂后上棘的前中部	第1～5腰椎的横突	（同腰髂肋肌）
	胸最长肌	共同腱	胸椎横突的尖端、肋骨角和肋骨结节间	（同胸髂肋肌）
	胸棘肌	第11胸椎至第2腰椎的棘突	第1～10胸椎的棘突	（同腰髂肋肌）
6	回旋肌	椎体横突	第一椎体横突的基部或第二椎体上端	双侧收缩后伸躯干，单侧收缩向对侧旋转躯干
	多裂肌	共同腱	第1～5腰椎的棘突及腰部关节突关节的关节囊	（同腰髂肋肌）
	胸半棘肌	第6～12胸椎的横突	第1～6胸椎的椎体	（同腰髂肋肌）
7	棘间肌	棘突	相邻的棘突	可能有输入本体感觉的作用
	横突间肌	横突	相邻的横突	（同棘间肌）

备注：尚有部分肌肉与脊柱活动的关系不够密切，在此未列出。

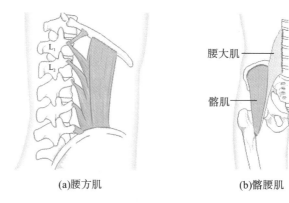

(a)腰方肌　　(b)髂腰肌

图 5-20　腰方肌和髂腰肌

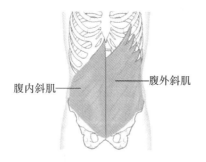

图 5-21　腹外斜肌和腹内斜肌

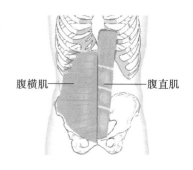

图 5-22　腹直肌和腹横肌

表 5-2　腰腹肌的起止点和功能

肌肉	起点	附着	功能
腰大肌及腰小肌	第1～5腰椎的横突和椎体外侧、第12胸椎至第5腰椎间的椎间盘	股骨小转子	下肢固定时，双侧收缩前屈躯干、增加腰曲，单侧收缩向对侧旋转躯干
髂肌	髂窝上缘及髂嵴的内唇	股骨小转子至下方股骨干	（同腰大肌）

续表

肌肉	起点	附着	功能
腰方肌	腰髂韧带和邻近髂嵴的 5cm 处	第 12 肋骨下缘内侧半及第 1～4 腰椎横突尖端	双侧收缩后伸躯干,单侧收缩侧屈躯干;反作用能上提骨盆
腹直肌	耻骨结节与耻骨联合	第 5～7 肋软骨	稳定和前屈躯干,收紧腹壁;中和竖脊肌的作用,防止躯干过度旋转和侧屈
腹外斜肌	下 8 根肋骨的外侧和下缘	髂嵴外缘、腹股沟韧带及腹直肌鞘	双侧收缩前屈躯干,单侧收缩向对侧旋转躯干
腹内斜肌	髂肌中缘前 2/3、腹股沟韧带外侧半和胸腰筋膜	第 7～9 肋软骨下缘、腹直肌鞘、耻骨结节	双侧收缩前屈躯干,单侧收缩向同侧旋转躯干及侧屈躯干
腹横肌	第 6～12 肋骨深面、胸腰筋膜、髂嵴内侧缘	腹直肌鞘和剑突	收紧腹壁

四、脊柱的稳定性

作为人体大梁和支撑物的脊柱,其稳定性对生理功能及个人形象的影响是毋庸置疑的。脊柱的稳定性是指脊柱结构自身平衡位置的能力,它需要在神经系统的控制下,协调脊柱稳定结构的活动来维持其静态和动态的稳定。Panjabi 认为,脊柱的稳定系统由三个部分构成:①椎骨、椎间盘和韧带构成的被动子系统,称为内源性稳定系统;②脊柱周围的肌肉、肌腱、胸腹腔压力和胸廓支持等因素组成的主动子系统,称为外源性稳定系统;③神经子系统,控制上述两个子系统,协调它们来实现脊柱的稳定。

内源性稳定系统依靠两种相反作用的力来维持脊柱的稳定,即:①髓核内的压应力使相邻的两个椎体分开;②椎间盘的纤维环及其周围的韧带在对抗髓核的压应力时使相邻的两个椎体靠拢。

外源性稳定系统是通过项背部、腰腹部等肌肉的主动调节来实现脊柱的稳定。在此可将肌肉按作用范围分为两类:一类肌肉的起止点均在脊柱的节段性肌肉,如棘突间肌、横突间肌、多裂肌等,其作用主要是维持脊柱的生理弧度和在矢状面、冠状面的稳定,协调单个椎体的运动;另一类是指直接附于胸廓和骨盆间的非节段性肌肉,如腹肌、骶棘肌等粗壮肌肉,通过离心性收缩和向心性收缩来维持脊柱的稳定和抵抗外来载荷。两部分肌肉在脊柱活动中,主动肌启动和进行活动,而拮抗肌则控制和调节活动,共同保证脊柱的稳定和平衡。

一般来讲,内源性稳定系统不如外源性稳定系统重要。因为当内源性稳定系统失去平衡时,脊柱失稳的变化很缓慢,而在外源性稳定系统失去平衡后,脊柱就难以维持正常功能。脊柱稳定性能反映载荷与其作用下所发生位移之间的关系,在同等大小的载荷下,位移越小,稳定性越强。

第二节 颈部运动学

Grieve 认为"头位决定体位"。这一重要观点强调了头位的极端重要性。头部姿势的维持需要颈部的稳定和平衡。

一、颈椎功能解剖

(一) 椎骨

颈椎由 7 块椎骨构成。以解剖为基础,可以分成两个部分:上部由第 1、2 块颈椎骨及颅骨的枕骨部构成,它们是非典型的椎骨;下部由第 3~7 块典型的颈椎骨组成。

1. 第 3~7 块颈椎骨(C_3~C_7,图 5-23) 椎体较小,横径大约是矢径的两倍,呈椭圆形;椎体外侧后缘嵴样隆起称钩突。椎孔较大,呈三角形。

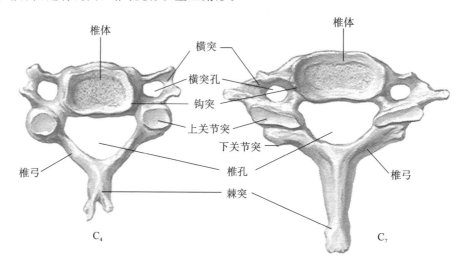

图 5-23 普通颈椎(上面观)

关节突呈短柱状,上、下关节突分别起自椎弓根和椎弓板的连结处,位于横突之后。从侧面观,枢椎的关节突位置略靠前外,其他的关节突形成一个骨柱。关节面平滑,其方向由第 2 颈椎的上关节面近水平位逐渐增加至水平面与冠状面呈 45°倾斜位,在 C_7 的上关节面近冠状位(60°以上)。

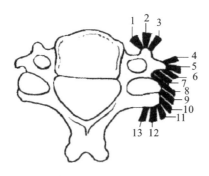

图 5-24 颈椎的横突和关节突肌肉的附着
1.颈长肌;2.头长肌;3.前斜角肌;4.中斜角肌;
5.后斜角肌;6.肩胛提肌;7.颈夹肌;8.颈髂肋肌;
9.颈最长肌;10.头最长肌;11.头半棘肌;
12.颈半棘肌;13.多裂肌

横突短且宽,较小,发自椎体和椎弓根的侧后方,向外并稍向前下。前、后两结节围成横突孔,横突前结节是肋骨退化的遗迹,可肥大成为颈肋而产生压迫症状,尤其是 C_7 多见。横突及其后的关节突有肌肉附着,自前向后为颈长肌、头长肌、前斜角肌、中斜角肌、后斜角肌、肩胛提肌、颈夹肌、颈髂肋肌、颈最长肌、头最长肌、头半棘肌、颈半棘肌和多裂肌(图 5-24)。

C_3~C_6 的棘突呈矢状位斜向后方,较短,末端分叉。C_7 的棘突在颈椎中最长,末端不分叉,呈结节状隆突于皮下,供项韧带、多裂肌、半棘肌和棘突间肌附着。棘突在 C_3 至第 1 或第 2 胸椎区间逐渐增长,该形态学的适应性变化是为延长其上所附着的肌肉的力臂,以适应固定头部负荷逐渐增大的力矩。

2. 第 1 块颈椎骨(C_1,也称为寰椎,图 5-25) 呈环状,无椎体、棘突和关节突,像枕骨与枢椎之间的垫圈。其由前弓、后弓及两侧块组成。前弓较短,后面正中有凹形关节面,前面的前结节供颈前肌和前纵韧带附着,上下缘分别有寰枕前膜、前纵韧带附着。后弓较长且曲度较大,上面横行的椎动脉沟供椎动脉和枕下神经通过;上、下缘分别有寰枕后膜、黄韧带附着。寰椎无棘突但保留有后结节,其上供项韧带和头后小直肌附着,限制头部过度后伸。两侧块连接前、后弓,内薄外厚,作用于其上的力呈离心性分布;上下各有关节面,上关节面呈椭圆形凹陷,朝内、上、后方向,下关节面呈圆形。在上、下关节面的周围分别有寰枕关节囊、寰枢关节囊包绕。侧块内侧有一粗糙的结节供寰椎横韧带附着。C_1的横突较长,在颈椎中长度仅次于C_7,末端不分叉,较其他椎骨的横突更突向前外侧,供头下斜肌、头侧直肌、肩胛提肌、颈夹肌、中斜角肌和韧带附着,对头颈部的旋转活动起平衡作用。横突孔位于横突基底部偏外侧,较大,有椎动脉和静脉从中穿行。

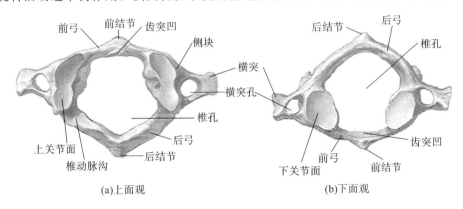

图 5-25 寰椎

3. 第 2 块颈椎骨(C_2,也称为枢椎,图 5-26) 前部椎体有一垂直向上的柱状隆突为齿突,齿突本是寰椎椎体,一般在 5 至 6 岁与枢椎椎体融合。齿突顶部粗而根部细,如果齿突发育不良、融合障碍或突然外力时容易引发脱位、骨折。齿突前后有椭圆形的前关节面和后关节面,齿突两侧各有一向上的圆形上关节面。椎体前方的中部两侧有颈长肌附着。椎弓后有分叉的大棘突及较大的椎弓板,C_3的棘突常被覆盖。枢椎上关节突的关节面呈椭圆形,向后下倾斜,有利于寰枢关节的旋转活动。横突短小,向外侧突出,横突末端供肩胛提肌附着,上、下面有横突间肌附着。

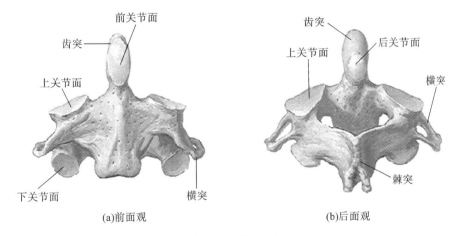

图 5-26 枢椎(上面)

4. 体表可触及的骨性结构 寰椎的后弓在枕骨下面的后外侧,检查者拇指指腹由枕外隆突的下方向前、上、内侧轻轻滑移时可触及。在枢椎棘突的上方可触及寰椎的后结节。触诊寰椎的横突末端可在下颌角与乳突之间进行。方法:检查者拇指指腹从乳突尖前方向下滑移,在乳突与下颌角的凹陷中触及一小的钝性骨突即为寰椎横突的外侧端。触及寰椎的横突外侧端后,指腹向后下方滑移可触到其下部颈椎的横突。

颈椎的棘突分叉,长短不一,触诊时容易产生误差,最好先从仰卧位进行触诊。枢椎的棘突呈倒"V"形,在枕外隆突的连线中部可触及。C_7的棘突不分叉、较粗大,容易被触及,所以又被称为隆椎,常作为计数椎骨的标志,但需与第1胸椎的棘突相鉴别:屈伸颈部时,棘突前后移动的为隆椎的棘突,固定不动的则为第1胸椎的棘突。

(二)颈椎骨的连结

1. 椎间盘 除枕骨与寰椎之间、寰椎与枢椎之间没有椎间盘以外,其他颈椎之间均有椎间盘。椎间盘呈楔形,前缘高度约为后缘的2倍,形成了向前的颈曲。颈椎椎间盘高度的总和约占颈段脊柱高度的1/4。颈部发生椎间盘突出不如腰部那样普遍,主要有三个原因:①髓核的位置靠前;②钩椎关节的保护;③后纵韧带更强韧。

2. 钩椎关节(图5-27) 又称Luschka关节,Jackson称其为椎体间侧关节,属滑膜关节,是钩突与上位椎体前后唇的斜坡处咬合而成,有限制椎体向侧方位移的作用。

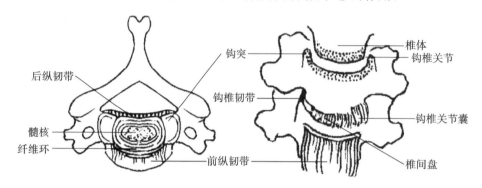

图5-27 钩椎关节

3. 关节突关节 关节面呈卵圆形,覆盖有关节软骨;关节囊附于关节软骨的边缘,薄且松弛,富有弹性,从而使颈椎区的活动范围在脊柱中最大,但比较不稳定,遭受屈曲外力时容易出现半脱位、脱位,甚至发生关节突跳跃而损伤脊髓。

4. 寰枕关节(图5-28) 由寰椎侧块的上关节凹与枕髁构成,属二轴性椭圆关节。关节囊松弛,其后部和外侧部肥厚,内侧部薄弱,有时缺如。两个寰枕关节联合进行活动。枕骨髁凸起与寰椎上关节突的凹面密切咬合,从而限制了寰枕关节的轴向旋转运动。

5. 寰枢关节(图5-28) 包括4个滑膜关节,即由中间的2个车轴关节和侧方的2个摩动关节组成。车轴关节为寰椎前弓后方齿突凹与齿突之间构成的寰齿前关节、寰椎横韧带与齿突之间形成的寰齿后关节。摩动关节是寰椎两侧块的下关节面与枢椎的上关节面构成的寰枢外侧关节,其关节面在矢状面上均为凸面。关节囊壁薄且松弛。各关节联合进行绕齿突垂直轴的运动,使头部连同寰椎进行旋转活动。颈椎区的旋转活动大约有50%发生在该关节。

寰枕关节和寰枢关节常一起发挥作用,二者组成枕-寰-枢复合体,是颅骨与典型椎间关节的移行部分,是全身活动形式最多最复杂的关节。Jirout(1973)发现侧屈活动时,寰枢关节将发生旋转,旋转到一定程度后又出现侧向平移。因而认为在枕-寰-枢复合体中,寰椎具有半月板样作用。

(三)韧带和筋膜

1. 前纵韧带 在颈部较宽、相对于腰部来说略薄。

2. 后纵韧带 在颈部较宽、厚,寰椎以上移行为薄膜。其与钩椎关节的关节囊韧带相混杂,关节囊韧带起自后纵韧带深层及椎体,斜向外下附着于钩突。如果椎管前静脉丛出血易出现后纵韧带骨化,多见于C_4～C_7。

3. 黄韧带 富有弹性,在屈伸头部时进行伸缩而不致发生皱褶突入椎管;另外,可协助维持头颈部的直立位。黄韧带易与关节囊混杂。

4. 棘上韧带和横突间韧带 在颈部不发达,它们和棘间韧带都有限制颈椎过度前屈的

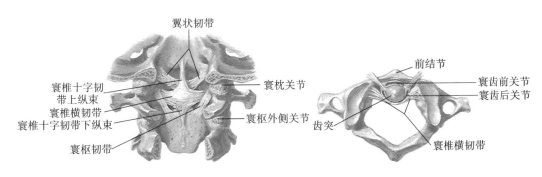

图 5-28 寰枕关节和寰枢关节

作用。

5. 项韧带 项韧带是颈项部强有力的韧带。它从 $C_2 \sim C_7$ 的棘突尖端向后扩展成三角形板状的弹性纤维膜,向上附着于枕外隆突和枕外嵴,侧缘供斜方肌附着(图 5-29)。其作用主要是维持头颈部的直立位。因为头部的重心位于身体中心的前面,所以项韧带较发达。

6. 寰枕关节的加强结构 ①寰枕前膜(也称寰枕前韧带)宽且致密,是前纵韧带的最上部分,连结于枕骨大孔前缘和寰椎前弓上缘之间;②寰枕后膜宽,但较薄,连结于枕骨大孔后缘和寰椎前弓上缘之间,外侧与关节囊混杂。稳定寰枢关节周围的韧带也附着于枢椎与枕骨之间,甚为坚韧,它们共同作用以防止寰椎和枢椎发生移位。

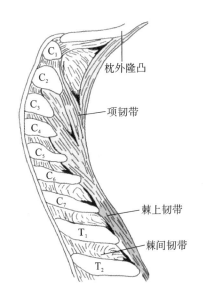

图 5-29 项韧带

7. 寰枢关节的加强结构(图 5-30) ①翼状韧带是主要的节制韧带,这两条坚强的韧带由齿突尖向外上方移行,止于枕髁内侧,具有限制头部和寰椎的过度旋转及防止寰枢关节向侧方半脱位的作用。②齿突尖韧带位于寰椎十字韧带深面,连结齿突尖与枕骨大孔前缘。③寰椎十字韧带位于齿突后方,有防止齿突向前脱位的作用。可分为横部和直部,其中横部又称寰椎横韧带,极坚韧,连结寰椎两侧块,直部从韧带中部上、下分支走行至枕骨大孔前缘和枢椎的椎体后面。寰椎横韧带是维持寰枢关节稳定的最主要结构,虽然坚韧,但弹性极差,在头部过屈时可发生断裂而导致寰枢椎失稳。④覆膜是位于椎管内的坚韧薄膜,从枕骨斜坡呈扇形下降,覆盖于前三条韧带的后面,进一步加强寰枢关节的稳定。

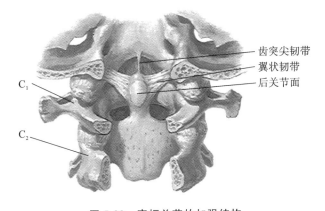

图 5-30 寰枢关节的加强结构

8. 颈筋膜 颈筋膜是一层致密的结缔组织。除包裹每一块肌肉的筋膜以外,颈椎部还有六层筋膜。其中完全包绕每块椎骨的椎前筋膜是胸腰筋膜的延续。它们在传递肌肉的收缩力及维持椎体的构形方面起着重要作用。另外,筋膜形成的肌间隙,有利于肌肉按正确的方向收缩。

(四) 肌肉

颈项部的肌肉在保持头部的姿势、颈椎的稳定性和活动性方面发挥着极其重要的作用,并且为维持、控制正确的姿势和平衡提供所必需的本体感觉反馈。颈项部的肌肉按解剖位置可分为颈前肌和颈后肌(图 5-31 至图 5-34、表 5-3、表 5-4)。

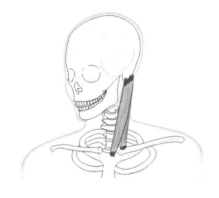

图 5-31　胸锁乳突肌

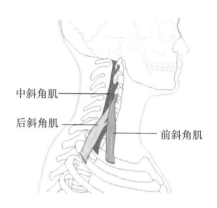

图 5-32　斜角肌

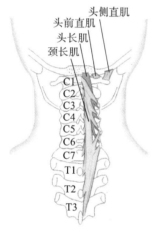

图 5-33　头长肌和颈长肌

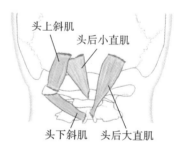

图 5-34　头后大直肌、头后小直肌、头上斜肌及头下斜肌

表 5-3　颈前肌的起止点和功能

肌肉	起点	附着	功能
胸锁乳突肌	胸骨柄前上部、锁骨内侧1/3 上缘及前面	乳突及枕骨上项线外侧半	肩胛固定时,双侧收缩使头前屈;单侧收缩时头向同侧旋转,面向对侧
前斜角肌	$C_3 \sim C_6$ 的横突前结节	第 1 肋骨前部	向同侧侧屈颈椎
中斜角肌	$C_1 \sim C_7$ 的横突后结节	第 1 肋骨外侧部	(同前斜角肌)
后斜角肌	$C_5 \sim C_7$ 的横突后结节	第 2 肋骨后外侧部	(同前斜角肌)
头长肌	$C_3 \sim C_6$ 的横突前结节	枕骨基底部的下表面	双侧收缩使头前屈并使上颈椎变直,单侧收缩时头向同侧屈

续表

肌肉	起点	附着	功能
颈长肌上斜部 下斜部 中间纤维	第1～3胸椎的前结节 C_3～C_5的横突前结节 C_5至第3胸椎的椎体前部	C_5～C_6的横突前结节 寰椎前结节 C_1～C_3的椎体前部	双侧收缩时头前屈并使上颈椎变直，单侧收缩使头部向同侧屈并旋转
头侧直肌	寰椎横突上表面	枕骨结节外侧的下表面	头部向同侧屈
头前直肌	寰椎侧块前表面	枕骨基底的下表面	头前屈

表 5-4　颈后肌的起止点和功能

肌肉	起点	附着	功能
颈髂肋肌	第3～6肋骨角	C_4～C_6的横突后结节	双侧收缩时后伸脊柱，单侧收缩时侧屈脊柱
头后大直肌	C_1的后结节	下项线的外侧半	双侧收缩使头部后伸，单侧收缩时头向同侧屈
头后小直肌	C_1的后结节	下项线内1/3	维持寰枕结合部的姿势
头上斜肌	C_1的横突	下项线外1/3	双侧收缩使头部后伸，单侧收缩时向对侧转头
头下斜肌	C_2的棘突与椎弓之间	C_1的横突下后	双侧收缩使头部后伸，单侧收缩时向同侧转头
头最长肌	第1～5胸椎的横突、C_5～C_7的关节突	乳突	（同头下斜肌）
颈最长肌	第1～5胸椎的横突	C_2～C_6的横突后结节	（同头下斜肌）
头半棘肌	C_7、第1～6胸椎的横突	枕骨上下项线之间	（同头下斜肌）
颈半棘肌	C_7的棘突、第1～2胸椎的横突	C_2～C_5棘突	（同头下斜肌）

二、颈椎的运动学

颈椎无肋骨、椎间盘相对较厚（椎间盘与椎体高度之比约为1/3）、椎板不重叠等原因，决定了其活动性是脊柱中最大的。颈椎活动范围较大的原因有：①矢状面上运动时出现的平移运动；②最上面的两个不典型椎体没有椎间盘，却有较大的活动范围，包括 C_1/C_2 节段的平移运动。颈部的活动如图 5-35 所示。

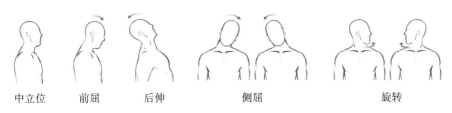

中立位　　前屈　　后伸　　　侧屈　　　　旋转

图 5-35　颈部的活动

颈部的活动范围：前屈可达45°，后伸可达75°，屈伸合计120°，侧屈合计67°，旋转合计144°。根据其功能和解剖特点，颈椎运动的基本规律见表5-5。下面我们按上部颈椎与下部颈椎两部分来进行讨论（参数值多引自 Weren,1957）。

表 5-5　颈椎运动的基本规律

运动类型	寰枕关节	寰枢关节	$C_3 \sim C_7$
屈伸	少量	少量	主要
侧屈	极小	无	主要
旋转	无	主要	少量

(一) 上部颈椎(枕-寰-枢复合体)

1. 活动范围　由于寰枢关节的关节面在矢状面上均为凸面,而且其后部结构为活动性大的寰枕后膜、缺乏具有预张力的黄韧带等原因,因此,其活动范围较大。

屈伸:寰枕关节的屈伸范围约为 13.4°,寰枢关节的屈伸范围约为 10°,枕-寰-枢复合体总的屈伸范围为 23.4°。寰枕关节在颈椎前屈时枕髁从寰椎的侧块上后滑,枕骨从寰椎的后弓上移;在后伸时枕髁从寰椎的侧块上前滑,枕骨、枢椎的棘突与寰椎的后弓靠近。寰枢关节在屈伸活动中寰椎的侧块在枢椎的关节面上后前向滚动,是通过寰椎的前弓在齿突前上下滑动来实现的。同时,寰椎横韧带在后伸时上弯、前屈时下弯。

侧屈:寰枢关节无侧屈活动,寰枕关节的侧屈范围为 7.8°;侧屈时枕髁向对侧滑动,依靠其侧方韧带和关节囊韧带的紧张来制约枕髁的滑动,以免其与齿突碰撞。

旋转:寰枕关节无旋转活动,寰枢关节的旋转范围约为 45°。向一侧旋转时,对侧的枕髁在寰椎的侧块上前移,寰枕韧带紧张将对侧的枕髁向同侧牵拉。寰枢关节的巨大旋转可能导致椎动脉扭曲。

平移:寰枕关节的轴向平移和前后平移范围约为 1 mm。构成寰枢关节的两椎体之间发生的平移受到寰椎的前弓、齿突和寰椎横韧带的限制;前后平移范围约为 2.5 mm,一般认为≥3 mm时需考虑寰椎横韧带断裂。多数学者认为寰枢关节的侧向平移范围在 4 mm 以内。

2. 运动的偶联　一般认为寰枢关节有显著的运动偶联:寰椎在纵轴上的轴向旋转总是伴有平移运动。多数学者认为这与该关节的双凸形状、齿突的方向有关。例如:在中立位时寰椎位置最高,在轴向旋转时下降到最低(图 5-36)。

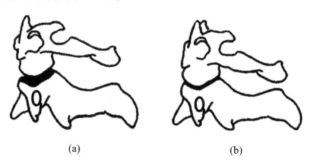

图 5-36　寰椎在中立位时位置最高(a),而在旋转活动时下降到最低(b)

3. IAR　Penning 根据测量颈椎的 IAR 的数据,最先提出了不同脊柱节段的 IAR 的位置不同。一般认为寰枕关节的 IAR 位于齿突尖上 20~30 mm 处(图 5-37),而寰枢关节的 IAR 位于齿突的中上 1/3 处。

(二) 下部颈椎

1. 活动范围　下颈椎的屈伸活动主要发生在 C_5/C_6 节段,侧屈与旋转活动则是越往下越小,并且椎间盘的退变对活动范围的影响不大。

屈伸活动时,下颈椎最大的前后平移范围为 2.7 mm,代表值为 2.0 mm。Panjabi 测量了平均前移范围为 1.9 mm,后移范围为 1.6 mm。因此,White 和 Panjabi 建议以 3.5 mm 作为颈椎

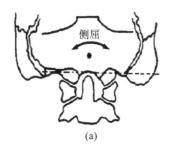
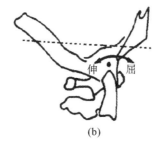

图 5-37　寰枕关节的 IAR（黑圆点）

（a）虚线为矢状面侧屈活动 IAR 的大致位置；（b）虚线为冠状面屈伸活动 IAR 的大致位置

正常前后平移的上限。下颈椎其他方向上的平移活动未见报道。

2. 运动的偶联　在下颈椎，侧屈时棘突伴有向同侧的旋转活动，椎体的屈向侧向后旋转，棘突偏向凸侧，越往下侧屈活动偶联的轴向旋转运动越小（图 5-38），有学者测得在 C_2 每侧屈 3°伴轴向旋转运动 2°，而在 C_7 每侧屈 7.5°伴轴向旋转运动 1°。另外在下颈椎的屈伸活动伴有轴向旋转和平移运动，旋转活动伴有向同侧的侧屈活动。

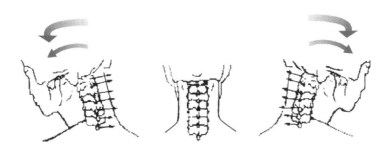

图 5-38　颈椎侧屈时棘突伴有向同侧的旋转

3. IAR　Penning 提出颈椎节段的 IAR 定位自上而下越来越高（图 5-39）。

三、颈椎的生物力学

颈椎的正常活动是由头部的运动发起的，仅在有意识的努力下才由下部颈椎的活动引起。前屈活动由颈前肌，主要是双侧的斜角肌同时收缩发起，颈后肌对其进行限制，而且还受到颈筋膜、后纵韧带、黄韧带、项韧带、关节囊韧带、椎间盘后部、椎体的前部及下巴与胸部撞击等的限制。后伸活动则由颈后肌发起，颈前肌对其进行限制，而且还受到前纵韧带、寰椎的后弓通过的韧带、关节突关节和上位颈椎的横突之间撞击等的限制。屈向侧的斜角肌、夹肌、半棘肌等肌群发起颈椎的侧屈活动，斜方肌协助，受对侧同名肌的离心性收缩和对侧的颈筋膜、关节囊韧带、关节周围韧带、椎间盘及同侧的关节柱等的限制。旋转活动由同侧的夹肌、胸锁乳突肌、最长肌、下斜肌和对侧的半棘肌发起，受对侧同名肌的离心性收缩、关节囊韧带、关节周围韧带和阶段性肌肉的限制。颈部伸长是颈半棘肌、多裂肌和头长肌共同收缩及头半棘肌松弛的结果。"缩脑袋"则是头半棘肌收缩及颈半棘肌、多裂肌、头长肌松弛的协同效应。

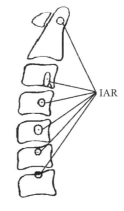

图 5-39　颈椎节段的 IAR

Harms-Ringdahl 计算了颈椎在 5 种不同姿势下各节段的载荷情况（图 5-40）发现：枕骨与寰椎之间的载荷在极度后伸位时最小，极度前屈位时最大，但从中立位向前屈位运动时，载荷增加的幅度并不很大；C_7与第1胸椎运动节段的载荷在抬头收颌位时最低，中立位时较低，极度后伸位稍有增大，轻度前屈位时的载荷即有明显增加，极度前屈位时载荷最大(中立位的3倍以上)。然而肌电图显示，颈后伸肌在这5种姿势下的肌电活动很弱，揭示前屈力矩主要是韧带和关节囊的被动抵抗。

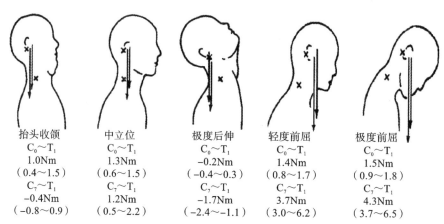

图 5-40　颈椎在5种不同的屈伸运动姿势时施加于枕-寰和$C_7 \sim T_1$节段旋转轴上的力矩

负值表示后伸力矩；箭头指示头部的重力线

颈椎扭转时平均最大力矩为10 N·m，前屈和侧屈为12～14 N·m，后伸时为30 N·m。通过计算得到的C_4/C_5运动节段的最大反应压力在前屈、扭转和侧屈活动时为500～700 N，后伸活动时为1100 N。前后和侧向剪力分别为260 N、110 N。临床上行颈椎牵引时，通常采用头颈部一定的角度前屈来达到在颈椎的相应节段施加张力、扩大椎间孔来缓解神经受压症状。采用前屈位的原因就是为了调节牵引力矩的大小(即调节牵引力与颈椎运动中心之间的力臂长短)。

第三节　胸椎部运动学

脊柱中胸椎部是最大的，共有12块椎骨，与其间的椎间盘、12对肋骨、软骨和胸骨组成骨性胸廓。骨性胸廓如披着的斗篷，与填充在肋骨间空隙里的胸壁固有肌、神经等软组织共同围成胸腔，保护心、肺和大血管等重要器官，供上肢附着、支撑头颈部，提供呼吸运动的动力，并参与脊柱与上肢带的活动。

由于椎间盘较薄和肋骨架的限制等原因，使胸椎的活动性在脊椎中最小，稳定性最强。与颈椎和腰椎相比，胸椎引起脊柱的功能障碍很少，所以针对胸椎进行的研究与临床试验相对较少。

一、胸椎功能解剖

胸椎的特点为：①关节突方向近似冠状位，比较有利于旋转且不易发生脱位；②棘突细长，向后下伸出且彼此相接呈叠瓦状；③椎体两侧有肋凹，与肋头形成肋椎关节；④横突有肋凹，与肋结节形成肋横突关节；⑤椎孔较小，呈圆形。

(一) 椎骨

1. 椎体　椎体的前方矮于后方而形成向后凸的胸曲。椎体自上而下逐渐增大，呈柱状。上部胸椎的椎体近似隆椎，中部的椎体横截面呈心形，其矢径较横径稍长，下部的椎体近似腰椎(分别为$T_1 \sim T_{12}$，图5-41)。椎体的骨皮质很薄，附于骨松质。

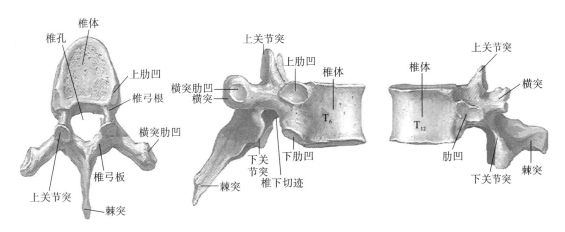

图 5-41 胸椎的上面观和侧面观

2. 关节突 近似冠状位,上关节突呈薄板状,自椎弓根与椎弓板连结处发出,关节面平坦,朝向后、上、外方;下关节突位于椎弓板的前外侧面,呈卵圆形、略凹陷,朝向前、下、内方。

3. 横突 短粗,呈圆柱状,自椎弓根与椎弓板的连结处伸向后外方(与站立时肋弓向后有关),末端钝圆。前面有一横突肋凹。横突自上至下逐渐变小,至 T_{11}、T_{12} 的横突缩小而不作为浮肋的支持点。

4. 椎弓根和椎弓板 椎弓根短,椎下切迹是整个脊椎中最深最大的。椎弓板短、宽、厚而且重叠,棘突较长,就像盖在后背的"鱼鳞"一样(图 5-42),其排列如 Mitehell 等所说的"3S 法则":①$T_1 \sim T_3$ 的棘突直接向后突出,棘突末端与同位胸椎的横突处于同一水平;②$T_4 \sim T_6$ 的棘突略向下突出,棘突末端处于同位胸椎的横突处与下一块椎体的横突中间位水平;③$T_7 \sim T_9$ 的棘突几乎垂直向下突出,棘突末端与下一块胸椎的横突处于同一水平;④T_{10} 的棘突末端和 T_{11} 的横突几乎处于同一水平,T_{11} 的棘突末端位于其横突与 T_{12} 的横突中间位水平,T_{12} 的棘突末端与其横突处于同一水平。同时,在 $T_7 \sim T_8$ 的棘突末端略呈球形,逐渐变成嵴状突起。

5. 体表可触及的骨性结构 胸椎的棘突:被检者取侧卧位,两肩胛骨的上内侧角平对 T_1 的棘突,肩胛冈内侧端平对 T_3 的棘突,肩胛下角平对 T_7 的棘突。其他胸椎的棘突可采用示指、

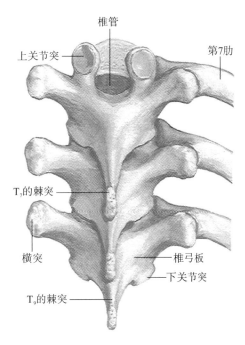

图 5-42 棘突较长就像盖在后背的"鱼鳞"一样

中指二指触诊,即将触诊手的示指置于被检胸椎的棘突上,而中指置于下一胸椎的棘突上。

(二)胸椎骨的连结

1. 椎间盘 胸椎间盘与椎体的高度比为 1/5,较颈、腰椎间盘成比例地缩小,是整个脊柱中比例最小的,且椎间盘的前后高度相等,不似颈、腰椎间盘那样呈楔形。其具有吸收震荡的作用,并使相邻胸椎之间的轴向旋转运动成为可能。

2. 关节突关节 关节突正好位于以椎体前方为中心所作的圆弧上,这种结构特点决定了胸椎的轴向旋转运动成为躯干旋转活动的主体。冠状位的关节面不仅有利于旋转,而且能限制胸

椎的屈伸活动,不易发生脱位。

(三) 骨性胸廓

骨性胸廓的特点为上小下大,有上、下两口。胸椎与肋骨之间有肋椎关节和肋横突关节(图5-43)。肋椎关节的半关节面在胸椎椎体的两边与肋头构成关节。肋横突关节是横突的前部与肋结节形成的关节。

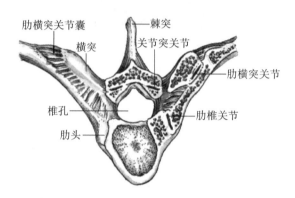

图 5-43　肋椎关节和肋横突关节

(四) 肌肉

竖脊肌外侧列的胸髂肋肌、中间列的胸最长肌和内侧列的胸棘肌等肌肉分别附着于胸椎的肋骨、横突和棘突等处。与其深面的短肌共同作用于脊柱、头及肋骨,发起后伸、侧屈和旋转活动,并控制着躯干的前屈和维持坐、立姿势。

二、胸椎的运动学

胸椎是活动度较大的颈椎与载荷较大的腰椎的移行部分。因此,上、下部胸椎的某些运动特点分别与颈椎、腰椎相似。

(一) 活动范围

屈伸活动范围在上部胸椎每节段约为4°,中部约为6°,下部约为12°。这是由关节突关节的关节面向前倾斜,棘突几近完全垂直,以及肋骨的限制等因素决定的。侧屈活动范围不同程度地受到肋骨架的限制,胸椎每节段约6°,而最下两个节段为8°~9°。胸椎旋转的活动范围自上而下减小,上胸椎为8°~9°,而下三个节段约为2°。

(二) 运动的偶联

胸椎在6个自由度的运动都有一定程度的偶联,其中侧屈活动和轴向旋转运动的偶联具有临床意义。在上部胸椎的侧屈和轴向旋转的偶联与颈椎运动的偶联有着明显的一致,即其侧屈活动时棘突偏向凸侧。这种运动的偶联特征在中、下部胸椎较不明显,而且偶联的轴向旋转的运动方向与上胸椎相反,即其侧屈活动时棘突偏向凹侧。

(三) IAR

从图5-44中我们可以看出:胸椎屈伸活动时,IAR均位于椎间盘的前部区域;向左侧屈或轴向旋转时,IAR位于椎体的右侧;反之,向右侧屈或轴向旋转时,IAR位于椎体的左侧。

三、胸椎的生物力学

胸椎的前屈活动主要由腹直肌的向心性收缩发起,竖脊肌的离心性收缩对其进行限制,此外受棘间韧带、黄韧带、关节囊韧带及椎间盘后部和椎体前部撞击的限制。后伸活动则由竖脊肌的

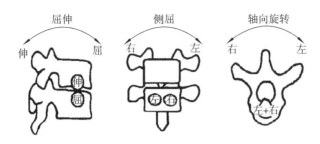

图 5-44 胸椎活动时 IAR 的大致位置

放松引起,腹直肌的离心性收缩对其进行限制,而且还受到前纵韧带、椎间盘前部及棘突、关节突关节撞击的限制。侧屈活动是屈向侧的竖脊肌和腰方肌向心性收缩的协同效应,受对侧同名肌的离心性收缩、对侧的横突间韧带、关节囊韧带、关节周围韧带、椎间盘及同侧的关节面碰撞等的限制。旋转活动是同侧的竖脊肌、多裂肌和旋转肌的向心性收缩的结果,受腹内、外斜肌的向心性收缩和离心性收缩、对侧同名肌的离心性收缩的限制,而且还受限于关节囊韧带、棘间韧带、棘上韧带、黄韧带和关节面等的限制。

骨性胸廓最重要的力学性能为增加惯性矩,加强脊柱胸椎部的抗旋转能力。肋骨架可保护脊柱前方和侧方免受直接打击,使脊柱的轴向强度增加 40%。肋椎关节及其周围韧带还可以加强脊柱的抗位移和吸收能量的能力。肋骨影响单个胸椎的运动,肋弓影响整个胸椎的运动:胸椎前屈活动时,后部肋间隙增大,整个肋弓上下变平,胸骨角度增大;后伸活动时则相反。胸椎侧屈活动时,凹侧肋弓下降、肋间隙减小,凸侧相反。胸椎旋转时都会引起肋骨的运动:在旋转侧肋骨角度增大,对侧减小。

第四节 腰部运动学

腰部是脊柱的主要承重部位,也是疼痛的多发部位。有学者认为,至少 98% 的下腰痛是脊柱的力学性障碍,即功能性疾患。因此,腰部的生物力学分析是临床研究的重点。

一、腰椎功能解剖

(一) 椎骨

1. 腰椎 腰椎由 5 块椎骨(分别为 $L_1 \sim L_5$)构成。椎体大且厚,是脊柱中最大的椎体(图 5-45),尤其是 L_3、L_4 的椎体。其横径大于矢径,上位腰椎的椎体后缘微凹陷。L_1、L_2 椎体的横断面前窄后宽而呈肾形,在 L_3 或 L_4 过渡为椭圆形、前后等宽,L_5 的椎体前宽后窄、后缘中间比两侧稍隆起而呈橄榄形。横径和矢径在 $L_1 \sim L_4$ 区间逐渐增大,至 L_5 椎体的下部缩小。椎体侧面观略呈楔状,前高自上至下逐渐增加,后高自上至下逐渐减小。

2. 椎弓根 椎弓根短且厚,横截面呈卵圆形,起于椎体上部,几乎与椎体垂直地向后方伸出。椎弓根上方有一较浅的椎弓根上切迹,下方有一较深的椎弓根下切迹。椎弓根的厚度自上至下逐渐增加,其中 L_5 几乎是 L_1、L_2 的两倍。椎弓根自前向后逐渐变密,特别是椎弓根后端最为致密,是最大负荷区。

3. 关节突 关节突位于椎管和椎间孔的后方。上关节突宽厚,自椎弓根后上方发出,斜向后外,软骨面向后内;其后缘有一卵圆形隆起称为乳状突。下关节突自椎板外下方发出,软骨面向前外。每个椎骨的下关节突都被其下位椎骨的上关节突抱拢(图 5-46)。椎体的上、下关节突

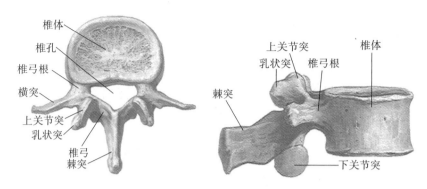

图 5-45　L_2 椎骨

交界处称峡部,其不但是上、下关节突力学转折处,而且在躯干后伸时,峡部是上位下关节突下部相接触的部位,是压力由上关节突向下关节突转折的应力集中点,是压力及剪力最集中的部位。峡部前外侧及后内侧的皮质骨之间只有少量骨小梁,较坚固,皮质骨最厚部最窄,脊椎崩解好发于此部位。

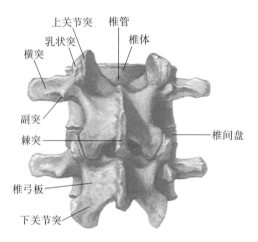

图 5-46　L_3 的下关节突都被 L_4 的上关节突抱拢

4. 横突　横突自椎弓根与椎弓板会合处向外突出,由肋骨的残余遗迹和横突部合成。横突较薄,呈带状,其上供腰方肌、腰大肌和腹横筋膜附着。L_3 的横突最宽大、最长,其次为 L_2、L_4,L_5 的横突最短并斜向后外上方。L_3 的横突弯度大,参与的活动多,其上附着的筋膜、腱膜、韧带、肌肉的拉力较大,所受杠杆作用最大,受到的拉应力也最大,是慢性劳损的好发部位。

5. 棘突　棘突宽且呈垂直向后的长方形骨板,后缘较厚。末端膨大供多裂肌肌腱、韧带等附着。

6. 体表可触及的骨性结构　在腰骶部有一浅凹(米氏凹),其中间可触及一小的钝性骨突为 L_5 的棘突,再向上可用示指、中指二指依次触诊上部腰椎的棘突。在双手自然下垂直立时,L_3 的棘突通过脐平面,L_4 的棘突通过两侧髂嵴最高点连线。

(二) 腰椎骨的连结

1. 椎间盘　椎间盘在下腰部最厚,腰椎间盘占脊柱腰部高度的 30%～36%,其中 Todd 报告 L_5/S_1 椎间盘可以厚达 17.1 mm。腰椎间盘前、后缘的高度自上至下逐渐增厚,且前高后低。椎间盘在正中矢状面上稍膨出。下腰椎的髓核位于椎间盘的偏后方。同一椎体的上、下透明软骨板的面积不同:L_1～L_4 椎体下的透明软骨板的前后径比其上的透明软骨板要大,而 L_5 椎体的上、下透明软骨板则相反。

2. 关节突关节　基本呈矢状位,关节的间隙自上至下逐渐变为斜位:在 L_1、L_2 的关节突的关节间隙几乎在矢状面上,至 L_5 几乎呈冠状位。关节间隙与矢状轴之间的角度自上至下变大,至 L_4/L_5 平均为 43°, L_5/S_1 平均为 52°。关节囊较薄且松弛,前、后方分别有黄韧带、棘间韧带加强。关节囊纤维层由黄韧带延续而成,纤维层内面有滑膜层,腹、背侧的滑膜层向关节内形成滑膜样半月板结构,以增强关节的稳定性。

3. 腰骶关节 由 L_5 的椎体与骶骨底以及 L_5 的两侧下关节突与 S_1 的上关节突的关节面构成,其构造与其他腰椎椎间关节相同,但关节面方向较倾斜,有防止 L_5 在骶骨上向前滑动的作用。但由于腰骶关节位于腰骶角的顶点,躯干的重量仍较易引起 L_5 椎体向前滑脱。L_5/S_1 椎间盘较其他腰椎间的椎间盘厚,且前部明显厚于后部以加大腰椎前凸。腰骶关节周围除前纵韧带、后纵韧带、黄韧带、棘间韧带和棘上韧带外,尚有髂腰韧带和腰骶韧带。

(三)韧带和筋膜

腰骨盆部的韧带较多,包括前纵韧带、后纵韧带、神经弓韧带、骶结节韧带、骶棘韧带、骶髂后韧带、髂腰韧带和腹股沟韧带等(图 5-47)。它们缠绕在骨周围并与肌肉紧密结合形成"连续的韧带系统",为腰骨盆区提供了必需的被动稳定性。这些韧带和筋膜作为主要原动力的附着点起作用,可稳定脊柱的肌肉。另外,韧带和关节囊有伤害感受器和本体感受器,在启动肌肉系统的反射功能上起着重要的作用。

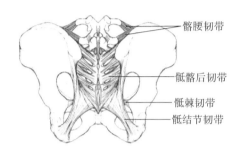

图 5-47 腰骨盆部的部分韧带

胸腰筋膜是全身最厚、最强大的筋膜之一(图 5-48),其不但是包绕脊柱后群肌的筋膜,而且是背阔肌、腹内斜肌和腹横肌腱膜的起始处。胸腰筋膜在腰部发达,胸背部较薄弱,可分为浅层和深层。浅层起于腰椎和骶椎棘突、棘上韧带,向下附着于髂嵴和骶外侧嵴,内侧附着于胸、腰椎棘突、棘上韧带和骶中嵴,外侧附着于肋角。浅层在胸背部较薄,在腰部有背阔肌和后下锯肌的起始腱加强而特别厚。深层起于腰椎横突,位于骶棘肌和腰方肌之间,向上附着于第 12 肋下缘,向下附着于髂嵴,内侧附着于腰椎横突,外侧在腰部骶棘肌外侧缘与浅层会合形成宽厚的腱膜,作为腹横肌及腹内斜肌的起点。深层筋膜上部特别增厚为腰肋韧带,连结于 L_1 的横突和第 12 肋骨之间,限制第 12 肋骨的活动。胸腰筋膜对腰骨盆部的功能起着重要的作用:①将附着于其

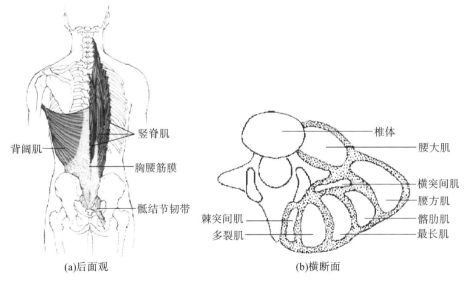

图 5-48 胸腰筋膜

上的肌肉的收缩力传递到骨骼；②连结在骨骼之间，没有肌肉参与而能靠筋膜本身的弹性传递力量；③背阔肌、腰大肌、腹横肌和腹内斜肌可通过收紧胸腰筋膜来稳定脊柱等。

腰方肌筋膜前层与腹横筋膜相连续，后层与胸腰筋膜深层相接。腰大肌筋膜为腹内筋膜所形成的单独筋膜鞘，向下与髂肌筋膜相连续。

二、腰椎的运动学

（一）活动范围

由于关节突的关节面方向，腰椎的轴向旋转运动范围是很小的，但有较大的屈伸活动范围。屈伸运动的活动范围自上至下是逐渐增加的，从 L_1/L_2 节段的 12°增加到 L_5/S_1 节段的 20°。除 L_5/S_1 节段的侧屈活动仅有 3°以外，其他腰椎节段的侧屈活动较大且基本相等，约 6°。轴向旋转运动范围明显低于颈椎和中上段胸椎，除 L_5/S_1 节段可达到 5°以外，其他各节段的轴向旋转运动也是相近的，约为 2°。

（二）运动的偶联

腰椎的运动有多种偶联形式，最强有力的偶联运动之一是轴向旋转和侧屈活动之间的偶联，其偶联形式与颈椎和上胸椎相反，即在侧屈时棘突偏向凹侧。通过尸体解剖实验中发现，这种偶联运动模式受竞争预置负荷大小和姿势影响。

（三）IAR

一般认为椎间盘 IAR 位于椎间盘内，向左侧屈和轴向旋转时，IAR 位于椎间盘的右侧，而在向右侧屈和轴向旋转时，IAR 位于椎间盘的左侧（图 5-49）。

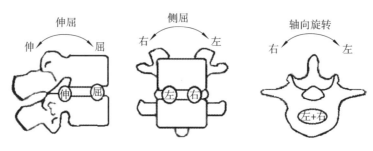

图 5-49 腰椎运动的 IAR

三、腰椎的生物力学

（一）作用于腰椎的负荷

物体所支持的任何力称为负荷。负荷使物质结构产生应力和发生应变。

最简单的应变有：引起物体单位长度变化的长度变量称为纵向应变；引起物体单位体积变化的体积变量称为体积应变；物体在平行于表面的力作用下，体积不变的角度变量称为切应变（图 5-50）。

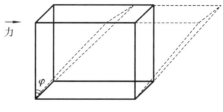

图 5-50 切应变示意图

固体上单位面积的作用力称为应力。其中，与作用面垂直的应力分量称为正应力，如果负荷产生的合应力通过物体的重心时称为轴向应力。使物体伸长的作用力称为张应力，使其缩短的作用力称为压应力，与作用面平行的应力称为切应力。负荷可以直接地或间接地通过一单轴结构产生压应力或张应力。当间接受力时，力与结构的轴成角，由于多轴状态而产生弯曲或旋转应力。脊柱的载荷主要由体重、肌肉活动、韧带产生的预载与外加载荷所产生。腰椎在整个脊柱中载荷最大，作用于腰椎的负荷以及由此而引起的变形既有大小又有方向，根据其方向可分成压缩、牵拉、弯曲、剪切和扭转等形式（图5-51）。

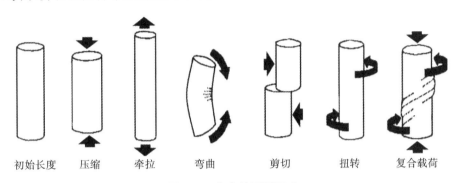

图5-51 负荷的不同形式

脊柱作为负荷的结构，外部负荷使椎体或椎间盘或两者均产生应变，较硬的物质构成的椎体比椎间盘具有更大的弹性模量。所以，椎间盘可被看成为变形体，较容易产生应变来转换、分散所受的负荷。

（二）腰椎、椎间盘和关节突关节的力学性能

椎体主要由多孔的骨松质构成，表面为薄层骨密质。椎骨表面载荷的80%是通过其骨小梁传递。骨小梁按正常应力的轨迹方向而排列，以发挥最大的生物力学功能。电镜扫描显示椎骨骨小梁的形态呈片状结构，按力线的作用方向而呈三个方向的排列（图5-52）。其中由于椎骨的轴向应力最大，所以垂直方向上的骨小梁最为坚硬；垂直方向的骨小梁在任何轴向载荷的作用下都可使脊椎的弯矩增加，从而可大大增加脊椎承载各种应力的能力。水平走向的骨小梁起着侧方支架的作用，以免呈垂直方向的骨小梁弯曲变形。倾斜走向的骨小梁一方面向上、下关节突关节面扩散，支持作用于关节面上的压应力和切应力，另一方面向外扩展达棘突，承载作用于棘突上的张应力和弯曲应力。骨松质的抗压能力和能量吸收的机制是骨小梁间隙减小，尤其在较高的动力性载荷下抵抗动力性峰载的主要因素。不同的腰椎的椎体承载体重的百分比有所不同，总的趋势是自上至下逐渐加大：50%、53%、56%、58%、60%。构成椎弓的组件包括椎弓根、椎弓板、棘突、横突和关节突。作用于腰部的每一块肌肉都附着于椎弓组件的某处，棘突、横突、副突和乳状突是肌肉附着点的作用力杠杆，其中最长的杠杆是横突和棘突。作用于棘突、横突和关节突上的负荷都被传递到椎弓板上，椎弓根将作用于椎弓组件上的所有应力传递到椎体上。如果作用于腰椎上的所有肌肉向下牵拉时，其作用力也会通过椎弓根传递到椎体上，椎弓根被迫弯曲，椎弓根下部受到压缩，上部受到牵拉。如果椎骨向前滑移，椎骨的下关节突的移动就会被下位椎骨的上关节突阻止，它们之间的作用力也会通过椎弓根传递到椎体上。

椎间盘的重要生物力学功能是：承受并分散载荷，同时能制约过多的活动。压缩负荷通过透明软骨板作用于髓核和纤维环，髓核内部产生的流体静压使纤维环有向外膨胀的趋势，外层纤维环承受了最大张应力，而轴向应力较小；内层纤维环承受较小的张应力，但承受了一部分压应力。一般来讲，纤维环的前、后方的抗拉强度最高，而侧方相对较低，抗拉能力最弱的是纤维环的中央部分和髓核。根据Nachemson的研究，当腰椎运动节段承受压缩负荷时，椎间盘的髓核内流体静压大约相当于该平面所承载负荷的1.5倍，纤维环为0.5倍，即在椎间盘载荷时，髓核和纤维

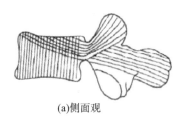
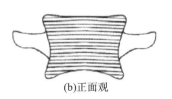

(a)侧面观　　　　　　　　(b)正面观

图 5-52　椎骨的骨小梁力线方向

环分别承载了 75%、25% 的载荷。当载荷在 2000 N 之内时,椎间盘内压与外部载荷呈线性关系,其切应力与张应力可以达到外部载荷的 4～5 倍。有研究表明即使过大的压缩负荷也只会造成椎间盘的永久变形,而不会造成髓核突出。椎间盘在压缩负荷作用下的载荷-变形曲线呈"S"形,表明椎间盘在低载荷时主要提供脊柱的柔韧性,并随载荷的增加而加大刚度,在高载荷时则提供脊柱的稳定性。还有研究证实,6°～8° 的弯曲载荷一般不至于造成椎间盘的破坏。腰部在生理活动范围内前屈时,其偏向侧将发生纤维环的膨出(图 5-53),即前屈时纤维环膨出在前,后伸时膨出在后。对腰椎运动节段施加扭转负荷时所记录的扭矩-转角曲线呈"S"形;0°～3° 的轴向旋转仅需要很小的扭矩,3°～12° 时两者间亦呈线性关系,而在到 20° 左右即可造成破坏。纤维环对抗扭转负荷的能力较弱,这是因为:纤维环层间纤维相互交叉,扭转负荷时仅由一半纤维载荷;同时,外层纤维所承载的扭转负荷大于内层纤维。

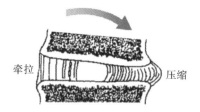
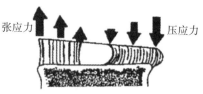

图 5-53　腰椎前屈时纤维环的膨出

腰椎间盘应力受椎间盘内压、被测部位以上的体重和该运动节段肌肉收缩力的影响,在 L_3 平面的载荷几乎为该平面以上体重的 2 倍。对椎间盘的应力分析表明,纤维环的切应力由内向外逐渐增大,而压应力以髓核最大,向外逐渐减小并转为张应力。人体腰椎间盘纤维环的后侧及后外侧是应力位移集中区域;同时,腰椎间盘的厚度在后侧及后外侧仅是前侧和左右两侧的 1/2,载荷能力也相对较弱。这样,长期的载荷可造成纤维环的后侧及后外侧损伤、撕裂而发生椎间盘的突出。

关节突关节的生物力学功能主要是承载压缩、牵拉、剪切和扭转等不同的负荷,并在此基础上提供一定的生理活动范围。根据椎间盘内压的测定结果,关节突关节承载的压缩负荷占腰椎总负荷的 18%,在最大后伸位时可达到 33%,而最大前屈位时降为零。承载牵拉负荷主要发生在腰椎前屈时,占总负荷的 39%;此时,上、下关节突可相对滑动 5～7 mm,关节囊承受的张应力约为 600 N,甚至在 1000 N 以上,相当于该平面以上体重的两倍。在承受切应力时,关节突关节承载了 1/3 的总负荷。腰椎关节突关节的轴向旋转范围很小,在超过 1°～3° 时就可造成关节突关节的破坏;关节突关节这种限制腰椎旋转的作用可保护椎间盘免受损伤。有资料显示关节突关节不对称的腰椎节段均有明显的椎间盘退行性改变。通过对脊柱有限元生物力学模型分析后认为,关节突关节还有防止脊柱过伸旋转及向前移位来稳定脊柱的作用。

(三) 臀肌和腘绳肌在腰椎运动上的作用

臀肌中与脊柱活动关系较大的是臀大肌。该肌呈方形,起于髂骨翼外面、骶骨、尾骨后面和骶结节韧带,斜向外下止于股骨大转子下的臀肌粗隆及以腱膜连续于髂胫束。该肌在下肢固定时防止躯干过度前屈,腰椎前屈时则牵拉骨盆后伸,协助由前屈位到直立位。

腘绳肌是股二头肌、半腱肌和半膜肌的统称。股二头肌长头起自坐骨结节,止于腓骨小头;半腱肌起自坐骨结节,以长腱止于胫骨上内侧;半膜肌起自坐骨结节,止于胫骨内面、腘肌腱膜和腘斜韧带。该肌在下肢固定时牵拉骨盆后伸,协助躯干由前屈位到直立位。

(四)腰椎的静力学

1. 腰椎的生理曲度 正常情况下,腰曲的顶点位于L_3、L_4的椎体前缘。根据尸体标本的测量结果,腰椎生理前凸在未载荷时的平均曲度大约为40°。活体测量时还发现充分前屈可使曲度降为0°,充分后伸可使曲度达到80°。腰曲的维持主要依靠腹直肌和腰大、小肌作用的平衡:腰段脊柱过分前凸可以因腹直肌的作用而防止;髋关节伸直时,由于髂腰肌、腰髂肋肌紧张,可以加大腰椎的前凸。腰曲可因白天载荷的疲乏而出现晚间的增加。脊柱曲度的生物力学意义在于增加脊柱抵抗纵向压缩负荷的能力,这一抵抗能力与脊柱曲度值的平方成正相关,根据计算腰椎所能承受的压缩负荷为腰椎平面以上体重的10倍。

2. 体位 卧位时脊柱的载荷不受体重的作用,椎间盘的负荷也小,此时脊柱的载荷仅来源于肌肉、韧带的张力。在伸髋仰卧位时腰椎的载荷来源于紧张的腰大肌对脊柱产生的张力。俯卧位时腰曲加深而牵拉肌肉,增加了腰椎的载荷。而在屈髋屈膝仰卧时腰肌放松使腰曲消失,腰椎载荷最小(图5-54)。这就是临床上腰椎间盘突出患者不宜平身仰卧,而多采用屈髋屈膝仰卧位以放松腰肌的体位来缓解腰腿痛症状,并采用该体位进行下部腰椎牵引的原因。

图5-54 屈髋屈膝使腰肌放松,降低腰椎载荷

放松直立位时主要靠脊柱的关节传导重力,韧带紧张来保持姿势,并借助背部肌肉、髂腰肌、臀肌及股后肌群等后部肌肉的短暂调整来避免身体的摆动。另外,Adams等研究发现挺胸抬头站立时关节突关节承载了大部分的剪切力,在椎间盘退变时关节突关节的载荷就更加明显。当身体前屈时由于向前的弯矩增加使腰椎载荷增大,椎间盘向后部膨出,纤维环后部的压力减小,前部应力达最大,但由于纤维环前部较厚且刚度较大而不至于造成损伤;关节突关节载荷减小甚至不承载压缩负荷而只承受剪切力,使其退变过程减慢。

坐位而无靠背支撑时,骨盆后倾,腰曲消失,身体重心靠近腹侧,腰椎的力矩增大。随着前屈角度的增加,腰肌的紧张会使腰椎的载荷进一步增大。挺直坐位时骨盆前倾、腰曲增加可减少腰椎上的载荷,但依然较大。有靠背支撑坐位时,由于靠背承载了上部身体的一部分重量,所以比无靠背支撑时的载荷小。腰部放置靠垫以增加腰曲、缩短力臂,则进一步减小腰椎载荷;若将靠垫移至上背部则加大腰椎载荷(图5-55)。

(五)腰椎的动力学

腰椎的动力学主要涉及运动过程中作用于腰椎的负荷。无论是慢步行走还是强度大的体力劳动,都会对腰椎的载荷产生影响。Cappozze发现,以不同速度行走时,L_3、L_4活动节段的压缩负荷可达到体重的0.2~2.5倍(图5-56),其中足蹬地时的载荷达到最大,并与行走速度呈正相关。这就是腰痛患者行走缓慢并避免足蹬地的原因。作用于腰椎的负荷由两部分结构承担:一是韧带、椎间盘及椎骨,它们是被动载荷装置,将所承载的负荷向邻近部位传导,并通过应变而储存能量;二是肌肉,具有主动平衡载荷的作用,通过肌肉的收缩,在保持身体平衡的同时,也给脊

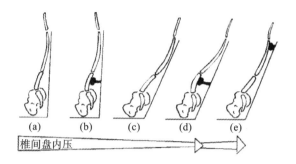

图 5-55　靠背倾斜度和靠垫位置对 L_3 椎间盘内压的影响

(a)靠背倾斜 90°时椎间盘内压；(b)腰部放置靠垫，椎间盘内压减小；
(c)靠背倾斜 110°，椎间盘内压进一步减小；(d)靠背倾斜 110°，腰部加靠垫或椎间盘内压降至最小；
(e)将靠垫移至上背部，使上部身体前倾，腰曲减小，椎间盘内压增大

柱施加了一定程度的负荷。

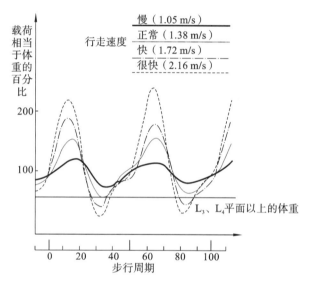

图 5-56　不同速度行走时，腰椎载荷的变化

1. 腰椎的基本活动　躯干前屈的最初 50°～60°主要出现在下腰椎，而随后的 25°则由骨盆的前倾提供躯干的进一步前屈(图 5-57)。该活动始于腹肌和腰肌椎体部分的作用，然后躯干上部的重量使前屈进一步加大，但随着力矩的加大，骶棘肌的活动增强、髋后部肌肉的紧张可有效地控制骨盆的前倾。当脊柱充分前屈后骶棘肌就变得不起作用，处于该位置时依靠椎间盘和原本松弛的脊柱后部韧带、筋膜被拉伸而绷紧脊柱来维持姿势，使向前的力矩获得被动性平衡。当躯干由完全前屈位向直立位运动时，韧带和肌肉的紧张顺序恰好相反：从后倾骨盆开始，然后是后伸脊柱。躯干从前屈位向后伸位运动时，背部肌肉作铰链式牵引。当运动时阻力足够大时，膈肌、腹横肌收缩增加腹内压来保证腰背部肌肉的平稳收缩。

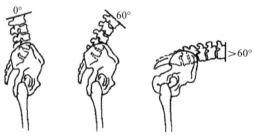

图 5-57　躯干的前屈

知识链接

腹内压的升高可后伸腰椎，减小向前的弯曲力矩，并使腰背肌活动减少。随着躯干前屈和所需搬动的物体重量增加而增加腹内压，腹内压的膨胀支撑可稳定脊柱并减轻椎间盘压缩负荷（图 5-58）。Ele 等人的计算显示，腹内压可将骶棘肌损伤的运动员的脊柱载荷减少 40%，并认为这可能对稳定脊柱与缓和脊椎间的压缩力起重要作用。腰椎损伤或病变后的患者及举重运动员使用腰腹带来增加腹内压，从而起到稳定脊柱的作用。

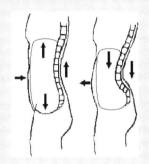

图 5-58 腹内压的支撑作用
左图：腹内压增加，椎间盘及关节突关节所受压力减轻
右图：腹内压正常时的支撑作用不明显

躯干的后伸由腰背肌的收缩发起，随着后伸活动范围的增大其收缩逐渐减弱而由腹肌离心性收缩的增强来控制和调节，当后伸至最大限度时腰背肌又出现收缩。

腰椎的侧屈活动受到关节突关节楔形间隙的影响。当躯干侧屈时，屈向侧骶棘肌中的棘突间肌和横突间肌、腹肌收缩并由对侧同名肌来调节和控制。也就是说，侧屈时两侧背部肌肉都发生收缩：开始时以屈向侧为主，然后因上部躯干的重力继续侧屈，此时主要由凸侧的肌肉进行调节和控制。脊柱轻微地侧屈，如行走时，使身体的重量加于一侧肢体，骨盆向对侧倾斜，身体的重量因而转移。由于在骨盆提高的一侧腰椎发生侧凸，因此躯干的上部仍可维持平衡。这种侧屈的改变可以使身体的重心随时得到矫正和协调。

腰椎进行旋转活动时，由脊柱两侧的腰背肌和腹内、外斜肌协同活动而产生，对侧的同名肌进行调节和控制；同时，臀中肌和阔筋膜张肌也有明显的收缩活动。

2. 外部负荷的作用方式对腰椎载荷的影响 提物和携物是外界对脊柱施加负荷的最常见情形。完成这些动作时影响腰椎载荷大小的主要因素有：①物体至腰椎运动中心的距离，即重物力臂的长度；②该平面以上体重的力臂长度；③物体的重量（图 5-59）。在这三个因素中力臂的长度取决于取物时身体的姿势。如其阻力线与脊柱运动中心间的垂直距离因姿势改变而加长，则施加在腰椎的弯矩加大，腰椎载荷随之增加；反之，阻力线与脊柱运动中心之间的距离越小，腰椎的载荷也越小（70% 的人在站立位时身体上部的重心在脊柱前方，其力线通常在 L_4 的椎体腹侧通过）。当躯干前屈位提物时，不但是物体的重量，而且该平面以上体重都将在椎间盘上产生更大的弯曲力矩，比直立位时产生更大的腰椎载荷。因此，在提物和携物时尽量将所需搬动的物体靠近身体或采用挺腰屈膝位以减小阻力矩，减少腰椎载荷来防止损伤。

3. 腰背肌和腹肌锻炼对腰椎载荷的影响 对腰背肌和腹肌进行锻炼能有效地增强肌力，提高脊柱的稳定性。锻炼时脊椎上的载荷随不同的体位而有所不同，应根据不同的身体条件适当安排。俯卧位上抬下肢和上背部虽能增加竖脊肌的活动，但同时也在腰椎间盘上产生高应力，该

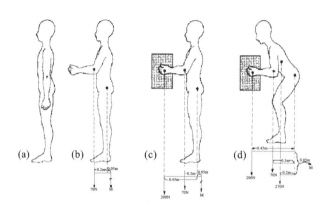

图 5-59 腰部载荷的影响因素

(a)身体直立时,身体环节与重心都趋于一致,无需多少肌肉用力就能保持平衡。(b)前臂上举产生约为 70×0.05=14 N·m 的负荷力矩,它由平均作用力臂为 0.05 m 的背肌平衡(肌肉的张力为 280 N)。(c)在手上握持一个 200 N 的重物,力臂为 0.45 m,就会产生一个 90 N·m 的附加力矩(总肌肉张力为 2080 N)。(d)躯干前屈,腰椎载荷由三部分组成:躯干重量的作用力矩,270×0.2=54 N·m;前臂的作用力矩,70×0.3=21 N·m;重物的作用力矩,37×0.45=17 N·m。这些负荷一起作用的总力矩为 92 N·m(肌肉张力为 1840 N)

体位下锻炼腰背肌是不理想的。正确的体位应是在腹下放置枕垫使脊椎间保持较为平衡的位置,能更好地对抗应力。

仰卧位下直腿抬高两下肢常用来进行腹肌的锻炼,但这种方法因腰肌的活动加强而将腰椎拉向前凸,腹肌的活动却很少。屈髋屈膝位进行仰卧起坐训练时,虽然能在限制腰肌活动的情况下进行有效的腹肌锻炼,但是大大地增加了腰椎间盘的应力,也是不理想的。正确的做法是仰卧位时屈髋屈膝,使头部、肩胛或臀部抬离床面以排除腰部的运动,可显著减少腰椎上的载荷(图 5-60)。

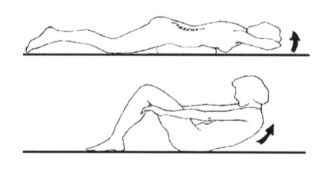

图 5-60 腰背肌和腹肌的正确锻炼姿势

(李古强　叶春明)

小　结

脊柱活动的 FSU 包括前方的椎体、椎间盘、前后纵韧带以及后方的关节突关节、关节囊和韧带。其中椎间盘独特的结构和组成使其具有黏弹性,连结并固定相邻的椎体来稳定中轴骨的排列,并允许椎骨间相互运动,同时使脊柱具有柔韧性,吸收分布于脊柱上的载荷和能量。后方关节突关节的关节面方向决定节段运动的活动类型和活动范围。不同脊柱节段的运动由于上、下关节面的不完全一致而表现为运动的耦合形式和 IAR 具有各自的特点。

肌肉是运动的基本动力,其走行方向决定了它们在脊柱活动中发挥不同的功能,并和胸腹腔内压、胸廓等组成主动子系统。在神经系统的控制下,主动子系统和椎骨、椎间盘、韧带组成的被动子系统一道维持脊柱的稳定。

寰椎以关节与枕髁、枢椎相连结,组成枕-寰-枢复合体。寰枕关节主要是在矢状面上运动。寰枢关节主要的稳定力量来自寰椎横韧带,这可以防止寰椎向前平移;这种特殊的连结和枢椎特殊的解剖结构允许 C_1 进行颈部 50% 的旋转。寰枢关节的活动中轴向旋转运动与平移运动、侧屈活动与轴向旋转运动相偶联。$C_3 \sim C_7$ 之间的关节突、相邻的椎体和其间的椎间盘组成的三关节复合体完成颈椎剩余的活动范围,其中侧屈活动偶联向同侧的轴向旋转运动。附着于颈椎横突、棘突、乳突、枕骨的肌肉、韧带等结构在颈椎的活动中起着发动和制约的作用。

胸椎的稳定性高,主要是胸椎间盘薄和肋弓的作用使活动受到限制。腹部肌肉、腰方肌和竖脊肌等肌肉收缩引起的胸椎运动要受到对侧的同名肌、韧带和关节之间撞击等因素的限制,但由于其关节突的定位作用而允许较大范围的旋转活动。上、下部胸椎运动的偶联特点分别与颈、腰椎相似。

人类椎间盘被赋予的结构使之可以承受非常大的应力,这种应力足以让人体的骨骼发生骨折。承载压缩负荷时,椎间盘间隙内含水组织将压力转换为张应力由纤维环吸收并承担。在不同体位时,椎间盘和关节突关节等结构所承载负荷的大小也不同。在身体承受外来负荷时,体位不同则产生的弯矩除物体以外还要加上该平面以上体重的弯矩,随着后者的弯矩加大,腰椎承受的总弯矩更大。所以扛、抬物体较提、携物体腰椎所受载荷小,提携物体时,身体直立比前屈所受载荷小。在俯卧位进行腰背肌锻炼时腹部应放置枕垫,腹肌锻炼时应采用屈髋屈膝位将头、肩或臀部抬离台面以利于减小腰椎间盘的载荷。

躯干重心的任何移动必须由肌肉力量、韧带和筋膜的弹性来维持平衡,所以肌肉骨骼系统的运动能力并不单指关节的稳定性,而且还包括柔韧性、力量和运动协调性等。

能力检测

1. 成人的脊柱在侧面观时有四个弯曲,弯曲的存在具有什么意义?
2. 列出 FSU 后部结构的组成。
3. 脊柱的 6 个自由度包括哪些运动形式?
4. 主要有哪些肌肉收缩引起躯干向左侧侧屈的活动?
5. 简述 FSU 前部的结构特点及其对脊柱活动的限制作用。
6. 简述椎间盘的力学特性。
7. 简述脊柱的稳定系统。
8. 在骨骼模型与同学的身上找到乳突和 C_2、C_7 的棘突。
9. 列出颈部椎间盘突出不如腰椎普遍的原因。
10. 列出颈椎各部的正常活动范围。
11. 典型的落枕是哪块肌肉的痉挛?列出它的起止点。
12. 简述枕-寰-枢复合体的结构特点。
13. 简述颈椎在不同姿势下的载荷情况。
14. 分析前屈位进行下部颈椎牵引的原理。
15. 列出胸椎有较大的旋转运动而不容易发生脱位的原因。
16. 简述胸椎的棘突的排列特点。
17. 简述胸椎运动的偶联特点。
18. 列出胸椎旋转的主动肌和限制因素。

19. 在骨骼模型与同学身上找到 L_5 的棘突。
20. 为什么腰椎的峡部容易发生骨折?
21. 腰三横突综合征的发生原因主要是什么?
22. 列出胸腰筋膜的作用。
23. 列出 L_5 椎体容易发生向前滑脱的原因。
24. 分析屈髋屈膝卧位来缓解腰痛的原因。
25. 为什么关节突关节不对称容易合并椎间盘退行性改变?
26. 简述椎间盘的力学性能。
27. 分析各种坐姿的腰椎受力。
28. 分析扛物时腰椎受力比搬物小的原因。

第六章 运动控制

能够摘要性叙述运动的形式,根据感觉信息在运动控制中的作用,分析闭眼与睁眼单腿站立能力的差异。

根据脊髓对运动的调控理论,分析行走中枢对步行运动的控制。

能够描述脑干对运动的调控作用。

讨论小脑对运动的主要调控作用。

摘要性说明神经源性膀胱的发生机制。

能够描述应用于行走、跑步、跳跃的解剖学及力学的原则。

扫码看课件

第一节 总 论

运动能力是动物有别于植物的最根本的特征之一,更是各种动物维系个体生存和种族繁衍的基本功能之一。低等原生动物可以借助运动能力获取食物,逃避敌害;高等动物的运动能力伴随生物进化已经发展到了很高的水平,可以实现多种复杂运动和精细运动,例如,钢琴家和微雕艺人对于运动的精确控制,乒乓球运动员和杂技演员对肢体和躯干肌肉的完美操纵,都足以令人击节惊叹。

一、运动的形式

人体运动功能的实现是在中枢神经系统的精确控制下,人体的肌肉经过严密组织,彼此协调地收缩,带动相应的关节和骨骼来实现的。人类属于高等动物,较低等动物而言人体的运动更具有复杂性与精确性的特点。根据运动的复杂性和控制运动的随意程度,运动大体上可分为三类:较简单且非随意性的反射运动,复杂且有目的性的随意运动,以及介于两者之间,兼具随意和反射两种特性的节律性运动。

(一)反射运动

反射运动(reflex movement)是不受意识控制,运动形式固定,反应迅速的运动。它是三大运动形式中最简单和基本的运动,通常是在特异性的刺激出现时,反射立即"自动"地、"刻板"地发生,其强弱与刺激大小有关,即刺激的强度越大,反应的幅度就越大,反应的速度也越快,但其运动模式不能被随意改变。可是在特殊情况下,许多反射可因意识活动的影响而被改变,甚至不再发生。例如,经过努力,可以在一定程度上克制住喷嚏反射。

(二)随意运动

随意运动(voluntary movement)是指受意识控制的有目的的运动,即在大脑皮层的参与下,为了达到某种目的而指向一定目标的运动。它可以是对感觉刺激的反应,也可因主观意愿而产生。随意运动的方向、轨迹、速度、时相等都可随意选择,并可在运动执行中随意改变。与反射运动相比,随意运动完成所需的时间一般较长。另外,参与随意运动的控制或对它有影响的神经组织结构广泛地分布在中枢神经系统的各部位。绝大多数比较复杂的随意运动都需要经过反复练习才能逐渐完善和熟练掌握。在做一项已经熟练掌握的随意运动时,不再需要思考具体动作如何进行,运动即可下意识地顺利完成。一般认为这是因为随意运动的复杂细节已被编成"运动程序"储存起来,可以随时调用从而完成运动,就像使用计算机时调用已经编好的计算机程序一样。

(三)节律性运动

节律性运动(rhythmic movement)是介于随意运动和反射运动之间的一种运动形式,如呼吸、咀嚼、跑步和行走等。这类运动形式固定,具有节律性和连续性特点,可随意开始或中止,一旦开始,就不再需要意识的参与,而能自动地以固定模式重复进行,大多数节律性运动在进行过程中能被感觉信息所调制。

二、感觉信息在运动控制中的作用

中枢神经系统对运动的控制需要有感觉信息的参与,感觉信息对于运动发起之前运动方案的设计、运动信息的编码和运动进行过程中反馈信息的调节都是必不可少的。在运动发起之前,神经系统会根据以往的感觉信息所形成的经验为运动进行设计和编程(即前馈控制);在运动执行时,由于外界因素的改变或运动程序不精确,致使运动偏离预定目标时,神经系统还可根据不断反馈至神经中枢的感觉信息及时纠正运动偏差,使运动达到预定目标(即反馈控制)。

与运动控制有关的感觉信息可分为内源信息和外源信息两大类:①来自肌肉、关节和前庭器官的传入冲动,提供关于肌肉长度、张力、关节位置、身体的空间位置等自身状态信息;②视觉、听觉及皮肤感受器传来的感觉冲动,提供关于运动目标的空间位置,以及运动目标和自身所在位置的相互关系的信息。在诸多反馈信息中,视觉信息对运动的精确控制尤为重要,很多运动都需在视觉控制下,才能精确地、轻而易举地完成。

例如,粗纤维感觉神经疾病(large-fiber sensory neuropathy)患者因传递本体感觉信息和触觉信息的粗传入纤维变性退化,导致腱反射消失、触觉受损,但痛温觉仍然保留。在没有视觉帮助的情况下,患者不能感知自己肢体的位置或关节的移动。该类患者在闭眼时不能较长时间地将肢体维持在一定的位置上,如令其手臂前伸并维持此姿势时,数秒钟后患者手臂即偏离原来的位置,但患者睁眼时则能维持姿势的稳定。这证明了神经系统必须依靠来自肌肉、关节等处的本体感觉传入信息来维持姿势的稳定,而视觉可以补偿本体觉的缺失(图6-1)。使这类患者在看不见自己的手的情况下做指向靶标的快速运动时,运动的方向和大小都会出现较大的偏差。如让患者在快速运动前看见自己的手,只在运动时挡住其视线,则误差大为减少,说明部分误差是因为前馈控制不正确所致。由于患者不能从本体感觉传

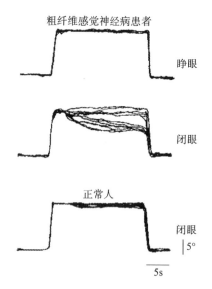

图6-1 正常人和患粗纤维感觉神经病患者对抗负载而做的屈腕动作(屈曲20°)并维持屈腕姿势一段时间的运动轨迹记录

入信息感知肢体的位置和肌肉情况,难以做出切合实际的正确运动指令,所以不能实现正确的前馈控制。在运动开始前看见手的位置则有助于为前馈控制进行正确的编程,所以才会减少误差的发生。

三、运动控制的主要神经结构

通常将涉及运动控制的各个神经中枢统称为脑的运动系统(motor system),它包括脊髓、脑干(延髓、脑桥和中脑)、间脑(丘脑和下丘脑)、小脑、大脑皮质和皮质下的基底神经节等组织结构。脑的运动系统的特点是以分级的方式由各级神经中枢组织而成的。19 世纪末,根据对癫痫的研究,John Hughlings Jackson 首先提出,脊椎动物的运动控制是分级进行的,即较低级的中枢控制"较自动"的运动,而较高级的中枢控制"有目的"的运动。同时,高级中枢可控制较低级的中枢。这种分级控制的概念对后人有很大的影响。现代医学认为脑的运动系统是由三个水平的神经结构组成,这三个水平从低级到高级分别是脊髓、脑干的下行系统和大脑皮层的运动区(图 6-2)。这三个水平之间的关系首先是高级中枢与低级中枢之间的等级性关系,但彼此各有分工。如低级中枢能产生复杂的传出冲动,使肌肉有组织地被兴奋而形成反射,而高级中枢则主要发出更为一般的运动指令,不需处理各肌肉活动时如何进行协调的细节问题。另一方面,这三个水平又是平行地组织在一起的,即除了能够逐级控制下级中枢以外,高级中枢也可以直接控制最低一级的神经元。例如,大脑皮层运动区可通过脑干兴奋脊髓神经元,也可以通过皮质脊髓束直接兴奋脊髓的运动神经元和中间神经元。这种串行和平行联系、直接和间接途径的重复安排,除了为运动控制的实现提供更为灵活多样的选择以外,还对神经系统受损后的恢复和代偿有重要意义。

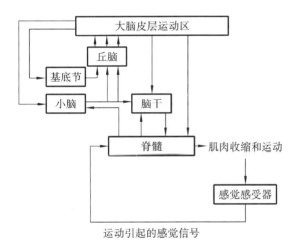

图 6-2 脑的运动系统各结构间相互关系示意图

第二节 脊髓对运动的调控

脊髓是神经系统的低位中枢,具有重要传导功能和反射功能。脊髓的白质中含有大量的上、下行纤维束,可以借此与上位中枢(脑干、间脑、大脑)和外周躯干、四肢建立信息联系通路,从而实现脊髓的信息传导功能。脊髓内部又存在着大量的阶段内和阶段间反射弧通路,从而形成脊髓固有的反射,即脊髓反射。脊髓反射具有维持身体姿势、协调躯体运动的重要作用。正常情况下,脊髓反射受高位中枢的调控,当脊髓与高位中枢的联系中断时,就会表现出一系列异常的姿势和异常的运动模式。

一、脊髓调控躯体运动的神经元网络

脊髓对运动的调控是依靠由感觉传入纤维、中间神经元和运动神经元所组成的神经元网络（neuronal network）来实现的。脊髓的神经元网络能够传导神经冲动，中介各种反射，协调肢体运动。应当指出，脊髓中的单突触反射是由初级传入纤维直接兴奋运动神经元而产生的，而多突触反射则是先经过中间神经元的整合，再影响到运动神经元而产生的。

（一）初级传入纤维

与外周感受器直接相连的躯体感觉纤维称为初级传入纤维（primary afferents）。初级传入纤维都是通过脊髓的背根（或脑干相应的神经根）进入到神经中枢的。初级传入纤维进入脊髓背根后很快分成上升支和下降支，这些上升支和下降支在进入脊髓背柱中上行或下行途中，发出许多侧支进入脊髓灰质。几乎每一根进入脊髓的初级传入纤维都既向高级中枢投射、传导感觉信息，又与脊髓灰质的神经元发生突触联系，这些与脊髓灰质的神经元所形成的联系构成了脊髓反射活动的结构基础。

本体感受器的传入纤维通过肌神经或关节神经进入中枢，皮肤感受器的传入纤维则通过皮神经进入中枢，这些纤维统称为躯体传入纤维。根据肌神经中传入纤维的直径分析，可将这些本体感受器的传入纤维分成Ⅰ、Ⅱ、Ⅲ和Ⅳ四类。Ⅰ类纤维是肌神经中有髓传入纤维中最粗的，平均直径约为 15 μm，占肌神经传入纤维总数的 25%。Ⅰ类纤维可进一步分为Ⅰa和Ⅰb两类，Ⅰa类纤维支配肌梭的初级感觉末梢，传递有关肌肉的长度及长度的变化率信息。Ⅰb类纤维支配高尔基器官，传递有关肌肉的张力信息。Ⅱ类纤维较Ⅰ类为细，平均直径 8 μm。大部分Ⅱ类纤维支配肌梭的次级感觉末梢，传递肌肉长度的信息，小部分则支配 Ruffini 感受器、帕西尼样感受器、帕西尼小体、游离神经末梢。这部分Ⅱ类纤维所传递的感觉可能为肢体位置感觉和肌肉的触压觉。Ⅲ类纤维是肌神经有髓纤维中最细的，平均直径 4 μm，其中三分之二的纤维为游离神经末梢，传导深部痛感觉，余下的三分之一纤维支配肌肉中的血管。Ⅳ类纤维是肌神经中的无髓传入纤维，其平均直径小于 1 μm，占肌神经传入纤维总数的 50%，主要支配游离神经末梢，对深部的痛和非痛刺激产生反应。皮肤感受器的传入纤维通常采用另一种分类法，分成 A 和 C 两类。A 类纤维为有髓纤维，又可按其粗细分为较粗的 A_β 和较细的 A_δ 两类，A_β 纤维传导触、压等感觉，A_δ 纤维则传导触、冷、快痛等感觉。C 类纤维为皮神经中的无髓传入纤维，它传导冷、热、慢痛等感觉。

1. Ⅰa类传入纤维 来自肌梭的Ⅰa类传入纤维进入脊髓背柱后发出许多侧支进入脊髓灰质，主要终止于脊髓灰质的第Ⅴ～Ⅵ层、第Ⅶ层和第Ⅸ层（图6-3），与这三个部位的神经元形成兴奋性的突触联系：①投射到脊髓灰质第Ⅸ层的Ⅰa类传入纤维：与该层的运动神经元发生单突触联系。②投射至脊髓灰质第Ⅶ层的Ⅰa类传入纤维：与位于该层的Ⅰa交互抑制中间神经元发生单突触联系，而Ⅰa交互抑制中间神经元的轴突投射至本节段或邻近节段的第Ⅸ层运动神经元，从而实现在兴奋同名肌和协同肌的同时又抑制其拮抗肌的作用，即交互抑制（reciprocal inhibition）作用。③投射到脊髓灰质第Ⅴ～Ⅵ层的Ⅰa类传入纤维：与不同类型的中间神经元发生联系，进一步进行信息整合。

2. Ⅰb类传入纤维 Ⅰb类纤维在脊髓灰质的主要投射区为灰质的第Ⅴ层、第Ⅵ层及第Ⅶ层。由于Ⅰb类传入纤维缺乏至第Ⅸ层的直接投射，因此，Ⅰb类传入纤维在运动神经元上引起的反应都要通过一个或几个中间神经元的中介而产生。如上所述，位于第Ⅴ层、第Ⅵ层的某些中间神经元也接受Ⅰa类纤维的传入，因此，在这些中间神经元上发生Ⅰa、Ⅰb类及其他传入的会聚。Ⅰb类传入纤维在运动神经元上引起的反应也具有交互支配特征。与Ⅰa类传入和运动神经元的联系相比，Ib类纤维与运动神经元的联系更为广泛，交互支配的形式也较为松散。

3. Ⅱ类传入纤维 Ⅱ类传入纤维大部分终止于脊髓灰质的第Ⅳ～Ⅵ层，少部分终止于第Ⅸ层。在第Ⅸ层内，Ⅱ类传入纤维可与50%左右的同名肌运动神经元发生单突触联系，但只与20%的协同肌运动神经元产生单突触联系，且在运动神经元上引起的单突触的兴奋性突触后电位(EPSP)振幅较小。在第Ⅳ～Ⅵ层内，Ⅱ类传入纤维通过中间神经元与运动神经元发生联系。Ⅱ类传入纤维在伸肌和屈肌运动神经元上引起的反应也具有交互支配的特征。

4. Ⅲ类和Ⅳ类传入纤维 Ⅲ类传入纤维在脊髓的投射研究报道少见，根据已有的资料来看，Ⅲ类传入纤维与Ⅱ类传入纤维可能是会聚到了同一类中间神经元上，才引起与Ⅱ类传入纤维在运动神经元引起的类似反应。Ⅳ类传入纤维在屈肌运动神经元引起的是多突触的EPSP，而在伸肌运动神经元引起的是多突触的抑制性突触后电位(IPSP)，且与肌肉Ⅱ、Ⅲ类传入纤维所组成的反射通路类似。

5. 皮肤传入纤维 皮肤A类传入纤维的末梢主要终止于脊髓灰质的第Ⅲ～Ⅶ层。兴奋皮神经中的A类纤维，在运动神经元引起与Ⅱ类传入纤维所产生的相似反应，即在屈肌运动神经元引起多突触的EPSP，在伸肌运动神经元则引起多突触的IPSP。由于皮肤传入纤维和肌肉Ⅱ类、Ⅲ类及Ⅳ类传入纤维所引起的主要反射作用是兴奋屈肌运动神经元和抑制伸肌运动神经元，Eccles和Lundberg认为这些传入纤维可能组成共同的反射通路，并将这些传入纤维统称为屈反射传入纤维(flexor reflex afferents, FRAs)。

> **知识链接**
>
> **脊髓灰质的板层构筑学说(Rexed分层)**
>
> 脊髓灰质结构的立体状态复杂，各个节段不尽一致，加之陆续不断有新的核团被发现，核团的名称也很不统一，在这种状态下很难找出脊髓结构的规律性。这个问题引起了Rexed的注意。20世纪50年代初，Rexed比较系统地研究了脊髓灰质核团的位置排列关系，以猫脊L_6脊髓节段为标准，将脊髓灰质由后向前分成9层和1个区，即Rexed分层(图6-3)。后来证明不仅是猫，在其他动物包括人在内，也都大体上可做如此的划分。这种分层方法，解决了既往对脊髓灰质细胞团命名和位置描述的混乱，并且在形态学研究和电生理学研究中便于对辨认目标的定位，为促进形态和机能结合研究手段的应用起到了重要作用。
>
> Rexed分层：脊髓灰质的后角相当于第Ⅰ～Ⅳ层(Ⅰ层相当于边缘层，Ⅱ层相当于胶状质，Ⅲ～Ⅳ层相当于后角固有核)，Ⅳ～Ⅵ层相当于后角基部(Ⅵ层仅限于两个膨大节段)，Ⅶ层相当于中间带，Ⅷ～Ⅸ层相当于前角(Ⅷ层含中间神经元，Ⅸ层为前角运动核)，Ⅹ区相当于灰质连合。

(二) 脊髓中间神经元

脊髓中间神经元是脊髓灰质中数量最多的神经元，它们接受各类初级传入纤维和高级中枢下行纤维的传入冲动，通过脊髓中间神经元的多种联系方式(中间神经元网络)对传入的信息进行整合，既可对传入信息产生时空放大作用，也可对兴奋性和抑制性信号起到"过滤"和"闸门"作用，最后再将整合的结果(即指令)发送给运动神经元，引起肌肉的协调收缩，产生适宜的运动。中间神经元网络除中介反射活动外，也参与随意运动的组织和控制。

各类中间神经元在脊髓灰质的分布有一定的顺序，位于脊髓灰质中间区最内侧的中间神经元的轴突投射至双侧控制躯干肌肉的运动神经元上，稍外侧的中间神经元的轴突投射至同侧控制肢体近端肌肉的运动神经元上，而最外侧的中间神经元则投射至同侧支配肢体远端肌肉的运

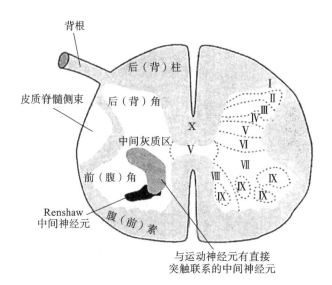

图 6-3 Rexed 分层示意图

动神经元上。

1. Renshaw 细胞 Renshaw 细胞(图 6-4)是脊髓灰质内一种抑制性的中间神经元,位于脊髓灰质腹角的第Ⅶ层内,在腹角运动神经元核的腹内侧区。它主要接受来自同名肌和协同肌运动神经元轴突侧枝的兴奋性传入,而它的轴突则与该运动神经元又形成抑制性突触。它与该运动神经元之间形成的突触联系组成了一个负反馈回路,其功能是调节运动神经元的放电频率。当运动神经元的放电频率增加时,通过 Renshaw 细胞的反馈使运动神经元的放电频率降低,反之则增加。因此可以使运动神经元的放电频率趋向稳定。

Renshaw 细胞还发出轴突侧支抑制 Ia 交互抑制中间神经元,因此当 Renshaw 细胞兴奋时,不仅抑制了同名肌、协同肌运动神经元,而且在拮抗肌运动神经元产生去抑制。

Renshaw 细胞还接受许多高级中枢(如红核、皮质脊髓束等)的下行控制,因此,高位中枢通过控制 Renshaw 细胞的兴奋性,进而调节运动神经元的活动。

2. Ia 交互抑制中间神经元 Ia 交互抑制中间神经元(图 6-5)位于脊髓灰质第Ⅶ层内,运动神经元核的背内侧部,它们主要接受来自同名肌和协同肌的 Ia 类传入纤维的单突触兴奋性传入,其轴突与支配拮抗肌的运动神经元形成抑制性突触,是牵张反射的交互抑制的神经基础。它的主要功能是防止相拮抗的肌肉同时收缩,以协调反射运动。此外,Ia 类交互抑制中间神经元还接受来自高位中枢的下行控制,当高位中枢向特定的运动神经元群发出运动指令时,通过 Ia 交互抑制中间神经元抑制拮抗肌群的运动神经元,使运动得以顺利进行。

Ia 类交互抑制中间神经元还接受来自屈肌反射传入的兴奋性影响。接受来自 Renshaw 细胞与投射至同名肌和协同肌运动神经元的 Ia 交互抑制中间神经元轴突侧支的抑制性影响。

3. Ib 抑制性中间神经元 Ib 抑制性中间神经元(图 6-6)位于脊髓灰质的第Ⅵ~Ⅶ层的中间内侧核的区域,它们接受来自高尔基腱器官的 Ib 传入纤维的冲动,其轴突与同名肌和协同肌运动神经元形成抑制性突触联系,组成调节肌张力的负反馈系统。当肌肉张力超过一定值时,Ib 的传入冲动兴奋 Ib 抑制性中间神经元,导致运动神经元抑制,使肌张力不会进一步升高。但当肌肉因疲劳等原因导致收缩减弱、张力降低时,Ib 传入纤维的放电将减少,使 Ib 抑制性中间神经元的兴奋性下降,对运动神经元的抑制减弱,使肌张力增大,补偿因肌肉疲劳而产生的收缩不足。

Ib 抑制性中间神经元还接受肌肉 Ia 类传入纤维、低阈值皮肤传入纤维和关节传入纤维的会聚。其作用可能是当一个运动的肢体碰到障碍时,来自皮肤和关节的传入纤维可以兴奋 Ib 抑制

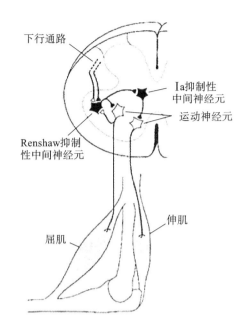

图 6-4　Renshaw 细胞及其支配关系

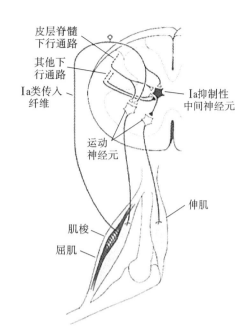

图 6-5　Ⅰa 抑制性中间神经元及其支配关系

性中间神经元来抑制运动神经元,从而使肌张力降低而避开障碍。

4. 脊髓固有神经元　脊髓固有神经元(图 6-7)是指其纤维分布范围局限在脊髓内的中间神经元。其胞体位于脊髓灰质的中间部,而轴突只在脊髓白质中上行和下行,终止于若干节段的运动神经元或中间神经元。分布于脊髓灰质中间部靠内侧的脊髓固有神经元的轴突较长,甚至可以伸展至整个脊髓,以便于在姿势控制中协调各节段躯干肌肉的活动,分布于脊髓灰质中间部靠外侧的脊髓固有神经元则分布比较局限,主要是在姿势控制中协调局部四肢肌肉的活动。脊髓固有神经元接受外周的感觉传入纤维(如肌肉Ⅰb传入纤维、Ⅱ类传入纤维、Ⅲ类传入纤维和皮肤传入纤维)和高级中枢的下行传入纤维的冲动,参与多种脊髓反射,协调不同肌群的舒缩活动。

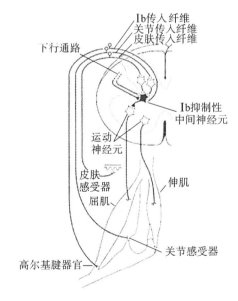

图 6-6　Ⅰb 类传入纤维及其支配关系

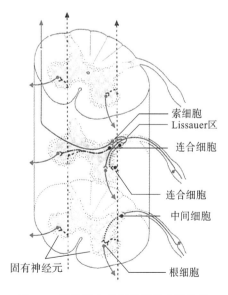

图 6-7　脊髓固有神经元及其支配关系

(三) 脊髓前脚运动神经元

在脊前角存在大量的运动神经元(图 6-8),它们的轴突经前根离开脊髓后直达所支配的肌肉。这些神经元可分为α、β与γ三种类型，其中以α和γ运动神经元最为重要。

1. α运动神经元 α运动神经元的胞体大小不等，可从几十微米到150 μm。通常情况下，大α运动神经元的轴突支配骨骼肌的快肌纤维（白肌），小α运动神经元的轴突支配骨骼肌的慢肌纤维（红肌）。α运动神经元不但接受来自皮肤、肌肉和关节等外周传入纤维的信息，而且也接受从大脑皮层到脑干各级高位中枢下传的信息。这些信息具有引发随意运动、调节身体姿势和协调肌肉运动等方面的作用，经过α运动神经元会聚、整合后，最终由它发出一定形式和频率的冲动直接支配骨骼肌，从而实现平稳、精确的躯体运动。无论是反射运动还是随意运动，都需要兴奋运动神经元引起肌肉收缩后才能实现，因此Sherrington正确地将α运动神经元称为躯体运动反射的最后公路（final common path）。

在脊髓中，支配不同肌肉的运动神经元在脊髓中有一定的排列规律，即：支配躯干中轴和肢体近端部位肌肉的运动神经元位于脊髓腹角的内侧，而支配肢体远端（手和足）肌肉的运动神经元则位于脊髓腹角的外侧；支配屈肌的运动神经元位于脊髓腹角的背侧，支配伸肌的运动神经元则位于脊髓腹角的腹侧（图6-9）。脊髓运动神经元的这种解剖学分布特点与一个重要的功能特性相对应，即躯干中轴肌肉群（姿势肌）和近侧肌肉群（特别是腿部的伸肌群）主要被用于保持躯体的平衡和姿势，而远侧的肌肉群（特别是上肢的肌肉）被用于进行精细的操作性活动。

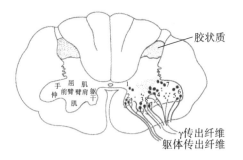

图6-8 脊髓前脚运动神经元分布示意图

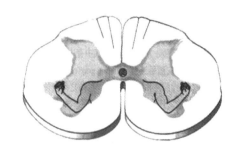

图6-9 支配上肢肌肉的运动神经元在脊髓前脚的分布示意图

2. γ运动神经元 γ运动神经元分散在α运动神经元之间，与α运动神经元无直接的突触联系，其轴突经脊髓前根离开脊髓，支配梭内肌纤维。γ运动神经元的胞体（直径15～25 μm）较α运动神经元小，其兴奋性较α运动神经高，常以较高频率持续放电。在安静时，即使α运动神经元不放电，一些γ运动神经元也可持续放电；在α运动神经元活动增加时，γ运动神经元活动也相应增加，其作用是调节肌梭的敏感性。正常情况下，γ运动神经元的活动主要受高位中枢的下行性调节。

3. β运动神经元 脊髓前角还有少量β运动神经元，较大的β运动神经元发出的传出纤维，可支配梭内肌与梭外肌纤维，其功能目前尚不十分清楚。

二、运动单位、运动神经元池与肌力的调节

（一）运动单位

一个脊髓前脚α运动神经元及其所支配的所有肌纤维构成了一个运动单位（motor unit）（图6-10）。运动单位是肌肉能够独立收缩的最小功能单位。一个运动单位所含有的肌纤维数量的多少与肌肉控制运动的精细程度有关，例如，控制精细运动的眼外肌一个运动单位只支配10～15根肌纤维，而控制粗大运动的腓肠肌的一个运动单位可支配1934根肌纤维。一个运动单位所支配的肌纤维并不相邻，而是与其他运动单位所支配的肌纤维交错排列（图6-11）。一块肌肉收缩时，并非全部运动单位起作用，可以仅有部分运动单位发挥作用。肢体不运动时，每块肌也只

有少数运动单位轮流收缩,使肌肉处于一种轻度持续收缩状态,保持一定肌张力,维持躯体姿势。

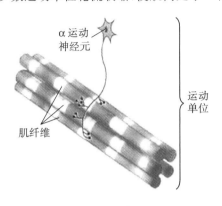

图 6-10　运动单位

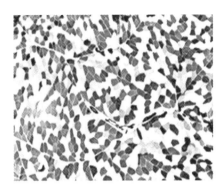

图 6-11　正常肌肉活检,色深表示Ⅱ型肌纤维,色淡表示Ⅰ型肌纤维(ATP酶染色)

α运动神经元有大有小,骨骼肌纤维采用免疫组化方法可分为三类(图 6-11):Ⅰ型缓慢收缩氧化型纤维(SO)、ⅡA型快收缩氧化酵解型纤维(FOG)和ⅡB型快速收缩酵解型纤维(FG)。根据α运动神经元所支配运动单位内肌纤维的性质不同,可将运动单位大致分为三类:①缓慢收缩型(S型)运动单位:由轴突传导速度较小的α运动神经元支配Ⅰ型肌纤维构成,其特点是收缩张力小,收缩时间长,不易发生疲劳。②快速收缩抗疲劳型(FR型)运动单位:由轴突传导速度中等的、中等大小的α运动神经元支配ⅡA型肌纤维构成,其特点是收缩张力较大,收缩较快,但不易疲劳。③快速收缩易疲劳型(FF型)运动单位:由轴突传导速度较快的大α运动神经元支配ⅡB型肌纤维构成,其特点是收缩张力大,收缩速度快,但极易疲劳。这三类运动单位在大多数肌肉中都同时存在,但各类运动单位在某一特定肌肉中的比例有所不同。例如,在维持身体姿势的肌肉中慢收缩抗疲劳型运动单位相对较多,而在导致眼球快速运动的眼外肌中则几乎全是快速收缩易疲劳型运动单位,在大多数肌肉中这三型运动单位的数量大体相等。

一个运动单位中所包含的肌纤维都是同一类型的。但运动单位的类型绝非固定不变,决定运动单位类型的关键因素是支配运动单位骨骼肌的α运动神经元。改变一个运动单位的神经肌肉支配关系(图 6-12),即可改变这个运动单位的种类和性质,这在周围神经损伤的修复中最为常见。例如,当FF型运动单位的大α运动神经元的侧支如果支配了S型运动单位的肌纤维,则S型运动单位也会逐渐转变成FF型运动单位,反之亦然。

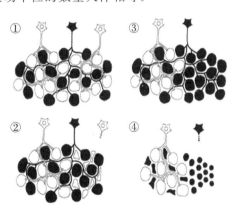

图 6-12　神经肌肉再支配示意图

(二)运动神经元池

支配同一块肌肉的所有运动神经元的集合称为运动神经元池(motoneuron pool)或称为运动核(motor nucleus)(图 6-13)。支配同一块肌肉的运动神经元池常位于不同的脊髓节段,它们的轴突从脊髓发出后,参与到不同的周围神经中去支配同一块肌肉,即形成了同一块肌肉的多阶段脊髓支配,如上肢肌的神经节段分布(图 6-14)。脊髓损伤时,通过对肢体两侧各10对关键肌的肌力评估来判断神经损伤平面的原理也基于此。

(三)肌力的调节

肌力是指肌肉收缩时产生的力量。研究表明,肌力的大小除了受肌肉的生理横断面和肌肉

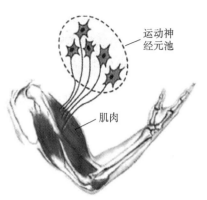

图 6-13 运动单位和运动神经元池

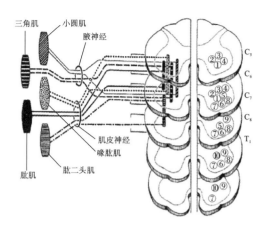

图 6-14 上肢肌的神经节段分布

的初长度影响以外,还受运动神经元池两种活动方式的调节:①募集更多的运动神经元(运动单位);②增加已募集的运动神经元的放电频率。

1. 运动神经元的有序募集与"大小原则"对肌力的调节 研究表明,α运动神经元的大小与其兴奋性成反比关系,即小运动神经元的兴奋性高,大运动神经元的兴奋性低。小运动神经元支配相对较少的肌纤维形成的运动单位较小(S型运动单位),它们的激活只能使肌力产生较小的改变;大运动神经元支配相对较多的肌纤维形成的运动单位较大(FF型运动单位),它们的激活会使肌力大幅度增加。因此,当一个运动神经元池的兴奋性传入逐渐增强时,往往是较小的运动神经元先被募集(recruitment),然后是较大的运动神经元再被募集,最大的运动神经元则被最后募集。与之相反,运动神经元的大小与运动神经元的抑制性(inhibit-ability)成正比关系。不论是何种形式的抑制(直接抑制、回返抑制、中间神经元传递的抑制),也不论原来神经元池的兴奋程度如何,只要发生抑制,总是大运动神经元先被抑制,小运动神经元后被抑制。这种运动神经元池的有序募集(ordered recruitment)和大小原则(size principle),有利于运动神经元能够程序化、精确地控制肌肉收缩时的各项参数,保证肌力平滑地增减,从而获得最佳运动模式。

2. 运动神经元放电频率对肌力的调节 运动神经元的放电频率对肌力的调节有较大影响,因此,肌力的增加,还可通过增加已被募集的运动神经元的放电频率来实现。例如,当人的指总伸肌收缩时,每个运动单位刚被募集时的放电频率都在 8 Hz 左右,随后放电频率增加至刚募集时的 2~3 倍,产生的肌力也明显增加。另外,由于募集阈值较高的运动神经元活动时产生的肌力较大,因此,当肌肉需要产生较大的收缩力时,主要是依靠已被募集的高阈值的运动神经元的放电频率的增加来实现的。

三、外周感受器

运动的顺利完成需要来自外周感受器传入信号精确的反馈调节。外周感受器包括皮肤感受器和本体感受器两种。皮肤感受器可分为机械感受器、温度感受器和伤害性感受感受器三类,分别感受触觉、压觉、两点分辨觉、温度觉和痛觉等信息。本体感受器有两种,即肌梭和腱器官,能提供关于肌肉的长度和力量及其变化的信息。这些外周感受器传入的信息对躯体运动均有直接或间接的调节作用,是机体与外界环境相互作用的主要媒介。

(一)肌梭

肌梭呈长梭形,长 5~6 mm,位于骨骼肌纤维之间,由多条细的梭内肌纤维(intrafusal fiber)外包结缔组织囊集合而成,与骨骼肌纤维呈"并联"关系(图 6-15)。通常将普通的骨骼肌纤维称为梭外肌纤维,而将肌梭内特化的肌纤维称为梭内肌纤维。梭内肌纤维按照其形态可分为两类:

一类纤维较粗而长,称为核袋纤维(nuclear bag fiber),有许多细胞核聚集在纤维的中央部;另一类纤维较细而短,称为核链纤维(nuclear chain fiber),它的许多细胞核沿纤维长轴呈链状排列。一个典型的肌梭内有2根核袋纤维,4~5根核链纤维。肌梭内有两种感受器,即初级感受末梢(或环状螺旋末梢)和次级感受末梢(或花样末梢)。初级感受末梢缠绕在核袋纤维和核链纤维上,检测其形态变化并形成神经冲动,经Ⅰa类纤维向上传递到脊髓中枢;次级感受末梢则往往只缠绕在核链纤维上,检测其形态变化并形成神经冲动,经Ⅱ类纤维向上传递到脊髓中枢。

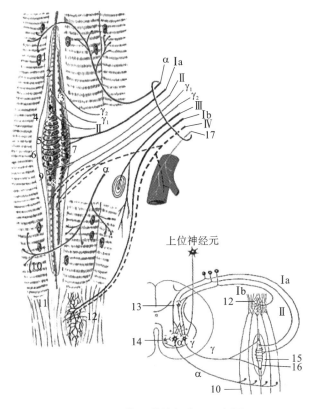

图 6-15　肌梭及其神经支配示意图

1.极区;2.核袋纤维;3.核链纤维;4.囊;5.核袋;6.环螺旋终末;7.花枝终末;8.机管;9.囊下间隙;10.梭外肌纤维;11.肌腱;12.瞳器官;13.中间神经元;14.闰绍细胞;15.肌梭;16.梭内肌纤维;17.交感纤维

1. 肌梭感受器的反应特性　肌梭的感受器有独特的放电特征。当肌肉被拉长并维持在新的长度时,肌肉长度的变化呈现两个时相(图 6-16),即肌肉被拉长时的动态相和肌肉维持新长度时的静态相。在动态相中,肌肉的长度不断变化,初级感受末梢的放电频率显著增加,且与牵拉的速度成正比,而次级感受末梢的放电频率也逐渐增加,但却并不明显。当肌肉处于静态相时,初级感受末梢的放电频率明显减少,但仍维持在一定水平,而次级感受末梢的放电频率却仍维持在较高的水平上。当肌肉恢复原来长度时,初级感受末梢和次级感受末梢的放电则完全停止。这些现象说明:初级感受末梢主要对肌肉的动态变化起反应,既能监测肌肉长度的变化,又能监测肌肉长度的变化速率;次级感受末梢主要对肌肉的静态变化起反应,即主要监测肌肉长度的变化。

2. 肌梭传入活动的控制　梭内肌纤维接受来自脊髓前角的γ运动神经元的轴突支配。γ运动神经元分为两型(图 6-17),即动态型γ运动神经元和静态型γ运动神经元。动态型γ运动神经元主要支配核袋纤维,静态型γ运动神经元主要支配核链纤维,这些γ运动神经元都支配到梭内肌的两端,梭内肌的中间部分缺少收缩成分,而其两极则可以收缩。当γ运动神经元兴奋时,梭内肌纤维两端收缩,中间部分受到牵拉,缠绕在梭内肌中间部分的初级感受末梢和次级感受末

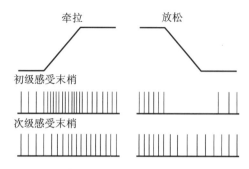

图 6-16 肌梭感受器对肌肉牵拉和放松的反应

梢的放电就会增加，从而实现对肌梭内两种感受器兴奋性的调节。如图 6-18 所示，当刺激静态型 γ 运动神经元的纤维时，可使初级感受末梢的静态反应明显增加，但对动态反应并无明显影响；刺激动态型 γ 运动神经元的纤维时，可使初级感受末梢的动态反应明显增加。由于初级感受末梢支配核袋纤维和核链纤维，因此初级感受末梢的活动可受两类 γ 运动神经元的控制，而次级感受末梢主要支配核链纤维，所以次级感受末梢的活动只受到静态型 γ 运动神经元的影响。

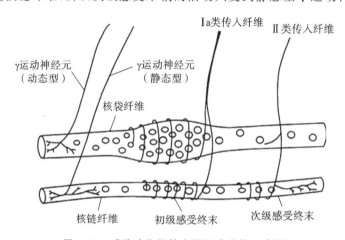

图 6-17 哺乳动物肌梭主要组成结构示意图

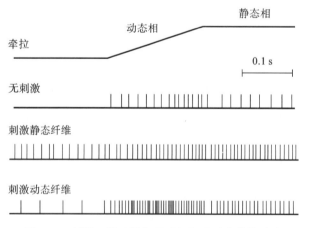

图 6-18 刺激 γ 运动神经元对初级感受末梢的影响

3. 中枢神经系统对肌梭敏感性的控制 γ 运动神经元的另一个重要功能是使肌梭感受器在肌肉主动收缩时仍能维持较高的敏感性。由于梭外肌与梭内肌在结构关系上成并联关系，所以当梭外肌主动收缩时，梭内肌如不同时收缩，初级感受末梢和次级感受末梢的传入放电就会减少甚至停止，肌梭就不能向中枢提供关于肌肉长度的信息，但实际上这种情况不会发生。动物实验已经证明,当α运动神经元兴奋时,γ运动神经元也被同时激活,这种α和γ运动神经元在运动时同时兴奋的现象称为"α-γ共激活"(图6-19)。因此,在梭外肌主动收缩期间,中枢神经系统可以通过调节γ运动神经元的兴奋性来调节肌梭的敏感性,使肌梭的传入放电维持在一定水平,从而保证了肌肉维持持续收缩功能的实现。

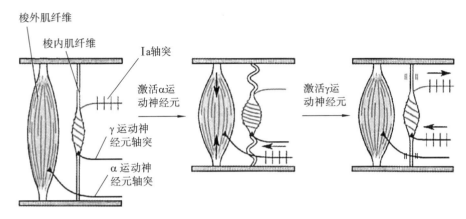

图6-19　α-γ共激活

4. 肌梭的其他功能　肌梭是感受肌肉长度变化的感受器,由于肌肉收缩时长度的变化与其所作用的关节角度的变化有直接的关系,因而由肌梭所提供的肌肉长度信息可与来自关节周围其他感受器的传入信息一道被中枢用来确定关节角度和躯干与肢体各节段之间的相对位置,其意义超出了肌梭的反射作用。例如,我们即便是闭上了眼睛也能很好地判断一个关节的位置。而当某一来源的感觉信息缺失时,其他来源的信息则会对这种信息缺失加以补偿。例如,对于一个实施了全髋关节置换的关节炎患者来说,或许他的髋关节机械感受器事实上已经随同切除下来的髋骨一道被固定在另外一间屋子里的甲醛溶液中,但他仍然可以说出他们的大腿与骨盆之间的角度。

（二）腱器官

高尔基腱器官(简称腱器官)长0.5～1.0 mm,直径约为0.1 mm,呈包囊状结构,多位于肌肉与肌腱的交接部,与肌腱成"串联"关系,由Ib类传入纤维支配。在包囊中,来自肌腱的胶原纤维分成许多细丝组成的发辫状结构,Ib类纤维进入腱器官包囊后,脱去髓鞘并分成许多末梢,缠绕在胶原纤维细丝所形成的辫状结构上(图6-20)。牵拉肌腱能使胶原纤维变直,从而压迫Ib类纤维的末梢,引起末梢放电。

腱器官是检测肌肉张力(或收缩力)的感受器,它对肌肉主动收缩所产生的牵拉非常敏感,而对肌肉的被动牵拉引起的牵拉不太敏感。当肌肉主动收缩时,腱器官内的胶原纤维受到牵拉变直,压迫Ib类传入纤维而使放电增加;而当肌肉受到被动牵拉时,因为腱器官内的胶原纤维比与它串联的梭外肌纤维的弹性差,因此,大部分的肌肉长度的改变发生在梭外肌纤维上,腱器官内的胶原纤维不会产生较大的机械变形,因此,Ib类传入纤维放电频率并无显著的变化。

（三）肌梭和腱器官对牵拉肌肉和肌肉主动收缩的反应

由于肌梭与梭外肌纤维成并联关系,腱器官与梭外肌纤维成串联关系,因此它们对肌肉的被动牵拉和主动收缩会产生不同的反应(图6-21)。当肌肉受到牵拉而变长时,由于肌梭与梭外肌纤维成并联关系,肌梭也相应地被拉长,于是肌梭的传入放电迅速地增多。但对于腱器官来说,由于它的胶原纤维比与其串联的梭外肌纤维要僵硬得多,因此施加到肌肉上的牵拉张力多被相对柔软的梭外肌纤维所吸收,只有小部分直接作用到腱器官上并使其变形,因而腱器官在肌肉被拉长时仅显示出很少的放电增加。而当肌肉发生主动收缩时,肌肉收缩所产生的巨大张力直接

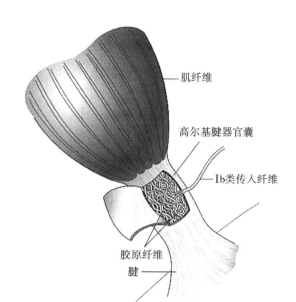

图 6-20 腱器官结构示意图

而有效地作用到腱器官上,因而腱器官的放电频率显著地增加;反之,肌肉的收缩使得平行于梭外肌纤维分布的肌梭长度缩短,因而它的放电会显著地减少,甚至完全停止。

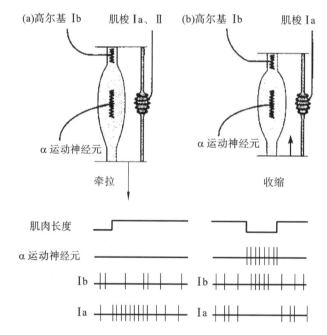

图 6-21 肌肉在被动牵拉和主动收缩时腱器官和肌梭的放电特征

四、脊髓对身体姿势的调节

姿势(posture)是指人和动物身体各部分之间以及身体与四周空间之间的相对位置关系。中枢神经系统通过反射改变骨骼肌紧张或产生相应的动作,以保持或改变身体的姿势以免发生倾倒,称为姿势反射(postural)。如人站立时,对姿势的正确调控能对抗地球重力场的引力,将身体重心保持在两足支撑面范围内而不至于倾斜;运动时,通过姿势反射能对抗由于运动引起的不平衡以防跌倒。人体姿势的维持需要在牵张反射、对侧伸肌反射和节间反射等脊髓水平上完成的这些姿势反射的参与和调节。

(一) 牵张反射

牵张反射(stretch reflex)是指受神经支配的骨骼肌在受到外力牵拉时,引起受牵拉的同一肌肉产生收缩的反射活动。根据外力牵拉的形式与肌肉收缩的效应不同,牵张反射可分为两种形式:一种为腱反射,另一种为肌紧张。

1. 腱反射 腱反射(tendon reflex)即位相性牵张反射,是指当肌腱受到快速牵拉时发生的牵张反射,特点是时程较短且产生的肌力较大,能够迅速完成动作,例如叩击股四头肌肌腱时引起的膝跳反射(knee jerk reflex)。腱反射是单突触反射,感受器是肌梭内的初级感受末梢。当肌肉被快速牵拉时,主要引起肌梭内的初级感受末梢的兴奋,其冲动通过Ⅰa类传入纤维进入脊髓,兴奋支配同名骨骼肌的大α运动神经元($α_1$运动神经元),引起梭外肌中快肌纤维的快速收缩,来完成动作(图6-22)。临床上常通过检查腱反射来了解神经系统的功能状态。如果腱反射减弱或消失,常提示反射弧的传入传出通道或者脊髓反射中枢受损,而腱反射亢进,则说明控制脊髓的高级中枢作用减弱,提示高位中枢的病变,例如锥体束受损。

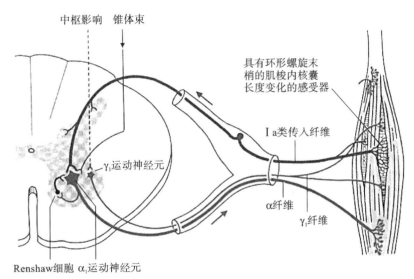

图6-22 腱反射反馈环路示意图

2. 肌紧张 肌紧张(muscle tone)即紧张性牵张反射,是指肌肉受到缓慢且持续的牵拉时所引起的牵张反射,表现为受到牵拉的肌肉产生持续而较平稳的收缩,从而产生肌紧张,在姿势的维持中起重要作用。肌紧张为多突触反射,感受器是肌梭内的初级感受末梢和次级感受末梢。当肌肉被缓慢牵拉时,引起肌梭内的初级感受末梢与次级感受末梢兴奋,其冲动通过Ⅰa类传入纤维和Ⅱ类传入纤维进入脊髓,兴奋支配同名骨骼肌的小α运动神经元($α_2$运动神经元),引起梭外肌中慢肌纤维的缓慢收缩,产生肌紧张,维持身体姿势(图6-23)。由于肌紧张是发生在同一肌肉内不同运动单位的交替收缩,所以肌紧张能持久维持而不易疲劳。

(二) 反牵张反射

反牵张反射(inverse stretch reflex)是指肌肉受到强烈牵拉时所产生的舒张反应。反牵张反射的感受器是腱器官(tendon organ)。腱器官由Ⅰb类传入纤维支配。Ⅰb类传入纤维进入脊髓后,反复分支并与脊髓腹角中的抑制性的中间神经元形成兴奋性突触联系,而这些抑制性的中间神经元又与支配同一块肌肉的α运动神经元形成抑制性联系(图6-24)。因此,当Ⅰb类传入纤维兴奋时,可以抑制同一块肌肉的α运动神经元的兴奋性,导致肌肉的舒张反应,即反牵张反射。

由于反牵张反射的存在,当肌肉主动收缩时,随着肌肉张力的增加,α运动神经元受到的抑制可以减弱肌肉的收缩;而当肌肉张力下降时,α运动神经元受到的抑制减弱,使得肌肉的收缩

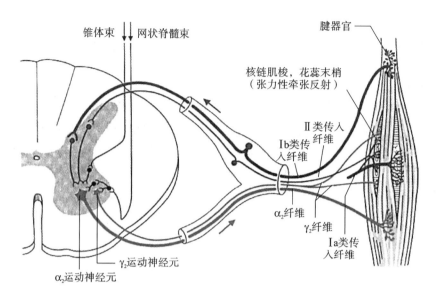

图 6-23 肌紧张反馈环路示意图

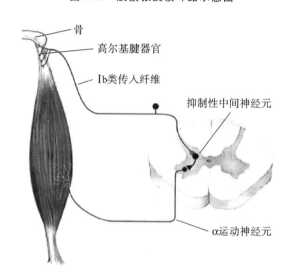

图 6-24 反牵张反射环路示意图

进一步加强。在一些极端情况下,该反射环路可以保护肌肉,使肌肉免受过度负载的伤害,例如推举杠铃时,极限用力之后无法空手举起双臂;而在正常的情况下,这一反射环路的主要功能则是调节肌肉的张力处在一个最适范围之内,例如,当用手去抓一个易碎物品时,你既要抓得紧,握力又不能太大。为了确保在一些精细动作中用力恰当,这种本体感受性反馈显得尤其重要。

(三)屈肌反射与交叉伸肌反射

当肢体受到伤害刺激时,引起受刺激一侧肢体的屈肌收缩,伸肌舒张,肢体屈曲回缩的现象,称为屈肌反射(flexor reflex),又称回缩反射(withdrawal reflex)。屈肌反射是多突触反射,有多种感受器,包括皮肤伤害性感受器和肌梭的次级末梢感受器等。屈肌反射的传入纤维为Ⅱ、Ⅲ、Ⅳ类纤维以及皮肤传入纤维。所有的屈肌反射传入纤维均通过一个或几个中间神经元影响运动神经元。屈肌反射传入所引起的最典型的反应是兴奋同侧屈肌运动神经元,抑制同侧伸肌运动神经元,从而导致肢体屈曲回缩,使机体及时躲避外来伤害(图 6-25)。

脊髓中还有一些屈反射通路的中间神经元的轴突通过前联合投射到脊髓对侧背角,通过对侧背角中间神经元兴奋对侧伸肌运动神经元,并抑制对侧屈肌运动神经元。因此,当伤害性的刺激强度加大时,来自一侧肢体的屈反射传入不但能引起同侧肢体的回缩,而且同时引起对侧肢体的伸直,这种反应称为交叉伸肌反射(cross extension reflex),其意义是当一侧肢体屈曲造成身体平衡失调时,对侧肢体伸直以便维持身体的姿势的平衡(图 6-25)。

在人类,由于大脑皮层运动区或皮质脊束发生障碍时,脊髓失去了大脑运动区的调节,往往会出现一些特殊的屈肌反射。例如,医生进行体检诊断时,以钝物划患者足跖外侧时,出现蹈趾背屈而其余四趾向外呈扇形展开的病理反射,称为巴宾斯基(Babinski)征阳性。当刺激加强时还伴有踝、膝、髋关节的屈曲。平时,脊髓在大脑皮层的控制下这一原始的屈曲反射并不能表现出来,但是在婴儿皮质脊髓束发育完全以前,以及成人深睡或麻醉状态下也可表现为巴宾斯基征阳性。

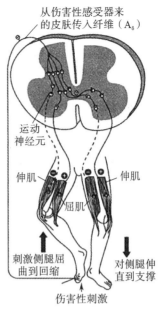

图 6-25 屈肌反射与交叉伸肌反射示意图

(四) 节间反射

脊髓与高位中枢离断的动物称为脊动物。离断位置较高的脊动物的前后肢活动时可以表现出一定程度的协调运动,产生这种前后肢的协调运动的反射称为节间反射或长脊髓反射。这种反射有赖于脊髓固有神经元的参与。脊髓固有神经元的细胞体位于灰质的中间部,其轴突在外侧索上行或下行,终止于若干节段的中间神经元或运动神经元。脊髓固有神经元接受来自外周的多种感觉传入纤维(如肌肉 Ib、Ⅱ、Ⅲ类传入纤维和皮肤传入纤维)以及高位中枢的下行控制,参与多种脊髓反射,协调不同肌群的舒缩活动。四肢着地的脊髓动物常可呈现一定程度的行走动作,这说明正常动物的行走也可能部分地使用节间反射的神经元回路。

长脊髓反射是一侧肢体的次级肌梭反射的同侧性反应。牵拉一侧肢体近端屈肌(如左腘绳肌)时,不但可引起该肢体屈肌的协同收缩,还可以引起同侧另一肢体(左上肢)的屈肌反射性收缩(图 6-26(a));同样,牵拉一侧肢体近端伸肌(如右股四头肌)时,也可以引起该肢体的伸肌和同侧另一肢体(右上肢)的伸肌反射性收缩(图 6-26(b))。如果反应剧烈,除同侧肢体的表现外,对侧肢体也会表现出与同侧肢体相反的肌肉收缩形式,即交叉伸肌反射。长脊髓反射在上下肢均存在,可加强同侧上下肢体的配合,在行走、跑步、跨栏跑时可以见到,速度越快时越明显。偏瘫患者由于异常的姿势和异常的运动模式导致患者不能进行正常运动,因此,在康复治疗中,可以利用长脊髓反射来促进偏瘫患者两侧肢体的协调运动。

(五) 屈曲反射

屈曲反射是由 Marie Foix 所发现的远端屈肌协同反射,故又称 Marie-Foix 屈曲反射。牵拉足趾背屈肌肌梭时,通过脊髓反射引起趾踝背屈、膝屈曲、髋屈曲及外展、外旋(图 6-27(a))。屈曲指腕,牵拉指腕背伸肌时可引起指腕屈曲、肘屈曲、前臂旋前以及肩的前屈、外展和内旋(图 6-27(b))。屈曲反射具有协调人体运动、维持身体姿势的作用,当患者步行中脚被绊住时,屈曲反射使患者的脚从羁绊中解脱出来,重新建立人体平衡。偏瘫患者由于下肢伸肌痉挛模式导致患足不能背屈,因此,在康复治疗中,可以利用屈曲反射来促进偏瘫患者患足的背屈运动。

(六) 伸肌冲出(挺伸)反射

伸肌冲出(挺伸)反射是由 Sherrington 所发现的远端伸肌的协同反射。牵拉趾踝伸肌肌梭时可引起跖伸、膝伸、髋伸、内收和内旋(图 6-28);牵拉指腕屈肌时可引起指腕肘伸、肩后伸。在高位中枢的异化作用下,伸肌冲出(挺伸)反射能够加强下肢伸肌的力量,维持人体的直立姿势。在康复治疗中,可利用伸肌冲出(挺伸)反射治疗偏瘫患者迟缓期下肢肌肉软弱无力。

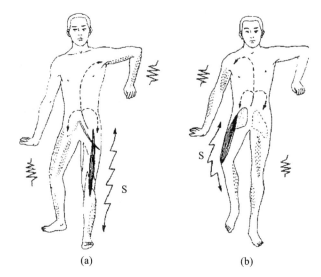

图 6-26 长脊髓反射与交叉伸肌反射

S,牵拉;黑色,被牵拉的肌肉;点区,反应肌

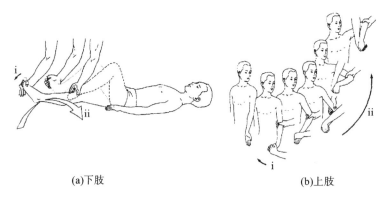

(a)下肢　　　　　　　(b)上肢

图 6-27 屈曲反射

i,牵拉;ii,反应

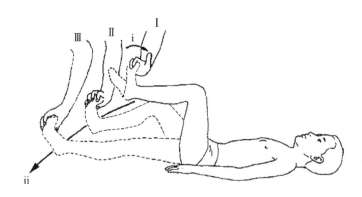

图 6-28 伸肌冲出(挺伸)反射

Ⅰ,牵拉;Ⅱ、Ⅲ,反应;i,牵拉方向;ii,反应趋势

（七）肌梭运动反射

肌梭运动反射(fusimotor reflex)是由 γ 运动神经元发动的梭内肌收缩反射。γ 运动神经元发出冲动引起核袋纤维收缩时初级肌梭反射的动态反应增强，γ 运动神经元发出冲动引起核链纤维收缩时产生初级肌梭反射的静态反应，并能引起次级肌梭反射的协同作用。肌梭运动反射使梭内肌纤维协同收缩的幅度等于或大于梭外肌运动单位收缩的幅度，在随意肌收缩期内一直

保持对肌梭感觉末梢的牵拉,从而对梭外肌的收缩产生易化作用。这种由γ运动神经元所引起的肌梭运动反射活动是外周感觉传入后通过进入脑干网状结构兴奋中枢的多突触通路来完成的。来自脑干低级兴奋中枢的网状脊髓兴奋可使肌梭运动反射受到易化。

五、脊髓对节律运动的调节

脊髓不仅是某些反射运动的中枢,而且是节律运动(行走、呼吸)的初级中枢控制机构。脊髓协调的节律运动的基本机制是通过产生节律运动的神经环路——中枢模式发生器(central pattern generators,CPGs)的作用来实现的。一个可能的行走模式发生环路的例子如图6-29所示。根据此示意图,行走运动的产生是由一个稳定的输入兴奋两个中间神经元所发起的,这两个中间神经元分别与控制屈肌和伸肌的运动神经元相联系。这两个中间神经元都能通过另一个抑制性的中间神经元的作用彼此抑制对方的活动。这样,通过脊髓的交叉伸肌反射环路,两侧肢体的运动就被协调起来,从而实现一侧的肢体的伸出和另一侧肢体的回缩同步进行。通过在脊髓腰段和颈段之间添加一些中间神经元环路联系,就可以解释伴随行走所产生的手臂摆动机制。在一系列重要实验中,Grillner证明激活一些脊髓中间神经元上的N-甲基-D-天门冬氨酸(N-methyl-D-aspartate,NMDA)受体就可以使这些中间神经元产生节律性的去极化反应,即这些脊髓中间神经元表现出具有内在起搏器样的活动。但是,脊椎动物中的起搏器神经元并非仅仅是负责产生节律性活动,它们实际上还包容在相互联系的神经环路之中,正是由于它们内在的起搏器性质和它们相互之间的突触联系这两个因素的结合才产生了节律性活动。

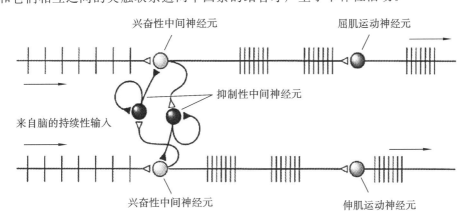

图6-29 中枢模式发生器示意图

六、脊髓休克

当脊髓与高位中枢断离时,脊髓暂时丧失反射活动的能力而进入无反应状态,这种现象称为脊髓休克,这种脊髓与高位中枢断离的动物被称为脊动物。脊髓休克时,会出现横断平面以下的脊髓节段支配的骨骼肌紧张性降低或消失、外周血管扩张、血压下降、出汗消失、膀胱内尿液充盈、直肠内粪便积聚等现象,表明脊动物躯体及内脏反射减退或消失。脊髓休克为一种暂时现象,随着时间的延续,上述各种反射可逐渐恢复。脊髓反射恢复的时间快慢与动物种类进化程度和反射的复杂程度密切相关。低等动物如蛙类在脊髓离断后数分钟内这些反射即可恢复,犬类需要数天,猴需要数周,而人类则需要数周以至数月。简单的、原始的反射恢复得最早,如屈肌反射、腱反射等;复杂的、高级的反射恢复得较晚,如对侧伸肌反射、搔爬反射等,而受高位中枢影响的部分反射只能进行部分恢复,如排尿、排便等。

脊髓休克的产生并不是由于横断刺激本身所引起的,因为在产生脊髓休克的动物恢复反射活动后,在断面下面再做一次脊髓横断,并不出现脊髓休克现象。这说明脊髓反射活动丧失的原因是由于离断的脊髓节段突然失去高位中枢的调节作用所致,特别是来自大脑皮层、前庭核和脑干网状结构的易化性影响。在正常情况下,这些部分通过其下行的纤维与脊髓神经元所构成的突触联系,使这些脊髓神经元保持一种阈下的兴奋状态,这种状态称为易化作用(facilitation)。由于脊髓横断,断面以下的脊髓神经元失去这种易化性影响,导致其兴奋性暂时性降低就表现为脊髓休克。而以后的脊髓反射活动的恢复则说明脊髓本身可以完成一些反射活动。脊髓反射活动丧失说明了脊髓反射活动受高位中枢的调控,而脊髓反射活动的恢复则说明了脊髓本身可以完成某些反射活动。

第三节　脑干对运动的调控

脑干是脊髓以上水平控制运动的重要中枢机构,所有运动控制的下行通路除皮层脊髓束外都起源于脑干。这些下行通路中最重要的结构有起源于脑干网状结构和前庭核的下行投射,它们在调控姿势反射和身体运动中都起着非常重要的作用。

一、脑干网状结构对运动的调控

(一) 脑干网状结构

脑干网状结构(reticular formation of brain stem,RF)是位于中脑、脑桥和延髓中央部的神经细胞和神经纤维集合,因呈网状,故称为脑干网状结构(图6-30)。脑干网状结构包括由许多大小不等的神经细胞密集形成的神经核团,这些神经核团的界限一般不很明确。其中,比较重要的运动控制核团有:位于延髓的巨细胞网状核和旁巨细胞网状核;位于脑桥尾端的脑桥网状核和脑桥嘴侧的脑桥网状核。另外,在结构上与脑干网状结构有密切联系的核团还有中缝核群及其纤维组成的下行抑制通路,其对脊髓交感神经节前神经元有抑制作用。近年来,一般也把中缝核群归入脑干网状结构。

脑干网状结构在功能上是神经系统的一个整合中枢,它一方面接受来自脊髓、小脑、基底神经节和大脑皮层等各级神经中枢的纤维投射,并对这些投射信息进行综合处理,另一方面它又将这些处理后的信息通过脑干的上、下行通路返回到脑和脊髓的各个部分,其作用涉及躯体运动的下行控制、感觉中继、上行激活以及自主神经活动控制等方面的功能。

(二) 脑干下行系统

1964年,荷兰神经科学家Henricus Kuypers等用神经解剖通路染色技术在去大脑动物上跟踪起源于脑干运动相关区域下行投射纤维,并根据术后所观察到的动物行为提出了功能和解剖相对应的脑干内侧和外侧运动控制下行系统的概念(图6-31)。脑干内侧下行系统包括网状脊髓束、前庭脊髓束、顶盖脊髓束等,该组通路在脊髓同侧的腹索内下行,终止于脊髓内侧的运动神经元和中间神经元。该系统的特点是终止末梢呈双侧性,多节段、辐射式支配,其主要功能是控制躯干和肢体近端肌肉的活动、协同完成姿势反射(翻正反射),调节视觉引导的肢体运动。损毁内侧下行系统可以影响动物抗引力肌和姿势控制肌的功能及肌肉的协同性,从而使动物不能产生翻正反射,但不影响肢体远端肌肉的功能。脑干外侧下行系统则包括皮质脊髓束和红核脊髓束,它们主要终止于脊髓灰质背外侧区。该系统的特点是集中支配少数脊髓节段,仅管理数目有限的神经元活动,其主要功能是控制对侧肢体远端肌肉的活动,特别是与精细运动有关的肌肉活动。损毁外侧下行系统可以引起肢体远端肌肉控制失调,但对由躯干和肢体近端肌肉所完成的姿势反射影响很小。

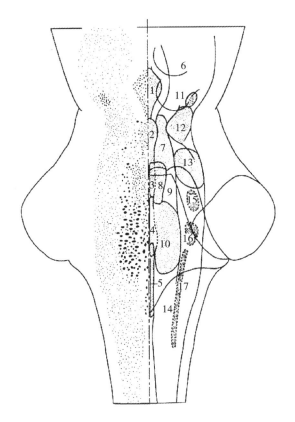

图 6-30 脑干网状结构(脑干被侧面观的半模式图)

正中组(中缝核群):1.中缝背核;2.上中央核;3.中缝脑桥核;4.中缝大核;5.中缝隐核
内侧组(内侧网状结构):6.楔形核和楔形下核;7.脑桥嘴侧网状核;8.脑桥被盖网状核;9.脑桥尾侧网状核;10.巨细胞网状核
外侧组(外侧网状结构):11.脚桥被盖网状核;12.臂旁外侧核;13.臂旁内侧核;14.延髓中央核
脑神经运动核:15.三叉神经运动核;16.面神经核;17.疑核

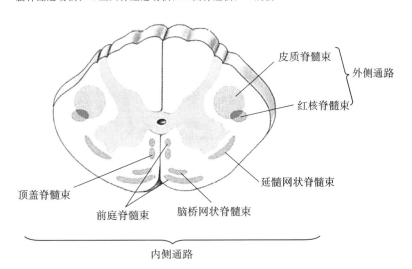

图 6-31 脑干下行系统

(三) 脑干网状结构对肌紧张的调节

肌紧张是维持身体姿势的基础。脑干内存在抑制和加强肌紧张的区域,并经其下行通路在调节肌紧张的过程中起重要作用。

电刺激脑干网状结构的不同区域,可观察到网状结构中存在加强或抑制肌紧张和肌肉运动的区域,分别称为易化区(facilitatory area)和抑制区(inhibitor area)(图6-32)。易化区范围较大,主要分布于广大的脑干中央区域,包括延髓网状结构的背外侧部分、脑桥的被盖、中脑的中央灰质及被盖,还包括脑干以外的下丘脑和丘脑中线核群等部位,其加强肌紧张的作用主要是通过发自易化区的网状脊髓束的下行纤维兴奋了脊髓前脚γ运动神经元,通过加强γ环路的活动,来加强肌紧张与肌肉运动。抑制区较小,位于延髓网状结构的腹内侧部分,其抑制肌紧张的作用主要是通过发自抑制区的网状脊髓束的下行纤维抑制了γ运动神经元的兴奋性,从而削弱γ环路的活动来实现的(图6-33)。一般来说,脑干网状结构抑制区本身无自发放电活动,而脑干网状结构易化区却存在持续的自发放电活动。因此,与抑制区相比,易化区的活动相对较强,在肌紧张的平衡调节中略占优势。此外,脑干其他结构中也存在调节肌紧张的区域或核团,如刺激大脑皮层运动区、纹状体、小脑前叶蚓部等部位,可引起肌紧张降低,而刺激前庭核、小脑前叶两侧部和后叶中间部等部位,可使肌紧张增强。这些区域或核团与脑干网状结构抑制区和易化区具有结构和功能上的联系,它们对肌紧张的影响可能是通过脑干网状结构内的抑制区和易化区的作用来完成的(图6-33)。脑干以外的抑制区不仅能通过加强网状结构抑制区的活动抑制肌紧张,而且也能抑制易化区的活动。

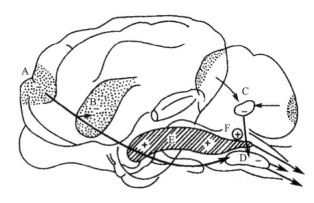

图 6-32 猫脑内与肌紧张调节有关的脑区及其下行路径示意图

-(下行抑制作用路径):脑干网状结构抑制区(D),发放下行冲动抑制脊髓牵张反射,该区接受来自大脑皮层(A)、基底节(B)和小脑(C)传来的冲动

+(下行易化作用路径):脑干网状结构易化区(E),发放下行冲动加强脊髓牵张反射;延髓前庭核(F),也有加强脊髓牵张反射的作用

二、前庭系统对躯体运动和姿势的调控

中枢前庭系统由前庭神经、脑干前庭核、前庭小脑、小脑-前庭纤维、前庭脊髓束等结构共同构成,是调控运动和姿势的一个重要中枢。在不同时空条件下,身体的状态、位置是在不断变化的。前庭器官(球囊、椭圆囊和半规管)位于内耳,能感受有关"躯体运动和头部空间位和方向"的信息,其纤维通过前庭神经直接终止于脑干的前庭核和小脑的前庭区(前庭小脑)。其传递的信息在脑干内经过整合处理以后,可以调节躯体运动,协调姿势反射,维持人体不同状态下的平衡(静态平衡、动态平衡)。另外,前庭系统还能够调节眼球运动。

(一)前庭核和前庭脊髓束

1. 前庭核(图6-34、图6-35) 由四个主核和一些小的细胞群组成,故称为前庭复合核(VNC)。前庭复合核包括前庭上核、前庭外侧核、前庭内侧核和前庭下核四个主核。在四个主核附近还有一些小的细胞群:①X细胞群是前庭降核的一部分;②Z细胞群位于前庭降核尾端、薄束核与楔束核之间,接受脊髓传入;③Y细胞群位于前庭外侧核和绳状体之间,接受前庭初级

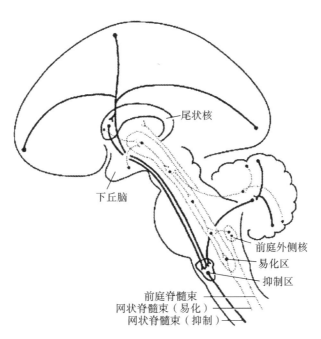

图 6-33 脑干网状结构易化区和抑制区的范围和纤维联系

传入和前庭小脑的投射。通常,投射于眼外肌运动核的前庭纤维来自前庭上核和前庭内侧核,而投射至脊髓的前庭纤维则来自前庭外侧核、前庭内侧核和前庭下核。

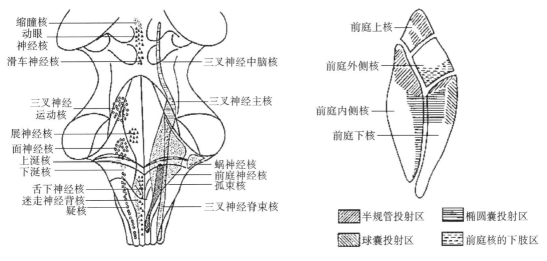

图 6-34　脑干神经核模式图(背面观)　　　图 6-35　前庭神经复合核示意图

2. 前庭脊髓束(vestibulo-spinaltract,VST)(图 6-36)　前庭脊髓束是前庭核至脊髓的下行投射。前庭脊髓束包括两组在结构和功能上有重要差异的下行投射,即外侧前庭脊髓束(LVST)和内侧前庭脊髓束(MVST)两部分。

(1) 外侧前庭脊髓束:起源于前庭外侧核,在脊髓前索内下行,其轴突不越过脊髓中线,终止于同侧脊髓板层第Ⅶ层、部分第Ⅷ层,少数纤维终止于第Ⅸ层。该束纵贯脊髓全长,在与脊髓之间的联系上具有明确的躯体定位关系。前庭外侧核上腹部投射至颈髓,下背侧部投射至腰髓、骶髓,中间段投射至胸髓。该束对脊髓前角伸肌运动神经元有很强的易化效应,对屈肌运动神经元有抑制效应。经此束刺激前庭器官可诱发姿势反射及去大脑僵直状态(α 僵直)。

(2) 内侧前庭脊髓束:起源于前庭内侧核和前庭下核,在脊髓内侧纵束下行,其轴突越过脊髓中线分布于脊髓两侧,终止部位同外侧前庭脊髓束。此束纤维较少,仅下达至胸髓,故只参与颈肌和上肢肌的前庭反射。内侧前庭脊髓束含有兴奋性和抑制性两种纤维,主要作用于脊髓支配体轴肌(颈部和背部肌肉)的运动神经元,产生同侧兴奋和双侧抑制作用。刺激该束可引起颈部伸肌和背部肌肉运动神经元的单突触抑制。

(二)中枢前庭系统在维持姿势平衡中的反馈性调节作用

当身体失去平衡时(如前后倾、左右倾),由前庭器官感觉传入引起的紧张性迷路反射和紧张性颈反射,可使身体恢复平衡。这种负反馈调节,是机体维持一定姿势和平衡的基本保证。平衡调节反应通常主要由三种感觉传入信息所引发:①前庭器官:感受并传入身体的倾斜方向与程度信息。②视觉器官:监测并传入人体与空间关系变化的信息。③肌肉、关节本体感受器和皮肤感受器:感受并传入相关关节肌肉的张力、长度以及足底皮肤剪切力变化的信息。中枢神经系统对这三种感觉传入进行整合的过程中,正是通过前庭眼球反射使眼与头颈运动协调起来,以便眼在运动中仍能看清目标;通过前庭脊髓反射使本体感觉系统与前庭系统得以共同控制肌肉和关节,才能维持姿势平衡。三种感觉传入信息在维持身体姿势平衡时相互影响,相互作用,如果其中一种感觉传入信息受损,其他两种感觉传入信息必须代偿才能维持平衡。

在维持姿势平衡的负反馈调节中,中枢前庭系统是主体,前庭脊髓反射(紧张性迷路反射)起着非常重要的作用:①半规管受刺激时,主要影响眼外肌和颈肌的活动,与此同时也可影响肢体肌肉的活动。肢体肌肉所受的影响与颈肌相似,其作用在于阻止身体向一侧倾倒。②椭圆囊斑和球囊斑受刺激引起的紧张性迷路反射,是因头部和躯体位置变化而改变了与空间的关系所致,前庭反射的作用是使头、颈、躯干、四肢恢复姿势平衡。

实验研究表明,当身体将要失去平衡时,大脑皮层和脑干网状结构能发挥前馈性调节作用预先调整姿势,使可预见的姿势不稳定得到改善。当然,前馈性调节不能完全满足体位和姿势稳定的全部要求,只有前馈性调节和负反馈调节结合起来,发挥各自的优势,才能使身体在静态和动态下,都能及时纠正可预见的和不可预见的姿势扰动,从而维持身体姿势平衡。

> **知识链接**
>
> #### 去大脑僵直
>
> 在麻醉动物的中脑上、下丘之间切断脑干,当麻醉药作用过去后,动物即表现为四肢伸直,坚硬如柱,头尾昂起,脊柱挺硬,呈角弓反张状态,这一现象称为去大脑僵直(图6-36)。
>
>
>
> 去大脑僵直是抗重力肌(伸肌)紧张性增强的表现。局部肌肉注射麻醉剂或切断相应的脊髓后根以消除肌梭的传入冲动,伸肌紧张性增强的现象便消失。说明去大脑僵直是在脊髓牵张反射的基础上发展起来的一种过强的牵张反射。去大脑僵直的发生机制是由于在中脑水平切断脑干后中断了大脑皮层、纹状体等部位与脑干网状结构之间的功能联系,造成抑制区和易化区之间的活动失衡,
>
> **图6-36 猫去大脑僵直示意图**
>
> 使抑制区的活动大为减弱,而易化区的活动明显占优势的结果。
>
> 人类也可出现类似现象,当蝶鞍上囊肿引起皮层与皮层下结构失去联系时,可出现明显的下肢伸肌僵直及上肢的半屈状态,称为去皮层僵直,这也是抗重力肌紧张性增强的表现。人类在患中脑疾病时可出现去大脑僵直现象,表现为头后仰,上下肢均僵硬伸直,上肢内旋,手指屈曲(图6-37)。出现去大脑僵直往往提示病变已严重侵犯脑干,是预后不良的信号。

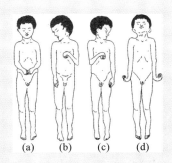

图 6-37　人类去皮层僵直与去大脑僵直
(a)(b)(c)去皮层僵直;(a)仰卧,头部姿势正常时,上肢半屈;
(b)(c)转动头部时的上肢姿势;(d)去大脑僵直

从牵张反射的原理去分析,去大脑僵直有 γ 僵直和 α 僵直两种类型。前者是由于高位中枢的下行作用通常首先提高脊髓 γ 运动神经元的兴奋性,使肌梭的敏感性提高,传入冲动增多,转而使 α 运动神经元兴奋,导致肌紧张增强而出现僵直,故这种僵直称为 γ 僵直。后者是由于高位中枢的下行作用也可直接作用于脊髓前角 α 运动神经元,或通过脊髓中间神经元间接作用于 α 运动神经元,提高其兴奋性,引起肌紧张加强而出现的僵直,这种僵直称为 α 僵直。

实验证明,切断中脑上、下丘处造成去大脑僵直后,若切断动物腰骶部后根以消除肌梭传入冲动对中枢的作用后,可使后肢僵直消失,说明经典的去大脑直属于 γ 僵直。如果在上述发生 γ 僵直的动物切断后根以消除相应节段僵直的基础上,再进一步切除小脑前叶,可使僵直再次出现,这种僵直就属于 α 僵直,因为此时的脊髓后根已被切断,故 γ 僵直不可能发生。若再进一步切断第Ⅷ对脑神经,以消除从内耳半规管和前庭传到前庭核的冲动,则上述 α 僵直消失,可见,α 僵直主要是通过前庭脊髓束实现的(图 6-38)。而 γ 僵直主要是通过网状脊髓束而实现的,因为当刺激完整动物的网状结构易化区时,肌梭的传入冲动增加,由于肌梭传入冲动的增加可反映梭内肌纤维的收缩加强,因此认为,当易化区活动增强时,下行冲动首先改变 γ 运动神经元的活动(图 6-38)。

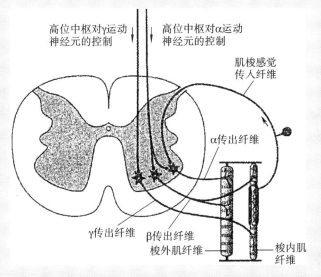

图 6-38　高位中枢对骨骼肌运动控制的模式图

三、脑干水平的姿势反射

姿势是指机体的头、颈、躯干和四肢的相对位置及其在空间的朝向。身体的平衡和不同状态下正常姿势的维持，是依靠中枢神经系统整合各种感受器（平衡觉、视觉、本体感觉和皮肤感觉）的传入冲动，反射性地调节肌肉张力或引起相应的运动来实现的，这类反射活动称为姿势反射（postural reflex）。不同的姿势反射与不同的中枢水平相关联，由脑干整合而完成的姿势反射主要有状态反射、翻正反射和平衡反应等。

（一）状态反射

状态反射（attitudinal reflex）是指头部与躯干的相对位改变以及头部在空间的位改变，引起躯体肌肉紧张性改变的反射活动。前者称为紧张性颈反射，后者称为紧张性迷路反射。状态反射是在低位脑干整合下完成的，但在完整动物中处于高位中枢的控制下，状态反射不易表现出来，只在去大脑动物中才明显可见。

1. 紧张性颈反射（tonic neck reflex） 紧张性颈反射是指由于头部扭转刺激了颈部肌肉、关节或韧带的本体感受器后，对四肢肌肉紧张性的反射性调节。实验发现，将去大脑动物的头向一侧扭转时，头转向侧的肢体伸肌紧张性增强，而对侧肢体伸肌紧张性减弱（非对称性紧张性颈反射）；头后仰时，前肢伸肌紧张性增强，后肢伸肌紧张性减弱；头前倾时，后肢伸肌紧张性增强，前肢伸肌紧张性减弱（对称性紧张性颈反射）。该反射对于维持动物身体一定的姿势起重要作用。

2. 紧张性迷路反射（tonic labyrinthine reflex） 紧张性迷路反射是指内耳迷路耳石器官（椭圆囊、球囊）的传入冲动对躯体伸肌紧张性的反射性调节。该反射是由于头在空间位置改变时，耳石器官因重力影响所受的刺激不同引起的，其反射中枢主要是前庭核。如动物仰卧时，耳石感受细胞受到的刺激最大，四肢伸肌紧张性最高；俯卧时，耳石感受细胞受到的刺激最弱，则伸肌紧张性最低。

（二）翻正反射

能保持直立姿势的正常动物，在被推倒后可以翻正过来，这种反射称为翻正反射（righting reflex）。中脑动物可以保持接近正常的站立状态，而且在被推倒后可以自行翻正。翻正动作中所包括的一系列反射活动，是由迷路感受器以及体轴（主要是颈项）深浅感受器发出的传入信息，在中脑水平的整合作用下而完成的。最初是由于头在空间的位置不正常，使迷路耳石器官受刺激，从而引起头部翻正；头部翻正以后引起头和躯干的相对位置不正常，从而刺激颈部的本体感受器，导致躯干的位置也发生翻正。在完整动物，由于视觉可以感知身体位置的不正常，因此，翻正反射主要是由视觉传入信息引起的，在人类尤其如此。常见的翻正反射如下。

1. 迷路翻正反射 头部位置不正常时重力刺激了前庭的耳石器官，信息传入中脑，经整合后反射地使头自动保持直立位的反射称为迷路翻正反射（labyrinthine righting reflex）。

2. 视觉翻正反射 眼感受了周围环境中有关水平和方向的视觉刺激后，信息传入脑干，经脑干调节后再经大脑皮质整合后反射地使头保持于直立位置的反射称为视觉翻正反射（optical righting reflex）。这种反射与其他正反射不同，不仅由脑干调节，而且有大脑皮质参与整合。

3. 颈翻正反射 若头转向一侧而使头与躯干的位置关系不正时（双耳连线与双肩连线不再平行），颈部的关节韧带肌肉受到牵拉，来自肌梭的本体感觉传入中脑，经过整合后反射作用于躯体，使躯体像一根圆木似的整个转向头所取向的一侧，使双肩连线与双耳连线恢复平行，这种反射称为颈翻正反射（neck righting reflex）。

4. 躯体翻正反射 侧卧时身体下方受压，皮肤的外感受器接受压力刺激后引起皮肤梭内肌运动反射，经中脑整合后，使头抬起转向直立位，受压侧肢体伸直，未受压侧肢体和躯干屈曲，这就是躯体翻正反射（body righting reflex）。躯体作用于头部的翻正反射（body-on-head righting reflex)是当躯体的某一部分触及支持表面时头抬起并转向直立位。躯体的翻正反射(body-on-body righting reflex)是指将小儿头转向一侧时,先是肩转向同侧,后是骨盆也转向同侧,使头、肩、髋恢复到正常位置排列的反射。

(三) 平衡反应

平衡反应(equilibrium reaction)也是一种自动反射,使身体在各种活动,特别是在有摔倒危险时维护和恢复平衡。身体不平衡而要保持重心在支撑面内时需做连续的姿势调整。平衡反应与翻正反射相交叠,包括了翻正反射的模式,如控制头部、旋转躯干与骨盆、上肢伸展的保护性反应。这种反应称上肢伸展防护反应或降落伞反应(parachute reaction)。

四、脑干对眼肌运动的调控

眼球的运动不仅与正常的视知觉有密切关系,而且参与机体姿势平衡的调节。研究表明,脑干网状结构和前庭核有关结构与控制眼球运动有密切关系。经典的前庭-眼反射(vestibule-ocularreflex, VOR)通路是由内耳前庭器官、前庭神经至前庭核,再由内侧纵束至眼外肌运动神经核和颈肌运动神经元而完成的,此反射能产生生理性的眼球震颤,能使眼与头颈运动协调起来,以便眼在运动中仍能看清目标。近年来陆续发现有关VOR的间接通路,如刺激旁正中脑桥网状结构(paramedian pontine reticula formation, PPRF)可产生眼球运动。

五、脑干对节律性运动的调控

行走、奔跑、呼吸、咀嚼等节律性运动,主要是由脑干和脊髓的神经元网络控制的。目前已知在中脑下丘和结合臂之间有一个控制运动的中脑运动区(mesencephalic locomotor region, MLR)。MLR接受来自感觉皮层、边缘系统和基底节的传入并与脑桥和延髓网状结构有着广泛的下行联系,通过后者与脊髓所有平面的灰质细胞形成突触联系,组成中脑运动区-网状脊髓系统(MLR-RSS)。目前已知MLR-RSS在运动控制中的作用是参与对中枢模式发生器(CPGs)控制,协助决定在踏步过程中有关肌群的收缩力水平。实验表明,当电刺激动物MLR时,可引起行走运动,而且行走速度随刺激强度的增强而加快,并继而转为小跑,乃至快跑。MLR的下行指令,经MLR-RSS沿脊髓外侧索下行激活CPGs,再由CPGs将下行通路的紧张性放电转变为运动神经元节律性放电,从而产生节律性行走运动。MLR RSS的活动又受大脑皮层运动区的意向性指令的控制,因而行走运动可以随意地发动和终止。

第四节 小脑对运动的调节

小脑是一个非常重要的皮层下躯体运动调节中枢,其主要作用是维持躯体平衡、调节肌肉张力和协调随意运动。小脑并不直接发起运动和指挥肌肉的活动,而是通过对其他中枢神经结构的调节作用间接地参与运动控制,配合大脑皮层完成机体的运动功能。因此,小脑损伤以后所出现的症状与大脑运动皮层损伤后所表现出来的现象显著不同,而且即便是切除全部小脑也不妨碍随意运动的发起和执行,但运动却变得缓慢、笨拙和不协调。小脑的另一个与运动有关的重要功能是其在技巧性运动的获得和建立过程中所发挥的运动学习(motor learning)作用。

一、小脑的结构和分部

小脑由外层的灰质(皮层)、内部的白质和位于白质中心的三对小脑深核组成。小脑深核包括顶核、间位核和齿状核。在人类,间位核分化成球状核和栓状核。

小脑表面有大量相互平行的横向窄沟,这些沟将小脑分成若干个小叶(图6-39)。在这些横向的窄沟中有两条最深的窄沟,称为原裂和后外侧裂。原裂和后外侧裂将小脑从前向后分成三个主要的叶——前叶、后叶和绒球小结叶。另外,小脑体表面中线两侧有两条纵向的浅沟,也可以根据这两条纵向的浅沟将小脑体纵向分为三个区,即内侧区、中间区和外侧区。这两条纵向浅沟之间的纵行细条称为内侧区(又称小脑蚓部),小脑蚓部两侧即小脑半球,小脑半球与小脑蚓部相邻的部分称为中间区,而小脑半球的其余部分被称为外侧区。

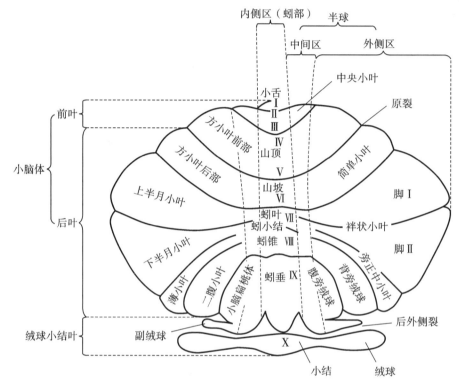

图6-39 小脑的分部示意图

内侧区(小脑蚓部)皮层的浦肯野细胞主要投射到小脑顶核,部分投射到前庭外侧核;中间区(蚓旁部)和外侧区的浦肯野细胞则分别投射到间位核和齿状核;小脑体之外的绒球小结叶的浦肯野细胞投射到脑干的前庭核(图6-40)。一般来说,小脑内侧区经顶核与内侧下行系统相连接,控制了躯体近端(体轴)肌肉装置的活动;中间区经间位核连接外侧下行系统,主要调节躯体远端(肢体)肌肉的活动;外侧区通过齿状核与大脑皮层运动区和运动前区相联系,参与随意运动的计划和编程。

二、小脑皮层神经元网络及其信息整合功能

与大脑皮层相比,小脑皮层的结构和神经元环路的组成相对简单。整个小脑皮层由表及里依次分为分子层、浦肯野细胞层和颗粒层三层结构,在这三层结构中,还包含有苔状纤维、爬行纤维(又称攀缘纤维)和胺能纤维三类传入纤维,以及浦肯野细胞、颗粒细胞、篮状细胞、星状细胞和高尔基细胞五种神经元。浦肯野细胞是一个抑制性神经元(释放的递质为GABA),其轴突构成小脑皮层唯一的传出路径,对其所支配的小脑深核神经元和前庭核神经元发挥强烈的抑制作用。其余的四种神经元都是小脑皮层神经元环路中的局部中间神经元。其中颗粒细胞是小脑皮层中唯一的兴奋性神经元(释放的递质为Glu),而篮状细胞、星状细胞和高尔基细胞等均为抑制性神经元(释放的递质为GABA)。大多数苔状纤维和爬行纤维都是兴奋性传入纤维,对颗粒细胞和

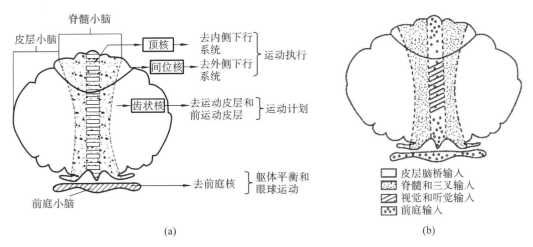

图 6-40 小脑传入、传出联系和功能分部示意图

(a) 小脑的传出；(b) 小脑的传入

浦肯野细胞都发挥兴奋作用（递质是兴奋性氨基酸）。从图 6-41 可见，小脑的传入纤维和局部中间神经元以浦肯野细胞为核心，构成了小脑皮层感觉运动整合功能的基本神经元环路，以实现小脑对感觉和运动功能的整合。

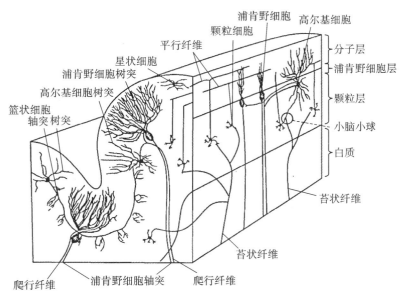

图 6-41 小脑的组织结构及神经元间的相互关系示意图

（一）小脑皮层的两个结构和功能各不相同的传入系统

苔状纤维和爬行纤维是进入小脑的主要传入纤维，它们支配小脑皮层和小脑深核的神经元，特别是影响到小脑皮层浦肯野细胞的活动。苔状纤维和爬行纤维两者之间在起源上、分布上以及与小脑皮层浦肯野细胞形成的突触方面都有明确的差异，提示这两种纤维向小脑传递了不同的信息，它们在小脑的功能活动中起着不同的作用（表 6-1）。

1. 苔状纤维 起源于中枢神经系统的许多部位，如脊髓、前庭核和脑干中的一些中继核团（桥核、外侧网状核、三叉神经核等），并以苔状纤维末梢终止于颗粒层，与之形成兴奋性突触联系。颗粒细胞轴突上行到分子层后分叉并沿小脑叶片的长轴方向向两侧伸展，形成平行纤维。平行纤维穿行于一个个浦肯野细胞的扇状树突丛中，与浦肯野细胞树突远端的末梢形成兴奋性突触。据估算，一根苔状纤维可与 400~600 个颗粒细胞接触，每根平行纤维又可联系 250~750

个浦肯野细胞;而对每个浦肯野细胞来说,则可接受大约 20 万根平行纤维的输入。在这里既有发散,又有会聚,结果是一根苔状纤维的传入可以影响一片范围相当大的小脑皮层的活动,而要引起一个浦肯野细胞的兴奋,则需要相当多的平行纤维传入,通过时间和空间总和作用以形成一个足够大的简单锋电位(simple spike)。

2. **爬行纤维** 仅起源于延髓的下橄榄核,它们上升到分子层后失去髓鞘,并形成数根纤细的扇样分支缠绕到浦肯野细胞的胞体和树突上。每一根爬行纤维可联系 1~10 个浦肯野细胞,而每个浦肯野细胞只接受一根爬行纤维的传入。爬行纤维的分支沿着浦肯野细胞的树突爬行而上并与之形成多个突触。这种独特的突触连接形式使得爬行纤维与浦肯野细胞间的突触成为神经系统中最强有力的兴奋性突触之一。因此,一次爬行纤维的传入即可引起浦肯野细胞一个足够大的复杂锋电位(complex spike),从而使浦肯野细胞产生一次全或无的兴奋。

表 6-1 苔状纤维传入系统和爬行纤维传入系统的比较

传入系统	苔状纤维传入系统	爬行纤维传入系统
发源部位	脊髓、前庭核和脑干中的一些中继核团 (桥核、外侧网状核、三叉神经核)	延髓的下橄榄核
系统构成	苔状纤维-颗粒细胞-平行纤维-浦肯野细胞 (投射广泛,每个浦肯野细胞可接受大约 20 万根平行纤维的输入)	爬行纤维-浦肯野细胞 (投射局限,与 1~10 个浦肯野细胞联系)
在浦肯野细胞上发生的突触反应	等级小的 EPSP,需总和才能产生足够大的电动势	一次传入即可产生足够大的 EPSP,导致全或无的兴奋
在浦肯野细胞上发生的主动反应	简单锋电位	复杂锋电位
传至小脑皮层的潜伏期	短	长

苔状纤维和爬行纤维彼此之间的明确的形态学差异,提示两种纤维将向小脑传递不同的信息,它们在小脑的功能活动中起着不同的作用。起源于脊髓、前庭核和脑干中的一些中继核团(桥核、外侧网状核、三叉神经核等)的苔状纤维向浦肯野细胞适时地提供外周本体和皮肤感觉的强度和时间编码信息,直接参与了运动的控制;但是起源于延髓的下橄榄核的爬行纤维的传入信息,却不能反映运动和感觉刺激的强度和时间特征,因而没有直接参加运动的控制。目前认为,爬行纤维在小脑感觉运动整合过程中,具有三个方面的作用:①爬行纤维向小脑提供运动执行过程中的误差信息(即运动执行中偏离了预定的轨道),改变小脑皮层的输出,并通过小脑深核对脊髓下行系统的作用而最终改变进行中的运动行为;②爬行纤维传入的信息使浦肯野细胞产生一种复杂锋电位,可导致平行纤维-浦肯野细胞突触传递效应产生长时程抑制(LTD),而长时程抑制(LTD)则被认为是小脑参与运动学习的神经基础;③爬行纤维的传入使得下橄榄核-小脑系统可能作为一个中枢时钟样机构对肌肉的舒缩活动或运动起到定时作用。

(二) 胺能纤维传入系统广泛地调节小脑皮层的活动

除了苔状纤维和爬行纤维之外,荧光组织化学研究揭示小脑皮层还接受来自脑干中缝核群的 5-HT 能纤维和蓝斑核的 NA 能纤维直接传入投射,这两类纤维构成了小脑的胺能纤维传入系统(aminergic cerebellar afferent system)。这些胺能传入纤维有着与苔状纤维和爬行纤维不同的形态学特征,它们中的一些与浦肯野细胞形成突触联系,也有一些是弥散地分布在小脑皮层之中。并且,在这些游离的胺能纤维末梢上有曲张体结构存在,而胺能传入纤维的信息传递可能包括突触性化学传递和非突触性化学传递两种机制。刺激中缝核和蓝斑核,或向小脑皮层微电泳注入 5-HT 和 NA 均可调制浦肯野细胞的自发放电活动。另外,刺激蓝斑核可以加强浦肯野细胞对苔状纤维和爬行纤维传入的反应,而刺激中缝核则抑制浦肯野细胞对苔状纤维和爬行纤维传入的反应。近年来的一些临床神经学研究揭示,小脑 5-HT 代谢紊乱的患者出现共济失调症状,用 5-HT 前体治疗可以成功地改善患者的病症,提示胺能传入纤维在小脑传入活动中有重要作用。根据它们与苔状纤维和爬行纤维显著不同的形态学和化学特征,目前认为胺能纤维传入系统可能并不承担向小脑传递某种特异神经信息的任务,它们的作用可能是通过纤维末梢所释放的 5-HT 和 NA 以神经调质的作用方式对浦肯野细胞和其他小脑皮层神经元的膜电位和基础放电水平起精细的调节作用,影响浦肯野细胞对苔状纤维和爬行纤维传入的反应敏感性,从而广泛地调节小脑皮层的机能活动。

(三) 下橄榄核-小脑系统对肌肉运动起定时作用

下橄榄核神经具有自我激活的特性,神经元的兴奋又可通过树突上的缝隙连接进行电偶合性传递,因而许多下橄榄核神经,可以做同步的节律性放电活动。这种同步的节律性放电活动,可以通过爬行纤维传入小脑皮层,经浦肯野细胞向小脑深核神经元传递,使小脑深核神经元也发生同步的节律性放电活动,从而使得下橄榄核-小脑系统可能作为一个中枢时钟样机构(central clock-like device)对肌肉的舒缩活动或运动起到定时(timing)作用。

(四) 抑制性的局部中间神经元调制浦肯野细胞的活动

浦肯野细胞的活动受到篮状细胞、星状细胞和高尔基细胞三种抑制性的局部中间神经元的调制。篮状细胞和星状细胞接受平行纤维的兴奋性传入,它们的轴突向平行纤维两侧展开,分别与位于平行纤维两侧的浦肯野细胞轴突的起始段和树突形成抑制性突触联系。篮状细胞和星状细胞的这种周围抑制功能,使得浦肯野细胞对经"苔状纤维-颗粒细胞-平行纤维传入"所激起的兴奋反应在空间上局限起来,被称为空间聚焦作用(spatial focusing)。

高尔基细胞也接受平行纤维的兴奋性传入,但它抑制的是颗粒细胞,通过减弱或去除"颗粒细胞-平行纤维"对浦肯野细胞的兴奋性传入,限制浦肯野细胞的进一步激活,起着时间聚焦作用(temporal focusing)。显然,这些抑制性的局部中间神经元对小脑皮层兴奋状态的空间和时间聚焦作用,对于肌肉运动在空间和时间上的协调具有重要意义。

(五) 小脑皮层神经网络的信息整合功能

浦肯野细胞是小脑皮层唯一的传出神经元,因而它的放电活动或其轴突上传导的动作电位,就代表了小脑皮层神经元环路对于"经苔状纤维和爬行纤维到达小脑皮层"的各种传入信息整合处理后的结果,亦即代表了小脑皮层的输出。苔状纤维和爬行纤维在进入小脑之后,首先发出侧支到达小脑深核,并以它们的兴奋性作用激活深核神经元,构成了小脑感觉运动整合活动的初级环路。初级小脑环路的输出活动也可因浦肯野细胞对小脑深核神经元的强烈抑制性作用而被调制。而浦肯野细胞本身也接受苔状纤维和爬行纤维的兴奋性传入,有的活动还受到小脑皮层中的篮状细胞等抑制性局部中间神经元的调制。

综上所述,小脑信息整合的过程是:传入小脑皮层的全部信息被小脑皮层神经网络整合成为浦肯野细胞的抑制性输出信息,通过浦肯野细胞对小脑深核神经元的紧张性放电活动进行"抑制性的雕刻作用",从而将小脑深核神经元的紧张性放电活动调制成特定型式的动作电位序列,再经小脑深核神经元轴突,将小脑的传出信息传输到中枢其他运动结构(如大脑皮层和脑干的运动核团),改变这些脑区或核团神经元的活动,间接地调制骨骼肌的收缩活动,从而实现对运动的调节功能。

应当指出,小脑深核既接受来自小脑的苔状纤维和爬行纤维的兴奋传入,也接受来自小脑皮层浦肯野细胞的抑制性传入,这些不同来源和不同性质的传入在小脑深核细胞的会聚,说明在小脑深核中有复杂的突触整合活动发生,因而不能简单地把小脑深核视为小脑皮层输出信号的中转站。实际上,小脑深核与小脑皮层一道,共同完成了小脑所承担的各项功能活动。

三、小脑对躯体运动的调控

小脑的结构和分区与小脑的种系发生密切相关。小脑的绒球小结叶在进化上出现最早,构成古小脑,因其纤维联系及功能与脑干前庭核密切相关,故又称前庭小脑。小脑体内侧区和中间区在进化上出现较晚,共同组成旧小脑,因主要接受来自脊髓的信息,又称脊髓小脑。小脑体的外侧区在进化中出现最晚,构成新小脑,因其与大脑皮质同步发展,而且与大脑皮质构成纤维联系环路,因此,又称皮层小脑。小脑的传入、传出联系和功能分部见表6-2。

表6-2 小脑的主要传入、传出联系和功能分部

功能分区	解剖分区	传入起源	深部核团	传出终点	功能
前庭小脑	绒球小结叶	前庭	外侧前庭核	内侧下行系统、躯体肌运动神经元	调节姿势平衡、前庭反射
脊髓小脑	小脑半球内侧区(蚓部)	前庭、脊髓(肢体近端、面部)、视觉、听觉	顶核	内侧下行系统、前庭核、网状结构、运动皮层的躯干和近端肢体代表区	参与躯干与近端肢体的运动控制和运动的适时管理
脊髓小脑	小脑半球中间区	脊髓(肢体远端)	间位核	外侧下行系统、红核大细胞部、运动皮层的远端肢体代表区	参与远端肢体的运动控制和运动的适时管理
皮层小脑	小脑半球外侧区	大脑皮层	齿状核	整合区、红核小细胞部、运动皮层的远端肢体代表区、前运动皮层	参与运动的发起、计划和定时

(一)前庭小脑控制躯体平衡和眼球运动

前庭小脑(vestibulocerebellum)主要接受同侧前庭神经初级平衡觉纤维和前庭神经核经小脑下脚的传入纤维。其传出纤维经顶核中继或直接经小脑下脚终止于同侧前庭神经核和网状结构,之后发出前庭脊髓束和内侧纵束至脊髓前角运动细胞和脑干的眼外肌运动核(图6-42)。前庭小脑的主要作用是维持身体平衡和协调眼球运动。

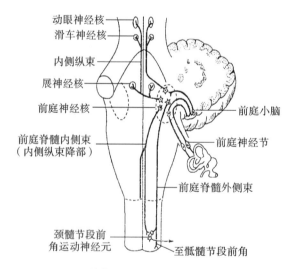

图6-42 前庭小脑的主要传出传入示意图

1. 维持身体平衡 前庭小脑主要由小脑体之外的绒球小结叶构成。绒球小结叶直接与脑干前庭核发生连接,靠近绒球小结叶的蚓垂等处也接受前庭系统的传入。因此,前庭小脑维持平衡的功能,与前庭器官和前庭核的活动有密切关系。初级前庭传入纤维起自两侧半规管和耳石

器官,是小脑所有传入纤维中唯一不经中转而直接到达小脑皮层的周围神经节纤维,次级前庭传入纤维则起源于前庭核的间接投射。这些前庭传入纤维向小脑传递了头部位置变化和头部相对于重力作用方向的信息。前庭小脑通过对前庭核的作用,经前庭脊髓束影响脊髓中支配体轴肌的运动神经元的兴奋性活动,进而控制了体轴肌的收缩活动,对躯体平衡的维持发挥重要作用。其反射途径主要是:前庭器官-前庭核-绒球小结叶-前庭核-脊髓运动神经元-肌肉装置。绒球小结叶的病变或损伤,将导致明显的躯体平衡功能的障碍,患者出现倾倒、共济失调步态和代偿性的宽基步(站立时两脚之间的距离增宽)等症状,但随意运动的协调功能一般不受影响。

2. 调节眼球运动 前庭小脑也接受经脑桥核转接的外侧膝状体、上丘和纹状皮层等处的视觉传入信息,调节眼外肌的活动,控制眼球的运动,协调头部运动时眼球为保持视像而进行的凝视运动。切除绒球小结叶的动物,当头部固定于某一特定位置时会出现眼震颤,称为位置性眼震颤,提示前庭小脑也参与了调节眼球运动。

3. 参与运动的视觉监视 前庭小脑不但接受与管理眼球运动或追踪视像有关的脑区的苔状纤维的输入,而且接受被视网膜刺激的爬行纤维的输入。因此,前庭小脑还参与运动的视觉监视。

(二)脊髓小脑对肌紧张和随意运动的调控

脊髓小脑(spinocerebellum)纵贯小脑的前叶和后叶的中间带,包括内侧区和中间区两个纵区。躯体感觉信息经直接和间接的"脊髓小脑通路"到达脊髓小脑,所有躯体传入投射均具有小脑皮层定位特征,脊髓小脑的传出内侧区经顶核、中间区经间位核到达脑干和运动皮层,分别控制了起源于脑干和大脑皮层的内侧和外侧下行系统,从而对进行中的肢体运动起重要的适时调节作用(图6-43)。总体来说,小脑前叶的功能是调节肌紧张,小脑后叶中间带的功能主要是协调随意运动,但后者也有调节肌紧张的作用。

1. 调节肌紧张 小脑前叶主要接受来自肌肉、关节等本体感受器的传入冲动,也接受视、听觉与前庭的传入信息;其传出冲动分别通过网状脊髓束、前庭脊髓束以及腹侧皮层脊束的下行系统,调节脊髓α运动神经元和(或)γ运动神经元的活动,转而调节肌紧张。

在生物进化过程中,小脑前叶对肌紧张的抑制作用逐渐减弱,而易化肌紧张的作用逐渐占优势,人类小脑前叶对肌紧张的调节作用以易化为主,因此,此部位损伤时仅表现为肌紧张降低。小脑后叶中间带对双侧肌紧张均有加强作用,该部小脑损伤后,可出现肌张力减退或肌无力现象。

2. 协调随意运动 协调随意运动是小脑后叶中间带的重要功能。当皮层运动区向脊髓发出运动指令时,一方面,大脑皮层可通过皮层脊髓束的侧支(皮层-脑桥-小脑束、皮层-网状结构-小脑束和皮层-橄榄-小脑束)将运动信息反馈到小脑后叶中间带,另一方面,此部位也接受来自由随意运动所引起的肌肉与关节等本体感受器(经脊髓小脑束)传入的反映运动执行情况的反馈信息。两种信息在此部位进行比较和整合之后,将整合结果通过红核、丘脑腹外侧核等反馈环路返回皮层运动区,调整皮层脊髓束的下行冲动,纠正运动执行过程中的运动指令与实际运动执行情况的偏差,以保持躯体运动的协调、准确和稳定。例如,当用手指准确地触及某一预定目标时,这种在运动中矫正运动的功能将起重要作用。当小脑后叶中间带受到损伤时,因其不能有效地利用外周反馈信息来协调躯体运动,可出现随意运动协调的障碍,出现小脑性共济失调,表现为步态不稳、动作笨拙、指物不准确和震颤等现象。

(三)皮层小脑参与随意运动的计划和编程

皮层小脑(cerebrocerebellum)是指小脑后叶的外侧部,它可接受来自大脑皮层感觉区、运动区、运动前区、联络区等广大区域传来的信息,这些区域的传入纤维均经脑桥核中介,转而投射到对侧的小脑后叶外侧部,其传出纤维经齿状核、丘脑腹外侧核,回到大脑皮层运动区和运动前区

(图6-44)。

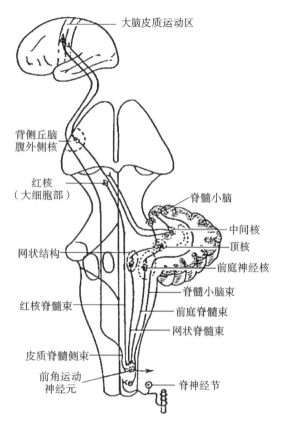

图6-43 脊髓小脑的主要传出传入示意图　　图6-44 皮层小脑的主要传出传入示意图

近年来的研究表明,运动时齿状核中的细胞先于初级运动皮层细胞发生兴奋,之后是间位核的活动以及肌肉的收缩。可见,齿状核与运动的计划、组织有关。可以认为运动计划的信息从联合运动皮层传向小脑外侧部,在此信息得到处理,并经齿状核送回初级运动皮层,而后初级运动皮层发出指令,引起肌肉运动,即皮层小脑与大脑皮层之间的联合活动与随意运动的计划及程序编制有关。

随意运动的产生包括运动的计划和程序的编制,以及运动程序的执行两个阶段(图6-45)。小脑和基底神经节是从大脑皮层到脊髓的运动信息流主要通道上的两个重要环节,参与了随意运动的发起和管理。就小脑而言,皮层小脑和脊髓小脑是以两个相对独立的功能部分,在运动的不同阶段发挥它们各自的作用的。如前所述,脊髓小脑利用感觉反馈信息对随意运动进行适时的管理,而皮层小脑则参与随意运动的计划和程序的编制,它与基底神经节一道接受并处理来自感觉联络皮层的运动意念信息,编制运动指令,并将生成的运动指令交给前运动皮层和运动皮层去执行。

四、小脑参与运动学习

运动学习(motor learning)是指在感觉刺激信号的作用下,运动系统中的神经环路的活动发生变化,从而使得机体能够做某种新的运动反应或行为活动。研究发现,小脑除了维持躯体平衡、调节肌肉张力和协调随意运动的运动调节功能以外,还参与了运动的学习,而长时程抑制(LTD)则可能是小脑运动学习功能的神经基础。

现已明确,LTD的本质是介导平行纤维-浦肯野细胞突触兴奋性传递的AMPA受体对突触前末梢所释放的递质谷氨酸的长时程失敏(desensitization)。LTD的发生机制大致是:在爬行纤

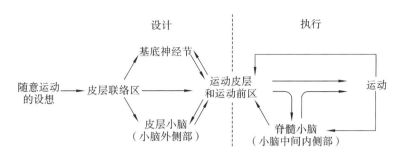

图 6-45 高位中枢在产生和调节随意运动中的作用示意图

维传入引起浦肯野细胞的复杂锋电位发放期间，有大的 Ca^{2+} 经电压敏感性 Ca^{2+} 通道进入浦肯野细胞的树突，浦肯野细胞树突内积聚的高浓度 Ca^{2+}，进一步触发细胞内 NO-cGMP 信息转导系统的活动，终使浦肯野细胞树突棘膜上的 AMPA 受体失敏，从而导致了平行纤维-浦肯野细胞突触传递效率的下降。

精巧运动的学习和熟练过程与大脑和小脑的密切联系相关。开始学习阶段，大脑皮层通过皮层脊髓系统所发动的运动是不协调的。在学习过程中，大脑和小脑不断地进行联系活动，同时，小脑不断地接受感觉传入信息，通过 LTD 逐步修正运动过程中所发生的偏差，使运动逐步协调起来。在这个过程中，小脑参与运动计划的设计和运动新程序的编制。精巧运动熟练后，则整套的运动程序(信息软件)便储存在小脑中。当大脑皮层发动精巧运动时，首先通过下行通路从小脑中提取储存的运动程序，并将该程序回输到大脑皮层运动区，由皮层脊束执行新运动程序，使运动快速、协调而精巧。

第五节　基底神经节对运动的调节

基底神经节(basal ganglion)是从端脑衍生的一些皮层下神经核团的总称，位于两个大脑半球的深部(图 6-46)。目前对基底神经节的组成有两种描述方式，一种是依据解剖位置从形态学上认为基底神经节包括尾状核、豆状核(由壳核和苍白球组成)、屏状核和杏仁体，位于靠近端脑底部的白质内。其中尾状核、豆状核与机体的运动调控有关，屏状核的功能目前尚不清楚，杏仁体则属于边缘系统的一部分。另一种则是从功能上认为基底神经节包括尾状核、豆状核以及与运动功能密切相关的底丘脑核和中脑的黑质。后一描述方式中的底丘脑核、黑质虽然在解剖学分类中不属于端脑的结构，但与尾状核及豆状核具有密切的纤维和功能联系，它们任何一个核团的病变或损伤都将导致某种形式的运动障碍，从这一角度来讲，后一种描述方式更为合理(图 6-47)。

基底神经节与大脑皮质、丘脑、脑干和小脑等部位的神经核团存在广泛的纤维联系，其主要的生理功能包括：与躯体感觉运动区、运动前区和辅助运动区的回路联系参与躯体的运动调控；与端脑背外侧前额皮质等的回路联系参与认知功能；与端脑眶及内侧前额皮质、扣带回前部、内嗅区、杏仁核、海马等联系参与和情感有关的行为反应以及学习记忆的功能调节。本节重点讲解基底神经节对运动功能的调节。

一、纹状体的组织结构与神经元类型

在基底神经节中，与运动功能有关的神经核主要是纹状体。由于纹状体神经元的特殊连接方式，决定了纹状体参与运动功能的重要作用。

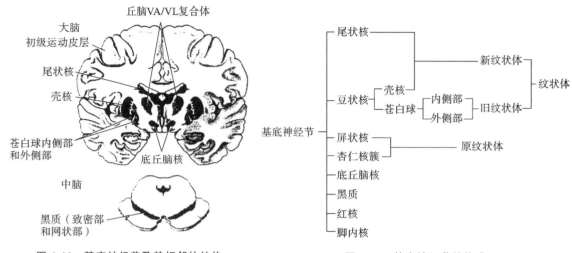

图 6-46 基底神经节及其相邻的结构

图 6-47 基底神经节的构成

(一) 纹状体的组织结构

纹状体主要由尾状核、壳核和苍白球组成(图 6-47、图 6-48),其中尾状核通过其头部与壳核相连,它们都是从前脑的同一结构发展而来,在发生学上较苍白球出现得晚,故被称为新纹状体,而苍白球则称为旧纹状体。苍白球是由间脑分化出来的,又分成内侧部和外侧部。一般来说,尾状核和壳核是基底神经节的主要输入核,而苍白球内侧部、脚内核和黑质网状部是基底神经节的主要输出核。纹状体的主要传入冲动来自大脑皮层,传出冲动经过丘脑返回皮层,而与脊髓没有直接的联系。

(二) 纹状体的神经元类型

纹状体主要由多棘投射神经元(Golgi Ⅰ型神经元)和局部的无棘中间神经元(Golgi Ⅱ型神经元)构成(图 6-49),其中投射神经元的数量多于中间神经元。

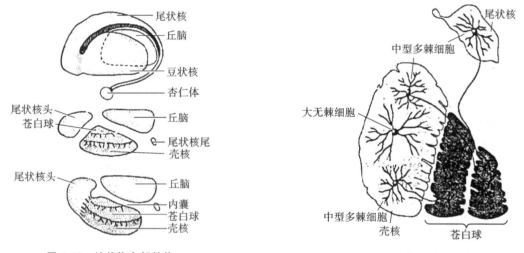

图 6-48 纹状体内部结构

图 6-49 纹状体的神经元类型

1. 纹状体投射神经元 纹状体的投射神经元具有中等大小的细胞体(直径 $12\sim20~\mu m$),胞体圆形或椭圆形,从胞体发出 4~5 个初级树突,再从初级树突上发出多个次级树突,在其表面形成有蒂和无蒂的树突棘。根据轴突从胞体或近端树突干上发出之后的行径可将多棘投射神经元分为两类。Ⅰ型多棘神经元的轴突分支从主轴突上几乎垂直地发出并行走约 $400~\mu m$,轴突分支局限于其起源或相邻神经元的树突野,并与自身或相邻神经元的树突或棘形成对称性突触,这种结构使投射神经元能参与纹状体局部环路间的相互作用,这是最常见的轴突分支类型。Ⅱ型多棘神经元的轴突发出粗大的分支并向苍白球方向直行,它的轴突范围一般都大于树突野,与起源神经元的树突野不重叠,故被认为是纹状体内部环路的结构基础。辣根过氧化物酶(HRP)追踪研究的结果证实中型多棘神经元的轴突构成新纹状体的传出投射系统。几乎所有的中型多棘神经元都以γ-氨基丁酸(GABA)作为其主要的神经递质,但它们也含脑啡肽、P物质、强啡肽和神经减压素。并非所有这些神经肽都存在于每一个多棘神经元内,但它们与GABA的共存情况却与投射神经元的终止部位有关。GABA发挥明确的抑制效应,而这些肽类物质的功能尚待阐明。

2. 纹状体中间神经元 纹状体无棘中间神经元的共同特点是有数个表面光滑或仅有少许树突棘的树突,这与多棘神经元形成鲜明的对比。分为大型无棘神经元和中型无棘神经元两类。大型无棘神经元的递质是乙酰胆碱。中型无棘神经元按所含的神经递质可将其分为两类:一类神经元含GABA,另一类含生长抑素、神经肽Y和NO。纹状体中间神经元的作用还不清楚,可能与中枢神经系统的其他中间神经元一样主要发挥抑制作用。

中型多棘投射神经元接受大量外源性和内源性的传入投射(图6-50),这些传入投射终末含不同的神经递质,而且不同来源的传入终末在中型多棘投射神经元上的终止部位不同。来自大脑皮层、丘脑和黑质网状部含谷氨酸(Glu)和多巴胺(DA)的外源性传入终末,主要终止于中型多棘投射神经元树突远端的树突树上,分别形成非对称性和对称性突触;来自含GABA和ACh的无棘中间神经元的终末,主要终止于中型多棘投射神经元胞体和树突的起始段,形成以对称性为主的突触。中型多棘投射神经元是纹状体的主要信息整合成分和主要传出神经元。

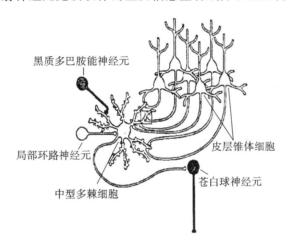

图6-50 纹状体神经元的连接方式

(三) 纹状体的神经元放电特征

电生理学研究表明,中型多棘细胞仅有极低的自发放电活动,或者几乎没有自发放电活动,但它们却可被来自大脑联络皮层的兴奋性传入活动一过性地激活。需要注意的是,大脑联络皮层神经元的放电活动,以及随之发生的中型多棘细胞放电活动通常是在运动起始之前就发生,但中型多棘细胞的放电活动在运动的进行过程当中就停止了,好像它的持续放电对于运动的进行过程来说并不是必要的(图6-51)。这一现象说明,基底神经节的神经元参与了运动的发起,但与运动的协调过程无关。

二、基底神经节的传入和传出联系

几乎所有到达基底神经节的传入联系都终止于新纹状体(图6-52),这些传入联系主要来自于基底神经节之外的大脑皮层和基底神经节内部的黑质(致密部)。从大脑皮层到基底神经节的

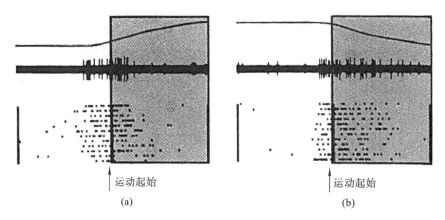

图 6-51　壳核中型多棘细胞在运动发起之前、运动进行当中和运动结束之后的放电情况

在实验中,猴子被要求将一个把手向前推(a)或向后拉(b);上面的曲线显示把手位置的变化情况,中间的曲线显示猴子壳核神经元的放电活动,下面的点显示图为 12 次推和拉实验的结果,每一个点代表一次神经元的放电;图下的箭头指示运动的起始时间

传入纤维起源于除视觉和听觉皮层之外的几乎所有的大脑皮层区域,包括大脑皮层联络区、初级运动皮层和初级感觉皮层,但以那些与运动关系最为密切的区域(辅助运动皮层、前运动皮层、初级运动皮层相初级体感皮层)为主。从中脑的黑质到基底神经节的传入纤维则构成了黑质纹状体束,终止于尾状核和壳核。这是一条多巴胺能神经通路,它的退行性变将导致帕金森病。

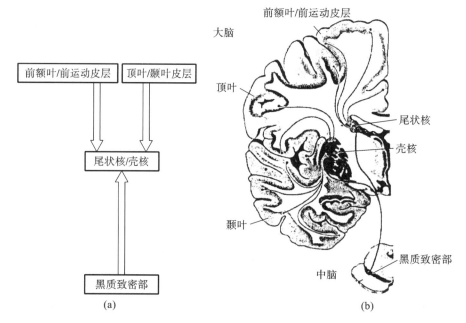

图 6-52　基底神经节的传入联系
(a)方框图;(b)脑的冠状切面图

基底神经节的传出主要有两条途径(图 6-53),一个是通过丘脑的腹前核(ventral anterior nucleus,VA)和腹外侧核(ventral lateral nucleus,VL)到达初级运动皮层、辅助运动皮层和前运动皮层的投射,另一个是到达脑干运动核团的投射,而这些脑干运动核团都是腹内侧下行系统的起源核团。因此,基底神经节通过这些联系影响大脑皮层所控制的运动和对腹内侧下行系统发挥直接的控制作用。从基底神经节到大脑皮层的传出投射包括直接传出通路和间接传出通路两部分,其中直接通路起源于尾状核和壳核,经苍白球内侧部直接投射到丘脑的 VA/VL 复合体,而间接通路较为复杂,它虽然也是起源于尾状核和壳核,但首先到达苍白球外侧部,而后经底丘

脑核又回到苍白球内侧部,再由苍白球内侧部投射到丘脑的VA/VL复合体。

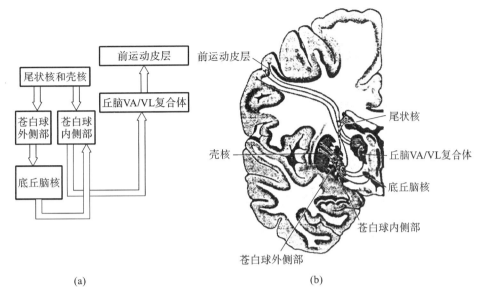

图 6-53 基底神经节的传出联系
(a)方框图;(b)脑的冠状切面图

三、基底神经节的神经元环路及其功能

基底神经节与大脑皮层之间广泛的双向纤维联系被认为是一些具有特定功能的神经环路。这些环路参与四肢和眼球运动的调节,并且与某些复杂的认知功能有关。目前了解得最清楚的是皮层-纹状体环路,该环路的输入起源于那些与运动关系最为密切的大脑皮层区域,以密集的纤维定位地投射到壳核,而该环路的输出则是通过上述的基底神经节直接传出通路和间接传出通路,主要是回到前运动皮层和辅助运动皮层去,因此被称为皮层-纹状体环路。另外,辅助运动皮层、前运动皮层和运动皮层这三个皮层区域都有直接的投射纤维下行到脑干的运动核团和脊髓,因此基底神经节一方面可以通过这三个皮层区域对脑干和脊髓的下行投射进行调节,影响躯干的姿势和四肢的运动,另一方面也参与了某些运动信息的处理过程,而这些信息对于随意运动的计划和发起来说是必要的。

(一)大脑皮层-新纹状体-苍白球(内)-丘脑-皮层环路

这个环路也称为皮层-纹状体环路的直接通路,其基本路径是:大脑皮层(包括运动区、体感区、联合区、边缘区甚至顶叶)→纹状体纤维→同侧的新纹状体(纹状体的输入核)→苍白球的内侧部→丘脑(包括腹前核、腹外侧核)→大脑皮层(辅助运动区和运动前皮层)(图6-54)。辅助运动区、前运动皮层、运动皮层有密切的往返联系。这个回路中的各核团还有其他的纤维联系,除下行纤维之外,丘脑的中央核也有纤维返回新纹状体(壳核)。

直接通路的作用是易化运动。在这条通路中,从皮层到新纹状体(输入核)的递质是谷氨酸,是兴奋性的递质;从新纹状体到苍白球内侧部及黑质网状部(输出核)的递质是GABA和P物质,是抑制性的递质;从这些输出核到丘脑的递质也是GABA,也是抑制性的递质;再由丘脑返回皮层的辅助运动区,则是兴奋性的递质。在黑质网状部,由于缺乏P物质受体,所以纹状体-黑质投射神经元可能借其轴突分支作用于纹状体内的P物质受体阳性、含乙酰胆碱或生长抑素的中间神经元发挥作用。当大脑皮层有兴奋冲动下行到纹状体的输入核使它兴奋时,就会使输出核中的抑制细胞抑制,从而激活(去抑制)了丘脑的神经元,再通过辅助运动区和运动前区激活运动皮层和向脑干及脊髓投射的神经元,从而产生易化运动的效果。

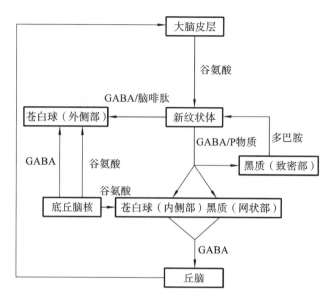

图6-54 经过纹状体的神经元环路

（二）大脑皮层-新纹状体-苍白球（外）-底丘脑核-苍白球（内）-丘脑-大脑皮层环路

这个环路也称为皮层-纹状体环路的间接通路，其基本路径是：大脑皮层→新纹状体→苍白球的外侧部→底丘脑核→苍白球的内侧部→丘脑→大脑皮层（图6-54）。底丘脑核也接受运动区和运动前区直接下行的纤维。

间接通路的作用是抑制运动。在这条通路中，从纹状体输入核到苍白球外侧部的递质是GABA和脑啡肽，是抑制性的递质；从苍白球外侧部到底丘脑核的递质是GABA，也是抑制性的递质；从底丘脑核到纹状体输出核的递质是谷氨酸，是兴奋性的递质。当大脑皮层与纹状体输入核兴奋而使苍白球外侧部抑制时，转而使底丘脑核产生兴奋（去抑制），底丘脑核的兴奋引起苍白球内侧部兴奋时，苍白球内侧部则对丘脑产生抑制作用，导致丘脑的兴奋性下降，从而降低了辅助运动区的兴奋性，产生抑制运动的效果。

（三）大脑皮层-新纹状体-黑质-丘脑-大脑皮层环路

这个环路的基本路径是：大脑皮层→新纹状体→黑质网状部→丘脑（腹前核和腹外侧核）→大脑皮层（运动区和运动前区）（图6-54），其主要作用是对眼跳和注视进行调节。

这个环路的主要作用与黑质网状部的纤维投射有关。黑质网状部的神经元在结构上与苍白球的神经元比较相似，主要接受来自纹状体、底丘脑核和黑质致密部的输入，其传出纤维通过黑质丘脑束投射到丘脑（腹前核和腹外侧核），丘脑（腹前核和腹外侧核）纤维进而投射到大脑皮质的额叶（包括动眼功能相关的区域），对眼跳和注视进行控制。

（四）黑质-新纹状体环路

在黑质与新纹状体之间存在具有局部定位特征的往返纤维联系，即黑质-新纹状体环路。这个环路的基本路径是：黑质（致密部）→新纹状体→黑质（网状部）（图6-54）。

黑质致密部的神经元主要接受纹状体和黑质网状部的抑制性输入，其传出主要通过黑质-纹状体通路投射到新纹状体。这个投射通路的神经递质是多巴胺，多巴胺能投射通路的作用是易化运动。其基本路径为：从黑质中的多巴胺能神经元发出纤维到新纹状体，与新纹状体中型多棘投射神经元细胞膜上两种多巴胺（DA）受体结合，产生两种不同的作用：一种是与D_1受体结合，可激活直接环路，产生易化运动的效应；另一种是作用到新纹状体的D_2受体上，对间接环路起抑制作用，也同样产生易化运动的效应。所以，多巴胺能投射系统通过直接通路或间接通路，最后对运动都起易化作用。此外，黑质网状部也向基底神经节以外的部位发出 GABA 能投射。

通常，激活直接环路可易化运动功能，激活间接环路则抑制运动功能。在正常情况下，这两种作用相互制约、相互弥补，两者功能时常处于动态平衡状态。而制约这种平衡作用的机构就是黑质-新纹状体环路（黑质-新纹状体 DA 系统）。一旦这两条通路中的某个环节发生紊乱或某种递质代谢出现异常时，机体的运动功能就会失去平衡。

四、基底神经节病变所引起的疾病

由于基底神经节与大脑皮层的运动区、运动前区和辅助运动区的回路联系参与躯体的运动调控，因此，基底神经节损害以后的运动功能障碍在临床上主要表现为两类疾病：一类是具有运动过少而肌紧张过强的综合征，如帕金森病（Parkinson's disease, PD）；另一类是具有运动过多而肌紧张不全的综合征，如亨廷顿病（Huntington's disease, HD）。

（一）帕金森病

帕金森病又称震颤麻痹，是最常见的运动障碍性疾病，主要表现为静止性震颤、肌肉僵直和运动减少等症状。震颤以上肢为主，尤以手和手指为甚，情绪波动时加重，而随意运动时则减轻。肌肉僵直多为早期症状，常波及面部、颈部、躯干和四肢，致使患者维持特殊的俯屈姿势，面部无表情，呈"面具脸"。运动减少表现为一切随意运动启动困难而且缓慢，语言、咀嚼和吞咽动作笨拙，步行时起步困难，擦地而行，身体前倾，上肢无相应的摆动，一旦起步又难以停止，步幅渐小，节奏渐快，难以控制，甚至跌到，呈"慌张步态"。除上述运动症状外，部分患者还常伴有认知功能障碍以及非运动性的抑郁、焦虑和睡眠障碍等神经精神症状，以及流涎、流泪、多汗、油脂面及血管运动性障碍等自主神经系统症状。

帕金森病的主要病理变化为黑质致密部多巴胺能神经元的退行性改变，致使其投射靶位尾状核及壳核的多巴胺含量显著降低，继而引起纹状体中型多棘神经元细胞膜上 D_1 和 D_2 受体作用的相对减弱，致使直接通路和间接通路对运动的易化作用减弱，导致大脑皮质辅助运动区的运动发起困难。在临床治疗方面，根据帕金森病的病理生理变化，理论上补充多巴胺能够较好地缓解患者的症状。但是，由于多巴胺不能通过血脑屏障，临床上常采用能通过血脑屏障的多巴胺的前体——左旋多巴来恢复纹状体中多巴胺的含量，以达到缓解帕金森病临床症状的目的。但遗憾的是，左旋多巴并不能治愈帕金森病，这是因为在治疗过程中，黑质中的多巴胺能神经元仍然在继续退变，于是左旋多巴的治疗效应逐渐地减小，患者的症状也就越来越重。另外，高浓度的左旋多巴对黑质-纹状体通路以外的其他脑内多巴胺系统也会有副作用。目前，有两种神经外科的立体定向手术方法取得了较好的治疗效果。第一种方法是通过立体定向手术向患者的尾状核和壳核植入胎儿的黑质组织，以使患者的新纹状体恢复分泌多巴胺的能力。虽然这一方法仍然在实验阶段，但已有证据表明植入的黑质组织可以在患者的脑内成活，分泌多巴胺并使患者的症状得到改善。另一种方法是手术损毁苍白球内侧部以减弱苍白球对丘脑的抑制作用。临床实践表明，这样做确实可以减轻帕金森病患者的痛苦，改善患者的僵直现象和提高患者的运动能力，手术的成功率高，效果好。

（二）亨廷顿病

亨廷顿病又称舞蹈病，是常染色体显性遗传性疾病，其致病基因定位于 4 号染色体的短臂。典型的亨廷顿病的临床症状为进行性舞蹈样徐动及痴呆。主要的病理改变是大脑皮质以及纹状体细胞的死亡，疾病早期纹状体主要以含调质 ENK 的 GABA 能中型多棘神经元死亡为主，这类神经元参与间接通路。晚期同时有参与直接通路的 GABA 能纹状体神经元的死亡。由于参与间接通路的纹状体细胞减少，使纹状体减弱对苍白球外侧部的抑制，引起了苍白球外侧部投射神经元的过度释放，从而抑制了底丘脑核的投射神经元兴奋性，使其减弱对苍白球内侧部的兴奋，从而使苍白球内侧部的兴奋性下降,导致丘脑-皮质投射去抑制。另外,亨廷顿病晚期患者中所见到的肌肉僵直和运动不能可能与直接通路中投射到苍白球内侧部的纹状体神经元减少有关,这部分神经元的减少可能会减弱对苍白球内侧部的抑制作用,从而增加其释放活动,抑制丘脑相关的传出核团而实现。

五、皮层下两个运动调节系统的差异

基底神经节和小脑作为运动系统中皮层下的两个调节机构,都参与了对躯体运动的调节,但两者参与运动调节的形式和作用各不相同。从形态学上看,两者的不同之处在于:①基底神经节从几乎整个大脑皮层接受传入,而小脑仅仅从大脑皮层中那些与运动功能有关的区域接受传入;②基底神经节的传出不仅回到前运动皮层和运动皮层,还到达前额叶联络皮层,而小脑的传出仅回到前运动皮层和运动皮层;③基底神经节与脊髓完全没有联系,与脑干的联系也很少,而小脑接受来自于脊髓的躯体感觉信息,并且与许多脑干运动核团有传入和传出联系。从机能方面看,两者的不同之处在于:①基底神经节可以对运动控制通路提供长时程的连续信号,提供节律性形式的活动,而小脑只能提供几个毫秒的信号;②基底神经节对肌肉收缩,无论在肌肉处于恒定收缩状态时或逐步收缩之际,都能对协同肌与拮抗肌的收缩平衡进行调节,而小脑主要是与快速运动时的起步和结束有关;③基底神经节似乎与许多潜意识的运动,甚至运动的学习过程有关,而小脑与这种关系不大,然而当有关的运动中包含有快速运动时,那么小脑也会参与这种运动。这些差异提示基底神经节与小脑在运动控制中起不同的作用。对小脑而言,除了其外侧区参与了运动的计划过程以外,它的功能主要还与运动的执行过程有关,即对随意运动进行适时的管理和调节;而基底神经节的作用则在运动控制的认知方面,即在复杂运动的计划这样一些更高的层次上参与了运动的调节。因此,小脑的病变与基底神经节的病变会导致不同的后果,前者主要导致患者运动协调功能的紊乱,而后者则引起患者运动的减少和运动程序的不恰当释放。另外,由于基底神经节和小脑也可以利用感觉和认知信息来进行学习,所以它们不仅是两个运动调节机构,而且具有运动学习和记忆功能。

(马少锋)

第六节　自主神经对括约肌的控制

神经系统对内脏活动的调节通常是不受意识控制的,故名自主神经系统,也称植物性神经系统或内脏运动神经系统。自主神经系统又包括周围部分和中枢部分,主要分布于内脏、心血管和腺体,受大脑支配。其主要功能是调节内脏和血管平滑肌、心肌和腺体的活动。

一、括约肌的分类

人体内的括约肌常见于消化道和泌尿系统,是分布在某些管腔壁的一种环形肌肉。括约肌收缩管腔关闭,舒张管腔开放,平时经常处于收缩状态。受自主神经支配或激素调节。主要分为以下几类。

(1) 在胃出口处的幽门括约肌,主要功能是限制每次胃蠕动排出的食物量,并防止十二指肠内容物逆流入胃内。

(2) 回肠末端与盲肠交界处的回盲括约肌,主要功能是防止回肠内容物向盲肠排放,防止回肠内容物过快地进入大肠,延长食糜在小肠内的停留时间,以利于小肠内容物的完全消化和吸

收,并阻止大肠内容物向回肠倒流。

(3) 尿道与膀胱交界处有尿道内括约肌,主要功能是收缩时能关闭尿道内口,防止尿漏出。尿道的膜部(尿生殖膈)有尿道括约肌,由横纹肌构成,受意识控制。

(4) 肛管处有强大的肌环称为肛直肠环,由肛门内括约肌,肛门外括约肌浅、深部,肛提肌,直肠纵肌组成。此环对肛管起着极其重要的括约作用,损伤将导致大便失禁。肛门内括约肌无括约肌功能,仅有协助排便的作用。肛门外括约肌由横纹肌构成,受意识支配,排便时松弛。

二、自主神经系统的结构与功能

(一) 自主神经系统的结构

自主神经系统的结构一个重要特征是,神经冲动从中枢发出后,在到达效应器之前要更换一次神经节。脑和脊髓发出到神经节的纤维为节前纤维,自主神经节内发出的纤维为节后纤维。自主神经系统分为交感神经系统和副交感神经系统。

交感神经的节前纤维起自于胸、腰段脊髓灰质侧角细胞,节后纤维分布广泛,支配几乎所有内脏器官、血管、汗腺。交感神经的节前纤维短而节后纤维长,一根节前纤维与许多节后纤维有突触联系。因此,一根节前纤维兴奋便可引起广泛的节后纤维兴奋。

副交感神经起自于脑干的第Ⅲ、Ⅶ、Ⅸ、Ⅹ对脑神经和骶段脊髓灰质侧角。副交感神经分布比较局限。其节前纤维比较长而节后纤维比较短,一条节前纤维只与几条节后纤维有突触联系。所以,副交感神经兴奋影响范围比较局限。

(二) 自主神经系统的功能特征

1. 紧张性支配 自主神经对效应器的支配一般表现为紧张性作用,即安静状态下自主神经中枢仍不断地向效应器发放低频率神经冲动的现象。

2. 与支配器官的功能状态有关 自主神经对内脏器官功能的调控作用与所支配器官的功能状态有关。副交感神经兴奋通常是加强小肠运动,如果小肠原来处于收缩状态,则刺激副交感神经会使小肠舒张。

3. 双重神经支配 人体内多数器官会受到交感神经和副交感神经的双重支配,对内脏活动调节多为相互拮抗。

4. 交感神经和副交感神经对生理功能的调节不同 当机体遇到紧急情况时,交感神经能够动员机体许多器官的潜在功能,提高机体的应急能力,以适应环境的急剧变化,维持内环境的相对稳定。相比之下副交感神经系统的活动比较局限,常在安静状态下活动增强。其主要作用是保护机体、休整恢复、促进消化吸收、积蓄能量以及加强排泄和生殖功能等。

三、膀胱控制

排尿活动是一种脊髓反射,受高级中枢控制,可以有意识地抑制或促进。

(一) 支配膀胱和尿道的神经

1. 盆神经 起自于骶髓2～4节侧角,属于副交感神经,兴奋时引起逼尿肌收缩、尿道内括约肌舒张,促进排尿,还有传导膀胱充盈感觉的作用。

2. 腹下神经 起自于脊髓胸11～腰2侧角,属于交感神经,兴奋时引起逼尿肌舒张、尿道括约肌收缩,抑制排尿,另外还有传导膀胱痛觉的作用。

3. 阴部神经 起自于骶髓2～4节前角,属于躯体神经,受意识控制。兴奋时引起尿道外括约肌收缩,还有传导阴道感觉的作用。

(二) 排尿反射

正常情况下,膀胱内尿量增加(0.4～0.5 L),膀胱内压骤然上升(>0.98 kPa),膀胱壁上的牵张感受器兴奋，冲动沿盆神经传入骶髓初级排尿中枢，经骶髓初级排尿中枢上行至大脑皮层排尿反射高级中枢，引起膀胱逼尿肌收缩、尿道内括约肌舒张，尿液进入后尿道，后尿道感受器兴奋加强了骶髓初级排尿中枢的活动，抑制了阴部神经，反射性地引起尿道外括约肌松弛，尿液排出体外。

由于排尿反射是一个反射活动，所以该反射弧的任何组成部分发生损害后，都会造成排尿的异常。临床上常见的排尿障碍如下。

1. 尿频 膀胱受机械性压迫（如膀胱结石）或炎症，导致排尿次数增多，但每次尿量很少。

2. 尿潴留 骶部脊髓损伤，排尿反射初级中枢活动发生障碍，导致膀胱充盈过多而不能排出。尿流受阻也会出现尿潴留。

3. 尿失禁 脊髓损伤导致初级排尿中枢与大脑皮质高级中枢失去功能联系，排尿活动失去了意识控制。

一定范围内，排尿活动可受意识控制，大脑皮质高位中枢通过对排尿反射的初级中枢施加易化或抑制的作用来控制排尿反射活动。小儿大脑皮层发育尚未完善，对排尿反射的初级中枢的控制能力差，所以小儿易尿多和有夜间遗尿的现象。

（三）神经源性膀胱

神经系统损伤涉及支配膀胱直肠神经时将出现排尿功能障碍，临床上称为神经源性膀胱，这是一类由于神经系统病变导致的膀胱功能失常，即储存和（或）排泄的功能障碍，进而产生一系列症状及并发症的总称。脊髓损伤的患者，由于神经传导通路的完整性受到破坏，在损害的相应节段出现各种运动、感觉和括约肌功能障碍，肌张力异常及病理反射等的相应改变。

骶髓上损伤的排尿障碍为上运动神经元损害，可失去大脑高级中枢的功能联系。骶髓排尿中枢并没有受到损害，膀胱本身功能正常。主要表现为逼尿肌反射亢进，膀胱压力升高但持续时间缩短，膀胱容量减小，膀胱压力升高，可经下腹神经将交感神经元的冲动传导至尿道括约肌，尿道旁横纹肌发生保护性反射，出现逼尿肌-尿道括约肌协同失调，可出现尿失禁或排尿不全。

骶髓损伤，排尿中枢受到损害后，控制膀胱的平滑肌副交感神经反射消失，逼尿肌无反射，膀胱容量增大。同时，控制尿道外括约肌的阴部神经反射消失，尿道外括约肌张力因此显著减退或完全消失，但是控制膀胱颈及近端尿道的交感神经是正常的，因此膀胱颈及近端尿道肌肉收缩，出现逼尿肌-尿道交感神经性括约肌协同失调，可出现排尿不全、大量残余尿。

（四）膀胱训练

神经源性膀胱所致排尿障碍的治疗首要目标为保护上尿路功能（保护肾脏功能），确保储尿期和排尿期膀胱压力处于安全范围内，尽量不使用留置导尿管和造瘘，控制消除感染。临床上常用的康复治疗技术有功能性电刺激、生物电子反馈、清洁导尿技术、膀胱括约肌控制力训练、排尿反射训练、代偿性排尿训练和制订饮水计划训练等。

四、直肠控制

排便反射也是一种反射活动。排便活动部分是随意的，部分是不随意的。

（一）反射过程

粪便→直肠压力感受器→经盆神经和腹下神经→初级排便中枢→盆神经兴奋→降乙状结肠和直肠收缩→肛门括约肌舒张→阴部神经控制→肛门括约肌舒张→排便。

（二）直肠控制障碍

直肠控制障碍是中枢或外周神经病变及消化系统疾病等多种原因导致直肠或肛门功能紊乱所产生的排便障碍。与排便有关的神经损伤后，由于排便中枢与高级中枢的联系中断，缺乏胃肠反射,肠蠕动减弱,肠内容物水分吸收过多,最后导致排便障碍,为神经源性肠道功能障碍,多见于脊髓损伤。可分为以下两种。

1. 反射性直肠 $S_2\sim S_4$ 以上的脊髓损伤,排便反射弧以及中枢未受损的患者,因排便反射存在,可通过自主反射自动排便,但缺乏主动控制能力。

2. 迟缓性直肠 $S_2\sim S_4$ 以下的脊髓损伤、马尾损伤,破坏了排便反射弧,无排便反射。

(三)排便训练

神经源性肠道功能障碍的治疗应根据大便失禁、便秘及功能性活动等特定的问题采用不同的方法,肠道的治疗方案要适合患者长期的日常生活。目标是有效地控制结肠排泄而不出现大便失禁和并发症。便秘的康复治疗包括肛门牵张技术、饮食结构控制、神经阻滞技术、应用缓泻剂和润滑剂、手法治疗及运动治疗。大便失禁的康复训练措施包括肛门括约肌和盆底肌肌力训练,增加括约肌的控制能力,应用药物调整自主神经控制,降低排空动力,减少刺激,控制肠道炎症,保持合理的水平衡,避免刺激性和难以消化的食物等。

(王　丹)

第七节　步态分析

一、概述

移动是人类独立的一个重要特征,是指独立和安全地从一个地方到达另一个地方的能力,它包括从床或者椅子上站起到走或者跑以及在十分复杂的环境中行走等多种类型的任务。在康复评估与治疗中,反映移动能力的主要是步行能力,而评估与训练步行能力需要详尽的步态分析。康复治疗的一个主要目标是帮助患者尽可能获得更多的独立移动能力,也是大多数患者的主要康复目标,其表现在患者及家属在反复追问:还可以走吗?

步行(walking)是所有日常活动中最基本的动作,是指通过双脚的交互移动来安全、有效地移动人体的一种周期性规律运动。步态(gait)即行走模式,是行走时人体结构与功能、行为与心理活动的外在表现,也是人体运动功能的综合表现之一。每个人的步态具有一定的规律性和特点。正常的步态有赖于中枢神经系统以及骨骼肌肉系统的正常、协调工作。由于这些复杂性,理解正常步态的控制和分析神经系统损害患者的移动问题是一个具有挑战性的课题。在临床工作中,需要通过步态分析来评估患者是否存在行走功能异常,也有助于治疗师及早发现异常步态、分析异常步态的性质和程度,并制定针对性的步态矫正方案。

为了简化和理解步态控制的过程,本节描述了一个有用的用来检查步态的框架。这个框架是围绕着对运动必要条件的理解而建立的,以及如何将这些条件在步态的不同时相转换为完成的目标。当检查正常和异常步态时,记住步态要求的重要条件以及在步态的站立相和摆动相所要完成这些要求的条件是非常重要的。

正常步态的3个基本要求是行进、姿势控制和适应。为了解决这一任务需求,正常人类的感知反应系统已经发展了完善的控制策略。行进的确定是通过一种基础的行走模式。姿势控制的必要条件反映了在运动中建立保持一个合适姿势的要求和移动身体时动态稳定性的要求,不仅包括抗重力,还包括其他想象到和意想不到的阻力。最后,这些要求必须要在有效的能量及有效地将运动器官的阻力最小化等策略下完成。

二、影响步行功能的因素

1. 骨关节因素 由于运动损伤、骨关节疾病、先天畸形、截肢、手术等造成的躯干、骨盆、髋、膝踝、足等静态畸形和两下肢长度不一致,疼痛和关节松弛,都会对步行功能产生明显的影响。

2. 神经肌肉因素 中枢神经系统损伤包括脑卒中、脑外伤、脊髓损伤和疾病、小儿脑瘫、帕金森病等造成的痉挛步态、偏瘫步态、剪刀步态、共济失调步态等;外周神经损伤包括神经丛损伤、神经干损伤、外周神经病变等导致的特定肌肉无力性步态等;儿童患者还可伴有继发性骨骼发育异常。

三、步行周期

(一)步行周期及时相

1. 步行周期 步行周期(gait cycle)是指完成一个完整的步行过程,即一条腿向前迈步,该侧足跟着地至该侧足跟再次着地为止所用的时间。每个步行周期包括两个基本时相,即支撑相和摆动相。

2. 支撑相(stance phase) 又称站立相,是指一侧下肢接触地面,即一侧足跟着地到该侧足趾离地的过程。传统的步行周期划分法又将支撑相细分为足跟着地、足放平(即全足底着地)、站立中期、足跟离地、足趾离地。正常人的支撑相约占整个步行周期的60%,并且支撑相大部分时间是单足支撑。

3. 摆动相(swing phase) 又称迈步相,是指从一侧足趾离地到该侧足跟再次着地的过程。传统的步行周期划分法又将摆动相细分为迈步初期(又称加速期)、迈步中期和迈步末期(又称减速期)。正常人的摆动相约占整个步行周期的40%,支撑相与摆动相的比例约为6∶4。

一侧下肢与地面接触并负重,另一侧下肢抬离地面时称"单支撑期"(负重侧腿),体重从一侧下肢向另一侧下肢传递,双足同时与地面接触时称为"双支撑期",一个步行周期中出现两次双支撑期,随着步速放慢,双支撑期时间延长(图6-55)。

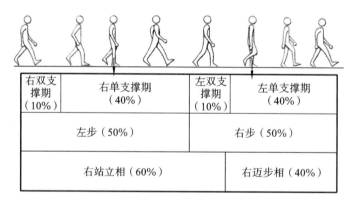

图6-55 步行周期

分期除了将每一步行周期分为站立相和迈步相外,每个时相又可按经历过程细分为若干个时期。分期方法有两种:一种为传统划分法,另一种是目前通用的由美国加利福尼亚州Rancho Los Amigos(RLA)医学中心提出的RLA划分法(图6-56)。传统分期和RLA分期及其特征如表6-3所示。

第六章　运动控制

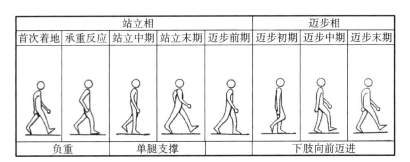

图 6-56　正常步态及分期(RLA 分期)

表 6-3　传统分期和 RLA 分期的比较

时相	传统分期		RLA 分期		
	分期	定义	时相	分期	定义
站立相	足跟着地	足跟接触地面的瞬间,站立相的起始点	站立相	首次着地	足跟或足底的其他部位接触地面的瞬间,站立相的起始点
	足放平	足跟着地后脚掌随即着地的瞬间		承重反应	一侧足跟着地后到对侧下肢离地时
	站立中期	躯干位于支撑腿正上方		站立中期	从对侧下肢离地到躯干位于该侧(支撑)腿正上方时
	足跟离地	站立中期后,支撑腿足跟离地的瞬间		站立末期	从站立中期到对侧下肢足跟着地时
	足趾离地	支撑腿足跟离地后足趾仍接触地面的瞬间		迈步前期	从对侧下肢足跟着地到支撑腿离地之前
迈步相	加速期	从足趾离地起到大腿向前摆动至身体的正下方	迈步相	迈步初期	从支撑腿离地到该腿膝关节达到最大屈曲
	迈步中期	加速期结束到减速期开始		迈步中期	从膝关节最大屈曲摆动到小腿与地面垂直
	减速期	小腿向前减速摆动准备进入下一个足跟着地		迈步末期	从与地面垂直的小腿向前摆动到该侧足跟再次着地之前

(二) 时间和距离参数

1. 步长(step length)　步长是指行走时一侧足跟着地至另一侧足跟着地的平均距离(图 6-57),以 cm 为单位表示。步长与身高有关,身材愈高,步长愈大。正常人自然步速时平均步长为 50～80 cm。一步的概念还可以用时间来衡量,即迈一步所用的时间。正常人行走时左右侧步长及时间基本相等,这反映了步态的对称性。

2. 步长时间(step time)　步长时间是指一侧足着地至另一侧足着地的平均时间。

3. 步幅(stride length)　又称为跨步长(国内也有人称之为复步长),是指同侧足跟(或足尖)前后两次着地之间的距离(图 6-57),以 cm 为单位。正常人的步幅即跨步长是步长的两倍,为 100～160 cm。

4. 步宽(walking base)　又称支撑基础(supporting base),是指两侧足跟中心点或重力点之间的水平距离,也有采用两侧足内侧缘或外侧缘之间的最短水平距离,正常人为 5～10 cm,步宽反映行走时的身体稳定性。

5. 步频（cadence） 步频是指单位时间内行走的步数，以步/分表示。正常人平均自然步频为 95～125 步/分，步频反映步态的节奏性。

6. 步速（velocity） 又称步行速度，是指单位时间内行走的距离，以 m/s 表示。正常人平均自然步速为 1.2 m/s 左右。步行速度与跨步长、步频相关，跨步长增加、步频加快，步行速度亦加快，反之亦然。

7. 足偏角（toe out angle） 足偏角是指贯穿整个足底的中心线与前进方向之间所形成的夹角，正常人足偏角为 7°～8°。

8. 步行周期（cycle time） 步行周期是指平均步幅时间，相当于支撑相与摆动相之和。

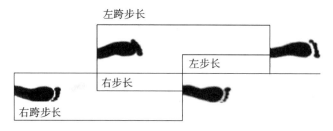

图 6-57 步长与跨步长

（三）正常步行周期中骨盆和下肢各关节的角度变化

正常步行周期中骨盆和下肢各关节的角度变化见表 6-4。

表 6-4 正常步行周期中骨盆和下肢各关节的角度变化

步行周期	关节运动角度			
	骨盆	髋关节	膝关节	踝关节
首次着地（足跟着地）	5°旋前	30°屈曲	0°	0°
承重反应（足放平）	5°旋前	30°屈曲	0°～15°屈曲	0°～15°跖屈
站立中期	中立位	30°屈曲～0°	15°～5°屈曲	15°跖屈～10°背屈
站立末期（足跟离地）	5°旋后	0°～10°过伸展	5°屈曲	10°背屈～0°
迈步前期（足趾离地）	5°旋后	10°过伸展～0°	5°～35°屈曲	0°～20°跖屈
迈步初期（加速期）	5°旋后	0°～20°屈曲	35°～60°屈曲	20°～10°跖屈
迈步中期	中立位	20°～30°屈曲	60°～30°屈曲	10°跖屈～0°
迈步末期（减速期）	5°旋前	30°屈曲	30°屈曲～0°	0°

（四）正常步行周期中下肢各关节的角度变化轨迹图

图 6-58 为正常人在一个步行周期中髋、膝、踝关节角度变化轨迹图，图中横坐标表示步行周期中时间百分比，纵坐标为髋、膝、踝关节角度。戴克戎等对我国正常青年的测量结果显示：在一个步行周期中，髋关节屈曲峰值平均为 27.6°±4.2°，此峰位于摆动初期与摆动中期之间。膝关节在整个步行周期中始终没有完全伸展，而是在（7.0°±5.7°）～（70.2°±6.0°）范围内活动。踝关节的活动范围在 15.7°±6.5°，跖屈与背屈范围在 10.9°±3.0°。

四、步态时空参数的测定

步态时空参数的测定和分析称为步态分析（gait analysis），即通过运动学和生物力学的手段，针对人体步态的特征，判断异常原因、程度及影响因素的一种方法，可为制定针对性的康复治疗方案提供依据。

步态分析分为定性分析和定量分析。定性分析通常采用目测观察的方法获得第一手资料，

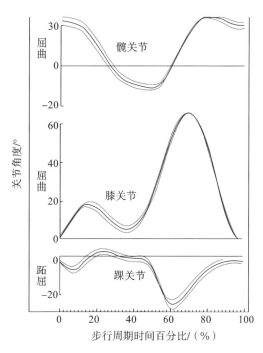

图 6-58　正常步行周期中下肢各关节的角度变化轨迹图

然后根据经验进行分析;定量分析需要简单仪器或高科技设备来采集数据和分析步态的运动学和动力学特征。

（一）步态的定性分析

1. 目测步态分析　目测步态分析是用肉眼观察步行中人体运动的形式与姿势情况。由美国加利福尼亚州 RLA 医学中心设计提出的步态目测观察分析法其观察内容系统、全面，容易抓住要害问题的所在，易于临床应用并为临床治疗人员提供了系统观察步态的手段。评价表中包含了 47 种常见的异常表现，如趾拖地，踝关节过度跖屈或者屈曲，踝或膝关节内、外翻，髋关节过度屈曲，躯干侧弯等。遵循评价表所提示的内容，检查人员能够系统地对每一个关节或部位，即踝、膝、髋、骨盆及躯干等各个关节，在步行周期的各个分期中的表现进行逐一分析。因此，目测步态分析法能够帮助人们发现患者在步行中存在何种异常以及在何时出现该异常。

2. RLA 步态分析　依据 RLA 评价表观察足趾、踝、膝、髋、骨盆及躯干等部位在行走周期各分期中的运动情况。该表横行为步行周期的各个分期，纵列按躯干、骨盆、髋、膝、踝及足趾的顺序将 47 种异常表现依次列出。表中涂黑的格子表示与该步行分期相对应的关节运动情况可以省略而无须观察;空白格和灰色格子则表示要对这一时间里是否存在某种异常运动进行观察和记录。在存在异常的表格中打"对号"。如为双侧运动则用"左"或者"右"表示。空白格表示最需要重点观察的情况，例如，踝关节内翻的情况在迈步相至负重期存在并无大碍，但对于单腿支撑期来说十分不利，因为踝关节内翻使单支撑腿的站立面不稳定，故很容易摔倒。因此，在踝关节运动的目测观察中，应重点审视在单腿支撑期有无踝关节内翻的情况。再者，由于前脚掌着地方式会影响完成承重反应，所以在首次着地期应重点观察足首次着地的方式，从评价表"前脚掌着地"一栏中可见，只在首次着地期有一个空白格，提示检查者要注意观察的重点。踝关节过度跖屈会影响行走时的站立中期和末期，患者因此可能用前脚掌行走（如脑瘫患儿）或采取其他代偿运动;过度跖屈还使得患者在迈步中期时出现足趾拖地或同侧骨盆抬高、髋关节外展、外旋以画圈的方式将下肢迈向前方（如偏瘫患者）。因此，在"踝关节过度跖屈"一栏中，要注意观察多个时期里的情况，不但要观察站立中、末期有无过度跖屈的情况存在，迈步相中、末期也需重点分析，不要遗漏。

观察顺序由远端至近端,即从足、踝关节开始观察,依次评价膝关节、髋关节、骨盆及躯干,在评价每一个部位时,应按步行周期中每一个环节的发生顺序进行仔细观察,且应从首次着地作为评价的起点。先观察矢状面,再从冠状面观察患者的行走特征。在矢状面观察时,要对双侧都要观察,即从左侧和右侧或健侧和患侧分别进行观察。目测观察后,还要分别就患者在负重、单腿支撑以及迈步几个环节中存在的主要问题进行归纳总结,以便进一步分析异常的原因。

目测观察和分析步态不需要价格昂贵的设备,仍然可以获得有关步态的特征性资料。但是,目测观察的结果具有一定的主观性,结果的准确性或可靠性与观察者的观察技术水平和临床经验有直接关系。因此,掌握目测观察步态技术,需要通过长时间学习和培训,并在临床实践中不断积累经验。

此外,患者的精力和体力可能无法耐受反复的行走直至检查者完成对步态的分析,检查者也难以准确地在短时间内完成多部位、多环节的分析,因此,有必要利用摄像机将行走过程记录下来,以便反复观看,细致观察分析,从而提高分析的客观性和可靠性。

(二)步态的定量分析

步态的定量分析包括运动学分析和动力学分析。运动学分析是一种定量的描述性分析过程,所得结果反映了被检查者的步态特征,如步长、跨步长、步频、支撑相和摆动相在步行周期中分别所占时间和其比例,以及步行速度等有关距离和时间参数,步行中各关节角度的变化或位移、肢体的运动速度及加速度等。动力学分析是指对某种步态特征进行成因学分析,如人体的重力、地反应力、关节力矩、肌肉收缩力等的力学分析及机械能转换与守恒等的分析。动力学分析需要科技含量高的设备,价格昂贵,分析过程较复杂,因此多用于步态的研究工作中。

1. 步态的距离参数测量 步态的距离参数测量包括步长、跨步长、步宽、足偏角的测量。在临床中,可以采用简单的方法如足印法来获得上述各种参数。因此,测量的关键步骤是获得行走中的足印。记录足印的方法有很多,可在行走台或步行通道均匀洒下面粉或滑石粉等,也可在足底或鞋底涂上墨汁或其他易擦洗的颜料,然后用皮尺测量各数值。通过结果分析,可以大致判断患者的步态是否对称以及步态的稳定性。步行时如出现左右步长不等,提示行走的对称性被破坏;步宽缩窄或足偏角减小都会使人体站立的支持面积减小,因而使步行中身体的稳定性下降。

2. 步态的时间参数测量 步态的时间参数测量是指与步行相关的时间参数,如步频、步行速度、步行周期时间、支撑相和摆动相时间、支撑相各分期发生时间及其所占时间等参数的测量。步行周期时间可通过直接测量获得,即用秒表记录同侧下肢前后两次首次着地所用时间;步频(一定行走时间内的步数)和步行速度(一定行走时间内所走过的距离)可通过计算得到。确定支撑相和摆动相的时间需要用一定的记录分析设备,如脚踏开关或运动分析系统。将脚踏开关分别置于足跟和足尖处以区别首次着地和足趾离地时间。

步行速度是步态分析最基本、最敏感的指标,步速减慢是绝大多数病理步态的共同特征。步频所反映的是步态的节奏与稳定性。支撑相与摆动相时间之比是反映步态对称性的另一个敏感指标。偏瘫患者因患侧不能有效地负荷身体的重量并害怕摔倒,故急于将身体的重量转移到非瘫痪侧,步态分析显示患侧下肢支撑相时间明显缩短,非瘫痪侧支撑相时间明显延长,支撑相时间与摆动相时间的比例下降。右迈步相时间与左迈步相时间之比也可以用于评价步态的对称性。

3. 步行中关节位移的测量 步行中髋、膝、踝等关节角度变化可以采用电子关节角度计测量。通过分析被检查者躯干和下肢各关节角度的变化以及这些变化与步行周期的对应关系,能够客观地评价步行中各关节功能障碍的部位、出现的时间和程度,进而指导康复治疗。此法适用于各种原因所致的行走障碍与疗效的评价。

需要指出的是,如有条件,上述运动学分析还可以采用运动分析的专用设备,如 Peak Performance 系统、Vicon 系统等设备。专用的运动分析系统不但可以测量及分析所有运动学参数,还可以进行步态的动力学分析,但由于其价格昂贵,分析技术复杂,目前尚不能推广使用。

(三)测量步态相关参数时的注意事项

(1)嘱受检者尽量放松,以平时正常步行的感觉完成评定。
(2)目测观察时,不仅要观察患侧下肢,亦要观察对侧下肢,以便比较。
(3)行走时受检者衣着尽量少,充分暴露下肢,以便准确观察步态特征。
(4)正式测量前,让受检者试行至自然行走方式再测量。
(5)受检者每一次行走至少要包含 6 个步行周期,重点测量观察中间的 1~2 个步行周期。
(6)如受检者步态不稳,行走中要注意监护,防止跌倒。

五、常见异常步态分析

异常步态是很多神经系统功能障碍患者的常见特征。应注意观察异常步态的类型和损伤的程度以及患者能够代偿这种损伤的程度。临床常见异常步态有以下几种类型。

1. 臀大肌(髋伸肌)步态　臀大肌无力者,足跟着地时常用力将胸部后仰,使重力线落在髋关节后方以维持髋关节被动伸展,站立中期时绷直膝关节,形成仰胸挺腰凸腹的臀大肌步态(图 6-59)。

2. 臀中肌步态　臀中肌麻痹多由脊髓灰质炎引起,一侧臀中肌麻痹时,髋关节侧方稳定受到影响,表现为行走中患侧腿于站立相时躯干向患侧侧弯,以避免健侧骨盆下降过多,从而维持平衡(图 6-60)。两侧臀中肌受损时其步态特殊,步行时上身左右交替摇摆,状如鸭子,故又称鸭步。

3. 股四头肌步态　股四头肌麻痹者,行走中患侧腿站立相伸膝的稳定性受到影响,表现为足跟着地后,臀大肌为代偿股四头肌的功能而使髋关节伸展,膝关节被动伸直,造成膝反张。如伸髋肌无力,则患者需俯身用手按压大腿,使膝伸直(图 6-61)。

　　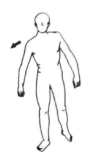　　

图 6-59　臀大肌步态　　　　图 6-60　臀中肌步态　　　　图 6-61　股四头肌步态

4. 帕金森步态　帕金森步态是一种极为刻板的步态。表现为步行启动困难,行走时双下肢交替迈步动作消失、躯干前倾、髋膝关节轻度屈曲、踝关节于迈步相时无跖屈、足擦地而行,步幅缩短表现为步伐细小(图 6-62)。由于躯干前倾,致使身体重心前移。为了保持平衡,患者以小步幅快速向前行走,不能随意骤停或转向,呈现出前冲或慌张步态。

5. 减痛步态　一侧下肢出现疼痛时,常呈现出逃避疼痛的减痛步态,其特点为患侧站立相时间缩短,以尽量减少患肢负重,步幅变短。此外,患者常一手按住疼痛部位,另一上肢伸展。疼痛部位不同,表现可有差异。髋关节疼痛者,患肢负重时同侧肩下降,躯干稍倾斜,患侧下肢外旋、屈曲位,尽量避免足跟击地,膝关节疼痛患者膝稍屈,以足趾着地行走。

6. 偏瘫步态　偏瘫步态是指一侧肢体正常,而另一侧肢体因各种疾病造成瘫痪所形成的步态。其典型特征为患侧膝关节因僵硬而于迈步相时屈曲活动范围减小,患侧踝关节跖屈、内翻;为了使瘫痪侧下肢向前迈步,迈步相时患侧肩关节下降,骨盆代偿性抬高,髋关节外展、外旋,使患侧下肢经外侧画一个半圆弧将患侧下肢向前迈出,故又称为画圈步态(图6-63)。

7. 剪刀步态 剪刀步态是痉挛型脑性瘫痪的典型步态。由于髋关节内收肌痉挛行走时迈步相下肢向前内侧迈出,双膝内侧常相互摩擦碰撞,足尖着地,呈剪刀步或交叉步,交叉严重时步行困难(图6-64)。

8. 跨阈步态 足下垂患者为使足尖离地,将患肢抬得很高,犹如跨越旧式门槛的姿势,常见于腓总神经麻痹患者(图6-65)。

图 6-62 帕金森步态　　图 6-63 偏瘫步态　　图 6-64 剪刀步态　　图 6-65 跨阈步态

9. 短腿步态 患肢缩短达2.5 cm以上者,该侧着地时同侧骨盆下降导致同侧肩倾斜下降,对侧迈步腿髋、膝关节过度屈曲,踝关节过度背屈。如果缩短超过4 cm,则缩短侧下肢以足尖着地行走,其步态统称为短腿步态。

10. 小脑共济失调步态 小脑共济失调步态为小脑功能障碍所致。患者行走时两上肢外展以保持身体平衡,两足间距过宽,高抬腿,足落地沉重;不能走直线,而呈曲线或呈"Z"形线前进;因重心不易控制,故步行摇晃不稳,状如醉汉,故又称酩酊步态或醉汉步态。

11. 持拐步态 因各种原因导致单侧或双侧下肢于行走过程中不能负重、需使用拐杖辅助行走,呈持拐步态。根据拐杖与下肢行走的位置关系,将持拐行走步态分为两点步、三点步、四点步、迈至步和迈过步。

(沈顺姬)

小　结

人体运动功能的实现是在中枢神经系统的精确控制下,人体的肌肉经过严密组织,彼此协调地收缩,带动相应的关节和骨骼来实现的。根据运动的复杂性和控制运动的随意程度,运动大体上可分为三类:较简单且非随意性的反射运动,复杂且有目的性的随意运动,以及介于两者之间,兼具随意和反射两种特性的节律性运动。

神经系统对内脏活动的调节通常是不受意识控制,故名自主神经系统,也称植物性神经系统或内脏运动神经系统。自主神经系统又包括周围部分和中枢部分,主要分布在内脏、心血管和腺体,受大脑支配。其主要功能是调节内脏和血管平滑肌、心肌和腺体的活动。

要了解行走的运动学需要扎实地掌握并理解整个下肢肌肉及关节的交互作用。此知识点的了解对物理治疗的处置及评估具有重要意义。有效的"步行训练"通常可以改善患者的行走速度、安全性及代谢效率。这些常是决定患者功能独立性程度的重要因素。

能力检测

1. 请简要分析运动神经元有序募集的原则。
2. 请说明脑干网状结构在调控姿势反射和身体运动中有什么重要作用。
3. 小脑发生病损后,为什么运动会变得缓慢、笨拙和不协调?
4. 请简要说明自主神经系统的功能特征。
5. 请简要概述,在异常步态中哪几种功能障碍最有可能导致膝反张?
6. 请从解剖学角度分析股四头肌步行障碍的原因。

第七章 运动生理

扫码看课件

学习目标

能够描述运动对心泵血功能的影响、对器官血流量的影响、运动时的肺通气、影响最大吸氧量的因素。

能够根据运动对血压的影响,分析运动与合理呼吸之间的关系;简要描述制动对心血管功能的影响。

人体在运动状态下,骨骼肌和心脏的耗氧量明显增加,机体通过对心血管与呼吸功能的调节,一方面增加心输出量,对各器官、组织的血流量进行重新分配,心脏和骨骼肌可以得到较多的血流量,以满足其对氧的需求,另一方面加强肺的通气功能,增加氧的摄入与二氧化碳的排出。科学地定制运动处方,选择适宜的运动负荷,对骨骼肌摄取氧和利用氧能力的提高很重要。长期进行有氧运动,可以提高心肺功能,恢复患者的运动能力,提高健康水平。

第一节 运动与心血管功能

运动时,心输出量的增加与耗氧量成正比,通过机体调节,各器官血流量重新分配,保证骨骼肌有足够的氧供应,适应运动需要。

一、运动与心脏功能

心脏功能主要是泵血,单位时间内泵出的血量是评价心泵血功能的指标。

(一) 心泵血功能评价指标

1. 心输出量 心输出量是衡量心泵血功能的主要指标。正常情况下,成人安静时,一侧心室收缩一次所射出的血量(每搏输出量)为 60~80 mL。成年男性心输出量(每搏输出量与心率的乘积)比女性高 10%,与老年人相比,青年人心输出量更高。成人剧烈活动时,心输出量可增加 5~6 倍,达 25~35 L/min。

2. 心指数 人体安静时,心输出量与体表面积呈线性关系,而与身高、体重不成正比。以每平方米体表面积计算的心输出量值为心指数。用心指数可以比较不同个体的心泵血功能,我国中等身材的男性体表面积为 1.6~1.7 m^2,安静时的心输出量为 5~6 L/min,心指数为 3~3.5 L/(min·m^2)。心指数随不同年龄阶段会发生变化,出生时为 2.5 L/(min·m^2),到十岁时达最大值,约 4 L/(min·m^2),但到 80 岁时心指数降到 2 L/(min·m^2)左右,虽然静息状态下,心指数随年龄增长逐渐下降,但在运动状态下,心指数会随运动强度增加而大大增加。

3. 射血分数 每搏输出量占心室舒张末期容积的百分比,称射血分数。心室舒张末期血液充盈量最大,称舒张末期容积(145 mL);射血期末期心室容积最小,称收缩末期容积(75 mL)。健康人射血分数为55%~60%,但运动时,由于神经体液因素的调节,心肌收缩力增强,射血分数可增加到65%,因此,射血分数能准确反映心泵血功能以及发现心泵血功能的异常,是评价心泵血功能的重要指标。

（二）运动对心泵血功能的影响

健康人有一定的心泵血功能储备,能随机体运动需要成倍增长,心泵血功能储备的大小主要取决于每搏输出量和心率有效提高的程度,心泵血功能储备的大小可以反映心脏泵血功能对机体代谢需求的适应能力。

心脏每分钟能够搏出的最大血量称最大输出量,它可以反映心脏的健康程度。训练有素的运动员,心脏的最大输出量可达35L/min以上,为静息时的7~8倍,能比普通正常人更好地耐受剧烈运动。长期运动锻炼,能增强心肺功能的储备,主要表现在以下几个方面。

1. 搏出量储备 搏出量储备是心室舒张末期容积和收缩末期容积之差。静息时,心室舒张末期容积约125 mL,搏出量约70 mL,由于心室不能过分扩大,心室舒张末期容积最大限度只能达到140 mL左右,因此,舒张期储备只有15 mL。而心肌做最大收缩时,心室收缩末期容积可小至15~20 mL,使搏出量增加35~40 mL,因此,收缩期储备比舒张期储备要多得多,构成了搏出量储备的主要部分。由此可见,只有增强心肌收缩力(心搏出量储备)才能使心泵血功能得到提高。

长期运动训练后,心室腔扩大,心室容积增加;同时,心肌增厚,心肌收缩力增加,心室舒张末期容积和收缩末期容积的差变大,从而使每搏输出量明显增加。力量性运动项目中(如举重、摔跤和投掷等),心脏运动性增大是以心肌增厚为主,而在耐力性运动项目中(如游泳和长跑等)是以心室腔增大为主。心脏运动性增大是对长时间运动的良好适应。

一些心功能不全患者,静息时,心输出量与健康人没有明显差别,基本能满足静息状态下代谢的需要,但其最大输出量低于正常人。因此,他们在运动时,心输出量不能随运动强度增加而相应增加,出现心悸和气急等症状,反映出心力储备明显降低,也是造成有氧运动能力降低的主要因素。

2. 心率储备 心率储备是指一定范围内增快的心率,心率增快心输出量也随之增加,但心率过快反而会因每搏输出量减少而使心输出量降低(图7-1)。健康成人能够使心输出量随心率加快而增多的最高心率为160~180次/分。在一定范围内,运动强度增强,心率也会随之增加,因此,常用心率变化来衡量运动强度。

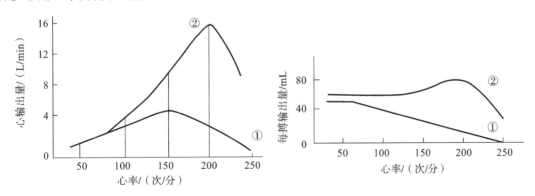

图7-1 心率对心输出量的影响

曲线①为健康人安静时;曲线②为运动员

长期运动训练的运动员,由于心肌纤维增粗、心肌收缩能力增强,射血充分,安静时的心率反而减慢,可低于一般健康人。任何长期缺乏运动或卧床休息的情况下会不可避免地使心泵血功能储备下降,出现运动状态时每搏输出量的减少,并通过心率加快来代偿。

二、运动与血管功能

血管是输送血液和进行物质交换的器官,血管中单位时间的血流量取决于心输出量,心输出量越大血流量越大,也取决于血管的大小,血管越大,血流量越大。长期、系统、科学的运动可使动脉管壁增厚、弹性纤维增多,使血管舒缩能力增加,运血功能加强,还可增加毛细血管在器官内的分布和数量,利于物质和气体交换。

1. 器官血液分配 运动时,在神经和体液因素调节下,各器官血流量重新分配主要通过减少某些器官的血流量,以保证有足够的血流量分配给骨骼肌。运动状态下骨骼肌血管舒张,血流量比安静时大大增加,心冠状动脉舒张,血流量增加。与之相反,内脏器官与皮肤等部位的血管收缩,血流量要比安静时减少。如果持续运动,骨骼肌产热增加,体温升高,可反射性地使皮肤血管舒张,使血流增加,对散热有利。另外,运动时,骨骼肌中开放的毛细血管数目增加,血液和肌组织之间进行物质交换的面积也增大,进一步满足骨骼肌运动时需要的氧和营养物质,及时运走代谢产物。这种骨骼肌、心脏、内脏、皮肤等血流量在运动中的变化可因长期运动训练而更趋协调(表 7-1)。

表 7-1 安静和运动状态下的心输出量对主要器官血流量分配的比较

器官	心输出量(安静)/(L/min)	心输出量(中等运动)/(L/min)
心脏	5%(0.25)	4%(0.75)
胃肠道	27%(1.25)	3%(0.6)
骨	5%(0.25)	1%(0.15)
骨骼肌	20%(1.0)	71%(13.7)
肾	22%(1.25)	3%(0.6)
脑	14%(0.75)	4%(0.75)
皮肤	6%(0.25)	12%(1.9)

2. 血压变化 动脉血压水平取决于心输出量和外周阻力两者之间的关系。动力性运动可以使心输出量明显增加,而外周阻力变化却不明显,故血压变化主要表现为收缩压升高,舒张压变化不大或略下降;静力性运动对心输出量增加不明显,但由于骨骼肌持续收缩压迫血管可使外周阻力增加,故血压变化主要表现为舒张压升高。

高血压患者长期坚持有氧运动对血压降低(尤其是舒张压)有较大意义,采用安全性较高的中低强度的耐力性运动(以动力性运动、技巧性活动为宜),既可提高力量,又能改善心泵血功能。避免静力性运动,特别是闭气的力量运动,因其可使血压明显升高,较重高血压患者运动量宜小,如散步、慢跑或慢速游泳等。对于重度的高血压患者而言,在药物治疗的基础上结合运动将会有更好的效果。

3. 血量变化 运动时骨骼肌毛细血管舒张,滤出增加,组织液生成增加,血浆总量减少。同时,其他不活动器官血管收缩,组织液回流增加,两者抵消,使血浆总量变化不大。

运动过程中由于储存的血液被动员,循环血量的增加比不运动时大得多,尤其以耐力运动增加更为显著,一般人增加 10%,运动员可增加 25%~30% 及以上,同时,由于各部位血管口径发生了变化,使血液大部分流向骨骼肌。

短时间运动,总血容量的增加主要由于储血库里的血液被动员,增加了循环血量,同时,短时间运动还会使血液相对浓缩,其原因是储血库的血浆量相对较少,血细胞容量较大,进入循环后使血细胞浓度相对增高。

长时间的耐力运动,体内产热明显增加,通常以出汗的方式散热。汗液中水分占99%以上,环境温度在35 ℃时每蒸发1 g汗,释放2.42 kJ的热量,温度越高,运动强度越大或运动时间越长,血浆的水分损失也越多。一次性长时间运动可使血浆容量减少10%左右。高温环境运动脱水时,体重可下降3%～8%,血浆容量可减少6%～25%。脱水使心输出量及有氧运动能力下降,代谢产物堆积增多,疲劳加剧,运动能力也因此下降。

三、运动与心血管活动调节

运动状态下机体做出的所有反应均在神经和体液因素调节下实现。

（一）神经调节

运动时,交感神经兴奋性增高使心率加快、心肌收缩能力加强,心输出量增加,内脏(胃肠道、肾等)血管收缩,骨骼肌血管舒张,心冠状动脉舒张。

长期坚持有氧运动,对心血管中枢具有调整作用,主要使心交感神经中枢紧张性下降,心迷走中枢紧张性升高和交感缩血管中枢紧张性下降,导致血管舒张,血压下降。

（二）体液调节

1. 全身性体液调节 运动时,血液中肾上腺素和去甲肾上腺素含量增加,心肌收缩加强,骨骼肌、肝与冠状动脉血管舒张,而胃肠、肾、皮肤及腹腔的血管收缩,并动用机体储存血量,增加心输出量。同时,加快肝糖原的分解,使血糖浓度升高,肾上腺髓质激素分泌增加。

2. 局部性舒血管物质调节 运动使局部酸性代谢产物(如组胺、前列腺素、腺苷、CO_2和H^+等)增加,这些舒血管物质使骨骼肌和心肌血管舒张,血流量增加。

有氧运动还能提高心钠素的分泌,有利尿排钠作用,有利于进一步降低血压。

四、制动对心血管功能的影响

制动(immobilization)是指人体局部或者全身保持固定或者限制活动,是最常用的临床医学和康复医学的保护性治疗措施,可以减少体力消耗或脏器功能损害,稳定病情,帮助康复。制动有三种类型:①卧床休息;②局部固定(例如骨折或脱位后的石膏固定);③肢体和躯体神经麻痹或瘫痪。但是制动同时具有负面效应,不仅影响疾病的康复过程,而且会增加合并症发生率,影响临床治疗。"有病均应休息"是临床上常见的认识误区。运动是防治制动副作用的主要方法。

制动对心血管系统的影响十分迅速。短期制动可以导致血液循环功能迅速减弱,长期制动可导致心血管系统功能衰退。

（一）短期制动的影响

1. 体液转移 从卧位到直立位有500～700 mL体液从上身转移到下肢,回心血量减少,心输出量降低,上身尤其脑血流量减少。从直立位到卧位则相反,有500～700 mL血容量从下肢回到胸腔。回心血量增加,导致右心负荷增加。

2. 血容量减少 卧床1～2 h后血容量迅速减少,这是短时间卧床所造成最明显的心血管改变。研究表明,卧床24 h血容量可降低5%,6天降低10%,20天降低20%。血容量的减少对心肌梗死患者不利,可造成心功能以及运动能力减退。患者在直立位时每搏输出量减少更为显著,导致运动耐力降低。

3. 心率增加 卧床后安静心率每天增加0.5次/分,20天后可从69次/分增加到79次/分,3～4周后增加4～15次/分。卧床后进行直立位活动时心率显著增加,且心率的增加与卧床时间长短成正相关。心率增加与血容量减少、每搏输出量下降、自主神经功能失调等因素有关。心率增加,心脏舒张期缩短,将使冠状动脉血流灌注减少,从而引发心肌缺血。

4. 血流减慢 卧床后除冠状动脉血流速度基本不变外,其余各动脉血流速度均有减少。腹主动脉血流速度减少约24.4%,股动脉血流速度减少约50%,大脑中动脉血流速度也有所降低。下肢静脉血流阻力增加91%。动脉血流速度降低,下肢血流阻力增加等导致下肢静脉血流阻力增加,为动静脉血栓形成提供了条件。

5. 血栓形成 卧床后血容量减少,而血液中有形成分并不减少,血液黏滞度增加;制动时肌肉泵作用降低,静脉血管容量增加,血流速度减慢;此外血小板凝聚力和血纤维蛋白原水平也增高。这些均为血栓形成提供了良好的环境。卧床者血栓形成的概率明显增加,最常见的是深部静脉血栓、血栓性脉管炎和肺栓塞。不能步行的脑血管意外患者发生深静脉血栓的危险性是可步行者的约5倍。受累肢体发生血栓的危险是非受累肢体的约10倍。冠状动脉粥样硬化部位血栓形成和阻塞的概率也会增加,易诱发心绞痛或心肌梗死。

6. 有氧运动能力降低 最大吸氧量是综合衡量心肺功能的最常用指标之一,直接反映机体的有氧运动能力。30天制动最大吸氧量可以每天0.9%的速度下降,这一速率与老年生理性衰退的年下降率相似。不同性别、年龄间的研究结果无显著差异。心输出量减少和心率增加与最大吸氧量降低相关。卧床休息对最大吸氧量的短期影响主要来源于血容量改变,长期影响则主要与肌肉功能衰退、肌肉萎缩、肌力与耐力的下降等因素有关。

7. 体位性低血压 体位性低血压是指卧位转换为直立位时出现血压显著下降,表现为头晕、头痛、出汗、心动过速、甚至晕厥,老年人更为严重。卧床休息数天即可产生体位性低血压。增加盐摄入,从而增加血容量,有助于体位性低血压的治疗。体位性低血压的关键预防措施是采取坐位。

(二) 长期制动的影响

长期制动后心血管系统会出现适应性调节,主要包括以下几个方面。

1. 心脏射血功能下降 血容量降低、静脉血容量增加、肌肉泵作用降低等均造成静脉回流减少,导致心室充盈量下降,每搏输出量减少。虽然心率轻度增加,但搏出量减少抵消了心率增加的影响,最终使心输出量明显下降。心输出量下降造成氧运输动力障碍,使最大吸氧量降低。

2. 氧运输和利用效率下降 长期制动不仅通过影响红细胞中酶的活性而使其运氧能力下降,还可使红细胞总量减少5%~25%。除了降低氧的运输能力外,长期制动还会使骨骼肌中线粒体总数下降约11%,毛细血管密度不变,但由于肌肉萎缩,毛细血管总长度下降约22%。这些变化导致氧在肌肉的利用受限。氧运载和利用效率降低是除血浆量和心输出量因素外影响最大吸氧量的次要因素。

第二节 运动与呼吸功能

运动时,因机体代谢增强,对氧的需求增加,同时,由于代谢增强,产生大量代谢产物,需通过加强呼吸功能,增加氧的摄取,并将二氧化碳排出体外。呼吸过程由肺通气、肺换气、气体运输和组织换气四个互相联系的环节组成。

一、运动中的肺通气与肺换气

(一) 肺通气

肺通气是指气体经呼吸道进出肺的过程。

1. 肺通气动力 肺通气动力来自呼吸运动,在呼吸过程中,胸腔扩大和缩小的动作,称为呼吸运动,是在中枢神经系统的调节下通过呼吸肌的收缩和舒张来实现的。呼吸肌包括膈肌、肋间内肌、肋间外肌及其他辅助呼吸肌(表7-2)。

2. 呼吸形式 主要靠肋间肌的活动,使肋骨产生运动,使胸腔主要沿前后径扩大和缩小的呼吸运动称为胸式呼吸;而主要靠膈肌活动使腹部起伏而使胸腔主要沿上下径扩大和缩小的呼吸运动,称为腹式呼吸。在一般情况下,正常人的呼吸运动都是混合型的。呼吸运动按其深度可分为平静呼吸和用力呼吸,后者是运动或劳动等情况下的呼吸形式,平静呼吸时吸气是主动的,而呼气是被动的,运动状态下,吸气和呼气都是主动的,除有吸气肌和呼气肌参与外,还有其他辅助肌也参与(表7-2)。

表7-2 人体主要呼吸肌

	吸气肌	呼气肌
主动肌	肋间外肌、膈肌	肋间内肌
辅助肌	胸锁乳突肌、斜角肌、背阔肌、前锯肌的下部纤维、上后锯肌、胸大肌与胸小肌	腹直肌、腹内斜肌、腹外斜肌、胸髂肋肌、最长肌、下后锯肌、腰方肌

3. 肺通气功能的评价指标

(1)肺活量:正常成人平静呼吸时,男性约为3.5L,女性约2.5L。肺活量的大小与性别、年龄、身材、劳动和运动的程度有关。经过训练的运动员肺活量较正常人高,可达7L左右。青春期运动锻炼可明显提高肺活量。

(2)肺通气量:肺通气量是指每分钟吸入或呼出的气量。进入肺泡的气体才能与血液进行有效交换,这部分通气量为肺泡通气量(表7-3),在一定范围内深慢呼吸的肺泡通气量比浅快呼吸大得多。

表7-3 潮气量、呼吸频率与肺通气量、肺泡通气量的关系

潮气量/mL	呼吸频率/(次/分)	肺通气量/(mL/min)	肺泡通气量/(mL/min)
平静呼吸 500	12	500×12=6000	(500−150)×12=4200
浅快呼吸 250	24	250×24=6000	(250−150)×24=2400
深慢呼吸 1000	6	1000×6=6000	(1000−150)×6=5100

(二)运动时的肺通气

运动开始后,肺通气量立即快速上升,随后出现持续的缓慢上升;运动结束时,肺通气量同样是先出现快速下降,随后缓慢地恢复到安静时的水平。运动时,潮气量可从安静时的500 mL上升到2000 mL以上。呼吸频率随运动强度而增加,可由每分钟12~18次增加到每分钟40~60次。运动时肺通气量可从安静时的每分钟6~8L增加到100L以上,较安静时增大10~12倍。

中等强度的运动,肺通气量的增加主要是靠呼吸深度的增加,而剧烈运动时的呼吸深度和呼吸频率均增加,但同时呼吸肌耗氧量也随之增加,研究表明,人体在安静状态时,用于呼吸肌的耗氧量约占总耗氧量的1%,剧烈运动时,可增加到8%~10%。

勤做深慢呼吸,一方面可以增加肺泡通气量,另一方面可以降低呼吸肌的能量消耗。在运动过程中应有意识地加深呼吸,避免浅快呼吸。

(三)运动时的肺换气

运动时,氧扩散速率、肺泡通气量、呼吸膜的面积均增大,肺血流量增加,通气/血流比值可维持正常水平。但运动强度过大时,心输出量虽增加,肺血流量增加,但可能跟不上肺通气量的增加,使通气与血流比值下降,易引起机体缺氧。

长期运动训练,可使呼吸肌和胸廓得到良好的发展,呼吸肌的机能得到提高,反映在胸围上表现出明显的加大,另外表现为呼吸加深,安静时呼吸频率降低。

二、运动与呼吸功能调节

运动时呼吸的变化是在神经和体液机制调节下发生的。

(一) 神经调节

运动时呼吸运动调节受到内、外环境各种刺激的影响。运动开始时,人体在接受暗示或准备运动时,呼吸活动就已经加强,这时主要是条件反射的结果。运动开始后,来自骨骼肌、肌腱与本体感受器的传入冲动可以反射性地兴奋呼吸中枢,使肺通气量增加。另外,骨骼肌的产热量增加,使体温升高,通过体温调节机制也使呼吸加快。

(二) 体液调节

运动过程中除神经调节外,体液因素也参与调节。中等强度运动时,PCO_2、PO_2 和 pH 保持相对恒定。但大强度运动时,血液中 PCO_2 升高,PO_2 与 pH 下降,这些变化通过化学感受器反射性引起呼吸加快加深,使肺通气量进一步增加。此外,运动时的血液 K^+ 浓度升高,也可通过刺激外周化学感受器引起呼吸加强。

三、运动与氧耗

人体有氧运动能力主要是指机体的氧运输能力与组织(特别是骨骼肌)摄取和利用氧的能力。所以在评定人体有氧运动能力时,必须考虑到这两种能力的结合,其中最大吸氧量是评价有氧运动能力的常用指标。

(一) 最大吸氧量

最大吸氧量(maximal oxygen consumption,VO_{2max})是指人长时间进行有大量骨骼肌参与的激烈运动时,单位时间内所能摄取的最大氧量。最大吸氧量反映了机体循环系统和呼吸系统氧运输与利用氧的能力,也是人体最大运动能力的主要指标。这种能力通过有氧耐力运动训练可以得到提高。我国成人男性最大吸氧量为 50~55 mL/(kg·min),男性比女性高。

(二) 影响最大吸氧量的因素

1. 心脏泵血功能和肌利用氧的能力 心脏泵血功能是影响最大吸氧量的主要因素之一。心脏泵血功能取决于心脏容积和心肌收缩能力。在最大心率、每搏输出量不变的条件下,动静脉氧差是影响最大吸氧量的一个重要因素;另一影响因素是肌利用氧的能力,又称为最大吸氧量的外周机制。肌纤维类型影响肌的摄氧能力,如慢肌纤维有丰富的毛细血管,线粒体数目多、体积大,其酶的活性高,肌红蛋白含量比较高,有利于增加其摄氧能力。

2. 年龄与性别 最大吸氧量成人男性要高于女性 15%~20%。随着年龄的增加,逐渐下降,60 岁时最大吸氧量可减少到最大值的 70%。

3. 运动训练 运动训练可以增加心室容积和心肌收缩力量,最大吸氧量也增加。同时,运动训练促进身体素质潜在能力的发展,导致慢肌纤维线粒体增大、增多,线粒体氧化酶的活性增加,提高了机体对氧的摄取能力。

(三) 氧亏

中等强度运动在运动开始时,吸氧量逐渐增加,运动进行一段时间后耗氧量就稳定在一定水平。活动停止后,吸氧量并没有马上恢复到安静水平,而是逐渐下降。在渐增期,机体吸氧量增加,但还是跟不上机体实际消耗的氧量,因此,把这部分亏欠的耗氧量称为氧亏或"氧债"。运动开始时,由于呼吸和循环功能需要一段时间才能适应机体迅速增加的氧耗,有部分能量是靠无氧代谢提供的,所以出现了供求之间不平衡所导致亏欠的耗氧量;运动停止时,吸氧量仍高于安静水平,主要是偿还 ATP、磷酸肌酸(CP)、乳酸供能所欠的"氧债"。剧烈运动后的氧亏则更为明显。

四、运动与合理呼吸

运动时,合理的呼吸主要包括:①减少呼吸道阻力,用口代替鼻呼吸或口鼻并用可减少通气阻力,增加通气,减轻呼吸肌疲劳,增加散热。②提高肺泡通气量,运动时,特别是在呼吸困难、缺氧严重的情况下,采用节制呼吸频率,适当加大呼吸深度,可提高肺泡通气量。③呼吸与运动动作配合,不同呼吸形式与不同运动动作配合;周期性的运动采用富有节奏、混合型的呼吸会使运动更加轻松、协调;呼吸的时相根据运动关节的结构特点与运动动作相配合。④合理运用憋气,憋气时可反射性引起肌肉张力的增加,如人的臂力在憋气时最大,呼气时次之,吸气时最小。但应注意长时间憋气胸内压升高,可造成回心血量减少,心、脑和视网膜供血不足;憋气结束可反射性引起深呼吸,胸内压骤减,回心血量骤升,对心功能储备差者不利。

五、制动对呼吸系统的影响

1. 肺通气/血流比值失调　由于肺循环是低压系统,长期卧位时,上肺部的血流量增加,但通气量没有增加,所以肺部的通气/血流比值减小,长期动-静脉短路;而下肺部的血流量减少,但通气量没有减少,所以下肺部的通气/血流比值增加,使肺泡无效腔增加,从而影响正常的气体交换。

2. 肺通气效率降低　卧位时,膈肌上移,胸廓容积减小,膈肌的运动部分受阻,胸廓弹性阻力加大,导致胸廓扩张受限,肺呼吸幅度减小。此外,长期卧位,可出现全身肌力的减退,呼吸肌肌力也随之下降。诸多因素导致肺的顺应性下降,肺活量减少,使肺通气效率降低,气体交换受阻。

3. 坠积性肺炎发生率增加　长期卧位可导致支气管平滑肌收缩无力,气管壁纤毛的摆动功能下降,不利于黏附于支气管壁的分泌物的排出。若长期卧位,大量支气管分泌物沉积在背部肺叶;长期侧卧位,大量支气管分泌物沉积在下侧肺叶。加之患者咳嗽、咳痰无力,不能有效地清除呼吸道内的分泌物,使坠积性肺炎、支气管感染与支气管阻塞的发生率大大增加。

第三节　运动与内分泌功能

激素是内分泌细胞分泌的传递信息的一类高效生物活性物质,是调节人体物质代谢和生理功能的重要因素。在运动过程中,通过激素的调节,可让机体适应运动状态。

一、运动与激素变化

(一) 儿茶酚胺

血浆中去甲肾上腺素(NE)主要来自交感神经末梢释放的神经递质,肾上腺髓质也少量释放。肾上腺素(E)主要由肾上腺髓质分泌。NE、E统称儿茶酚胺。

运动时血浆肾上腺素和去甲肾上腺素的反应与运动强度和运动水平有关。随着运动强度的增加,血浆儿茶酚胺浓度的升高也越来越明显。在剧烈运动时,血浆去甲肾上腺素升高,随之血浆肾上腺素的含量也升高,但幅度小于去甲肾上腺素。肾上腺素和去甲肾上腺素释放入血后迅速地被降解灭活,血浆儿茶酚胺在运动结束后 6 min 左右即恢复到安静水平。

通常认为,中等强度运动时,血浆中儿茶酚胺浓度无明显变化,但如果运动时伴有情绪变化,则血浆儿茶酚胺浓度将有升高的趋向,当运动强度$\geq 60\% VO_{2max}$时,血浆儿茶酚胺浓度随着运动强度的增大和运动持续时间的延长而升高,运动中去甲肾上腺素浓度升高的速率大于肾上腺素,这表明交感神经末梢释放的去甲肾上腺素是血浆儿茶酚胺浓度升高的主要来源。

运动中儿茶酚胺浓度增高有利于血流合理分布、提高心肌收缩力、能量底物的利用、肝糖原的分解和脂肪组织的分解。

运动训练可以使血浆儿茶酚胺反应减弱,未经过运动训练者和有训练者相比,在较低的相对负荷水平进行运动时,血浆儿茶酚胺浓度的最大值比未经训练者要大,尤其是最大吸氧量和最大工作效率很高的人,血浆的儿茶酚胺浓度可升到最大值。经过训练后,儿茶酚胺反应减弱,可能有利于节省肌糖原,推迟肌肉衰竭的时间。

(二)胰高血糖素和胰岛素

1. 胰高血糖素 以VO_{2max}的强度进行长时间运动时,运动开始后的60 min内血浆胰高血糖素的浓度无变化,60 min后逐渐升高。

运动时,胰高血糖素分泌的增加是由于血中肾上腺素和去甲肾上腺素浓度升高而刺激胰岛A细胞所引起的。给人高糖膳食时,胰高血糖素对运动的反应被阻断。

3周运动训练即可使运动时胰高血糖素反应明显降低。在相同绝对负荷或相同相对负荷的运动时,运动训练后血中胰高血糖素浓度比训练前低。

2. 胰岛素 由胰岛B细胞分泌,主要有促进葡萄糖利用,氨基转移,糖原、脂肪酸和蛋白质合成等功能,总的效应是促进合成代谢,抑制分解代谢,降低血糖浓度。

在进行递增负荷的运动中,随着运动强度的增大和运动时间的延长,血糖和胰岛素浓度逐渐降低。在运动结束时,可下降到安静水平的50%以下。在2 h或3 h力竭性运动后,可能有更大的下降。运动时血浆胰岛素下降的两个原因是:①运动时交感神经系统活动增强,儿茶酚胺对胰岛B细胞的α受体的刺激比β受体的刺激更强烈,B细胞的分泌被抑制;②运动时流经活动骨骼肌的血液明显增加,活动骨骼肌摄取胰岛素增加。

长期坚持运动,对预防与治疗成人(特别是老人)高血糖综合征有良好作用。

(三)糖皮质激素

在进行剧烈运动时,血浆糖皮质激素浓度升高,这种升高可持续到运动结束后2 h,有研究表明,$60\% VO_{2max}$的运动强度是引起血浆糖皮质激素浓度升高的强度阈,低于$60\% VO_{2max}$的运动,使血浆糖皮质激素浓度下降。运动时,血浆糖皮质激素浓度升高是由于分泌量的明显增加超过了它的清除量。这种分泌量的增加是由于剧烈运动时,体温升高和精神紧张等应激因素,对下丘脑刺激增大的结果,进行大强度长时间的力竭性运动时,血浆糖皮质激素的浓度反而下降,这种现象是机体对极量运动的一种保护性反应。

(四)生长素

运动时血浆生长素的升高取决于运动持续时间和运动强度。一般认为运动引起生长素分泌增加也存在一个强度阈,该阈值在$50\% \sim 60\% VO_{2max}$运动强度范围内。小于该强度的运动生长素水平变化不大,但强度过大(接近$100\% VO_{2max}$)反而导致生长素水平下降。持续40 min左右的中等强度运动可增加血浆生长素的分泌。有研究表明,运动持续时间越长,生长激素的升高越明显,就运动引起血浆生长素增加的最大值来说,运动持续时间比运动强度的作用更加重要。对于生长发育期的儿童、青少年来说,保持经常性的体育锻炼,维持一定的血浆生长素浓度,显得尤为重要。

研究表明,运动引起血浆生长素含量增加的机制可能有以下几个因素:首先,精神应激的作用;其次,血液温度升高对下丘脑的直接刺激;另外,无氧代谢的产物乳酸能够促进生长素释放;最后,低血糖也是强有力的促进生长素释放的因素。运动时生长素含量增加,其生物学意义可能在于抑制糖的利用,动员和加强脂肪的作用,使运动中的能量供应逐渐转向依靠脂肪来提供。

运动训练时主要激素的分泌特点及其对代谢的作用见表 7-4。

表 7-4 运动训练与主要激素变化

名称	一次性运动引起血中激素的变化	长期运动引起血中激素的变化	对代谢的作用
儿茶酚胺	大强度时升高	安静时和相同运动强度的运动后数值降低	动员机体应对紧急抢救,促进多种激素分泌,如胰高血糖素、甲状腺素、降钙素、肾素等
胰高血糖素	升高	无论固定负荷还是相对体重负荷运动后,均引起血糖水平升高	促进糖原、脂肪分解、糖异生加强
胰岛素	降低	—	抑制糖、脂肪、蛋白质的分解,增加蛋白质合成及肌肉对葡萄糖的利用
糖皮质激素	大强度时升高	运动时轻度升高	提高血管对儿茶酚胺敏感性,促进糖异生,稳定溶酶体膜,减少其对细胞损害
生长素	升高	安静时值升高,运动后值升高	促进糖原、脂肪分解及蛋白质合成

二、制动对内分泌系统的影响

制动所引起的代谢和内分泌变化发生较迟缓,有时甚至在恢复过程中才表现出来,恢复活动之后这些改变的恢复也慢。主要表现在:①肾上腺皮质激素分泌增高,可达正常水平的 3 倍,以减少组织合成代谢,保证制动时能量代谢的需要;②肾上腺素、去甲肾上腺素分泌增加,心率加快、血压升高;③甲状腺素和甲状旁腺素分泌增高或不稳定,这也是造成高钙血症的原因之一;④长期制动,由于胰岛素抵抗,最终使胰岛素分泌衰竭,导致高血糖,使成年人发生糖尿病的概率增加。

第四节 运动对消化系统的影响

一、运动对消化系统的影响

1. 积极影响 经常运动可以使胃肠蠕动增强,消化液分泌增加,有利于食物的消化吸收,使人食欲增强,对健康有利。研究发现,经常从事小强度运动的人不仅患胃肠疾病的可能性较一般人小,而且还可能使肠癌的患病率降低 50% 左右,并且这种影响不依赖于饮食等因素。其作用机制,可能是适量的运动减少了食物在肠道中滞留的时间,同时也限制了结肠黏膜与一些致癌物质的结合。同时,运动有利于脂肪代谢及胆汁合成和排出。研究表明,运动可降低肌肉中的胆固醇,增加粪便排出胆固醇,而且运动可减少胆石症的发生。在饭后进行散步或做一些轻缓的运动,可以促进消化器官的血液循环,增进消化腺的分泌和消化管的运动。运动时,呼吸加深,膈肌和腹肌的活动量增大,对消化器官起到一定的按摩作用,能提高消化与吸收功能。

2. 不利影响 进餐后立即进行剧烈的运动,或是剧烈运动后立即进餐,都对消化系统有不良的影响。因为剧烈运动时,交感神经高度兴奋,引起腹腔内脏器官的血管收缩,消化器官的血液减少,消化腺的分泌减少,同时副交感神经的活动受到抑制,兴奋性降低,胃肠蠕动也受到抑制,此时进食对消化吸收不利,也影响运动功能。运动后应休息 30 min 以上再进餐,大量运动后要休息 45 min 以后再进餐。进餐后应间隔 1.5~2 h 后再运动,因为进餐后的一定时间内,胃内食物充盈,在胃内食物充盈时运动,对胃本身也会带来不利影响;还会影响膈肌的运动,进而影响呼吸运动,对运动不利;在长时间剧烈运动中,胃肠系统功能及结构发生变化,降低了胃肠道对体液和营养物质的吸收,导致脱水和能量储存不足,从而影响机体的运动能力。

二、制动对消化系统的影响

制动后,胃内食物排空减慢,肠黏膜及腺体萎缩,消化吸收不良从而导致食欲减退。此外,制动后交感神经张力增强,胃肠蠕动减弱,括约肌痉挛,食物残渣在肠道停留时间过长,水分吸收过多,加之腹肌和肛提肌无力,易致便秘。

第五节 运动对泌尿系统的影响

一、运动对泌尿系统的影响

运动对泌尿系统的影响较为明显,主要表现在对肾脏的影响。短时间大强度的一次性运动后,肾小管对低分子蛋白质的重吸收机能提高;长时间大强度的一次性运动后,肾小球毛细血管出现扩张和充血,导致肾小体滤过膜的通透性提高,在原尿中出现尿蛋白;长时间大强度的一次性运动后肾小管重吸收机能降低。研究表明,不同时间大强度的运动对小鼠肾是一种与运动时间有关的可逆性病理变化,是肾功能增强的一种暂时的适应性反应。然而大强度运动对肾结构带来的不同程度的影响,在短期内不可能完全恢复。这为运动后产生运动性蛋白尿等尿异常提供了一定的理论依据。

运动时由于血液重新分配,肾脏血流减少,故尿量减少,但运动后尿量受气温、运动强度、运动持续时间、泌汗等影响。在夏季进行强度较大,持续时间较长的运动或强度虽不大但持续时间长的运动时,由于大量泌汗,故尿量减少。短时间运动后,尿量无明显变化。

二、制动对泌尿系统的影响

由于制动时抗利尿激素分泌减少,尿量增加,故随尿液排出的钙、磷、钾、钠等电解质也随之增加,从而产生了高钙尿症、高磷尿症。高钙尿症和高磷尿症又促进了尿路结石的形成。

卧位时由于膈肌活动受限、腹肌收缩无力、盆底肌松弛及神经损伤患者神经支配异常等因素,使膀胱括约肌与逼尿肌活动不协调,不利于膀胱的排空,从而导致尿潴留的发生,尿液在膀胱内停留时间延长,易于尿路感染的发生。同时由于制动造成全身骨质疏松引起尿钙浓度增加,尿路结石的发病率也随之增加。尿路结石的形成可降低抗生素的疗效,使尿路感染易反复发作。长期的尿路感染和结石均可导致肾衰竭,成为患者死亡的主要原因。

(李泽良)

小 结

长期运动锻炼,能增强心肺功能的储备。长期运动训练后,心室腔扩大,心室容积增加;同时,心肌增厚,心肌收缩力增加,心室舒张末期容积和收缩末期容积的差变大,从而使每搏输出量明显增加。力量性运动项目(如举重、摔跤和投掷等)中,心脏运动性增大是以心肌增厚为主,而在耐力性运动项目(如游泳和长跑等)中是以心室腔增大为主。心脏运动性增大是对长时间运动的良好适应。

长期、系统、科学的运动可使动脉管壁增厚、弹性纤维增多,使血管舒缩能力增加,运血功能加强,还可增加毛细血管在器官内的分布和数量,利于物质和气体交换。

制动对心血管系统的影响十分迅速。短期制动可以导致血液循环功能迅速减弱,长期制动可导致心血管系统功能衰退。

能力检测

1. 请简述心泵血功能的评价指标。
2. 请简述运动对心泵血功能的影响。
3. 请简述运动能够治疗高血压的机制。
4. 请简述制动对心血管功能的影响。
5. 请简述运动治疗慢性阻塞性肺疾病的机制。
6. 请简述合理运动有利于身体增高的机制。

第八章 运动生物化学概论

学习目标

能够根据三大能源物质的代谢过程,简要分析运动时的能量供应特点。
能够描述运动时能量供应涉及的两个分解代谢与三个供能系统。
能够将人体能量代谢的测定方法应用于运动处方制定之中。

人体生命活动是一个消耗能量的过程,而肌肉运动又是消耗能量最多的一种活动形式。运动时机体不能直接利用太阳能、电能等各种物理形式的能量,只能直接利用储存在高能化合物三磷酸腺苷(ATP)分子中蕴藏的化学能。同时,糖、脂肪和蛋白质可通过各自的分解代谢将储存在分子内部的化学能逐渐释放出来,使部分能量转移和储存到 ATP 分子中,以保证 ATP 连续供能。

第一节 物质能量代谢

一、概述

新陈代谢是生命的基本特征之一,包括合成代谢和分解代谢。合成代谢是指生物体不断地从外界摄取营养物质来构筑和更新自身,并储存能量;分解代谢是指机体利用储存的能量或分解机体内自身物质而转变成能量,用以维持体温和完成各种生理功能。

人体与周围环境间不断进行物质交换的过程,称为物质代谢。物质代谢过程中伴随发生能量的释放、转移、储存和利用,称为能量代谢。物质代谢和能量代谢是维持人体生命活动的基本过程,骨骼肌运动的直接能源是三磷酸腺苷(ATP),肌中 ATP 被消耗的同时,必须有新的 ATP 及时补充。糖、脂肪和蛋白质是人体的间接能源物质,通过分解代谢将储存在分子内部的化学能释放出来,部分能量转移和储存在 ATP 中。

肌凝蛋白和肌纤蛋白中都结合有 ATP,尤其是在肌凝蛋白头部结合的 ATP 与肌肉收缩有直接联系。肌凝蛋白分子的头部既能与肌纤蛋白结合,又具有 ATP 酶的作用,因而在肌凝蛋白分子的头部既有 ATP 酶,又有 ATP 存在。静息时 ATP 不被水解,是由于 ATP 在肌凝蛋白单体中不具有活性,而要由肌纤蛋白激活。只有当肌凝蛋白头部与肌纤蛋白结合时,ATP 酶才被激活,ATP 水解释放出能量,使肌凝蛋白头部扭曲,拉引细肌丝滑动,使化学能转变成了机械能。

能量除了可用于身体活动外,细胞内的一些自由能量还可用于生长和修复。通过训练,肌肉会有所增大,运动或损伤之后肌肉会得以修复。能量还用于许多物质如葡萄糖和钙离子通过细胞膜时的主动运输,这对细胞的存活和生理平衡的维持起着重要的作用。

不同运动能力和功能状态的人,运动过程中体内能量代谢特点也有所不同。因此,在康复治疗中应根据不同运动类型时物质代谢和能量代谢的特点,科学地制定运动处方,选择适宜的运动负荷,恢复患者的运动能力,提高健康水平。

二、能量的来源与转化

（一）能量来源

1. 直接能量来源——ATP　组织细胞所需要的能量是由 ATP 直接提供的,ATP 是一种储能物质,并是可以直接供给细胞能量的高能化合物。当 ATP 水解为二磷酸腺苷（ADP）及磷酸时,同时释放出能量,供机体利用。1 摩尔 ATP 水解后,可释放出 29.3～50.2 kJ(7～12 kcal)的自由能量。

ATP 像是一个充足了电可直接利用的蓄电池,而 ADP 像是一个放了电的蓄电池,为了能再使用,必须给它再充电。ATP 的分解与再合成在活细胞中永不停止,其速率的高低随代谢的需要而变化。运动中若出现 ATP 再合成的速率下降,表明能量供应受阻,意味着出现疲劳。

ATP 不仅是肌肉收缩的直接能源,而且为各种生理机能的基本过程提供能量,如神经传导等。除 ATP 外,体内还有其他高能化合物,如磷酸肌酸（CP）等。CP 主要存在于肌和脑组织中。当物质氧化释放的能量过剩时,ATP 将高能磷酸键转给肌酸,在肌酸激酶催化下合成 CP;反之,当组织消耗的 ATP 量超过物质氧化生成 ATP 的速度时,CP 的高能磷酸键又可快速转给 ADP,生成 ATP。因此,CP 是体内 ATP 的储存库。

2. 间接能量来源——三大营养物质的能量转化　体内 ATP 的含量很少,人体生命活动中的能量不断释放,而 ATP 的含量保持恒定,全靠它的可及时重新生成。ATP 的供应途径有很多,除了上述的 CP 途径外,大量的 ATP 源自食物中糖、脂肪和蛋白质,这些物质分子结构中蕴藏的化学能在体内被氧化分解,所释放的能量不断地使 ADP 重新氧化磷酸化转化为 ATP,从而使 ATP 得到补充。

安静时,身体所需要的能量几乎一半来源于糖类的分解,另一半来源于脂肪,而蛋白质用于构成身体的基本成分,也可为细胞提供少量能量。一般认为,蛋白质仅在某些特殊情况下（如长期不能进食或体力极度消耗时）才参与供能。当肌肉收缩强度由低到高时,糖利用的比例越来越大,脂肪供能比例越来越小,在短时间高强度运动中,ATP 几乎全部是由糖分解而来。

糖的分解可以是有氧氧化,也可以是无氧酵解,脂肪的分解则完全是有氧氧化,这样 ATP 的生成就包括有氧生成和无氧生成两种类型。

（二）能量转化

各种能源物质在体内氧化过程中释放的能量,50% 以上转化为热能,其余部分是以化学能的形式储存于 ATP 等高能化合物的高能磷酸键中,供机体完成各种生理功能活动,如肌的收缩和舒张、神经传导等。

（三）能量平衡

人体的能量平衡是指机体摄入的能量和消耗的能量之间的平衡。若摄入食物的能量少于消耗的能量,机体即动用储存的能源物质,造成体重减轻;若机体摄入的能量多于消耗的能量,多余的能量则转变为脂肪等机体组织,导致肥胖。运动的关键作用在于调节能量平衡。适量运动和合理营养对防治一些严重危害健康的疾病（如高血压、冠心病、糖尿病、肥胖和骨质疏松等）是有效的,对促进生长发育、改善心肺功能亦具有良好的效果。体力活动和合理营养已成为当今国内外公认的健康促进的重要措施。因此,在日常生活中我们必须根据自身的实际生理状况、活动强度等给予适当的能量供应,以保证机体的能量平衡。

三、三大营养物质代谢

(一) 糖代谢

1. 糖的生理功能 糖又称为碳水化合物,是机体组织的重要能源物质。体内所有的组织细胞均可利用糖,有些组织(如脑)主要依赖糖供能。一般情况下,机体60%的热能由糖提供。短时间大强度运动时的能量绝大部分由糖供给;长时间小强度运动时,首先利用糖氧化供给能量,当可利用的糖耗竭时,才动用脂肪和蛋白质。研究发现,运动中肌糖原耗损或低血糖与运动疲劳的发生相关。

糖也是机体重要的组成成分,如糖与脂肪形成的糖脂是构成神经组织和细胞膜的成分,糖与蛋白质结合为糖蛋白,在体内具有多种复杂的功能。同时,糖还具有调节脂肪酸代谢、节约蛋白质、保护肝脏等功能。

2. 糖的分解代谢 糖在体内主要以两种形式存在:一是以糖原(即由多个葡萄糖组成的带分支的大分子多糖,葡萄糖合成糖原时需要消耗ATP)形式存在于组织细胞浆内,主要有肌糖原和肝糖原;二是以葡萄糖形式存在于血液中,即血糖。

成人体内肌糖原储量约占全身糖储量的70%,是糖储备的最大组成部分,也是肌活动时能量供应的重要来源。肝糖原储量为其本身重量的2%~8%,对维持血糖的正常水平有重要意义。全身血糖的总量占糖储备量的1%左右。正常情况下,血糖的浓度随进食、肌活动等情况而波动,空腹时则较为稳定,血糖动态平衡的维持有赖于机体内神经、体液因素的调节,如胰岛素能促进组织细胞摄取葡萄糖使血糖水平降低,而胰高血糖素、肾上腺皮质激素和生长素则能促进肝糖原分解为葡萄糖,并释放入血液,使血糖升高。肝糖原的合成与分解在血糖的调节中起着关键性的作用。

肌活动时,肌糖原首先被动员,当肌糖原耗尽导致血糖浓度降低时,肝糖原即被动员,分解为葡萄糖进入血液,使血糖浓度恢复正常,从而保证有丰富的葡萄糖通过血液循环进入运动肌,并分解供能,所以肝脏在维持血糖稳态中起着重要作用。

糖在体内分解供能主要有两条途径:一是在有氧情况下进行有氧氧化,二是在缺氧情况下进行无氧酵解。其中有氧氧化是糖分解的最重要途径。以上两条途径通过它们的中间产物互相联系以适应整体的需要。

1) 糖的有氧氧化 糖原或葡萄糖在有氧条件下,氧化分解成CO_2和H_2O,同时释放大量能量的过程称为糖的有氧氧化,是糖分解代谢的主要方式。此反应在胞浆和线粒体中进行。

(1) 氧化阶段:分为两个阶段。第一阶段是在胞浆中由葡萄糖生成丙酮酸;第二阶段是在上述过程中产生的NADH、H^+和丙酮酸在有氧条件下,进入线粒体,丙酮酸氧化脱羧生成乙酰CoA进入三羧酸循环,进而氧化生成CO_2和H_2O。同时NADH、H^+等可经呼吸链传递,伴随氧化磷酸化过程生成H_2O和ATP。

(2) 三羧酸循环:有氧氧化始于乙酰CoA,与草酰乙酸缩合生成含有三个羧基的柠檬酸,因此称为三羧酸循环,是机体获能的主要方式。糖的有氧氧化不但释能效率高,而且能逐步释能,并储存于ATP分子中,能量利用率很高。三羧酸循环是糖、脂肪和蛋白质三种物质在体内彻底氧化的共同代谢途径,乙酰CoA不仅是糖氧化分解产物,也可来自甘油、脂肪酸和氨基酸的代谢,人体内2/3的有机物通过三羧酸循环被分解。三羧酸循环是体内三种主要有机物互变的联结机构。

(3) 磷酸戊糖途径:由6-磷酸葡萄糖开始生成具有重要生理功能的NADPH和5-磷酸核糖。其意义是作为供氢体,参与体内多种生物合成反应,如脂肪酸、胆固醇和类固醇激素的生物合成,维持还原型谷胱甘肽的正常含量,参与激素、糖醛酸代谢药物、毒物的生物转化过程。

(4) 糖醛酸代谢：糖醛酸代谢主要在肝脏和红细胞中进行，由尿嘧啶核苷二磷酸葡萄糖（UDPG）进入糖原合成途径，经过一系列反应后生成磷酸戊糖而进入磷酸戊糖通路。

2) 糖的无氧酵解　糖原或葡萄糖在机体氧供应不足的条件下（如肌进行剧烈活动时产生缺氧情况）分解生成乳酸，并释放能量的过程，称为糖的无氧酵解。此反应在胞浆中进行。

糖酵解是人体在缺氧运动情况下获得能量的有效方式。例如在剧烈运动时，心肌对 ATP 的需要量可增加 10 倍，骨骼肌可增加 100 倍以上，而此时肌中所含 ATP 仅能供肌收缩 1～3 s，尽管呼吸和循环速度已有增加，但仍不能满足体内组织对氧的需求，组织在缺氧状态下活动，必须依靠无氧酵解生成 ATP 来获得能量。对于短时间大强度运动来说，即使不缺氧，葡萄糖有氧氧化生成 ATP 的速度也不如糖酵解，其最大输出功率仅为糖酵解的 1/2。

3. 运动与糖代谢　运动对糖代谢的影响主要涉及对肝糖原、肌糖原以及血糖三个方面的影响。

（1）运动对肝糖原的影响：肝糖原的分解与运动强度和运动时间有关。短时间大强度运动时，肝糖原被大量分解释放入血液；长时间大强度运动时，肝糖原释放总量逐渐减少，糖异生（非糖物质转变为葡萄糖或糖原的过程称为糖异生）是维持机体代谢的重要途径，对保证某些主要依赖葡萄糖供能的组织的功能具有重要意义，运动时糖异生的作用会不断增加；长时间低强度运动时，肝糖原释放先快后慢。耐力训练可以降低人在长时间运动中肝糖原的分解和糖异生作用，最后可能引起运动性低血糖。

（2）运动对肌糖原的影响：运动时肌糖原是骨骼肌的最重要能量来源。其消耗量与运动强度和时间成正比。如以低强度运动（30%最大摄氧量）至力竭时，肌糖原下降很少，仅为 15%，原因是肌主要依靠脂肪酸氧化供能，很少利用肌糖原；以中等强度运动（75%最大摄氧量）至力竭时，肌糖原消耗 80%～95%，消耗量最大，原因是肌收缩的刺激，使肾上腺素释放减少以及其他因素的作用，使肌糖原迅速分解；以大强度运动（大于 90%最大摄氧量）至力竭时，肌糖原消耗速率最大，由于强度大、时间短，肌乳酸快速增多，抑制了糖酵解进行，肌糖原消耗亦少，仅下降 25%。

（3）运动对血糖的影响：人体正常血糖浓度是 4.4～6.6 mmol/L（80～120 mg/100 mL）。安静状态下，肌摄取的血糖量不多；运动时，骨骼肌吸收和利用血糖增多，其数量与运动强度、持续时间和运动前肌糖原储量有关。

短时间大强度运动时血糖变化不大，但是运动后血糖量却明显上升，这与神经和体液因素的调节加强有关；中等强度运动初期，肌吸收血糖量快速上升，40 min 内净吸收血糖量是运动前的 7～20 倍；低强度运动时，肌对血糖的摄取量是运动前的 2～3 倍，这一过程是通过肌毛细血管扩张，血流量增大，胰岛素相对增加，促进血糖进入肌细胞，加速糖原合成来完成的。因此，长时间中等强度的规律运动（如健走、散步、慢跑、太极拳等）是治疗糖尿病的最佳治疗方法之一。

运动前肌糖原的储量对血糖吸收的影响较大，高肌糖原储备可以使运动肌摄取和利用血糖量减少，有利于维持运动中正常血糖水平，延缓运动性疲劳的发生。

运动对血糖的调节是由组织器官、神经系统和激素协同完成的。运动中交感神经兴奋，升血糖类激素分泌增多，胰岛素分泌减少，这对于维持血糖浓度稳定，实现体内血糖调节，保持运动能力非常重要。

运动中维持血糖稳定的意义：首先，对维持中枢神经系统的正常功能具有重要作用，脑组织对血糖极为敏感，低血糖时首先出现的神经系统症状就是昏迷；其次，血糖是红细胞的唯一能量来源，成熟的红细胞没有线粒体，不能进行有氧氧化，主要通过糖酵解途径获能（85%～95%）；再次，血糖还是运动肌的肌外燃料。

（二）脂肪代谢

1. 脂肪的生理功能　脂肪可分为真脂和类脂两大类。真脂由脂肪酸和甘油构成甘油三酯

(脂肪),类脂主要是磷脂和胆固醇等。

脂肪在体内的主要功能是储存和供给能量。1 g 脂肪在体内氧化产生 9 kcal 的热能,是同量糖和蛋白质的 2 倍多。脂肪在体内的储量很大,是长时间运动的主要能源。脂肪所提供的不饱和脂肪酸是细胞膜、酶、线粒体以及脂蛋白的重要组成成分。

脂肪是脂溶性维生素 A、维生素 D、维生素 E、维生素 K 以及胡萝卜素的溶剂,食物中缺少脂肪的摄入会降低体内脂溶性维生素的含量,并有可能导致此类维生素的缺乏症。分布于皮下组织以及内脏周围的脂肪具有热垫和保护垫的作用。

2. 脂肪在体内的代谢过程 脂肪是机体内最重要的储能物质,它的主要作用是氧化供能。脂肪在组织中脂肪酶的作用下水解成甘油和脂肪酸,再进入如下分解代谢。

(1) 甘油代谢:甘油在细胞内先和磷酸结合生成磷酸甘油,后者经过脱氢变为磷酸丙糖,磷酸丙糖是糖代谢的中间产物,它可进一步氧化生成 CO_2 和 H_2O,并释放能量。在肝脏中,每分子甘油氧化生成磷酸丙糖,进入糖酵解途径,先转变成丙酮酸,再经三羧酸循环彻底氧化成 CO_2 和 H_2O,同时释放能量,生成 22 分子 ATP。甘油也可在肝脏合成糖原或葡萄糖,还可再合成脂肪。

(2) 脂肪酸代谢:脂肪酸在体内经一系列酶的催化,与 CoA 结合生成脂酰 CoA,然后继续氧化,在 α 与 β 碳原子上进行脱氢、加水、脱氢、加 CoA 四个反应步骤。以 1 分子硬脂酰 CoA(硬脂酸含 18 个碳原子)反复 8 次 β 氧化后生成乙酰 CoA 进入三羧酸循环生成 129 分子 ATP。

3. 运动与脂肪代谢 运动时脂肪主要分解成甘油和游离脂肪酸并以三种不同的供能形式参与机体的能量代谢过程。

(1) 脂肪酸氧化:在心肌和骨骼肌等组织中脂肪酸可经氧化生成 CO_2 和 H_2O,这是供能的主要形式。

(2) 酮体:在肝脏中,脂肪酸氧化不完全,产生的中间产物乙酰乙酸、β-羟丁酸和丙酮合称为酮体。酮体虽然生成于肝脏,但肝脏缺乏利用酮体的酶,只能为肝外组织所利用,所以,酮体可作为长时间持续运动时的重要补充能源物质。

(3) 糖异生:在肝肾细胞中甘油作为非糖类物质经过糖异生途径转变为葡萄糖,对维持血糖水平起重要作用。

长时间中等强度(60%~85%最大摄氧量)的运动能够增强脂代谢,维持机体的热量平衡,减少过多的脂肪堆积,保持正常体重。运动能够提高脂蛋白脂酶的活性,使体内甘油三酯清除增加。同时,还能够升高高密度脂蛋白的浓度和降低低密度脂蛋白的浓度,促进胆固醇从周围组织转运回肝脏,消除周围组织包括动脉壁的胆固醇沉积,这对防治动脉粥样硬化以及心脑血管疾病具有非常重要的作用。

(三) 蛋白质代谢

1. 蛋白质的生理功能 蛋白质的基本组成单位是氨基酸,不论是由肠道吸收的氨基酸,还是由机体自身蛋白质分解产生的氨基酸,都主要用于重新合成蛋白质,成为细胞的组成成分,以实现组织的自我更新,或用于合成酶、激素等生物活性物质。为机体提供能量是氨基酸的次要功能,只在某些特殊情况下,如长期不能进食或体力极度消耗时,机体才会依靠由组织蛋白质分解所产生的氨基酸供能,以维持基本的生理功能。当然,在长时间大强度运动中,某些氨基酸在相应酶的催化下,也可以氧化分解释放能量,但在总能量输出中不占重要地位。

2. 蛋白质在体内的代谢过程 人体内的蛋白质处于不断降解与合成的动态平衡过程。成人体内每天有 1%~2% 的蛋白质被降解,其中主要是肌蛋白。食物蛋白质经消化而被吸收的氨基酸(外源性氨基酸)与体内组织蛋白质降解产生的氨基酸(内源性氨基酸)混在一起,分布于体内各处,参与代谢,称为氨基酸代谢库。肌内的氨基酸占总代谢库的 50% 以上,肝约占 10%,肾约占 4%,血浆占 1%~6%。血浆氨基酸是体内各组织之间氨基酸运转的主要形式,其更新十分迅速。

3. 运动与蛋白质代谢 长时间运动时，氨基酸异生为糖以维持血糖稳定，氨基酸直接被氧化和促进脂肪酸的氧化利用，对维持运动能力起重要作用。长时间大强度运动时，氨基酸可提供5%~18%的能量。

（1）机体运动时蛋白质可提供一部分能量：在体内肌糖原储备充足时，蛋白质供能仅占总热能需要的5%左右；在肌糖原耗竭时，蛋白质供能可升至10%~15%。机体运动时蛋白质提供能量的比例取决于运动的类型、强度和时间。一般情况下，长时间低强度持续运动时，氨基酸在肌中的供能比重将会上升，主要通过"葡萄糖-丙氨酸循环"（糖异生）途径。这种形式可以减少乳酸的生成以及有利于处理有毒的氨，延缓运动疲劳。耐力训练可以加快转氨基与氨基酸的氧化。

（2）运动导致骨骼肌蛋白质合成增加：运动将引起甲状腺素、生长素、性激素、胰岛素和肾上腺髓质激素等不同程度的变化。因此，进行适宜的运动锻炼能够促进生长，增强心肌收缩力，防治高血压、糖尿病、高脂血症等疾病。运动还促进支链氨基酸的代谢，支链氨基酸是参与骨骼肌蛋白质合成时重要的氨基酸。运动后肌蛋白合成大于降解，这将导致肌的横断面积增加。

（四）体内糖、脂肪和蛋白质代谢的相互联系

体内糖、脂肪、蛋白质的代谢不是彼此孤立，而是相互联系的。它们通过共同的中间代谢物连成整体。三者之间可以互相转变，当一种物质代谢发生障碍时可引起其他物质代谢的紊乱，如糖尿病患者由于体内糖代谢的障碍，可引起脂肪代谢、蛋白质代谢甚至盐代谢的紊乱。

当摄入的糖量超过体内能量消耗时，即有大量的糖转变为脂肪，而过多的脂肪在肝脏沉积又可能造成脂肪肝或者是肥胖。长时间中低强度的有大肌群参与的节律性运动，如跳舞、跳绳、游泳、爬山和各类球类运动等，对防治这些疾病的发生与发展具有非常重要的作用。

脂肪绝大部分不能在体内转变为糖。这是因为脂肪酸分解生成的乙酰CoA不能转变为丙酮酸。脂肪分解代谢的强度及顺利进行有赖于糖代谢的正常进行，当饥饿、糖供给不足或糖代谢障碍时，会引起脂肪大量动员，造成血酮体升高，产生高酮血症。

蛋白质可以转化为糖和脂肪，但其重要性较小。糖和脂肪的代谢中间产物可以氨基化而合成某些氨基酸，再进一步合成蛋白质。但糖和脂肪转化为氨基酸时，必须有氨基的供应，所以膳食中的糖和脂肪不能完全替代蛋白质摄入；同样蛋白质也不能完全代替糖和脂肪作为氧化供能的原料；膳食中的糖也不能替代脂肪的摄入，因为脂溶性维生素的摄取有赖于脂肪的存在，而且人体某些必需的脂肪酸也只能从膳食的脂肪中获取。由此可见，若要身体健康，就必须平衡膳食。

第二节 供能系统与运动

运动时的能量供应涉及两个分解代谢与三个供能系统。以无氧分解合成ATP的称为无氧代谢供能，以有氧分解合成ATP的称为有氧代谢供能。无氧代谢供能又分为磷酸原供能和糖酵解供能两大供能系统。因此，通常将运动时的能量代谢分为三大供能系统，即磷酸原供能系统、糖酵解供能系统和有氧代谢供能系统。

一、三大供能系统

（一）磷酸原（ATP~CP）供能系统——即刻能量

1. 定义 磷酸原供能系统是指由ATP与磷酸肌酸（CP）共同组成的供能系统。CP是体内

快速可动用的"能量库"。当ATP分解释放能量后,CP立刻分解放能以补充ATP,由于这一过程十分迅速,不需要氧气也不会产生乳酸,因此,又将磷酸原供能系统称为非乳酸供能系统。

2. 供能特点 ATP是肌工作时的唯一直接能源,但是它在骨骼肌中的储存很少,在肌以最大强度运动时不足以维持1 s。在消耗ATP的同时,CP迅速分解,把高能磷酸基团转给ADP,使ADP磷酸化,合成ATP,以维持ATP浓度的相对稳定。由于ATP在消耗的同时,又不断在合成,其水解过程几乎总是和再合成过程密切地偶联在一起,使人体利用ATP的总量非常大,例如一个静坐状态的人,24 h内消耗ATP约40 kg,在剧烈活动时,ATP利用的速率可高达0.5 kg/min。由于ATP和CP分解供能的速度极快,所以输出功率最大,是速度、力量运动时的主要供能系统。

3. 供能速度 由于ATP和CP在骨骼肌中的储量少(CP为15～20 mmol/kg湿肌),所以供能时间较短,最大强度运动时仅维持6～8 s。但ATP~CP系统在运动时最早起动,最快被利用,为激活糖酵解等系统供能提供过渡时间。所以,在短时间的剧烈运动中,ATP~CP系统起着非常重要的作用。

4. 训练方法 ATP~CP供能系统能力决定了运动的绝对速度,如要提高50 m、100 m、200 m等短距离跑的绝对速度,可采用持续10 s以内的全速跑,重复进行练习,中间间歇休息30 s以上,如果间歇时间短于30 s,则会由于ATP~CP供能系统恢复不足,产生乳酸积累。

5. 运动与康复 随着生活水平的提高,已有越来越多的人认识到运动对健康的重要性。在运动前如果没有进行必要的体格检查,排除相关器质性病变的存在,不遵守运动训练的科学原则,贸然进行短时间激烈的运动,就有可能导致心肌梗死、猝死等心血管意外的发生,这是由于剧烈运动时,肢体血管大量扩张,而心脏冠状动脉发生一过性供血不足、血管内膜出血、间质出血或粥样硬化物破裂堵塞冠状动脉,引起心肌缺氧、坏死,导致运动性猝死。

(二) 乳酸能(糖酵解)供能系统——短时能量

1. 定义 糖经无氧分解生成乳酸的同时释放能量,使ADP磷酸化合成ATP,这一供能系统称为乳酸能供能系统,又称为糖酵解供能系统。

2. 供能特点 在剧烈运动时,由于机体缺氧,造成细胞浆中丙酮酸和$NADH+H^+$大量堆积,在乳酸脱氢酶的催化作用下,还原生成乳酸。随着运动时间的延长,乳酸堆积增加,内环境的pH值不断下降,反而抑制磷酸果糖激酶等酶的活性,进而抑制糖酵解过程,因此以最大速率通过糖酵解供能,一般持续运动不超过2 min。糖酵解供能时间比磷酸原供能长,这在需要速度和耐力的运动中十分重要,是1～2 min大强度运动的主要供能系统。

3. 供能速度 由于糖酵解过程中合成ATP的方式是底物水平磷酸化,合成ATP的速率较快,所以糖酵解供能的输出功率较大,是磷酸原供能的一半。

4. 训练方法 发展乳酸能供能系统的能力,最适宜的手段是全速跑(或接近全速跑)30～60 s,间歇休息2～3 min。这种手段能使血乳酸达到最高水平,能提高机体对血液中高乳酸的耐受能力,提高糖酵解供能系统的能力。

5. 运动与康复 运动训练必须遵守循序渐进的原则,不可骤然加大运动量,如引体向上时猛然用力、突然加速跑等,患上呼吸道感染(感冒、气管炎等)要充分恢复后才可参加剧烈的运动和比赛,避免在运动时剧烈咳嗽导致自发性气胸的发生。

(三) 有氧代谢供能系统——长时能量

1. 定义 在供氧充足的条件下,糖、脂肪和蛋白质等彻底地氧化生成CO_2和H_2O,同时释放能量,供ADP磷酸化合成ATP,这一供能系统称为有氧代谢供能系统。

2. 供能特点 该系统供能过程中的限制因素主要是氧和能源物质的储量。因为人体内的脂肪储量较大,因而可满足长时间耐力运动的能量需求。有氧代谢供能系统的供能时间比较长,是长时间耐力运动的主要供能系统。

3. 供能速度　由于糖氧化分解时所需的氧比脂肪少,供能速率比脂肪快,所以糖氧化供能的输出功率比脂肪大。对于长时间亚极量的运动而言,糖储量对运动能力有较大的影响。

4. 运动与康复　长期坚持中等强度的有氧运动,如慢跑、健走、骑自行车、爬山、游泳、跳舞以及练太极拳等,可有效增强心肺功能,提高机体免疫力,改善运动系统、神经系统、消化系统及泌尿系统的功能,加快机体康复速度,使人精神愉悦、体力增强。这对于防治疾病具有极为重要的作用。

(四) 运动与供能系统的关系

运动时人体内的能量供应是一个连续过程。其特点是运动强度和运动时间必须与 ATP 的消耗和再合成之间的速率保持匹配,否则运动就不能连续进行。由于三种供能系统的 ATP 再合成速率(输出功率)不同,在满足不同强度的运动时,就会启动不同的能量系统。在众多调控因素中,胞浆内的 ATP 与 ADP 的浓度比值尤为重要,它反映了机体消耗 ATP 与 ADP 再合成 ATP 的速率关系。运动强度越大,消耗 ATP 就越快,比值下降越明显;反之,则比值保持正常。在启动不同的能量物质参与 ATP 再合成时,其直接因素是运动强度,而运动的持续时间则取决于不同供能系统能量输出功率的最大潜力和储量。

1. 极量运动与亚极量运动　在进行极量运动与亚极量运动时,必须启动能量输出功率最快的磷酸原供能系统,通过动用 CP 使 ATP 再合成,由于该系统供能持续 7.5 s 左右,当达到 CP 的供能极限,但运动还必须持续时,就会启动输出功率次之的糖酵解供能系统,表现为运动强度略有下降。

2. 递增负荷的力竭性运动　运动开始阶段,由于运动强度小,能耗速率低,启动有氧氧化供能系统(主要是糖的氧化分解)。随着运动负荷的逐渐增大,有氧氧化供能达到最大输出功率仍不能满足 ATP 的消耗时,必须动用输出功率更大的无氧供能系统,因磷酸原供能系统维持时间很短,故此时主要是糖酵解供能系统供能,直至力竭。

3. 中低强度的长时间有氧耐力运动　运动前期以糖的有氧氧化供能为主,后期随糖的消耗程度的增加而逐渐过渡到以脂肪的有氧氧化供能为主,这是由脂肪的动员慢、有氧氧化耗氧量大、能量输出小于糖的有氧氧化等特点所致。

4. 安静状态　人体在安静状态下,骨骼肌的能量消耗少,ATP 保持高水平,氧供应充足,肌细胞内以游离脂肪酸和葡萄糖的有氧代谢进行供能。线粒体内氧化脂肪酸的能力大于糖的有氧代谢。

由此可见,三大供能系统是人体处于不同活动水平上,根据摄氧量和代谢特点不同形成的不可分割、紧密相连的、能量持续不断的统一系统。在选择运动方式和掌握运动量时,必须熟悉各种供能系统代谢的特点,才能针对不同人群,根据不同目的制定出合理、科学的运动处方。

二、运动与能量补充

运动中能量的补充主要是指营养素的补充,包括糖、脂肪、蛋白质、水、无机盐、维生素、纤维素等物质。合理的能量补充是运动训练的物质基础,对身体的功能状态、体力适应过程、运动后体力的恢复及防治运动性疾病具有良好的作用。

(一) 运动与糖的补充

体内糖的储存与运动的种类和强度有关,当糖储存量减少时,不仅使机体耐力下降,而且也影响速度,使机体的最大输出功率下降。

通常认为,在运动前、中、后均可补糖。运动前 10～30 min 或运动前 2 h 补糖有助于运动时血糖的升高,但是在运动前 60～90 min 补糖,会引起胰岛素反应,使胰岛素分泌增加 3～4 倍,反而导致血糖下降。同时,胰岛素的抗脂解作用还将减少运动中对自由脂肪酸的利用,从而影响运动能力。一般认为,1 h 以内的运动,补糖效果甚微。因为在 1 h 运动中肌最多摄取葡萄糖 50 g,补糖的意义不大。在运动中,多次性补糖比一次性补糖效果好,使糖入血后引起的各种激素反应小,运动结束时血糖浓度高,能量来源相对稳定。运动后补糖最好在运动结束后的 2 h 以内,最多 6 h 以内,因为在 6 h 以内可使存入肌内的糖达到最大量。

(二) 运动与脂肪的补充

由于脂肪不易消化,在胃内停留的时间长,而运动中机体的消化功能常处于抑制状态,因而不提倡在训练前进食高脂肪饮食。脂肪的代谢产物蓄积会降低机体的耐力,并引起疲劳,过多食用脂肪食物会降低蛋白质和铁等其他营养素的吸收率,并带入外源性的食物胆固醇,引起高脂血症。因此,当患者进行运动训练前,不主张摄取高脂肪食物,以免影响胃排空及增加肝、肾的负担。

(三) 运动与蛋白质的补充

蛋白质对运动能力的影响主要表现在肌质量的提高、预防运动性贫血以及身体机能调节等方面。在力量运动项目中,较高的蛋白质膳食有助于肌纤维中蛋白质的合成,使肌纤维增粗,从而提高肌的收缩能力。

通常认为,平衡膳食中蛋白质的供给量应为总热能量的 10%~15%。机体蛋白质的需要量受糖原储备的影响,比较 3 天无糖膳食和高糖膳食在 61% 最大摄氧量(VO_{2max})强度下运动后 1 h 血清和汗液中尿素氮的结果,发现高糖膳食后血清尿素氮无改变,但汗液尿素氮丢失了 600 mg/h,而无糖膳食后血清尿素氮显著增加和汗液尿素氮丢失增加。过量补充蛋白质会引起一系列的副作用,如蛋白质的酸性代谢产物会使肝、肾负担增加,大量蛋白质还会导致机体脱水、脱钙和痛风的发生。高蛋白摄入对水和无机盐代谢不利,有可能引起泌尿系统结石和便秘,高蛋白饮食常伴随高脂肪的摄入,会增加中年后形成动脉粥样硬化和高脂血症的危险性。

第三节 运动能量消耗的规律和特点

运动时机体的能量代谢具有强度大、消耗率高、伴有不同程度氧亏等特点。运动时的能量代谢受多种因素的影响,如运动者的体重、年龄、营养状况及环境等,但主要取决于不同类型运动的强度、间歇时间和持续的总时间,其能量消耗可达到安静时的 2~3 倍,甚至达到 100 倍以上。在运动过程中对能量消耗进行科学的监测,对指导康复训练、预防和延迟运动疲劳、提高运动能力以及促进健康水平具有非常重要的意义。

一、人体能量代谢的测定原理

(一) 能量代谢的测定原理

机体的能量代谢遵循能量守恒定律,即在整个能量代谢过程中,机体摄入的蕴藏于食物中的化学能与最终转化的热能和所做的外功,按能量来折算是完全相等的。能量代谢率(energy metabolism rate)是单位时间内所消耗的能量,可通过测定机体在一定时间内所消耗的食物,按照食物的热价计算出这些食物所包含的能量,也可测定机体在一定时间内产生的热量与所做的外功。但实际上机体在一定时间内所消耗的食物是很难测出的,因此,通常是测定机体一定时间内所消耗的能量,再计算出机体的能量代谢率。如果排除机体所做的外功,则在一定时间内机体产生的热量即为机体消耗的全部能量。这样,只要测量单位时间内机体的产热量即可得到机体的能量代谢率。

(二) 能量代谢测定的几个基本概念

利用单位时间内机体的产热量来测定能量代谢率,需了解与能量代谢测定有关的几个基本概念,主要包括食物的热价、氧热价和呼吸商。

1. 食物的热价　1 g 某种食物氧化时所释放的能量,称为这种食物的热价。食物的热价通常用焦耳(J)作为计量单位(1 cal = 4.187 J)。食物的热价分为物理热价与生物热价,物理热价是指食物在体外燃烧时释放的能量,生物热价是指食物在体内氧化时释放的能量。糖和脂肪在体内氧化和在体外燃烧所产生的能量是完全相等的,但蛋白质却不同,因为蛋白质在体内不能完全被氧化,包含在尿素、尿酸和肌酐等分子中的部分能量随尿排出体外,还有很少量含氮产物随粪便排出。

2. 食物的氧热价　某种食物氧化时消耗 1 L 氧所产生的热量,称为这种食物的氧热价(thermal equivalent of oxygen)。由于各种营养物质中所含的碳、氢和氧等元素的比例不同,因此,同样消耗 1 L 氧,各种物质氧化时所释放的热量也不相同(表 8-1)。

3. 呼吸商　营养物质在细胞内氧化供能的过程中,需要消耗 O_2,并产生 CO_2。一定时间内机体呼出的 CO_2 量与吸入的 O_2 量的比值,称为呼吸商(respiratory quotient, RQ)。由于各种营养物质氧化消耗的 O_2 量与产生的 CO_2 量不同,因此其呼吸商也不同(表 8-1)。

表 8-1　三大营养物质在体内氧化时的热价、氧热价和呼吸商

营养物质	耗氧量 /(L/g)	CO_2 产生量 /(L/g)	生物热价 /(kJ/g)	物理热价 /(kJ/g)	氧热价 /(kJ/L)	呼吸商 (RQ)
糖	0.83	0.83	17.15	17.15	20.66	1.00
脂肪	2.03	1.43	39.75	39.75	19.58	0.71
蛋白质	0.95	0.76	17.99	23.43	18.93	0.80

二、人体能量代谢的测定

测定整个机体能量代谢率通常有四种方法:直接测热法、间接测热法、心率间接测定法和公式预测法等。

(一) 直接测热法

直接测热法是在隔热条件下直接收集和测量人体在整个能量代谢过程中散发出的全部热量。需在封闭严密的特殊隔热环境中进行,由于所需设备复杂,操作烦琐,故其应用受到很大限制,一般主要用于科学研究。

(二) 间接测热法

间接测热法是应用较普遍的一种方法。最常用的是气体代谢法,此法是将机体在一定时间内呼出的气体收集在橡皮囊中,用气体流量计测量出气体的量,再分析气体中 O_2 及 CO_2 量,求出呼吸商,根据不同呼吸商的氧热价计算单位时间内运动的能量消耗量。也可以直接采用氧消耗量计算能量消耗量。

(三) 心率间接测定法

心率间接测定法是在采用间接测热法的同时,测定运动全过程的心率(可采用无线电遥测法记录心率)和能量消耗量,从测出运动的能量消耗率与心率求出相关系数和回归方程式,以后则可用心率间接推算出能量消耗量。心率监测对受试者干扰小,但在实验室测定的数据与实际生活环境之间存在一定的差异,会造成一些误差,而且心率易受环境和心理因素的影响,因此在采

用本方法测定能量消耗量时,应尽可能控制影响因素。

(四) 公式预测法

公式预测法是利用人体能量消耗量与某些生理指标之间存在的相关性,建立数学模型得出预测公式,常用预测公式有 Harris-Benedict 公式、Shizgal-Rosa 公式等,多以性别、体重、身高、年龄等生理指标来预测能量消耗量。

(五) 安静、运动时的能量代谢测定

1. 基础代谢 基础代谢(basal metabolism)是指人体在基础状态下的能量代谢,基础状态为清晨、清醒、静卧、未做肌活动、测定时无精神紧张、禁食 12 h 以上和室温 20~25 ℃。基础代谢率(basal metabolism rate,BMR)是指在基础状态下单位时间内的能量代谢。人体处于基础状态下,受不同年龄、性别、体型以及内分泌系统疾病的影响,基础代谢率也各不相同(表 8-2)。基础代谢率常作为评价机体能量代谢水平的指标。临床上在评价基础代谢率时,常将实测值和表 8-2 中正常平均值进行比较,即采用相对值来表示。如相差在±15%之内,属于正常范围;超过 20% 时,则有可能是病理性变化。

表 8-2 中国人正常的基础代谢率平均值　　　　　　　　　　　　　　单位:kJ/(m²·h)

年龄/岁	11~15	16~17	18~19	20~30	31~40	41~50	51 以上
男性	195.5	193.4	166.2	157.8	158.6	154.0	149.0
女性	172.5	181.7	154.0	146.5	146.9	142.4	138.6

2. 安静时能量代谢 人体安静时维持一定姿势的能量代谢水平大约比基础状态要高 1.2 倍,保持安静时的姿势不同,如髋、膝关节姿势组合的角度不同,能量消耗也不同。

3. 运动时能量代谢 人体运动或劳动时,由于骨骼肌的活动,使能量代谢率增加,其大小取决于肌活动的强度和时间,肌活动的强度用单位时间内的机体产热量来表示。

4. 代谢当量 代谢当量(metabolic equivalent,MET)音译为"梅脱",是指运动时能量代谢与安静时能量代谢的比值。1 MET 活动强度相当于健康成人坐位安静时的代谢水平,即每千克体重从事 1 min 活动消耗 3.5 mL 的 O_2,即 1 MET=3.5 mLO_2/(kg·min)。

人的活动强度可通过测定吸氧量计算出 MET 数。MET 与热卡的换算公式为 1 MET(静息坐位时的代谢水平)=3.5 mLO_2/(kg·min)=0.0167 kcal/(kg·min)=0.0699 kJ/(kg·min)。例如,某患者体重是 70 kg,骑功率自行车运动 10 min,吸氧量是 18865 mL,那么 18865/10=1886.5,1886.5/70=26.95,26.95/3.5=7.7,这位患者此时的运动强度就是 7.7 MET。

现在广泛用 MET 表示运动强度并评价体力活动能力、预后、制定运动处方和区分残疾程度等。正常健康人的运动能力为 10 MET,高水平运动员可达 20 MET 左右。

代谢当量测定在康复医学中的意义:用于判断心功能、与其相应的活动水平和运动处方的制定等。如已测出某人的适宜运动强度相当于多少 MET,即可找出相同 MET 的运动项目。日常生活中不同运动强度的 MET 见表 8-3。

表 8-3 日常生活中不同运动强度的 MET

活动项目	MET	活动项目	MET
穿衣	3.6	烹调	3.0
上下床	1.5	铺床	3.9
坐床边	1.2	扫地	4.5
坐椅子	2.0	拖地	7.7
站立	2.0	写作	1.6

活动项目	MET	活动项目	MET
洗手	1.0	打牌	1.5~2.0
修饰	1.0	弹钢琴	2.0
进食	1.4	交谊舞(慢)	2.9
淋浴	2.0	交谊舞(快)	5.5
步行 1.6 km/h	1.5~2.0	有氧舞蹈	6.0
步行 2.4 km/h	2.0~2.5	打乒乓球	4.5
步行 4.0 km/h	3.0	打网球	6.0
上楼	9.0	跳绳	12.0
下楼	5.2	驾驶汽车	2.0~2.8
骑车(慢速)	3.5	园艺	5.6
骑车(中速)	5.7		

三、影响人体能量代谢的因素

(一)肌活动

骨骼肌的收缩与舒张都是主动耗能过程。肌活动的强度与机体的耗氧量成正比,持续运动或劳动时的耗氧量为安静时的10~20倍。运动强度越大,单位时间内的产热量越高,所以能量代谢水平可以反映运动强度(表8-4)。运动停止后能量代谢仍维持在较高水平,是用于偿还运动过程中因无氧代谢产生的"氧债"。

表8-4 常见活动的能量消耗　　　　　　　　　　　　　　　　　　单位:kJ/(h·kg)

活动名称	能量消耗	活动名称	能量消耗
卧床休息	4.2	采矿	26.8
静坐	5.4	跳舞(中等强度)	15.5
办公室工作	7.5	跳舞(剧烈)	20.9
实验室工作	8.8	骑车(不同速度)	15.9~36.0
烹调	8.0	登山	36.8
清洁工作	11.3~12.2	上下楼	24.7~64.1
走路(不同速度)	12.2~15.1	跑步(不同速度)	33.9~47.3
割草	17.6	游泳(姿势和速度不同)	14.2~43.1

(二)环境温度

人体在安静状态下,环境温度为20~30 ℃时的能量代谢较为稳定。当环境温度高于30 ℃或低于20 ℃时,能量代谢水平开始升高。在10 ℃以下的环境中,机体的代谢率明显增加,这可能与酶的活性提高加速体内化学反应,以及寒冷刺激反射性地引起肌紧张性升高有关。

(三)食物的特殊动力效应

进食后一段时间内(从进食后1 h开始到7~8 h),机体虽然处于安静状态,但产热量要比进食前有所增加,这可能与肝脏处理氨基酸或合成糖原等过程有关,目前食物的特殊动力效应的确切机制尚不清楚。

（四）精神活动

精神和情绪活动对能量代谢有显著的影响。人们在精神高度紧张时，如恐惧、愤怒、焦虑、紧张、兴奋、情绪激动等，能量代谢明显增加。这可能与肌紧张增强、交感神经兴奋引起儿茶酚胺大量释放等有关。但在不同精神活动状态下脑组织的能量代谢率却变化不大。

四、节省体能技术

节省体能技术是指通过利用人体功效学原理，提高运动技能，使运动者在运动中的能量消耗减少，能量的利用效率提高。运动者需要结合自身的功能状态，采用合适的姿势和正确的运动方法。在临床上，各种功能障碍及能力障碍的患者，均可以进行节省体能技术的训练，尤其是心肺功能差的患者。

节省体能技术的核心内容是尽量避免无谓的体能消耗。临床上，在患者的日常生活和工作中，要注意劳逸结合，合理安排好每日的活动，预先准备好活动所需的物品，放于容易拿到的地方，避免大范围身体移动，避免或减少不必要的活动。把繁重及轻巧的工作交替进行，完成一项活动后，需要适当休息再进行新的活动。

尽量采用省力的辅助器具，如使用吸尘器代替拖把，使用长柄梳子进行修饰，利用手推车搬运比较重的物件。

尽量采用符合人体功效学原理的正确姿势，在活动时尽量保持脊柱生理弯曲，避免屈颈、久站、蹲位或弯腰工作。尽量使用双手做事，双臂紧贴躯干侧，将手肘放置在支撑面上工作。避免双手提举过高、双肩关节外展过大，避免拿重物或推重物。不符合人体功效学原理的错误姿势不仅浪费体力，长时间使用会造成运动系统的慢性劳损。

活动中配合呼吸，控制呼吸节奏，一呼一吸的时间为4～6 s。在准备用力前吸气，出力时呼气。伸直腰双手上举时吸气，弯腰手收向躯干时呼气。

（李文惠）

小　结

运动状态下的代谢原理告诉我们，注重合理选择运动类型、运动强度、持续时间等，对三大营养代谢有不同的意义，在疾病（糖尿病、高脂血症等）康复运动训练过程中，要充分利用其原理，对患者采用中小强度的有氧训练，遵循循序渐进的原则，就会收到事半功倍的效果。

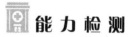
能 力 检 测

一、单选题

1. 运动时脂肪供能的形式不包括（　　　）。
   A. 脂肪酸氧化　　　　　　　　B. 糖酵解
   C. 糖异生　　　　　　　　　　D. 氧化不完全，产生中间产物乙酰乙酸
   E. 氧化不完全，产生中间产物β-羟丁酸和丙酮

2. 红细胞的能量获取主要通过（　　　）。
   A. 磷酸戊糖途径　　　　B. 脂肪代谢　　　　C. 蛋白质分解
   D. 氨基酸代谢　　　　　E. 糖酵解

3. 短时间大强度运动时，以及长时间运动时血糖怎样变化？（　　　）

A. 短时间大强度运动时血糖变化不大,长时间运动时血糖下降

B. 短时间大强度运动时血糖显著升高,长时间运动时血糖下降

C. 短时间大强度运动时血糖变化不大,长时间运动时血糖升高

D. 短时间大强度运动时血糖变化不大,长时间运动时血糖变化不大

E. 短时间大强度运动时血糖显著升高,长时间运动时血糖升高

4. 运动中脂肪能量供应随运动强度的增大而_____,随运动持续时间的延长而_____。(　　)

A. 降低　降低　　　　　B. 增高　增高　　　　　C. 增高　降低

D. 降低　增高　　　　　E. 以上均不正确

5. 消除脂肪需怎样运动?(　　)

A. 微量运动,超过 30 min　　　　　B. 微量运动,少于 30 min

C. 亚极量运动,超过 30 min　　　　D. 亚极量运动,少于 3 min

E. 极量运动,超过 30 min

二、多选题

1. 关于糖原的说法,下列正确的是(　　)。

A. 糖原是体内糖的储存形式,主要储存在肌肉和肝脏中

B. 糖原是由多个葡萄糖组成的带分支的大分子多糖

C. 肝糖原分解主要维持血糖浓度

D. 肌糖原分解为肌肉收缩供给能量

E. 糖原合成来自葡萄糖,不需要消耗 ATP

2. 关于糖异生,下列说法不正确的是(　　)。

A. 不同物质转变为糖的速度都是相同的

B. 非糖物质转变为葡萄糖或糖原的过程称为糖异生

C. 糖异生是细胞在无氧条件下,在胞浆中分解葡萄糖生成丙酮酸的过程

D. 长时间运动后期,甘油糖异生作用随脂肪功能的增多而降低

E. 20 min 左右的运动,生糖氨基酸的糖异生作用达到最大值

3. 运动时糖异生的意义包括(　　)。

A. 有利于乳酸利用　　　　B. 维持运动中血糖稳定　　　　C. 促进维生素代谢

D. 促进氨基酸代谢　　　　E. 促进脂肪的氧化分解功能

三、名词解释

1. 物质代谢　　2. ATP~CP 供能系统

四、简答题

简述影响能量代谢的因素。

五、思考题

试述运动时三大供能系统供能过程的特点。

参考答案

参考文献

[1] 黄晓琳,燕铁斌.康复医学[M].5版.北京:人民卫生出版社,2013.
[2] 刘克敏,敖丽娟.运动学[M].2版.北京:华夏出版社,2014.
[3] Nordin M,Frankel VH.肌肉骨骼系统基础生物力学[M].3版.北京:人民卫生出版社,2008.
[4] 张长杰.肌肉骨骼康复学[M].北京:人民卫生出版社,2008.
[5] 周士枋,丁伯坦.运动学[M].北京:华夏出版社,2004.
[6] 戴红.人体运动学[M].北京:人民卫生出版社,2008.
[7] 唐纳德.骨骼肌肉功能解剖学[M].2版.刘颖,等译.北京:人民军医出版社,2014.
[8] 李古强,李渤.人体运动学[M].武汉:华中科技大学出版社,2015.
[9] 尹宪明,井兰香.运动学基础[M].2版.北京:人民卫生出版社,2014.
[10] 燕铁斌.康复医学与治疗技术精选习题集[M].2版.北京:人民卫生出版社,2016.